EXERCICES

DE

GÉOMÉTRIE ANALYTIQUE

ET DE

GÉOMÉTRIE SUPÉRIEURE

EXERCICES

DE

GÉOMÉTRIE ANALYTIQUE

ET DE

GÉOMÉTRIE SUPÉRIEURE

A L'USAGE

DES CANDIDATS AUX ÉCOLES POLYTECHNIQUE ET NORMALE

ET A L'AGRÉGATION,

PAR J. KŒHLER,

Répétiteur à l'École Polytechnique, ancien Directeur des Études
à l'École preparatoire de Sainte-Barbe.

QUESTIONS ET SOLUTIONS.

DEUXIÈME PARTIE.

PARIS,

GAUTHIER-VILLARS ET FILS, IMPRIMEURS-LIBRAIRES

DU BUREAU DES LONGITUDES, DE L'ÉCOLE POLYTECHNIQUE,

Quai des Grands-Augustins, 55.

1888

EXERCICES

DE

GÉOMÉTRIE ANALYTIQUE

ET DE

GÉOMÉTRIE SUPÉRIEURE

SECONDE PARTIE.

GÉOMÉTRIE DE L'ESPACE.

CHAPITRE I.

SPHÈRE.

1. *La sphère orthogonale à quatre sphères données est le lieu des points dont les plans polaires par rapport à ces sphères sont concourants, et elle est en même temps le lieu des points de concours de ces plans polaires.*

La condition d'orthogonalité de deux sphères

$$x^2+y^2+z^2+2\lambda x \;+2\mu y\;+2\nu z\;+\rho=0,$$
$$x^2+y^2+z^2+2a_1x+2b_1y+2c_1z+d_1=0$$

s'obtient en écrivant que le carré de la distance des centres est égal à la somme des carrés des rayons; on trouve

$$2\lambda a_1+2\mu b_1+2\nu c_1=\rho+d_1.$$

D'après cela, si les coefficients des équations de quatre sphères sont (a_1, b_1, c_1, d_1), (a_2, b_2, c_2, d_2), (a_3, b_3, c_3, d_3),

(a_4, b_4, c_4, d_4), l'équation de la sphère orthogonale sera

$$(1)\quad \begin{vmatrix} x^2+y^2+z^2 & x & y & z & 1 \\ d_1 & -a_1 & -b_1 & -c_1 & 1 \\ d_2 & -a_2 & -b_2 & -c_2 & 1 \\ d_3 & -a_3 & -b_3 & -c_3 & 1 \\ d_4 & -a_4 & -b_4 & -c_4 & 1 \end{vmatrix} = 0.$$

Cela posé, l'équation du lieu des points, dont les plans polaires relatifs aux quatre sphères sont concourants, s'obtient facilement sous la forme

$$(2)\quad \begin{vmatrix} x+a_1 & y+b_1 & z+c_1 & a_1x+b_1y+c_1z+d_1 \\ x+a_2 & y+b_2 & z+c_2 & a_2x+b_2y+c_2z+d_2 \\ x+a_3 & y+b_3 & z+c_3 & a_3x+b_3y+c_3z+d_3 \\ x+a_4 & y+b_4 & z+c_4 & a_4x+b_4y+c_4z+d_4 \end{vmatrix} = 0.$$

Retranchons des éléments de la quatrième colonne du déterminant (2) les éléments des trois premières multipliés respectivement par x, y, z; il devient

$$\begin{vmatrix} x+a_1 & y+b_1 & z+c_1 & x^2+y^2+z^2-d_1 \\ x+a_2 & y+b_2 & z+c_2 & x^2+y^2+z^2-d_2 \\ x+a_3 & y+b_3 & z+c_3 & x^2+y^2+z^2-d_3 \\ x+a_4 & y+b_4 & z+c_4 & x^2+y^2+z^2-d_4 \end{vmatrix} = 0,$$

$$-(x^2+y^2+z^2)\begin{vmatrix} 1 & x+a_1 & y+b_1 & z+c_1 \\ 1 & x+a_2 & y+b_2 & z+c_2 \\ 1 & x+a_3 & y+b_3 & z+c_3 \\ 1 & x+a_4 & y+b_4 & z+c_4 \end{vmatrix}$$

$$+\begin{vmatrix} d_1 & x+a_1 & y+b_1 & z+c_1 \\ d_2 & x+a_2 & y+b_2 & z+c_2 \\ d_3 & x+a_3 & y+b_3 & z+c_3 \\ d_4 & x+a_4 & y+b_4 & z+c_4 \end{vmatrix} = 0.$$

Le premier de ces deux déterminants est la somme de huit déterminants dont sept sont identiquement nuls comme ayant des colonnes identiques; le deuxième est la somme de huit déterminants dont quatre sont identiquement nuls pour la même raison.

On retrouve ainsi le développement de l'équation (1) suivant les éléments de la première ligne.

L'équation (2) représente aussi bien le lieu des points, dont les quatre plans polaires sont concourants, que le lieu des points de concours des plans polaires. Soient, en effet, ξ, η, ζ les coordonnées du pôle, x', y', z' celles du point commun aux quatre plans polaires; l'équation

$$x'(\xi+a_1)+y'(\eta+b_1)+z'(\zeta+c_1)+a_1\xi+b_1\eta+c_1\zeta+d_1=0$$

ou

$$\xi(x'+a_1)+\eta(y'+b_1)+\zeta(z'+c_1)+a_1x'+b_1y'+c_1z'+d_1=0,$$

et les trois autres analogues doivent être vérifiées pour les mêmes valeurs de ξ, η, ζ; en exprimant cette condition, on a l'équation (2).

Démonstration géométrique. — Soit A un point quelconque d'une sphère S orthogonale à une autre sphère S_1, dont O_1 est le centre. Le rayon O_1A coupe S en un second point A_1, tel que le produit $O_1A.O_1A_1$ est égal au carré du rayon de la sphère S_1. Donc A_1 est un point du plan polaire de A par rapport à S_1, et, comme ce plan est perpendiculaire à O_1A, il passe par le point B, diamétralement opposé à A, sur la sphère S. Il résulte de cette remarque que, si l'on considère quatre sphères S_1, S_2, S_3, S_4, les quatre plans polaires d'un point quelconque A de leur sphère orthogonale S passeront par un même point B de cette sphère, deuxième extrémité du diamètre qui passe en A.

2. *Propriétés d'un système de sphères ayant même plan radical.*

Si l'on prend pour plan des yz le plan radical et pour axe des x la ligne des centres, l'équation générale des sphères du système est

$$x^2+y^2+z^2+2\lambda x+c=0.$$

Il y a deux sphères de rayon nul, ou points limites, pour lesquelles $\lambda=\pm\sqrt{c}$; ces points sont sur l'axe des x, de part et d'autre de l'origine, à la distance $\sqrt{c}$.

Cherchons l'équation générale des sphères orthogonales à

celles du système ; si

$$x^2+y^2+z^2+2\alpha x+2\beta y+2\gamma z+\delta=0$$

est l'équation d'une de ces sphères, on devra avoir

$$2\alpha\lambda=c+\delta,$$

quel que soit λ, et, par suite,

$$\alpha=0, \qquad \delta=-c.$$

On a ainsi

$$x^2+y^2+z^2+2\beta y+2\gamma z-c=0.$$

On voit que les centres des sphères orthogonales sont dans le plan radical, et qu'elles passent toutes par les points limites. Il est facile de reconnaître que le lieu des points de contact des tangentes menées d'un point (β, γ) du plan radical à toutes les sphères données n'est autre chose que la sphère orthogonale qui a ce point pour centre.

Prenons, par rapport à la sphère de paramètre λ, le plan polaire d'un point P que nous pouvons supposer dans le plan des xy, sans nuire à la généralité; soient $(x', y', 0)$ les coordonnées de P. Le plan polaire

$$x(x'+\lambda)+yy'+\lambda x'+c=0$$

passe, quel que soit λ, par la droite

$$x+x'=0, \qquad xx'+yy'+c=0.$$

Réciproquement, le plan polaire d'un point $P_1(x_1, y_1, z_1)$ de cette droite passe par la droite

$$x+x_1=0, \qquad xx_1+yy_1+c=0,$$

laquelle passe évidemment par P.

La sphère qui a pour diamètre la droite PP_1 est

$$(x-x')(x-x_1)+(y-y')(y-y_1)+(z-z')(z-z_1)=0$$

ou

$$x^2+y^2+z^2-x(x_1+x')-y(y_1+y')-zz_1-c=0,$$

ce qui se réduit à

$$x^2+y^2+z^2-y(y_1+y')-zz_1-c=0.$$

Cette sphère est donc orthogonale à toutes celles du système donné; il est évident que le diamètre PP_1 de cette sphère touche en P, P_1 les deux sphères qui passent respectivement par ces points.

3. *Propriétés d'un système de sphères ayant même axe radical.*

L'équation générale des sphères passant par deux points fixes équidistants de l'origine, sur l'axe des z, est

$$x^2+y^2+z^2+2\lambda x+2\mu y+c=0.$$

On voit qu'il y a une infinité de sphères de rayon nul dont les centres sont sur le cercle $\lambda^2+\mu^2=c$, dans le plan $z=0$. Les sphères orthogonales passent toutes par ce cercle et ont leurs centres sur l'axe des z.

Les plans polaires d'un point $P(x', y', z')$ par rapport aux sphères données passent par le point d'intersection P_1 des trois plans

$$x+x'=0, \qquad y+y'=0, \qquad xx'+yy'+zz'+c=0,$$

et, réciproquement, les plans polaires de P_1 passent en P. Enfin la sphère décrite sur PP_1 comme diamètre, dont l'équation se réduit à

$$x^2+y^2+z^2-z(z'+z_1)+c=0,$$

est une des sphères orthogonales, et la droite PP_1 touche en P et en P_1 celles des sphères du système donné qui passent respectivement par ces points.

4. *Lieu des centres des sphères tangentes à deux droites.*

En représentant les droites données par les équations

$$(z+c=0,\ y+mx=0), \qquad (z-c=0,\ y-mx=0),$$

on trouve, pour le lieu des centres des sphères tangentes, le paraboloïde

$$mxy+cz(1+m^2)=0.$$

5. *Étant données quatre sphères, les six sphères qui ont*

pour diamètres les droites joignant deux à deux leurs six centres d'homothétie passent par deux points fixes.

Soient Σ_1, Σ_2, Σ_3, Σ_4 les quatre sphères données, S_{12}, s_{12} les centres d'homothétie directe et d'homothétie inverse de Σ_1 et Σ_2, et ainsi de suite. Considérons les sphères Σ_1, Σ_2, Σ_3; les droites $S_{23}s_{23}$, $S_{31}s_{31}$, $S_{12}s_{12}$, contenues dans le plan des centres, sont les diagonales du quadrilatère complet qui a pour côtés les quatre axes d'homothétie des trois grands cercles du plan des centres. Les cercles décrits sur ces diagonales, comme diamètres, ont même axe radical; les trois sphères $S_{23}s_{23}$, $S_{31}s_{31}$, $S_{12}s_{12}$ ont donc même plan radical; elles ont un petit cercle commun, réel ou imaginaire, dont le diamètre, contenu dans le plan des centres (1, 2, 3), est la corde commune aux trois cercles. Maintenant les sphères $S_{23}s_{23}$, $S_{24}s_{24}$, $S_{34}s_{34}$ ont aussi un petit cercle commun, et son plan coupe celui du précédent suivant une droite; les deux petits cercles ont deux points communs sur cette droite, et ces deux points appartiennent à la fois aux six sphères.

On peut former avec les six sphères quatre groupes de trois sphères ayant un plan radical commun, et les quatre groupes donnent les deux mêmes points déjà trouvés.

Pour traiter la question par le calcul, soient (a_1, b_1, c_1), (a_2, b_2, c_2), ..., R_1, R_2, R_3, R_4 les coordonnées des centres et les rayons des sphères données; δ_1^2, δ_2^2, δ_3^2, δ_4^2 les carrés des distances de l'origine aux centres. L'équation de la sphère $S_{12}s_{12}$ est

$$\begin{aligned}(x^2+y^2+z^2)(R_1^2-R_2^2)+2x(a_1R_2^2-a_2R_1^2)\\ +2y(b_1R_2^2-b_2R_1^2)+2z(c_1R_2^2-c_2R_1^2)+R_1\delta_2^2-R_2\delta_1^2=0.\end{aligned}$$

On aurait de même les équations des cinq autres. Le plan radical de $S_{12}s_{12}$, $S_{23}s_{23}$, $S_{31}s_{31}$ est

$$\begin{aligned}2x[a_1(R_2^2-R_3^2)+a_2(R_3^2-R_1^2)+a_3(R_1^2-R_2^2)]\\ +2y[b_1(R_2^2-R_3^2)+\ldots]+2z[c_1(R_2^2-R_3^2)+\ldots]\\ =\delta_1^2(R_2^2-R_3^2)+\delta_2^2(R_3^2-R_1^2)+\delta_3^2(R_1^2-R_2^2),\end{aligned}$$

et les équations des plans radicaux des trois autres groupes, savoir

$$(S_{23}s_{23}, S_{34}s_{34}, S_{42}s_{42}),\ (S_{34}s_{34}, S_{41}s_{41}, S_{13}s_{13}),\ (S_{41}s_{41}, S_{12}s_{12}, S_{24}s_{24})$$

s'écrivent par permutation d'indices. On reconnaît que les quatre plans passent par une droite, axe radical des six sphères.

6. *Lieu du point de contact de deux sphères tangentes entre elles et : 1° à deux sphères fixes; 2° à trois sphères fixes* (¹).

1° Prenons pour origine le centre d'homothétie directe des deux sphères dont les équations seront

$$(x-l)^2+y^2+z^2=R^2,$$
$$(x-\lambda l)^2+y^2+z^2=\lambda^2R^2.$$

Si α, β, γ, ρ sont les coordonnées du centre et le rayon d'une sphère tangente aux deux sphères données, on aura pour son équation (en supposant les contacts extérieurs)

$$(1)\qquad (x-\alpha)^2+(y-\beta)^2+(z-\gamma)^2=\rho^2,$$

avec les conditions

$$(2\qquad (\alpha-l)^2+\beta^2+\gamma^2=(\rho+R)^2,$$
$$(3)\qquad (\alpha-\lambda l)^2+\beta^2+\gamma^2=(\rho+\lambda R)^2.$$

Il résulte de ces équations que, si (x, y, z) est un point fixe, les centres des sphères tangentes qui passent par ce point sont sur le cercle d'intersection de la quadrique de révolution

$$4R^2[(x-\alpha)^2+(y-\beta)^2+(z-\gamma)^2]$$
$$=[2\alpha(l-x)-2\beta y-2\gamma z+x^2+y^2+z^2+R^2-l^2]^2$$

et du plan

$$(4)\qquad 2\alpha x+2\beta y+2\gamma z=x^2+y^2+z^2+\lambda(l^2-R^2),$$

α, β, γ désignant les coordonnées courantes.

Ces deux dernières équations résultent de l'élimination de ρ entre (1), (2) et (3).

(¹) *Voir* le problème analogue en Géométrie plane, PREMIÈRE PARTIE, Ch. I, n° 7.

Il est évident que, si le point x, y, z est tel que deux des sphères qui y passent soient tangentes, ce point doit être dans le plan (4), ce qui donne, pour le lieu des contacts,

$$2x^2 + 2y^2 + 2z^2 = x^2 + y^2 + z^2 + \lambda(l^2 - R^2)$$

ou

$$(5) \qquad x^2 + y^2 + z^2 = \lambda(l^2 - R^2).$$

Le plan (4) n'est autre chose que le plan tangent à la sphère (5) au point où se touchent les deux sphères tangentes. La ligne des centres de ces deux sphères est tangente à la sphère (5).

2° Si l'on donne trois sphères, il est clair que le lieu des contacts des sphères qui les touchent à la fois est un cercle, intersection des deux sphères-lieux qui se rapportent à deux des couples des sphères données.

Solution géométrique. — Lorsqu'une sphère Σ touche extérieurement deux sphères dont les centres sont O, O', les points de contact A, A' sont en ligne droite avec le centre d'homothétie directe S des sphères données; ce sont deux points antihomologues, et l'on a

$$SA.SA' = SO.SO'.$$

Toutes les sphères Σ qui passent par un point M passent aussi par un second point M' de la droite SM, et tel que l'on a

$$SM.SM' = SA.SA' = SO.SO'.$$

On aura des sphères tangentes entre elles si les points M, M' se confondent; le lieu du point de contact est donc la sphère dont le centre est S et dont le rayon est $\sqrt{SO.SO'}$.

7. *Lieu du point de contact d'une sphère fixe et d'une sphère variable assujettie à passer par deux points fixes.*

Soient A, A' les points donnés, O le centre de la sphère fixe S; le lieu du centre d'une sphère passant par A et tangente à S est un hyperboloïde de révolution ayant pour foyers O et A, et pour demi-axe transverse le rayon de S. Le lieu des centres des sphères qui satisfont aux conditions énoncées est l'intersection de cet hyperboloïde et du plan perpendiculaire à AA', mené par le milieu de cette droite.

Le cône qui a pour sommet le centre de S et pour base cette courbe d'intersection coupe la sphère suivant un petit cercle qui est le lieu des contacts. Effectivement le cône dont il s'agit est de révolution, d'après un théorème bien connu : *Si l'on coupe par un plan quelconque la surface engendrée par la révolution d'une conique autour de son axe focal, le cône qui a pour base la section plane et pour sommet un des foyers de la surface est de révolution* (Chap. II, n° 23).

Pour traiter le problème par le calcul, soient $x^2+y^2+z^2=R^2$ l'équation de la sphère, (o, o, c), (a', o, c') les coordonnées des points A, A'; on trouve, pour l'équation du cône qui détermine le petit cercle de la sphère,

$$\{a'x(c^2-R^2)+z[(c-c')(cc'+R^2)-ca'^2]\}^2$$
$$=R^2(a^2+c'^2-c^2)^2(x^2+y^2+z^2).$$

8. *Une sphère variable qui coupe deux sphères fixes suivant deux grands cercles passe par deux points fixes.*

Si les deux sphères fixes ont pour équations

$$x^2+y^2+z^2-R^2=o, \qquad (x-a)^2+y^2+z^2-R'^2=o$$

et si la sphère variable est représentée par

$$x^2+y^2+z^2+2\lambda x+2\mu y+2\nu z+\rho=o,$$

on devra avoir

$$\rho=-R^2, \qquad \lambda=\frac{R^2-R'^2-a^2}{2a},$$

et l'on en conclut que cette dernière sphère coupe l'axe des x, ligne des centres des deux autres, en deux points dont les abscisses sont racines de l'équation

$$ax^2+x(R^2-R'^2-a^2)-aR^2=o.$$

Géométriquement, on voit que le lieu du centre de la sphère variable est le lieu d'un point, tel que la différence des carrés de ses distances aux centres des deux sphères fixes est égale à $R^2-R'^2$. C'est un plan perpendiculaire à la ligne des centres en un point I dont l'abscisse est $\frac{1}{2a}(R^2-R'^2-a^2)$. Considérons un plan quelconque passant par la ligne des centres, et la droite suivant laquelle il coupe le plan précédent; les cercles qui ont leurs centres sur cette droite passeront tous par deux points situés sur la ligne des centres des deux sphères, de part et d'autre et à égale distance de I. Ce sont les points limites du système de cercles déterminé par l'intersection du plan considéré avec les deux sphères fixes. Ils appartiennent à toutes les sphères variables.

9. *Les sphères qui coupent deux sphères fixes sous des angles constants sont tangentes à deux sphères fixes.*

Soient

$$(1) \qquad x^2+y^2+z^2+2ax+c=0,$$

$$(2) \qquad x^2+y^2+z^2+2a'x+c=0$$

deux sphères ayant pour plan radical le plan des yz, et

$$(3) \qquad x^2+y^2+z^2+2\alpha x+2\beta y+2\gamma z+\delta=0$$

une troisième sphère quelconque; enfin

$$x^2+y^2+z^2+2ax+c+\lambda(x^2+y^2+z^2+2a'x+c)=0$$

une sphère appartenant au système déterminé par les deux premières, et tangente à la troisième. Les valeurs de λ seront déterminées par l'équation

$$4(\alpha^2+\beta^2+\gamma^2-\delta)\left[\frac{(a+a'\lambda)^2}{(1+\lambda)^2}-c\right] = \left[\frac{2\alpha(a+a'\lambda)}{1+\lambda}-\delta-c\right]^2$$

ou

$$\begin{aligned}\lambda^2[4(a'^2-c)(\alpha^2+\beta^2+\gamma^2-\delta)-(2\alpha a'-\delta-c)^2]\\+2\lambda[4(a'a-c)(\alpha^2+\beta^2+\gamma^2-\delta)\\-(2\alpha a-\delta-c)(2\alpha a'-\delta-c)]\\+4(a^2-c)(\alpha^2+\beta^2+\gamma^2-\delta)-2(\alpha a-\delta-c)^2=0.\end{aligned}$$

Si l'on désigne par R, R', ρ les rayons des sphères (1), (2), (3), par d la distance des centres de (1) et (2), par Δ la distance des centres de (1) et (3), par Δ' la distance des centres de (2) et (3), cette équation prend la forme suivante

$$\lambda^2[4R'^2\rho^2-(R'^2+\rho^2-\Delta'^2)^2]$$
$$+2\lambda[2\rho^2(R^2+R'^2-d^2)-(R^2+\rho^2-\Delta^2)(R'^2+\rho^2-\Delta'^2)]$$
$$+4R^2\rho^2-(R^2+\rho^2-\Delta^2)^2=0.$$

Mais, si θ est l'angle des sphères (1) et (3), θ' celui des sphères (2) et (3), φ celui de (1) et (2), on a

$$\Delta^2=R^2+\rho^2+2R\rho\cos\theta,$$
$$\Delta'^2=R'^2+\rho^2+2R'\rho\cos\theta',$$
$$d^2=R^2+R'^2+2RR'\cos\varphi,$$

et, par suite, l'équation en λ devient, après la suppression du facteur ρ^2,

$$\lambda^2R'^2\sin^2\theta'+2\lambda RR'(\cos\varphi-\cos\theta\cos\theta')+R^2\sin^2\theta=0.$$

On voit que les valeurs de λ ne dépendent pas du rayon ρ, mais seulement des angles θ et θ'; on conclut de là que, si la sphère (3) coupe les sphères (1) et (2) sous des angles constants, elle est toujours tangente à deux sphères fixes ayant même plan radical que (1) et (2).

On peut aussi chercher le lieu des centres des sphères qui coupent (1) et (2) sous des angles constants; ce lieu est un hyperboloïde de révolution autour de son axe focal qui est l'axe des x. Les deux foyers sont les centres des deux sphères qui touchent toutes les sphères variables.

10. *Les sphères qui coupent trois sphères fixes sous le même angle ont leurs centres dans un même plan et passent par deux points fixes; les sphères qui coupent quatre sphères fixes sous le même angle ont leurs centres sur une droite.*

Soient

$$(x-a)^2+(y-b)^2+z^2=R^2,$$
$$(x-a')^2+(y-b')^2+z^2=R'^2,$$
$$(x-a'')^2+(y-b'')^2+z^2=R''^2$$

trois sphères fixes dont les centres sont dans le plan des xy;

$$(x-\alpha)^2+(y-\beta)^2+(z-\gamma)^2=\rho^2$$

une sphère variable qui coupe les trois premières sous le même angle θ. On aura

$$(\alpha - a)^2 + (\beta - b)^2 + \gamma^2 = R^2 + \rho^2 + 2R\rho\cos\theta,$$
$$(\alpha - a')^2 + (\beta - b')^2 + \gamma^2 = R'^2 + \rho^2 + 2R'\rho\cos\theta,$$
$$(\alpha - a'')^2 + (\beta - b'')^2 + \gamma^2 = R''^2 + \rho^2 + 2R''\rho\cos\theta$$

et, par suite,

$$(1)\quad \left\{\begin{aligned} &\frac{\alpha^2+\beta^2+\gamma^2-2a\alpha-2b\beta+a^2+b^2-R^2-\rho^2}{R}\\ &=\frac{\alpha^2+\beta^2+\gamma^2-2a'\alpha-2b'\beta+a'^2+b'^2-R'^2-\rho^2}{R'}\\ &=\frac{\alpha^2+\beta^2+\gamma^2-2a''\alpha-2b''\beta+a''^2+b''^2-R''^2-\rho^2}{R''}=\lambda.\end{aligned}\right.$$

On aura le lieu du centre de la sphère variable en éliminant ρ^2 et λ entre ces trois équations, ce qui donne

$$\begin{vmatrix} 1 & R & R^2 - a^2 - b^2 + 2a\alpha + 2b\beta - (\alpha^2+\beta^2+\gamma^2) \\ 1 & R' & R'^2 - a'^2 - b'^2 + 2a'\alpha + 2b'\beta - (\alpha^2+\beta^2+\gamma^2) \\ 1 & R'' & R''^2 - a''^2 - b''^2 + 2a''\alpha + 2b''\beta - (\alpha^2+\beta^2+\gamma^2) \end{vmatrix} = 0$$

ou

$$(2)\quad \begin{vmatrix} 1 & R & R^2 - a^2 - b^2 + 2a\alpha + 2b\beta \\ 1 & R' & R'^2 - a'^2 - b'^2 + 2a'\alpha + 2b'\beta \\ 1 & R'' & R''^2 - a''^2 - b''^2 + 2a''\alpha + 2b''\beta \end{vmatrix} = 0.$$

Ce lieu est un plan perpendiculaire au plan des centres des trois sphères et à leur axe de similitude directe. Les sphères variables passent, d'ailleurs, par deux points fixes situés sur cet axe. En effet, écrivons les équations (1) sous la forme

$$(\rho^2 - \alpha^2 - \beta^2 - \gamma^2) + 2a\alpha + 2b\beta = a^2 + b^2 - R^2 - \lambda R, \quad \ldots.$$

On peut tirer de là les valeurs de α, β et de $\rho^2 - \alpha^2 - \beta^2 - \gamma^2$ en fonction de λ, et, en les substituant dans l'équation du cercle d'intersection de la sphère variable avec le plan des xy, on reconnaît que l'équation de ce cercle contient λ au premier degré. Donc les cercles, traces des sphères sur xOy, et, par suite, les sphères elles-mêmes passent par deux points fixes, et il est facile de s'assurer que ces points sont sur l'axe de similitude.

La méthode de transformation par rayons vecteurs réciproques conduit aux mêmes résultats. On remarque d'abord que le lieu des points qui, étant pris pour pôles d'inversion, permettent de transformer les trois sphères données S, S', S″ en trois sphères ayant leurs centres en ligne droite, est le cercle orthogonal aux trois grands cercles de S, S', S″ compris dans le plan de leurs centres. Il existe, sur ce cercle orthogonal, deux points, tels que les sphères transformées auront ces points pour centres de similitude directe; ce sont les deux points σ, σ' où il coupe les deux cercles tangents extérieurement aux trois grands cercles, et en même temps l'axe de similitude directe de ceux-ci. Prenons un des points σ, σ' pour pôle; tout plan passant par ce point coupera sous le même angle les trois sphères Σ, Σ', Σ'', transformées de S, S', S″; au système de ces plans correspond, dans la figure primitive, le système des sphères qui coupent sous le même angle S, S' et S″; elles passent toutes par σ, σ', et leurs centres sont dans le plan perpendiculaire à la droite $\sigma\sigma'$, en son milieu. Ce plan passe évidemment par l'axe radical de S, S', S″.

Considérons maintenant quatre sphères fixes S, S', S″, S‴; en les combinant trois à trois et en appliquant les résultats obtenus plus haut, on verra que les sphères qui les coupent toutes quatre sous le même angle ont pour plan radical leur plan de similitude directe, plan qui contient les six centres et les quatre axes de similitude directe de S, S', S″, S‴; le lieu des centres des sphères variables est une droite perpendiculaire au plan précédent et passant par le centre radical des sphères données.

Ce qui précède conduit immédiatement à la solution de ce problème : *construire une sphère qui coupe cinq sphères données sous le même angle.* Il suffit de construire le plan, lieu des centres des sphères qui coupent sous le même angle S_1, S_2, S_3; puis les droites, lieux des centres des sphères qui coupent sous le même angle S_1, S_2, S_3, S_4 et S_1, S_2, S_3, S_5; elles sont contenues dans le plan précédent et se coupent au centre de la sphère cherchée.

11. *Lieu des centres des sphères qui coupent trois sphères données sous un angle donné.*

Les sphères qui coupent sous le même angle θ deux des sphères données, S et S', touchent deux sphères fixes (n° 9) qui ont même plan radical que S, S'; leurs centres sont sur un hyperboloïde à deux nappes engendré par la révolution autour de la ligne des centres de S, S' d'une hyperbole dont les foyers sont les centres des deux sphères fixes Σ, Σ'; cet hyperboloïde passe par le cercle réel ou imaginaire commun à S et à S'. Les sphères qui coupent S, S', S'' sous le même angle ont leurs centres dans le plan défini par l'équation (2) du n° 10; le lieu cherché est donc une conique, intersection de ce plan et de l'hyperboloïde. Si l'on fait varier l'angle θ, l'hyperboloïde variera aussi, ses foyers se déplaceront sur la ligne des centres de S, S'; mais tous les hyperboloïdes se touchent suivant le cercle commun à ces deux sphères. Toutes les coniques, lieux des centres des sphères définies par l'angle variable θ, sont situées dans le même plan (2), et elles se touchent en deux points situés sur l'axe radical de S, S', S''; ce sont les points d'intersection de ces trois sphères.

12. *Enveloppe du plan qui coupe deux sphères fixes, trois sphères fixes suivant des cercles égaux.*

Prenons pour origine le milieu de la distance des centres des deux sphères; leurs équations seront

$$(x-a)^2+y^2+z^2=R^2, \qquad (x+a)^2+y^2+z^2=R'^2.$$

Soit

$$ux+vy+wz=1$$

un plan variable; la condition pour qu'il coupe les deux sphères suivant des cercles égaux est

$$(u^2+v^2+w^2)(R^2-R'^2)+4au=0.$$

C'est l'équation tangentielle de l'enveloppe; on aura l'équation ponctuelle en éliminant u, v, w entre l'équation du plan, l'équation de condition et celles-ci

$$\frac{u(R^2-R'^2)+2a}{x}=\frac{v(R^2-R'^2)}{y}=\frac{w(R^2-R'^2)}{z}.$$

On trouve

$$4a^2(x^2+y^2+z^2)=(2ax+R^2-R'^2)^2,$$

paraboloïde de révolution qui a pour axe la ligne des centres, pour foyer l'origine, pour sommet le point où le plan radical des deux sphères coupe la ligne des centres.

Pour avoir l'enveloppe du plan qui coupe trois sphères sous des angles égaux, il faut chercher les paraboloïdes relatifs à deux des couples de sphères, et l'enveloppe de leurs plans tangents communs. C'est la développable circonscrite aux deux paraboloïdes; elle est du huitième ordre.

Son équation s'obtient par le calcul suivant. Soit

$$(x-\alpha)^2+(y-\beta)^2+z^2=\rho^2$$

la troisième sphère; le paraboloïde relatif à la première sphère et à celle-ci a pour équation tangentielle

$$u^2(\rho^2-R^2+a^2-\alpha^2)+v^2(\rho^2-R^2-\beta^2)+w^2(\rho^2-R^2)$$
$$-2\alpha\beta uv+2u(a-\alpha)-2\beta v=0.$$

Désignons, pour abréger, par

$$\Pi=Au^2+Av^2+Aw^2+2Cu=0,$$
$$\Pi_1=A_1u^2+A'_1v^2+A''_1w^2+2B''_1uv+2C_1u+2C'_1v=0$$

les équations tangentielles des deux paraboloïdes; $\Pi_1+\lambda\Pi=0$ représentera une quadrique quelconque inscrite dans la développable circonscrite aux deux surfaces. Son équation ponctuelle est

$$\begin{vmatrix} A_1+\lambda A & B''_1 & 0 & C_1+\lambda C & x \\ B''_1 & A'_1+\lambda A & 0 & C'_1 & y \\ 0 & 0 & A''_1+\lambda A & 0 & z \\ C_1+\lambda C & C'_1 & 0 & 0 & 1 \\ x & y & z & 1 & 0 \end{vmatrix}=0$$

ou

$$M\lambda^3+N\lambda^2+P\lambda+Q=0.$$

En égalant à zéro le discriminant de cette fonction du troisième degré en λ, on aura l'équation de la développable.

13. *On donne trois points fixes* A, B, C; *trouver le lieu du point* P, *tel que l'on ait*

$$\overline{PA}^2 + \overline{PB}^2 = \overline{PC}^2.$$

Si l'on prend pour axes des x et des y les droites CA, CB, pour axe des z la perpendiculaire au plan ABC, soit v l'angle ACB, CA $= a$, CB $= b$. Le lieu du point P est la sphère

$$x^2 + y^2 + z^2 + 2xy\cos v$$
$$- 2x(a + b\cos v) - 2y(b + a\cos v) + a^2 + b^2 = 0,$$

dont le centre a pour coordonnées a, b, et dont le rayon est

$$\sqrt{2ab\cos v}.$$

14. *On donne une sphère* C *et un plan: si l'on décrit une sphère quelconque* C' *touchant le plan en un point donné et coupant la première, le plan de la section passe par une droite fixe. Si le point de contact est variable et si le plan de la section passe par un point fixe, le centre de la sphère* C' *décrit un paraboloïde.*

Soit

$$x^2 + y^2 + z^2 + 2ax + 2by + 2cz + d = 0$$

la sphère fixe, et supposons que le plan donné soit le plan xOy; le plan radical de la sphère fixe et d'une sphère tangente à ce plan à l'origine, passe par la droite

$$z = 0, \qquad 2ax + 2by + d = 0.$$

Si maintenant

$$(x - \alpha)^2 + (y - \beta)^2 + (z - \gamma)^2 = \gamma^2$$

est une sphère quelconque tangente au plan des xy et si le plan radical des deux sphères doit passer par un point (x_1, y_1, z_1), les coordonnées du centre de la sphère mobile satisfont à l'équation

$$\alpha^2 + \beta^2 = 2\alpha x_1 + 2\beta y_1 + 2\gamma z_1 + 2ax_1 + 2by_1 + 2cz_1 + d,$$

qui représente un paraboloïde de révolution.

15. *Des sphères de rayon constant passent par un point fixe* O; *trouver l'enveloppe des plans polaires d'un point donné* P.

L'enveloppe est une surface de révolution dont l'axe focal est la droite OP; un des foyers est le point P', symétrique de P par rapport au point O, et le plan directeur correspondant est le plan perpendiculaire à OP, mené par O. La surface est un hyperboloïde à deux nappes si le rayon de la sphère mobile est plus petit que OP, un ellipsoïde s'il est plus grand que OP, un paraboloïde si ce rayon est égal à OP.

16. *Une sphère fixe est coupée par une autre sphère qui passe par un point fixe de la surface de la première et dont le centre décrit un ellipsoïde ayant pour centre le point fixe. Trouver l'enveloppe du plan radical de la sphère fixe et de la sphère mobile.*

L'enveloppe est un cône dont trois génératrices sont les axes de l'ellipsoïde, dans le cas particulier où le centre de la sphère fixe est un des sommets du parallélépipède rectangle circonscrit à l'ellipsoïde.

17. *Enveloppe des sphères qui ont pour diamètres les cordes d'une sphère fixe menées par un point donné sur la surface de cette sphère.*

Soit

$$x^2 + y^2 + z^2 - 2Rx = 0$$

la sphère fixe, l'origine étant le point de sa surface par lequel passent les cordes; (x, y, z) étant l'extrémité d'une de ces cordes, la sphère variable aura pour équation

$$xx_1 + yy_1 + zz_1 = x^2 + y^2 + z^2.$$

Son enveloppe est la surface de révolution du quatrième ordre

$$(x^2 + y^2 + z^2 - Rx)^2 = R^2(x^2 + y^2 + z^2),$$

dont l'axe est Ox, et dont la méridienne située dans le plan des zx a pour équation, en coordonnées polaires,

$$\rho = 2R\cos^2\frac{\theta}{2}.$$

18. *On donne un octaèdre hexagonal dont les trois diagonales sont concourantes et perpendiculaires deux à deux. Si du point de concours des diagonales on abaisse des perpendiculaires sur les huit faces, les pieds de ces perpendiculaires sont quatre par quatre dans six plans qui constituent un hexaèdre octogonal inscriptible dans une sphère. Les perpendiculaires abaissées des sommets de l'octaèdre sur les faces correspondantes de l'hexaèdre se coupent en un même point, et le centre de la sphère circonscrite à l'hexaèdre est le milieu de la droite qui joint ce dernier point au point de concours des diagonales de l'octaèdre.*

Prenons pour axes les diagonales AOA', BOB', COC' de l'octaèdre, et soient

$$OA = a,\quad OA' = a',\quad OB = b,\quad OB' = b',\quad OC = c,\quad OC' = c'.$$

Les pieds des perpendiculaires abaissées de l'origine sur les quatre faces qui se coupent au point A, sur l'axe des x, sont dans le plan

$$(1)\quad \begin{cases} x(bcb'c' - a^2bb' - a^2cc') \\ \quad + acc'y(b+b') + abb'z(c+c') = abcb'c'. \end{cases}$$

Les pieds des perpendiculaires abaissées sur les faces qui se coupent en A' sont dans le plan

$$(2)\quad \begin{cases} x(bcb'c' - bb'a'^2 - cc'a'^2) \\ \quad + a'cc'y(b+b') + a'bb'z(c+c') = a'bcb'c'. \end{cases}$$

On trouve de même pour les autres faces de l'hexaèdre qui correspondent aux sommets B, B', C, C' de l'octaèdre

$$(3)\quad \begin{cases} bcc'x(a+a') \\ \quad + y(cac'a' - b^2cc' - ab^2a') + aba'z(c+c') = abcc'a', \end{cases}$$

$$(4)\quad \begin{cases} cb'c'x(a+a') \\ \quad + y(cac'a' - b'^2cc' - aa'b'^2) + aa'b'z(c+c') = caa'b'c', \end{cases}$$

$$(5)\quad \begin{cases} bcb'x(a+a') + caa'y(b+b') \\ \quad + z(aba'b' - c^2aa' - c^2bb') = abca'b', \end{cases}$$

$$(6)\quad \begin{cases} bb'c'x(a+a') + c'aa'y(b+b') \\ \quad + z(aba'b' - c'^2aa' - c'^2bb') = aba'b'c'. \end{cases}$$

Les perpendiculaires abaissées sur ces six plans des points A, A', B, ... se coupent au point

$$\xi = \frac{bcb'c'(a+a')}{bcb'c' + cac'a' + aba'b'},$$

$$\eta = \frac{cac'a'(b+b')}{bcb'c' + cac'a' + aba'b'},$$

$$\zeta = \frac{aba'b'(c+c')}{bcb'c' + cac'a' + aba'b'}.$$

Enfin l'équation de la sphère circonscrite à l'hexaèdre est

$$\left(x - \frac{\xi}{2}\right)^2 + \left(\;\; - \frac{\eta}{2}\right)^2 + \left(z - \frac{\zeta}{2}\right)^2$$
$$= \frac{b^2c^2b'^2c'^2(a-a')^2 + c^2a^2c'^2a'^2(b-b')^2 + a^2b^2a'^2b'^2(c-c')^2}{4(bcb\ c + cac\ a + aba\ b\ )^2}$$

Solution géométrique. — Considérons une sphère et un parallélépipède rectangle incrit; si l'on transforme la figure par polaires réciproques par rapport à une autre sphère quelconque, on aura une surface de révolution inscrite dans un octaèdre à diagonales concourantes et rectangulaires. Ces diagonales se coupent au centre de la sphère par rapport à laquelle on fait la transformation et ce point est un foyer de la surface de révolution. Il résulte de là que, si l'on donne un octaèdre satisfaisant aux conditions énoncées, il est possible de lui inscrire une quadrique de révolution ayant pour un de ses foyers le point de concours O des diagonales. Les pieds des perpendiculaires abaissées du foyer sur les faces appartiennent à la sphère décrite sur l'axe focal comme diamètre.

Si maintenant on considère le cône circonscrit à la quadrique et ayant pour sommet un des sommets A de l'octaèdre, les pieds des perpendiculaires abaissées du foyer O sur les plans tangents à ce cône seront sur un même petit cercle de la sphère (Chap. II, n° 24), et, en particulier, les quatre points situés sur les faces de l'octaèdre concourantes en A seront quatre sommets d'un hexaèdre inscrit dans la sphère. Les lignes focales du cône sont les droites qui joignent son sommet A au foyer O et au second foyer O' de la quadrique. La droite AO' est d'ailleurs perpendiculaire au plan du petit cercle qui est parallèle à l'un des plans cycliques du cône supplémentaire du cône A (Chap. II, n° 35). Ainsi les six droites concourantes AO', A'O', BO', ... sont perpendiculaires aux faces de l'hexaèdre.

CHAPITRE II.

CONES ET CYLINDRES DU SECOND DEGRÉ.

1. *Si par tous les points d'une section circulaire d'un cône on mène des plans perpendiculaires aux génératrices correspondantes, ces plans enveloppent un cône supplémentaire du premier.*

Soient

$$z = 0, \qquad x^2 + y^2 - R^2$$

une section circulaire d'un cône dont le sommet a pour coordonnées $(\alpha, 0, \gamma)$; l'enveloppe demandée est le cône

$$(\alpha x + \gamma z + R^2)^2 - R^2(x + \alpha)^2 - R^2 y^2 = 0,$$

dont le sommet est

$$x_1 = -\alpha, \qquad y_1 = 0, \qquad z_1 = \frac{\alpha^2 - R^2}{\gamma}.$$

Pour reconnaître géométriquement la nature de l'enveloppe, considérons les deux génératrices SA, SB du cône donné, contenues dans le plan principal perpendiculaire à la section circulaire. Les perpendiculaires à SA, SB contenues dans le plan principal se coupent en un point S′, et la sphère décrite sur SS′ comme diamètre passe par le cercle de base du cône; le point S′ est évidemment le point de concours de tous les plans perpendiculaires aux génératrices, menés par les points du cercle. L'enveloppe de ces plans est donc un cône dont le sommet est S′ et qui est supplémentaire du cône donné.

On aura la trace du cône supplémentaire sur le plan du cercle, en projetant le point S en Σ sur ce plan et en construisant la *podaire négative* [1] du cercle par rapport à Σ; c'est une conique dont Σ est un foyer.

2. *Lieu des points d'où l'on voit un cône sous un angle donné.*

L'équation du cône donné étant

$$ax^2 + by^2 + cz^2 = 0,$$

le couple des plans tangents menés par un point (α, β, γ) est

$$(ax^2 + by^2 + cz^2)(a\alpha^2 + b\beta^2 + c\gamma^2) - (a\alpha x + b\beta y + c\gamma z)^2 = 0.$$

Soient

$$lx + my + nz = 0, \qquad l'x + m'y + n'z = 0$$

les équations séparées des deux plans, de sorte qu'on ait identiquement

$$\begin{aligned} ax^2(b\beta^2 + c\gamma^2) &+ by^2(c\gamma^2 + a\alpha^2) \\ &+ cz^2(a\alpha^2 + b\beta^2) - 2bc\beta\gamma yz - 2ca\gamma\alpha zx - 2ab\alpha\beta xy \\ &= ll'x^2 + mm'y^2 + nn'z^2 + yz(mn' + m'n) \\ &+ zx(nl' + n'l) + xy(lm' + l'm). \end{aligned}$$

L'angle V des deux plans est donné par la formule

$$\cos V = \frac{ll' + mm' + nn'}{\sqrt{l^2 + m^2 + n^2}\sqrt{l'^2 + m'^2 + n'^2}}.$$

Mais on a

$$\begin{aligned} (l^2 + m^2 + n^2)&(l'^2 + m'^2 + n'^2) \\ &= l^2 l'^2 + m^2 m'^2 + n^2 n'^2 + (mn' + m'n)^2 - 2mm'nn' \\ &+ (nl' + n'l)^2 - 2nn'll' + (lm' + l'm)^2 - 2ll'mm'. \end{aligned}$$

On conclut de là que le lieu demandé est le cône du qua-

---

[1] Lorsqu'on prend la podaire C' d'une courbe C par rapport à un point A, C est appelée *podaire négative* de C'

trième ordre

$$\begin{aligned}
&[ax^2(b+c)+by^2(c+a)+cz^2(a+b)]^2\\
&\quad=\cos^2 V\,[a^2x^4(b-c)^2+b^2y^4(c-a)^2\\
&\qquad+c^2z^4(a-b)^2-2bc\,y^2z^2(a-b)(c-a)]\\
&\qquad-2ca\,z^2x^2(b-c)(a-b)-2ab\,x^2y^2(c-a)(b-c).
\end{aligned}$$

Quand les deux plans doivent être perpendiculaires, le lieu se réduit à un cône du second degré

$$ax^2(b+c)+by^2(c+a)+cz^2(a+b)=0.$$

3. *Lieu des intersections des plans tangents à un cône suivant des génératrices rectangulaires, et enveloppe du plan de ces génératrices.*

Le plan polaire d'un point (α, β, γ) par rapport au cône

$$ax^2+by^2+cz^2=0$$

est

$$a\alpha x+b\beta y+c\gamma z=0.$$

Il faut exprimer que l'intersection de ce plan et du cône se compose de deux droites rectangulaires; pour cela, soit

$$ax^2+by^2+cz^2+(\lambda x+\mu y+\nu z)(a\alpha x+b\beta y+c\gamma z)=0$$

un cône quelconque passant par les deux droites; s'il contient la normale au plan, on aura

$$\begin{aligned}
&a^3\alpha^2+b^3\beta^2+c^3\gamma^2\\
&\qquad+(\lambda a\alpha+\mu b\beta+\nu c\gamma)(a^2\alpha^2+b^2\beta^2+c^2\gamma^2)=0.
\end{aligned}$$

Mais alors, le cône étant capable d'un trièdre trirectangle, on sait que la somme des coefficients des carrés des variables doit être nulle; on aura donc aussi

$$a+b+c+\lambda a\alpha+\mu b\beta+\nu c\gamma=0.$$

La comparaison de ces deux conditions donne

$$a^3\alpha^2+b^3\beta^2+c^3\gamma^2-(a+b+c)(a^2\alpha^2+b^2\beta^2+c^2\gamma^2)=0$$

ou bien

$$a^2\alpha^2(b+c)+b^2\beta^2(c+a)+c^2\gamma^2(a+b)=0.$$

Cette équation représente le cône, lieu des intersections des plans tangents au cône donné suivant deux génératrices rectangulaires. L'enveloppe du plan des deux génératrices est

$$\frac{x^2}{b+c}+\frac{y^2}{c+a}+\frac{z^2}{a+b}=0.$$

4. *Angle des deux droites déterminées par l'intersection d'un plan et d'un cône, et équation des bissectrices de ces deux droites.*

Soient

$$ax^2+by^2+cz^2=0$$

l'équation du cône,

$$lx+my+nz=0$$

celle du plan.

Considérons le cylindre, ensemble de deux plans, dont les génératrices sont perpendiculaires au plan donné, et qui a pour directrice les deux droites suivant lesquelles ce plan coupe le cône. Son équation est

$$\begin{aligned}
&x^2[a(m^2+n^2)^2+bl^2m^2+c^2n^2l^2]\\
&+y^2[al^2m^2+b(n^2+l^2)^2+cm^2n^2]\\
&+z^2[an^2l^2+bm^2n^2+c(l^2+m^2)^2]\\
&+2mnyz[al^2-b(n^2+l^2)-c(l^2+m^2)]\\
&+2nlzx[-a(m^2+n^2)+bm^2-c(l^2+m^2)]\\
&+2lmxy[-a(m^2+n^2)-b(n^2+l^2)+cn^2)=0.
\end{aligned}$$

En procédant comme au n° 2, on trouve, pour l'angle des deux plans, qui est celui des génératrices du cône,

$$\cos V=\frac{a(m^2+n^2)+b(n^2+l^2)+c(l^2+m^2)}{\sqrt{\left\{\begin{array}{l}l^4(b-c)^2+m^4(c-a)^2+n^4(a-b)^2-2m^2n^2(c-a)(a-b)\\ \quad -2n^2l^2(a-b)(b-c)-2l^2m^2(b-c)(c-a)\end{array}\right\}}}$$

Désignons par (x_1, y_1, z_1) les coordonnées d'un point quelconque d'une des bissectrices de l'angle des deux droites; l'autre bissectrice est l'intersection du plan donné et du plan polaire de (x_1, y_1, z_1) par rapport au cône, c'est-à-dire du plan

$$axx_1+byy_1+czz_1=0.$$

Comme les coordonnées (x_2, y_2, z_2) d'un point de cette seconde bissectrice vérifient aussi l'équation

$$lx_2 + my_2 + nz_2 = 0,$$

on aura

$$\frac{x_2}{mcz_1 - nby_1} = \frac{y_2}{nax_1 - lcz_1} = \frac{z_2}{lby_1 - max_1}.$$

Enfin la condition de perpendicularité des deux bissectrices est

$$x_1x_2 + y_1y_2 + z_1z_2 = 0$$

et, par suite, le système de ces deux droites sera représenté par l'équation du second degré

$$(1) \quad x(mcz - nby) + (nax - lcz) + z(lby - max) = 0$$

et par l'équation du plan donné.

Si le cône était défini par l'équation générale du second degré

$$Ax^2 + A'y^2 + \ldots + 2B''xy = \varphi(x, y, z) = 0,$$

l'équation (1) serait remplacée par la suivante :

$$x\left(m\frac{d\varphi}{dz} - n\frac{d\varphi}{dy}\right) + y\left(n\frac{d\varphi}{dx} - l\frac{d\varphi}{dz}\right) + z\left(l\frac{d\varphi}{dy} - m\frac{d\varphi}{dx}\right) = 0.$$

5. *Déterminer les cônes de révolution tangents aux faces d'un trièdre.*

L'équation du cône est de la forme

$$l^2x^2 + m^2y^2 + n^2z^2 - 2mnyz - 2nlzx - 2lmxy = 0,$$

et les coefficients l, m, n doivent être déterminés par la condition que la fonction

$$\begin{aligned} &l^2x^2 + m^2y^2 + \ldots - 2lmxy \\ &\quad + S(x^2 + y^2 + z^2 + 2yz\cos\lambda + 2zx\cos\mu + 2xy\cos\nu) \end{aligned}$$

soit un carré parfait (λ, μ, ν désignant, selon l'usage, les angles des arêtes du trièdre qui sont prises pour axes de coordonnées obliques). Les trois dérivées de cette forme quadratique auront leurs coefficients proportionnels, ce qui donne

$$(S+m^2)(S+n^2)-(S\cos\lambda-mn)^2=0,$$
$$(S+n^2)(S+l^2)-(S\cos\mu-nl)^2=0,$$
$$(S+l^2)(S+m^2)-(S\cos\nu-lm)^2=0$$

ou

$$S\sin^2\lambda+m^2+n^2+2mn\cos\lambda=0,$$
$$S\sin^2\mu+n^2+l^2+2nl\cos\mu=0,$$
$$S\sin^2\nu+l^2+m^2+2lm\cos\nu=0.$$

Ainsi l^2, m^2, n^2 sont déterminés par le groupe d'équations

$$(1)\quad \left\{\begin{aligned}\frac{m^2+n^2+2mn\cos\lambda}{\sin^2\lambda}&=\frac{n^2+l^2+2nl\cos\mu}{\sin^2\mu}\\&=\frac{l^2+m^2+2lm\cos\nu}{\sin^2\nu}.\end{aligned}\right.$$

Il y a quatre cônes de révolution tangents aux faces du trièdre. Leurs axes s'obtiennent facilement en écrivant les équations des droites également inclinées sur les plans coordonnés; une droite

$$\frac{x}{a}=\frac{y}{b}=\frac{z}{c}$$

fait avec les plans coordonnés des angles V_1, V_2, V_3 donnés par les formules

$$\sin V_1=\frac{a\sqrt{1-\cos^2\lambda-\cos^2\mu-\cos^2\nu+2\cos\lambda\cos\mu\cos\nu}}{\sin\lambda\sqrt{a^2+b^2+c^2+2bc\cos\lambda+2ca\cos\mu+2ab\cos\nu}}$$
$$=\frac{a\sqrt{\delta}}{\rho\sin\lambda},$$
$$\sin V_2=\frac{b\sqrt{\delta}}{\rho\sin\mu},$$
$$\sin V_3=\frac{c\sqrt{\delta}}{\rho\sin\nu}.$$

On a donc

$$\frac{a^2}{\sin^2\lambda}=\frac{b^2}{\sin^2\mu}=\frac{c^2}{\sin^2\nu},$$

et les axes des quatre cônes sont représentés par les équations

$$\frac{x^2}{\sin^2\lambda} = \frac{y^2}{\sin^2\mu} = \frac{z^2}{\sin^2\nu}.$$

Pour obtenir les équations séparées des quatre cônes, on peut procéder de la manière suivante; prenons celui dont l'axe est

$$\frac{x}{\sin\lambda} = \frac{y}{\sin\mu} = \frac{z}{\sin\nu}.$$

L'angle des génératrices avec l'axe a pour sinus

$$\sin V_1 = \frac{\sqrt{1 - \cos^2\lambda - \cos^2\mu - \cos^2\nu + 2\cos\lambda\cos\mu\cos\nu}}{\sqrt{\begin{bmatrix}\sin^2\lambda + \sin^2\mu + \sin^2\nu + 2\cos\lambda\sin\mu\sin\nu \\ + 2\sin\lambda\cos\mu\sin\nu + 2\sin\lambda\sin\mu\cos\nu\end{bmatrix}}},$$

et l'on a

$$\cos^2 V_1 = \frac{2(\cos\lambda\sin\mu\sin\nu + \sin\lambda\cos\mu\sin\nu + \sin\lambda\sin\mu\cos\nu - \cos\lambda\cos\mu\cos\nu + 1)}{\sin^2\lambda + \sin^2\mu + \sin^2\nu + 2\cos\lambda\sin\mu\sin\nu + 2\sin\lambda\cos\mu\sin\nu + 2\sin\lambda\sin\mu\cos\nu}.$$

On conclut de là, d'après la formule qui donne le cosinus de l'angle de deux droites en coordonnées obliques, que le lieu d'une droite faisant l'angle V_1 avec l'axe est représenté par l'équation

$$\begin{aligned}&\begin{bmatrix}x\sin\lambda + y\sin\mu + z\sin\nu + \cos\lambda(y\sin\nu + z\sin\mu) \\ + \cos\mu(z\sin\lambda + x\sin\nu) + \cos\nu(x\sin\mu + y\sin\lambda)\end{bmatrix}^2 \\ &\quad = 2(x^2 + y^2 + z^2 + 2yz\cos\lambda + 2zx\cos\mu + 2xy\cos\nu) \\ &\quad\quad \times \begin{bmatrix}\cos\lambda\sin\mu\sin\nu + \sin\lambda\cos\mu\sin\nu \\ + \sin\lambda\sin\mu\cos\nu - \cos\lambda\cos\mu\cos\nu + 1\end{bmatrix}\end{aligned}$$

ou

$$\begin{aligned}&\{x[\sin\lambda + \sin(\mu+\nu)] + y[\sin\mu + \sin(\nu+\lambda)] + z[\sin\nu + \sin(\lambda+\mu)]\}^2 \\ &= 2[1 - \cos(\lambda+\mu+\nu)](x^2 + y^2 + z^2 + 2yz\cos\lambda + 2zx\cos\mu + 2xy\cos\nu).\end{aligned}$$

Remplaçant $1 - \cos(\lambda+\mu+\nu)$ par $2\sin^2\dfrac{\lambda+\mu+\nu}{2}$, transformant les sommes de sinus en produits, divisant enfin par

$4\sin^2\frac{\lambda+\mu+\nu}{2}$, il vient

$$\left(x\cos\frac{-\lambda+\mu+\nu}{2}+y\cos\frac{\lambda-\mu+\nu}{2}+z\cos\frac{\lambda+\mu-\nu}{2}\right)^2$$
$$=x^2+y^2+z^2+2yz\cos\lambda+2zx\cos\mu+2xy\cos\nu.$$

Les trois autres cônes ont pour axes les droites

$$\frac{x}{\sin\lambda}=-\frac{y}{\sin\mu}=-\frac{z}{\sin\nu},$$
$$\frac{x}{\sin\lambda}=-\frac{y}{\sin\mu}=\frac{z}{\sin\nu},$$
$$\frac{x}{\sin\lambda}=\frac{y}{\sin\mu}=-\frac{z}{\sin\nu},$$

et l'on trouve de même leurs équations, savoir

$$\left(x\cos\frac{\lambda+\mu+\nu}{2}+y\cos\frac{\lambda+\mu-\nu}{2}+z\cos\frac{\lambda-\mu+\nu}{2}\right)^2$$
$$=x^2+y^2+z^2+2yz\cos\lambda+\ldots,$$
$$\left(x\cos\frac{\lambda+\mu-\nu}{2}+y\cos\frac{\lambda+\mu+\nu}{2}+z\cos\frac{-\lambda+\mu+\nu}{2}\right)^2$$
$$=x^2+y^2+z^2+2yz\cos\lambda+\ldots,$$
$$\left(x\cos\frac{\lambda-\mu+\nu}{2}+y\cos\frac{-\lambda+\mu+\nu}{2}+z\cos\frac{\lambda+\mu+\nu}{2}\right)^2$$
$$=x^2+y^2+z^2+2yz\cos\lambda+\ldots.$$

On peut mettre ces quatre équations sous les formes

$$\sqrt{x\sin\frac{-\lambda+\mu+\nu}{2}}+\sqrt{y\sin\frac{\lambda-\mu+\nu}{2}}$$
$$+\sqrt{z\sin\frac{\lambda+\mu-\nu}{2}}=0,$$

....

Les valeurs de l, m, n qui satisfont aux équations (1) se trouvent ainsi en évidence.

6. *Déterminer les cônes de révolution qui passent par les arêtes d'un trièdre.*

On aura les équations des axes des cônes en exprimant qu'une droite $\frac{x}{a} = \frac{y}{b} = \frac{z}{c}$ fait des angles égaux avec les axes obliques Ox, Oy, Oz. Les cosinus de ces angles sont

$$\cos\alpha = \frac{a + b\cos\nu + c\cos\mu}{\sqrt{a^2 + b^2 + c^2 + 2bc\cos\lambda + \ldots}},$$
$$\cos\beta = \frac{a\cos\nu + b + c\cos\lambda}{\sqrt{a^2 + b^2 + c^2 + 2bc\cos\lambda + \ldots}},$$
$$\cos\gamma - \frac{a\cos\mu + b\cos\lambda + c}{\sqrt{a^2 + b^2 + c^2 + 2bc\cos\lambda + \ldots}}.$$

a, b, c sont donc déterminés par les équations

$$a + b\cos\nu + c\cos\mu = \pm(a\cos\nu + b + c\cos\lambda)$$
$$= \pm(a\cos\mu + b\cos\lambda + c).$$

En prenant les signes supérieurs, on trouve

$$\frac{a}{(1-\cos\lambda)(1+\cos\lambda-\cos\mu-\cos\nu)}$$
$$= \frac{b}{(1-\cos\mu)(1-\cos\lambda+\cos\mu-\cos\nu)}$$
$$= \frac{c}{(1-\cos\nu)(1-\cos\lambda-\cos\mu+\cos\nu)}.$$

Pour obtenir les équations des cônes, qui sont de la forme $2lyz + 2mzx + 2nxy = 0$, il faut exprimer que la forme

$$2lyz + 2mzx + 2nxy$$
$$+ S(x^2 + y^2 + z^2 + 2yz\cos\lambda + 2zx\cos\mu + 2xy\cos\nu)$$

est un carré parfait. Les conditions

$$S^2\sin^2\lambda - 2Sl\cos\lambda \quad - l^2 \ = 0,$$
$$S^2\sin^2\mu - 2Sm\cos\mu - m^2 = 0,$$
$$S^2\sin^2\nu - 2Sn\cos\nu \quad - n^2 \ = 0$$

donnent

$$\frac{l(\cos\lambda \pm 1)}{\sin^2\lambda} = \frac{m(\cos\mu \pm 1)}{\sin^2\mu} = \frac{n(\cos\nu \pm 1)}{\sin^2\nu}.$$

D'après cela, les équations des quatre cônes de révolution passant par les axes de coordonnées obliques peuvent s'écrire

$$yz\sin^2\frac{\lambda}{2} + zx\sin^2\frac{\mu}{2} + xy\sin^2\frac{\nu}{2} = 0,$$

$$-yz\sin^2\frac{\lambda}{2} + zx\sin^2\frac{\mu}{2} + xy\sin^2\frac{\nu}{2} = 0,$$

$$yz\sin^2\frac{\lambda}{2} - zx\sin^2\frac{\mu}{2} + xy\sin^2\frac{\nu}{2} = 0,$$

$$yz\sin^2\frac{\lambda}{2} + zx\sin^2\frac{\mu}{2} - xy\sin^2\frac{\nu}{2} = 0$$

ou bien

$$(x+y+z)^2$$
$$= x^2+y^2+z^2+2yz\cos\lambda+2zx\cos\mu+2xy\cos\nu,$$
$$(-x+y+z)^2 = x^2+y^2+z^2+2yz\cos\lambda+\ldots,$$
$$(x-y+z)^2 = x^2+y^2+z^2+2yz\cos\lambda+\ldots,$$
$$(x+y-z)^2 = x^2+y^2+z^2+2yz\cos\lambda+\ldots.$$

7. *Par les points d'une section plane d'un cône de révolution on mène des normales; trouver le lieu des points où ces normales coupent la surface du cône.*

La normale en un point M de la section plane coupe l'axe en I, et la seconde génératrice contenue dans le plan MSI, en M'; on a, 2α étant l'angle au sommet du cône,

$$\frac{\text{MI}}{\text{IM}'} = \frac{\text{MS}}{\text{M}'\text{S}} = \cos 2\alpha.$$

Si l'on projette les points M, M' en m, m' sur le plan perpendiculaire à l'axe mené par le sommet S, on aura aussi

$$\frac{\text{S}m}{\text{S}m'} = \cos 2\alpha.$$

Mais le lieu du point m est une conique dont S est un foyer; donc le lieu de m' est une autre conique, homothétique à la première, S étant le centre d'homothétie inverse. Il résulte de là que le lieu des points M', sur le cône, est une courbe plane.

8. *Une ellipse se déplace parallèlement à elle-même de telle*

sorte que les trois arêtes d'un trièdre trirectangle, dont le sommet est fixe, rencontrent toujours la courbe. Trouver le lieu du centre de l'ellipse mobile.

Prenons pour origine le sommet du trièdre; le plan des xy sera parallèle à celui de l'ellipse, les axes des x et des y seront parallèles aux axes de figure de la courbe, axes dont la direction est supposée invariable. Dans une quelconque de ses positions, les équations de la courbe seront

$$z = \gamma, \qquad b^2(x-\alpha)^2 + a^2(y-\beta)^2 - a^2b^2.$$

Le cône qui a pour sommet l'origine et l'ellipse pour directrice doit être capable d'un trièdre trirectangle; on trouve, en exprimant cette condition,

$$b^2\alpha^2 + a^2\beta^2 + \gamma^2(a^2+b^2) = a^2b^2.$$

C'est l'équation du lieu du centre de l'ellipse.

9. *On donne une conique; par une tangente quelconque on mène un plan faisant un angle donné θ avec le plan de la courbe. Trouver le lieu des pieds des perpendiculaires abaissées d'un des foyers sur le plan, et le lieu de ces perpendiculaires.*

Si la conique est l'ellipse $\left(\frac{x^2}{a^2}+\frac{y^2}{b^2}=1,\ z=0\right)$, le lieu des perpendiculaires abaissées du foyer (c, o, o) sur le plan est le cône

$$(x-c)^2 + y^2 = z^2 \operatorname{tang}^2\theta.$$

La projection sur le plan des xy de la courbe, lieu des pieds des perpendiculaires, est un cercle homothétique au cercle principal de l'ellipse, le centre d'homothétie étant le foyer. L'équation de ce cercle est

$$(x - c\cos^2\theta)^2 + y^2 = a^2\sin^4\theta.$$

10. *On donne une parabole, une perpendiculaire à son plan, menée par le sommet, et l'on prend un point de cette perpendiculaire pour sommet d'un cône ayant pour base la parabole. Trouver la surface, lieu de la perpendiculaire commune à*

l'axe de la parabole et aux génératrices du cône, et le lieu des pieds des perpendiculaires sur le cône.

Soient ($y^2 = 2px$, $z = 0$) la parabole donnée, (o, o, h) le sommet du cône. Le lieu des perpendiculaires communes à l'axe des x et aux génératrices du cône est la surface du troisième ordre

$$h^2 z^2 = 2px(y^2 + z^2).$$

Le lieu des pieds des perpendiculaires, sur le cône, se compose de la droite $y = 0$, $z = h$, comptée deux fois, et de l'intersection du cône par le plan $hz = 2px$. C'est une ellipse qui se projette sur le plan des yz suivant un cercle.

11. *Enveloppe d'un plan qui détache d'un cône de révolution un cône oblique de volume constant.*

Soient

$ax^2 + ay^2 - cz^2 = 0$ le cône de révolution;
V le volume donné du cône oblique;
$z = \lambda x + \mu y + \nu$ le plan mobile.

La projection de la section sur le plan des xy a pour surface

$$S = -\frac{\pi a^2 c \nu^2}{a^{\frac{3}{2}}(a - c\lambda^2 - c\mu^2)^{\frac{3}{2}}}.$$

L'aire de la section elle-même est $S\sqrt{1 + \lambda^2 + \mu^2}$, et, comme la hauteur du cône oblique est $\frac{\nu}{\sqrt{1 + \lambda^2 + \mu^2}}$, on doit avoir

$$V = -\frac{\pi a^2 c \nu^3}{3 a^{\frac{3}{2}}(a - c\lambda^2 - c\mu^2)^{\frac{3}{2}}}$$

ou

$$\frac{\nu^2}{a - c\lambda^2 - c\mu^2} = \left(\frac{9 V^2}{\pi^2 a c^2}\right)^{\frac{1}{3}} = k.$$

L'enveloppe du plan mobile dont les trois paramètres sont liés par cette relation est l'hyperboloïde de révolution $ax^2 + ay^2 - cz^2 + ack = 0$, qui a pour cône asymptote le cône donné.

12. *Si un cône a pour sommet un point d'un hyperboloïde équilatère de révolution et pour base le cercle de gorge, les sections circulaires du second système sont perpendiculaires au plan du cercle de gorge.*

13. *Un cylindre elliptique est coupé par un plan passant par la tangente à la base, à l'extrémité du petit axe. Trouver le lieu des foyers de la section.*

Le cylindre étant défini par l'équation

$$\frac{x^2}{a^2}+\frac{y^2}{b^2}=1,$$

on voit que par la tangente au sommet (o, b, o) de l'ellipse de base on peut mener deux plans cycliques

$$y-b=\pm z\sqrt{a^2-b^2}.$$

Les sections passant par la même tangente et comprises entre ces deux plans ont leurs grands axes dans le plan des zx; leurs foyers sont sur le cercle

$$x^2+z^2=a^2-b^2.$$

Les sections dont l'inclinaison sur le plan de base est plus grande que celle des plans cycliques ont leurs grands axes dans le plan des yz et leurs foyers sont sur la courbe du troisième ordre

$$(y-b)(y^2+a^2-b^2)+z^2(b+y)=0.$$

14. *Une droite de longueur constante* $2d$ *se déplace, l'une de ses extrémités restant sur l'axe, l'autre sur la surface d'un cône à base elliptique*

$$ax^2+by^2-cz^2=0;$$

trouver le lieu du milieu de cette droite.

Si l'une des extrémités de la droite parcourt l'axe des z, le lieu du milieu a pour équation

$$[x^2(4a+c)+y^2(4b+c)-cz^2-cd^2)^2=4c^2z^2(x^2+y^2-d^2).$$

Cette surface du quatrième ordre coupe le plan des xy suivant une ellipse double.

15. *Un cône de révolution dont l'angle au sommet est $\frac{\pi}{2}$ coupe une sphère qui touche son axe au sommet. Trouver les projections de la courbe d'intersection sur un plan perpendiculaire à l'axe, sur un plan perpendiculaire au diamètre de la sphère passant par le sommet et sur un plan perpendiculaire aux deux précédents, et calculer les aires des trois projections.*

Les équations de la sphère et du cône étant

$$x^2+y^2+z^2-2ax=0, \qquad x^2+y^2-z^2=0,$$

celles des trois projections de la courbe d'intersection sont

$$x^2+y^2-ax=0, \qquad z^2-ax=0, \qquad z^4-a^2x^2+a^2y^2=0.$$

L'aire de la partie de la troisième courbe comprise au-dessus de l'axe des y est

$$\frac{1}{a}\int_0^a z\,dz\sqrt{a^2-z^2}=\frac{a^2}{3}.$$

C'est la moitié de l'aire du demi-segment de la parabole $z^2-ax=0$ compris entre le sommet et la droite $x=a$.

16. *On donne un cône sur lequel on peut placer des trièdres trirectangles; par les trois arêtes de l'un de ces trièdres on mène trois plans normaux qui se coupent suivant une droite dont on demande le lieu.*

L'équation d'un cône capable d'un trièdre trirectangle peut toujours se mettre sous la forme

$$lyz+mzx+nxy=0;$$

les plans normaux suivant les trois arêtes du trièdre formé par les axes rectangulaires sont

$$my-nz=0, \qquad nz-lx=0, \qquad lx-my=0,$$

et ils se coupent suivant la droite

$$\frac{x}{mn}=\frac{y}{nl}=\frac{z}{lm}.$$

Prenons maintenant l'équation du cône sous la forme

$$\frac{x^2}{a^2}+\frac{y^2}{b^2}-\frac{z^2}{c^2}=0$$

$\left(\text{avec la condition } \frac{1}{a^2}+\frac{1}{b^2}-\frac{1}{c^2}=0\right)$. D'après le n° 3, le lieu des points d'où l'on peut mener deux plans tangents suivant des génératrices rectangulaires est le cône

$$\frac{x^2}{a^4}\left(\frac{1}{b^2}-\frac{1}{c^2}\right)+\frac{y^2}{b^4}\left(\frac{1}{a^2}-\frac{1}{c^2}\right)+\frac{z^2}{c^4}\left(\frac{1}{a^2}+\frac{1}{b^2}\right)=0$$

ou

$$\frac{x^2}{a^6}+\frac{y^2}{b^6}-\frac{z^2}{c^6}=0.$$

Considérons la section par le plan $z=c$ qui donne dans le cône proposé l'ellipse

$$\frac{x^2}{a^2}+\frac{y^2}{b^2}=1,$$

et dans le second cône l'ellipse

$$\frac{x^2}{a^6}+\frac{y^2}{b^6}=\frac{1}{c^4},$$

et prenons sur cette dernière ellipse un point (α, β); la polaire de ce point coupe la première ellipse en deux points dont les angles excentriques φ, ψ satisfont à la relation

$$b\alpha\cos\theta+a\beta\sin\theta=ab.$$

Cela posé, les traces des plans normaux qui aboutissent aux points φ, ψ, traces prises sur le plan $z=c$, ont pour équations

$$ax\sin\varphi(c^2+b^2)-by\cos\varphi(a^2+c^2)=c^2(a^2-b^2)\sin\varphi\cos\varphi,$$
$$ax\sin\psi(c^2+b^2)-by\cos\psi(a^2+c^2)=c^2(a^2-b^2)\sin\psi\cos\psi,$$

et elles se coupent au point

$$x=\frac{c^2(a^2-b^2)}{a(b^2+c^2)}\,\frac{\cos\varphi\cos\psi(\sin\varphi-\sin\psi)}{\sin(\psi-\varphi)},$$
$$y=\frac{c^2(a^2-b^2)}{b(a^2+c^2)}\,\frac{\sin\varphi\sin\psi(\cos\psi-\cos\varphi)}{\sin(\psi-\varphi)}.$$

Mais la relation

$$b\alpha\cos\theta + a\beta\sin\theta = ab,$$

à laquelle satisfont les angles φ et ψ, donne

$$\sin(\psi - \varphi) = \frac{2ab\sqrt{a^2\beta^2 + b^2\alpha^2 - a^2b^2}}{a^2\beta^2 + b^2\alpha^2},$$

$$\cos\varphi\cos\psi = \frac{a^2(b^2 - \beta^2)}{a^2\beta^2 + b^2\alpha^2},$$

$$\sin\varphi\sin\psi = \frac{b^2(a^2 - \alpha^2)}{a^2\beta^2 + b^2\alpha^2},$$

$$\sin\varphi - \sin\psi = -\frac{2b\alpha\sqrt{a^2\beta^2 + b^2\alpha^2 - a^2b^2}}{a^2\beta^2 + b^2\alpha^2},$$

$$\cos\psi - \cos\varphi = -\frac{2a\beta\sqrt{a^2\beta^2 + b^2\alpha^2 - a^2b^2}}{a^2\beta^2 + b^2\alpha^2}$$

et, par suite, on aura

$$x = \frac{c^2(a^2 - b^2)}{b^2 + c^2}\,\frac{(b^2 - \beta^2)\alpha}{a^2\beta^2 + b^2\alpha^2},$$

$$y = -\frac{c^2(a^2 - b^2)}{c^2 + a^2}\,\frac{(a^2 - \alpha^2)\beta}{a^2\beta^2 + b^2\alpha^2}.$$

L'élimination de α, β entre ces deux équations et

$$\frac{\alpha^2}{a^6} + \frac{\beta^2}{b^6} = \frac{1}{c^4}$$

donnera le lieu du point (x, y) dans le plan $z = c$. C'est une courbe unicursale du sixième ordre, comme on peut le reconnaître par le calcul suivant.

Remplaçons d'abord c^2 par sa valeur $\frac{a^2b^2}{a^2 + b^2}$, posons

$$\alpha = \frac{a^3}{c^2}\cos\lambda, \qquad \beta = \frac{b^3}{c^2}\sin\lambda;$$

on pourra écrire

$$x = \frac{ab^2(a^2 - b^2)[a^4 - (a^2 + b^2)^2\sin^2\lambda]\cos\lambda}{(a^2 + b^2)(2a^2 + b^2)(b^4\sin^2\lambda + a^4\cos^2\lambda)},$$

$$y = -\frac{a^2b(a^2 - b^2)[b^4 - (a^2 + b^2)^2\cos^2\lambda]\sin\lambda}{(a^2 + b^2)(a^2 + 2b^2)(b^4\sin^2\lambda + a^4\cos^2\lambda)}.$$

Soit enfin

$$\cos\lambda = \frac{1-\theta^2}{1+\theta^2}, \qquad \sin\lambda = \frac{2\theta}{1+\theta^2};$$

x, y seront exprimés en fonctions rationnelles du paramètre θ sous la forme

$$x = \frac{ab^2(a^2-b^2)}{(a^2+b^2)(2a^2+b^2)} \frac{(1-\theta^2)[a^4(1+\theta^2)^2 - 4\theta^2(a^2+b^2)^2]}{(1+\theta^2)[a^4(1-\theta^2)^2+4b^4\theta^2]},$$

$$y = -\frac{a^2b(a^2-b^2)}{(a^2+b^2)(a^2+2b^2)} \frac{2\theta[b^4(1+\theta^2)^2-(a^2+b^2)^2(1-\theta^2)^2]}{(1+\theta^2)[4b^4\theta^2+a^4(1-\theta^2)^2]}.$$

17. ***Étude de la courbe d'intersection de deux cônes de révolution dont les axes sont parallèles.***

Soient

$$x^2+y^2 = z^2\,\mathrm{tang}^2\alpha, \qquad (x-a)^2+y^2 = (z-c)^2\,\mathrm{tang}^2\beta$$

les équations des deux cônes dont les axes sont l'axe des z et une parallèle à Oz passant par le point (a, c) du plan des xz. Si δ_1, δ_2 sont les distances de la projection sur xOy d'un point de l'intersection à l'origine et à la projection du sommet du second cône, on a

$$\delta_1 = z\,\mathrm{tang}\,\alpha, \qquad \delta_2 = (z-c)\,\mathrm{tang}\,\beta$$

et, par suite,

$$\delta_1\,\mathrm{tang}\,\beta - \delta_2\,\mathrm{tang}\,\alpha = c\,\mathrm{tang}\,\alpha\,\mathrm{tang}\,\beta.$$

Cette relation montre que la projection de la courbe est un système d'ovales de Descartes; en posant

$$\mathrm{tang}\,\alpha = l, \qquad \mathrm{tang}\,\beta = m, \qquad c\,\mathrm{tang}\,\alpha\,\mathrm{tang}\,\beta = n,$$

l'équation de la projection devient

$$m\sqrt{x^2+y^2} - l\sqrt{(x-a)^2+y^2} = n$$

ou

$$[m^2(x^2+y^2) - l^2(x-a)^2 - l^2y^2 + n^2]^2 = 4m^2n^2(x^2+y^2).$$

On voit que, si l'on cherche l'intersection de la courbe avec les droites isotropes $x^2+y^2=0$, on obtient un carré parfait

$$[n^2-l^2(a^2-2ax)]^2=0;$$

donc l'origine est un foyer.

Pour trouver d'autres foyers sur l'axe des x, changeons x en $x+x_1$, ce qui donne

$$\begin{aligned}&\{m^2[(x+x_1)^2+y^2]-l^2(x+x_1-a)^2-l^2y^2+n^2\}^2\\&\quad=4m^2n^2[(x+x_1)^2+y^2].\end{aligned}$$

Faisons maintenant $x^2+y^2=0$, et exprimons que le résultat

$$\begin{aligned}&[x(2m^2x_1-2l^2x_1+2al^2)+m^2x_1^2-l^2(x_1-a)^2+n^2]^2\\&\quad-4m^2n^2(x_1^2+2xx_1)\end{aligned}$$

est un carré parfait. Il vient

$$m^2n^2x_1=(m^2x_1-l^2x_1+al^2)(al^2x_1+n^2-a^2l^2),$$

après avoir écarté la solution $x_1=0$. Cette équation a pour racines

$$x_1=a, \qquad x_1=\frac{n^2-a^2l^2}{a(m^2-l^2)}=\frac{\operatorname{tang}^2\alpha(c^2\operatorname{tang}^2\beta-a^2)}{a(\operatorname{tang}^2\beta-\operatorname{tang}^2\alpha)}.$$

Ainsi la courbe a trois foyers sur l'axe des x; deux des foyers sont le sommet du premier cône et la projection du sommet du second.

18. *Si, autour d'une droite fixe menée par le sommet d'un cône de révolution, on fait tourner un plan transversal, il coupe le cône suivant deux droites telles que le produit des tangentes des demi-angles qu'elles font avec la droite fixe est constant.*

Menons par un point P une corde qui coupe une sphère en A et B; on aura la relation

$$\operatorname{tang}\frac{\mathrm{AOP}}{2}\operatorname{tang}\frac{\mathrm{BOP}}{2}=\text{const.}$$

(O étant le centre de la sphère).

Soit en effet OD la perpendiculaire abaissée du centre sur la corde; on a

$$\mathrm{AOP} = \mathrm{DOP} - \mathrm{DOA} = \alpha - \beta, \qquad \mathrm{BOP} = \mathrm{DOP} + \mathrm{DOA} = \alpha + \beta,$$

puis

$$\operatorname{tang}\frac{\mathrm{AOP}}{2}\operatorname{tang}\frac{\mathrm{BOP}}{2} = \frac{\sin\frac{\alpha-\beta}{2}\sin\frac{\alpha+\beta}{2}}{\cos\frac{\alpha-\beta}{2}\cos\frac{\alpha+\beta}{2}} = \frac{\cos\beta - \cos\alpha}{\cos\beta + \cos\alpha}$$

$$= \frac{\frac{\mathrm{OD}}{\mathrm{R}} - \frac{\mathrm{OD}}{\mathrm{OP}}}{\frac{\mathrm{OD}}{\mathrm{R}} + \frac{\mathrm{OD}}{\mathrm{OP}}} = \frac{\mathrm{OP} - \mathrm{R}}{\mathrm{OP} + \mathrm{R}} = \text{const.}$$

On conclut facilement de cette remarque le théorème énoncé. Si la corde mobile reste dans un plan, ses extrémités seront sur le petit cercle, intersection de la sphère et du plan; le cône qui aura ce petit cercle pour base et le centre de la sphère pour sommet sera de révolution, et le produit des tangentes des demi-angles de la droite fixe OP avec les deux génératrices OA, OB situées dans un plan quelconque passant par OP aura une valeur constante.

En considérant le cône supplémentaire et transformant toute la figure par polaires réciproques, on aura le théorème corrélatif :

Étant donné un cône de révolution et un plan fixe passant par le sommet, si par une droite prise dans le plan et passant par le sommet on mène des plans tangents, le produit des tangentes des demi-angles de ces plans avec le plan fixe est constant.

Nous laissons au lecteur le soin de vérifier analytiquement les deux théorèmes.

19. *Quand un cône de révolution passe par une conique, la somme des valeurs inverses des arêtes comprises dans un plan mené par l'axe est constante.*

Soient

γ l'angle au sommet du cône qui a pour axe l'axe des z;

$\frac{x}{a}+\frac{z}{b}=1$ un plan sécant perpendiculaire au plan des zx;

α, β, γ les angles d'une génératrice avec les axes de coordonnées;

δ la distance comprise entre l'origine, sommet du cône, et le point où cette génératrice perce le plan;

on a

$$\delta\left(\frac{\cos\alpha}{a}+\frac{\cos\gamma}{b}\right)=1.$$

Si $y=\lambda x$ est un plan passant par l'axe des z et contenant la génératrice, on a aussi $\cos\beta=\lambda\cos\alpha$.

L'élimination de α, β entre ces équations et la relation $\cos^2\alpha+\cos^2\beta+\cos^2\gamma=1$ donne, pour déterminer les longueurs des deux arêtes comprises entre le sommet et le plan sécant, l'équation

$$\delta^2[a^2\cos^2\gamma(1+\lambda^2)-b^2\sin^2\gamma]$$
$$-2a^2b\delta\cos\gamma(1+\lambda^2)+a^2b^2(1+\lambda^2)=0.$$

La somme des inverses des arêtes est $\frac{2\cos\gamma}{b}$.

On démontre géométriquement le théorème en observant que si, dans un triangle, la bissectrice de l'angle au sommet supposé constant et égal à 2γ est elle-même constante, la somme des inverses des côtés de l'angle est égale à $\frac{2\cos\gamma}{b}$, b étant la longueur de la bissectrice.

20. *Quand un cône de révolution passe par une conique, la somme des arêtes qui aboutissent aux extrémités d'un diamètre quelconque de la conique est constante.*

Supposons un plan variable passant par la droite qui joint le sommet S du cône au centre C de la section. D'après le n° 18, les deux arêtes SA, SB, contenues dans le plan, font avec SC deux angles tels que $\tang\frac{\mathrm{CSA}}{2}\tang\frac{\mathrm{CSB}}{2}$ est constant, ou bien, ce qui revient au même, si l'on prolonge CS d'une longueur $\mathrm{CS}'=\mathrm{CS}$, le triangle SAS' (ou SBS') est tel que le produit des tangentes des demi-angles S, S′ est constant. Le lieu du point A est alors, comme il est facile de le reconnaître, une ellipse ayant S, S′ pour foyers.

Donc

$$SA + S'A = \text{const.} \qquad \text{ou} \qquad SA + SB = \text{const.}$$

La démonstration analytique se fait comme celle du théorème n° 19; en adoptant les mêmes notations, on trouve, pour la somme constante des deux arêtes, l'expression

$$\frac{2a^2 b \cos\gamma}{a^2 \cos^2\gamma - b^2 \sin^2\gamma}.$$

21. *Si l'on fait deux sections planes dans un cône, la somme ou la différence des arêtes menées aux extrémités d'un diamètre de la première section, divisées respectivement par les segments compris sur ces arêtes entre le sommet du cône et la seconde section, a une valeur constante* (*fig.* 1).

Fig. 1.

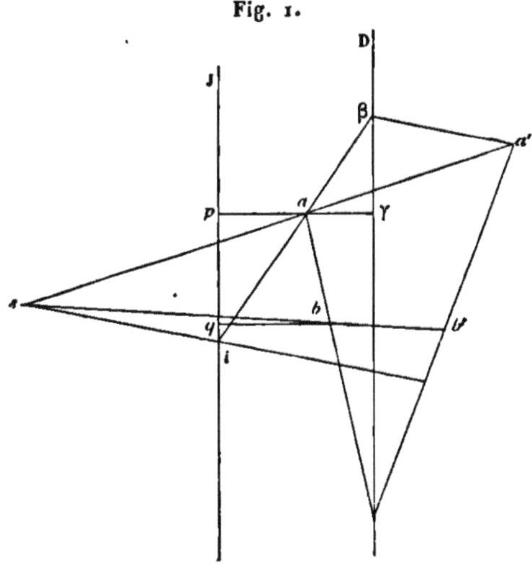

Considérons deux sections planes qui se coupent suivant la droite D; si l'on projette sur l'un des plans, on aura deux coniques qui ont la droite D pour corde commune et la projection

s du sommet S du cône pour ombilic. D est un axe d'homologie, s est le centre d'homologie. Soient a, a' deux points homologues, et construisons, dans la figure à laquelle appartient le point a, l'homologue I de la droite à l'infini dans l'autre figure. Il suffit de mener par s une droite quelconque si, $a'\beta$ parallèle à cette droite, de joindre βa qui coupe la première droite en i; la parallèle à D menée par i est la droite cherchée. On a

$$\frac{sa}{aa'} = \frac{ai}{a\beta} \quad \text{ou} \quad \frac{sa}{sa'} = \frac{ai}{i\beta} = \frac{ap}{p\gamma},$$

$p\gamma$ étant la perpendiculaire aux deux parallèles D et I. Soient maintenant a, b les extrémités d'un diamètre de l'une des coniques, a', b' les points correspondants, ap, bq les perpendiculaires menées de a, b sur la droite I. On aura

$$\frac{sa}{sa'} = \frac{ap}{p\gamma}, \qquad \frac{sb}{sb'} = \frac{bq}{p\gamma};$$

donc

$$\frac{sa}{sa'} + \frac{sb}{sb'} = \frac{1}{p\gamma}(ap + bq).$$

Or $ap + bq$ est constant; c'est le double de la distance du centre de la première conique à la droite I. Si enfin A, B, A', B' sont les points de la surface conique projetés en a, b, a', b', comme

$$\frac{sa}{sa'} = \frac{SA}{SA'} \quad \text{et} \quad \frac{sb}{sb'} = \frac{SB}{SB'},$$

on voit que

$$\frac{SA}{SA'} + \frac{SB}{SB'} = \text{const.}$$

22. *Si l'on coupe par un plan quelconque la surface engendrée par la révolution d'une conique autour de son axe focal, le cône qui a pour base la section plane et pour sommet un des foyers de la surface est de révolution.*

La démonstration analytique de ce théorème se fait très simplement, en prenant pour origine le foyer et l'équation de la surface sous la forme $\frac{(x+c)^2}{a^2}+\frac{y^2+z^2}{b^2}=1$. On peut aussi recourir à la transformation par polaires réciproques. La polaire réciproque de la surface de révolution par rapport à une sphère Σ, dont le centre est le foyer considéré, est une sphère S. A la section plane correspond un cône circonscrit à S et dont le sommet est le pôle du plan; tous les plans tangents à ce cône font des angles égaux avec le plan de sa base. Il en résulte que, dans la figure primitive, les droites qui joignent le foyer aux différents points de la section font des angles égaux avec la droite menée du foyer au pôle du plan. Cette dernière droite est l'axe d'un cône droit qui a la section pour base.

23. *Les pieds des perpendiculaires abaissées d'un des foyers d'une quadrique de révolution sur les plans tangents à un cône circonscrit sont sur un même cercle.*

Considérons une sphère S et un point F, sommet d'un cône ayant pour base une section de la sphère, puis le cône enveloppe des plans perpendiculaires aux génératrices du premier. Transformons la figure par polaires réciproques par rapport à une sphère Σ ayant F pour centre. La sphère S devient une quadrique de révolution ayant F pour foyer; à la section plane de S correspond un cône circonscrit à la quadrique; le sommet du cône enveloppe devient un plan qui contient les pieds des perpendiculaires abaissées de F sur les plans tangents au cône circonscrit. Comme d'ailleurs les pieds de ces perpendiculaires sont aussi sur la sphère dont le diamètre est l'axe focal de la quadrique, on voit que leur lieu géométrique est un cercle.

24. *Tout plan tangent à un cône coupe les plans cycliques suivant deux droites également inclinées sur l'arête de contact* (*fig.* 2).

Soient AOB un cercle situé sur un cône, SAB le plan principal perpendiculaire au plan cyclique, SC une droite par laquelle on mène le plan tangent SCT. Si l'on abaisse CD perpendiculaire sur AB, et si l'on mène la droite DA′B′ qui détermine avec AB un quadrilatère inscriptible, le plan CDA'B' sera un second plan cyclique du cône. Les droites CT, CT' sont les intersections du plan tangent avec les deux plans

Fig. 2.

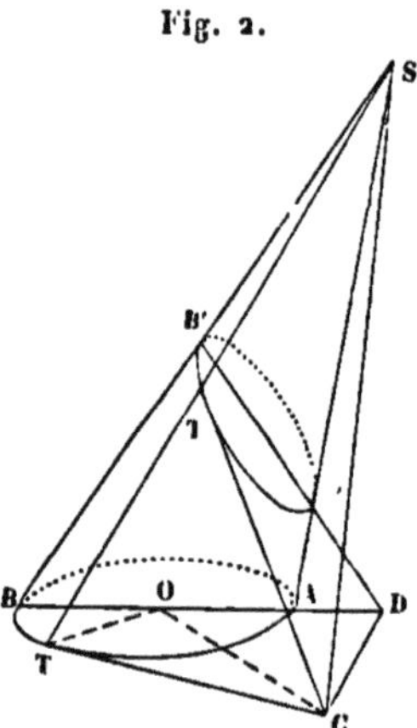

cycliques. Si R, R' sont les rayons des deux cercles, on a

$$\overline{CT}^2 = \overline{OC}^2 - \overline{OT}^2 = (R + AD)^2 + \overline{CD}^2 - R^2$$
$$= \overline{AD}^2 + \overline{CD}^2 + 2R.AD.$$

De même

$$\overline{CT'}^2 = \overline{A'D}^2 + \overline{CD}^2 + 2R.A'D.$$

Mais, comme le quadrilatère ABA'B' est inscriptible,

$$AD(AD + 2R) = A'D(A'D + 2R'),$$

et l'on en conclut

$$\overline{CT}^2 = \overline{CT'}^2,$$

ce qui démontre le théorème.

25. *Les quatre droites suivant lesquelles deux plans tangents à un cône coupent deux plans cycliques appartiennent à un cône de révolution dont l'axe est perpendiculaire au plan des arêtes de contact.*

Ce théorème résulte immédiatement du précédent. Menons du point C les secondes tangentes CT_1, CT'_1 aux cercles AB,

A'B'; les quatre droites CT, CT_1, CT', CT'_1 sont égales: ce sont donc les génératrices d'un cône de révolution dont l'axe est la perpendiculaire abaissée du point C sur le plan des arêtes CT'T, CT'_1T_1.

On vérifie aisément par le calcul ce théorème et le précédent. Soient

$ax^2+by^2+cz^2=0$ l'équation du cône;

$(a-c)x^2+(b-c)y^2=0$ celle de deux plans cycliques passant par le sommet;

$(ax^2+by^2+cz^2)(a\alpha^2+b\beta^2+c\gamma^2)-(a\alpha x+b\beta y+c\gamma z)^2=0$ celle de deux plans tangents menés par un point quelconque (α, β, γ).

L'équation

$$\lambda[(a-c)x^2+(b-c)y^2] + (ax^2+by^2+cz^2)(a\alpha^2+b\beta^2+c\gamma^2)-(a\alpha x+b\beta y+c\gamma z)^2=0$$

représente un cône passant par les quatre droites d'intersection des deux plans cycliques et des deux plans tangents. Si l'on prend

$$\lambda=-(a\alpha^2+b\beta^2+c\gamma^2),$$

le cône sera de révolution, et son équation prendra la forme

$$c(a\alpha^2+b\beta^2+c\gamma^2)(x^2+y^2+z^2)-(a\alpha x+b\beta y+c\gamma z)^2=0.$$

Son axe est la droite

$$\frac{x}{a\alpha}=\frac{y}{b\beta}=\frac{z}{c\gamma}.$$

26. *Tout plan tangent à un cône fait avec les plans cycliques deux angles dont la somme est constante.*

Soient $x\sqrt{a-c}+y\sqrt{c-b}=0$, $x\sqrt{a-c}-y\sqrt{c-b}=0$ deux plans cycliques du cône $ax^2+by^2+cz^2=0$ et $\lambda x+\mu y+\nu z=0$, un plan tangent qui fait avec ces deux plans les angles V, V'; les coefficients λ, μ, ν vérifient la relation

$$bc\lambda^2+ca\mu^2+ab\nu^2=0.$$

On aura

$$\cos(V+V') = \frac{\left\{\begin{array}{l}\pm[\lambda^2(a-c)-\mu^2(c-b)] \\ \pm\sqrt{[\lambda^2(c-b)+\mu^2(a-c)+\nu^2(a-b)]^2-4\lambda^2\mu^2(a-c)(c-b)}\end{array}\right\}}{(a-b)(\lambda^2+\mu^2+\nu^2)}$$

Si l'on remplace ν^2 par $-\frac{1}{ab}(bc\lambda^2+ca\mu^2)$, cette expression devient

$$\cos(V+V') = \frac{\left\{\begin{array}{l}\pm[ab\lambda^2(a-c)-ab\mu^2(c-b)] \\ \pm[\lambda^2 b^2(a-c)-\mu^2 a^2(c-b)]\end{array}\right\}}{(a-b)[b\lambda^2(a-c)-a\mu^2(c-b)]}.$$

En prenant les deux signes + ou les deux signes — au numérateur, on a simplement

$$\cos(V+V') = \pm\frac{a+b}{a-b}.$$

Ce théorème est démontré géométriquement de trois manières différentes dans la *Géométrie supérieure* de Chasles.

27. *Soit un cône oblique à base circulaire et considérons un plan perpendiculaire à la section principale du cône; les sommets de la courbe de section sont dans ce plan principal. Par un des sommets menons un plan parallèle à la base du cône, et le plan de la section antiparallèle ; ces plans coupent le cône suivant deux cercles. Si par les centres de ces cercles on mène un cercle tangent à l'axe de la conique, le point de contact sera un des foyers* (*fig.* 3).

Le plan principal étant pris pour plan du tableau, soient AP la trace sur ce plan du plan de la section, c'est-à-dire le grand axe de la conique; AB, A'B' les traces des deux plans cycliques menés par A; C, C' les centres des deux cercles. La droite CC' est parallèle à SP et passe par le point O, centre de la section. Pour construire le point de contact F d'un cercle tangent à AP et passant par C, C', il faut prendre $OF = \sqrt{OC.OC'}$. Menons DOE parallèle à AB; le petit axe de la conique est la perpendiculaire au plan de la figure menée par O; c'est une corde du cercle suivant lequel le cône est coupé par le plan cyclique dont la trace est DE. Le carré de ce petit axe est donc

$$b^2 = OD.OE = OD.AC.$$

Maintenant le cercle CC'AA' touche AS au point A, puisque les angles B'AS, ABS sont égaux; on a

$$OC.OC' = OA.OA' = \overline{OA}^2 - OA.AA' = \overline{OA}^2 - OD.AC,$$

puisque les triangles semblables CAA', ODA donnent

$$\frac{OD}{AA'} = \frac{OA}{AC}.$$

Ainsi OC.OC' ou $\overline{OF}^2$ est égal à la différence des carrés des axes de la conique, et le point F est un foyer.

Fig. 3.

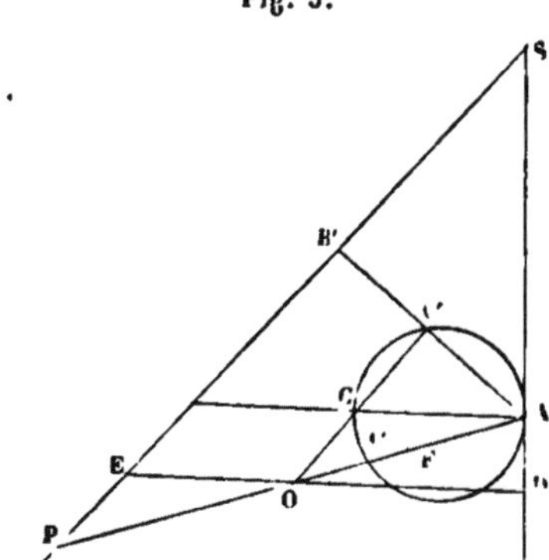

On pourra démontrer le théorème par le calcul en prenant pour axes des x et des y les axes de symétrie de la conique, pour axe des z la perpendiculaire à son plan.

28. *Quand un plan touche deux cônes homocycliques (c'est-à-dire deux cônes qui ont même sommet et mêmes plans cycliques), les arêtes de contact sont rectangulaires.*

Deux cônes homocycliques ont nécessairement les mêmes plans principaux; soient

$$a^2x^2 + b^2y^2 + c^2z^2 = 0, \qquad A^2x^2 + B^2y^2 + C^2z^2 = 0$$

les équations des deux cônes. Leurs plans cycliques sont

$$(a^2 - b^2)x^2 + (c^2 - b^2)z^2 = 0, \qquad (A^2 - B^2)x^2 + (C^2 - B^2)z^2 = 0.$$

Pour qu'ils coïncident, on doit avoir

$$a^2 - KA^2 = b^2 - KB^2 = c^2 - KC^2,$$

et, par suite, l'équation du second cône est de la forme

$$(a^2 - \lambda^2)x^2 + (b^2 - \lambda^2)y^2 + (c^2 - \lambda^2)z^2 = 0.$$

Pour qu'un plan $lx + my + nz = 0$ soit tangent aux deux cônes, les deux groupes d'équations de condition suivants doivent être vérifiés

$$(1)\quad \begin{cases} \dfrac{l}{a^2 x'} = \dfrac{m}{b^2 y'} = \dfrac{n}{c^2 z'}; \\ \dfrac{l}{(a^2 - \lambda^2)x_1} = \dfrac{m}{(b^2 - \lambda^2)y_1} = \dfrac{n}{(c^2 - \lambda^2)z_1}, \end{cases}$$

en désignant par (x', y', z), (x_1, y_1, z_1) les coordonnées de deux points quelconques des génératrices de contact. On déduit de là

$$\frac{l^2}{a^2} + \frac{m^2}{b^2} + \frac{n^2}{c^2} = 0, \qquad \frac{l^2}{a^2 - \lambda^2} + \frac{m^2}{b^2 - \lambda^2} + \frac{n^2}{c^2 - \lambda^2} = 0,$$

puis

$$\frac{l^2}{\dfrac{1}{b^2(c^2 - \lambda^2)} - \dfrac{1}{c^2(b^2 - \lambda^2)}} = \frac{m^2}{\dfrac{1}{c^2(a^2 - \lambda^2)} - \dfrac{1}{a^2(c^2 - \lambda^2)}}$$
$$= \frac{n^2}{\dfrac{1}{a^2(b^2 - \lambda^2)} - \dfrac{1}{b^2(a^2 - \lambda^2)}}$$

ou

$$\frac{l^2}{a^2(b^2 - c^2)} = \frac{m^2}{b^2(c^2 - a^2)} = \frac{n^2}{c^2(a^2 - b^2)}$$

et enfin

$$(2)\qquad \frac{l^2}{a^2(a^2 - \lambda^2)} + \frac{m^2}{b^2(b^2 - \lambda^2)} + \frac{n^2}{c^2(c^2 - \lambda^2)} = 0;$$

car cette dernière égalité revient à l'identité évidente

$$\frac{b^2 - c^2}{a^2 - \lambda^2} + \frac{c^2 - a^2}{b^2 - \lambda^2} + \frac{a^2 - b^2}{c^2 - \lambda^2} = 0.$$

L'équation (2) peut s'écrire $x'x_1 + y'y_1 + z'z_1 = 0$, en vertu des relations (1); donc les deux génératrices de contact sont rectangulaires.

Supposons donnés deux cercles dans le plan des xy, et cherchons le lieu que doit décrire le sommet commun de deux cônes ayant ces cercles pour bases, pour qu'ils soient homocycliques, c'est-à-dire pour qu'ils aient aussi leur seconde section circulaire commune. L'axe radical des deux cercles étant pris pour axe des y, leurs équations seront

$$x^2+y^2+2ax+c=0, \qquad x^2+y^2+2a'x+c=0.$$

Soient α, β, γ les coordonnées du sommet des deux cônes. Le cône ayant pour base le premier cercle est

$$\begin{gathered}\gamma^2x^2+\gamma^2y^2+z^2(\alpha^2+\beta^2+2\alpha a+c)\\ -2\beta\gamma yz-2\gamma(a+\alpha)zx-2a\gamma^2x-2\gamma z(a\alpha+c)+c\gamma^2=0.\end{gathered}$$

Le second plan cyclique passant par l'origine a pour équation

$$z(\alpha^2+\beta^2+2a\alpha-\gamma^2+c)-2\beta\gamma y-2\gamma(a+\alpha)x=0.$$

Celui du second cône s'obtient en remplaçant a par a'. Si β n'est pas nul, on doit avoir $a+\alpha=a'+\alpha$, pour que les plans coïncident, c'est-à-dire α infini; écartant cette hypothèse qui donne des cylindres, nous supposerons $\beta=0$; alors on aura

$$\frac{\alpha^2+2a\alpha-\gamma^2+c}{\alpha^2+2a'\alpha-\gamma^2+c}=\frac{a+\alpha}{a'+\alpha} \qquad \text{ou} \qquad \alpha^2+\gamma^2=c.$$

Le lieu du sommet est donc le cercle du plan des zx qui a pour diamètre la droite joignant les points limites du système de cercles déterminé par les cercles donnés.

On démontre facilement, en partant de cette remarque, le théorème qui fait l'objet de ce paragraphe. Considérons une des tangentes communes AA′ aux deux cercles, tangente dont le milieu est en C, sur l'axe radical; le cercle décrit de C comme centre avec CA = CA′ pour rayon passe par les points limites I, I′, et l'axe radical est un rayon de ce cercle, perpendiculaire à II′. La sphère décrite sur AA′ comme diamètre passe donc par le cercle, lieu des sommets des cônes homocycliques; les droites qui joignent un quelconque de ces sommets aux points AA′, c'est-à-dire les génératrices de contact d'un plan tangent commun aux deux cônes, sont donc rectangulaires.

La considération du cercle, lieu des sommets des cônes homocycliques, permet de démontrer simplement leurs autres propriétés (*Voir* CHASLES, *Géométrie supérieure,* IVe Section, Ch. VIII). Elle se prête moins facilement peut-être au calcul.

29. *Si* SA, SA′ *sont deux arêtes rectangulaires prises sur deux cônes homocycliques, le plan* SAA′ *coupe ces cônes suivant deux autres arêtes* SB, SB′ *qui sont aussi rectangulaires. Les quatre droites d'intersection des plans tangents suivant ces arêtes appartiennent à un troisième cône homocyclique aux deux premiers.*

Reprenons les équations de deux cônes homocycliques rapportés à leur sommet et à leurs plans principaux

$$a^2x^2 + b^2y^2 + c^2z^2 = 0,$$
$$(a^2 - \lambda^2)x^2 + (b^2 - \lambda^2)y^2 + (c^2 - \lambda^2)z^2 = 0,$$

et coupons ces cônes par un plan

$$lx + my + nz = 0.$$

D'après le n° 4, les bissectrices du couple de génératrices SA, SB, que ce plan détermine dans le premier cône, sont déterminées par l'équation

$$lyz(b^2 - c^2) + mzx(c^2 - a^2) + nxy(a^2 - b^2) = 0.$$

On obtient la même équation en cherchant les bissectrices des génératrices SA′, SB′ de l'autre cône; on en conclut que l'angle de SA avec SA′ est égal à l'angle de SB avec SB′, ou à son supplément; en particulier, si SA, SA′ sont perpendiculaires, il en sera de même de SB, SB′. Lorsque cette circonstance se présente, il est clair que l'angle ASB est égal à A′SB′. Exprimons cette condition : d'après la formule du n° 4, on a

$$\cos^2 \text{ASB} = \frac{[a^2(m^2+n^2) + b^2(n^2+l^2) + c^2(l^2+m^2)]^2}{l^4(b-c)^2 + m^4(c-a)^2 + \ldots},$$

$$\text{os}^2 \text{A}'\text{SB}' = \frac{[(a^2-\lambda)(m^2+n^2) + (b^2-\lambda^2)(n^2+l^2) + (c^2-\lambda)(l^2+m^2)]\cdot}{l^4(b-c)^2 + m^4(c-a)^2 + \ldots}$$

Les deux dénominateurs sont égaux ; en égalant les numérateurs, il vient

$$\lambda(l^2+m^2+n^2)[l^2(b^2+c^2-\lambda)$$
$$+m^2(c^2+a^2-\lambda)+n^2(a^2+b^2-\lambda)]=0$$

ou simplement

$$(1)\quad l^2(b^2+c^2-\lambda)+m^2(c^2+a^2-\lambda)+n^2(a^2+b^2-\lambda)]=0.$$

D'après cela, l'enveloppe du plan qui coupe les deux cônes suivant deux couples de génératrices, comprenant des angles égaux et par suite perpendiculaires deux à deux, est le cône

$$\frac{x^2}{b^2+c^2-\lambda}+\frac{y^2}{c^2+a^2-\lambda}+\frac{z^2}{a^2+b^2-\lambda}=0.$$

Les plans tangents aux deux cônes donnés, suivant les génératrices d'intersection avec le plan $lx+my+nz=0$, ont pour équations quadratiques

$$(2)\quad \left\{\begin{aligned}&(a^2x^2+b^2y^2+c^2z^2)\left(\frac{l^2}{a^2}+\frac{m^2}{b^2}+\frac{n^2}{c^2}\right)\\&\qquad -(lx+my+nz)^2=0,\end{aligned}\right.$$

$$(3)\quad \left\{\begin{aligned}&[x^2(a^2-\lambda)+y^2(b^2-\lambda)+z^2(c^2-\lambda)]\\&\quad\times\left(\frac{l^2}{a^2-\lambda}+\frac{m^2}{b^2-\lambda}+\frac{n^2}{c^2-\lambda}\right)-(lx+my+nz)^2=0.\end{aligned}\right.$$

Pour avoir le lieu des intersections de ces plans tangents, il faut éliminer l, m, n entre (1), (2) et (3). En retranchant les équations (2) et (3) et rapprochant l'équation ainsi obtenue de la relation (1), on trouve pour l^2, m^2, n^2 des valeurs proportionnelles aux expressions

$$\frac{(b^2-c^2)(a^2-\lambda)}{b^2c^2}\,\mathrm{P},\quad \frac{(c^2-a^2)(b^2-\lambda)}{c^2a^2}\,\mathrm{P},\quad \frac{(a^2-b^2)(c^2-\lambda)}{a^2b^2}\,\mathrm{P},$$

où P désigne le polynôme

$$a^2x^2(a^2-\lambda)(b^2+c^2-\lambda)$$
$$+b^2y^2(b^2-\lambda)(c^2+a^2-\lambda)+c^2z^2(c^2-\lambda)(a^2+b^2-\lambda).$$

La substitution de ces valeurs dans l'équation (2), en observant que l'on a identiquement $\frac{l^2}{a^2}+\frac{m^2}{b^2}+\frac{n^2}{c^2}=0$, donne

$$\mathrm{P}\left[\frac{x}{bc}\sqrt{(b^2-c^2)(a^2-\lambda)}\right.$$
$$\left.\pm\frac{y}{ca}\sqrt{(c^2-a^2)(b^2-\lambda)}\pm\frac{z}{ab}\sqrt{(a^2-b^2)(c^2-\lambda)}\right]^2=0.$$

Le facteur entre parenthèses représente, eu égard aux quatre combinaisons de signes que l'on peut faire, les plans tangents communs aux deux cônes. Le facteur $\mathrm{P}=0$ représente un troisième cône homocyclique aux deux premiers, car on peut écrire

$$\begin{aligned}\mathrm{P}=\;&x^2[a^2\lambda^2-\lambda a^2(a^2+b^2+c^2)+a^4b^2+a^4c^2+a^2b^2c^2-a^2b^2c^2]\\&+y^2[b^2\lambda^2-\lambda b^2(a^2+b^2+c^2)+b^4c^2+b^4a^2+a^2b^2c^2-a^2b^2c^2]\\&+z^2[c^2\lambda^2-\lambda c^2(a^2+b^2+c^2)+c^4a^2+c^4b^2+a^2b^2c^2-a^2b^2c^2]=0\end{aligned}$$

ou bien

$$x^2\left[a^2-\frac{a^2b^2c^2}{\lambda^2-\lambda(a^2+b^2+c^2)+b^2c^2+c^2a^2+a^2b^2}\right]+\ldots=0.$$

30. *Quand deux cônes sont homocycliques, deux plans tangents au premier coupent l'autre suivant quatre génératrices appartenant à un cône droit dont l'axe est normal au plan des génératrices de contact des plans tangents.*

Les cônes étant représentés par les mêmes équations qu'au n° 29, si $\frac{x}{\alpha}=\frac{y}{\beta}=\frac{z}{\gamma}$ est une droite par laquelle on mène deux plans tangents au premier cône

$$a^2x^2+b^2y^2+c^2z^2=0,$$

le cône de révolution indiqué par l'énoncé est

$$\begin{aligned}&\lambda(a^2\alpha^2+b^2\beta^2+c^2\gamma^2)(x^2+y^2+z^2)\\&\qquad-(a^2\alpha x+b^2\beta y+c^2\gamma z)^2=0.\end{aligned}$$

31. *Étant donné un cône du second degré*

$$a^2x^2+b^2y^2+c^2z^2=0,$$

trouver le lieu des points tels que les pieds des perpendiculaires abaissées de chacun d'eux sur les plans tangents au cône soient sur une courbe plane.

Soient (x_1, y_1, z_1) les coordonnées d'un point quelconque; le lieu des pieds des perpendiculaires abaissées sur les plans tangents au cône s'obtiendra en éliminant α, β, γ entre les équations

$$a^2\alpha x + b^2\beta y + c^2\gamma z = 0,$$

$$\frac{x - x_1}{a^2\alpha} = \frac{y - y_1}{b^2\beta} = \frac{z - z_1}{c^2\gamma},$$

$$a^2\alpha^2 + \beta^2 b^2 + \gamma^2 c^2 = 0.$$

On trouve

$$x(x - x_1) + y(y - y_1) + z(z - z_1) = 0,$$

$$\frac{(x - x_1)^2}{a^2} + \frac{(y - y_1)^2}{b^2} + \frac{(z - z_1)^2}{c^2} = 0.$$

La première de ces équations représente une sphère qui a pour diamètre la droite joignant l'origine au point (x_1, y_1, z_1); la seconde représente un cône dont le sommet est (x_1, y_1, z_1), et qui coupe en général la sphère suivant une quartique gauche. Si la courbe d'intersection est plane, ce sera un cercle. Exprimons que la quadrique

$$(\alpha)\quad \left\{\begin{aligned} &x^2 + y^2 + z^2 - xx_1 - yy_1 - zz_1 \\ &\quad + \lambda[b^2c^2(x - x_1)^2 + c^2a^2(y - y_1)^2 + a^2b^2(z - z_1)^2] = 0 \end{aligned}\right.$$

se réduit à un couple de plans. On a les conditions suivantes :

$$(1)\qquad 2x(1 + \lambda b^2c^2) - x_1(1 + 2\lambda b^2c^2) = 0,$$

$$(2)\qquad 2y(1 + \lambda c^2a^2) - y_1(1 + 2\lambda c^2a^2) = 0,$$

$$(3)\qquad 2z(1 + \lambda a^2b^2) - z_1(1 + 2\lambda a^2b^2) = 0,$$

$$(4)\quad \left\{\begin{aligned} &xx_1(1 + 2\lambda b^2c^2) - yy_1(1 + 2\lambda c^2a^2) \\ &zz_1(1 + 2\lambda a^2b^2) + 2\lambda(b^2c^2x_1^2 + c^2a^2y_1^2 + a^2b^2z_1^2) = 0. \end{aligned}\right.$$

Elles ne peuvent être vérifiées que si les coefficients d'une des trois premières équations sont identiquement nuls. Prenons d'abord $x_1 = 0$, $\lambda = -\frac{1}{b^2c^2}$; les équations (2) et (3) donnent

$$y = \frac{y_1(b^2 - 2a^2)}{2(b^2 - a^2)}, \qquad z = \frac{z_1(c^2 - 2a^2)}{2(c^2 - a^2)},$$

et, en substituant dans (4), il vient

$$b^2y^2(c^2 - a^2) - c^2z^2(a^2 - b^2) = 0.$$

Le lieu du point (x_1, y_1, z_1) se compose donc de deux droites situées dans le plan des yz.

En supposant successivement $y_1 = 0$, puis $z_1 = 0$, on trouvera deux autres couples de droites situés respectivement dans les plans des zx et des xy, savoir

$$y = 0, \qquad c^2z^2(a^2 - b^2) - a^2x^2(b^2 - c^2) = 0$$

et

$$z = 0, \qquad a^2x^2(b^2 - c^2) - b^2y^2(c^2 - a^2) = 0.$$

Il est facile de voir qu'un seul des trois couples peut être réel. Supposons le cône réel et de la forme

$$a^2x^2 + b^2y^2 - c^2z^2 = 0,$$

avec $a^2 > b^2$; le seul couple réel sera le premier

$$(5) \qquad x = 0, \qquad c^2z^2(a^2 - b^2) - b^2y^2(c^2 + a^2) = 0.$$

Ces deux droites sont les *lignes focales* du cône.

Remplaçons, dans l'équation de la quadrique (α), x par zéro et λ par la valeur $\frac{1}{b^2c^2}$ (le terme c^2z^2 étant supposé négatif dans l'équation du cône); nous aurons, pour le système des deux plans auxquels se réduit la surface,

$$\begin{aligned} b^2z^2(c^2 + a^2) - c^2y^2(a^2 - b^2) + c^2yy_1(2a^2 - b^2) \\ - b^2zz_1(2a^2 + c^2) + a^2b^2z_1^2 - c^2a^2y_1^2 = 0, \end{aligned}$$

y_1 et z_1 satisfaisant à l'équation (5). Les équations séparées des deux plans sont

$$bz\sqrt{c^2 + a^2} - cy\sqrt{a^2 - b^2} + \frac{cy_1(2a^2 - b^2)}{2\sqrt{a^2 - b^2}} - \frac{bz_1(2a^2 + c^2)}{2\sqrt{c^2 + a^2}} = 0,$$

$$bz\sqrt{c^2 + a^2} + cy\sqrt{a^2 - b^2} - \frac{cy_1(2a^2 - b^2)}{2\sqrt{a^2 - b^2}} - \frac{bz_1(2a^2 + c^2)}{2\sqrt{c^2 + a^2}} = 0.$$

En prenant le point (y_1, z_1) sur la droite

$$cz\sqrt{a^2-b^2} - by\sqrt{c^2+a^2} = 0,$$

on voit que le second de ces plans est tangent à la sphère

$$x^2+y^2+z^2-yy_1-zz_1=0$$

au point $(0, y_1, z_1)$; l'autre est perpendiculaire à la droite

$$cz\sqrt{a^2-b^2} + by\sqrt{c^2+a^2} = 0.$$

On peut donc énoncer ce théorème : *Si d'un point d'une ligne focale d'un cône on abaisse des perpendiculaires sur les plans tangents, leurs pieds sont sur un cercle dont le plan est perpendiculaire à l'autre ligne focale.*

32. *Une droite passant par un point fixe, et qui fait avec deux droites passant par ce même point des angles dont la somme est constante, engendre un cône du second degré. Toute section perpendiculaire à l'une des droites fixes a pour foyer le point où cette droite la rencontre.*

Prenons pour axes des x et des y les bissectrices des deux droites fixes dont les équations seront

$$y - x\tan\alpha, \qquad y = -x\tan\alpha;$$

(x, y, z) étant un point de la droite mobile, on aura pour les expressions des cosinus des angles qu'elle fait avec les droites fixes,

$$\cos V = \frac{x\cos\alpha + y\sin\alpha + z}{\sqrt{x^2+y^2+z^2}},$$

$$\cos V' = \frac{-x\cos\alpha + y\sin\alpha + z}{\sqrt{x^2+y^2+z^2}}.$$

Si $V + V' = \theta$, la relation

$$\cos^2 V + \cos^2 V' - 2\cos V\cos V'\cos\theta = \sin^2\theta$$

donne, après réductions, pour le lieu de la droite mobile,

$$x^2\cos^2\frac{\theta}{2}\left(\cos^2\alpha - \sin^2\frac{\theta}{2}\right) + y^2\sin^2\frac{\theta}{2}\left(\sin^2\alpha - \cos^2\frac{\theta}{2}\right)$$
$$+ z^2\sin^4\frac{\theta}{2} + 2yz\sin\alpha\sin^2\frac{\theta}{2} = 0.$$

En prenant une des droites fixes pour axe des x et désignant par β l'angle de l'autre droite avec Ox, on aurait l'équation

$$\sin^2\theta(y^2+z^2) = (x\cos\theta - x\cos\beta - y\sin\beta - z)^2.$$

Si l'on coupe par un plan $x=a$, l'origine est un foyer de la projection de la section sur le plan des yz, ce qui démontre le théorème énoncé.

Les deux droites fixes sont les lignes focales du cône. La section du cône par une sphère concentrique est une ellipse sphérique dont les foyers sont les points où les focales percent la sphère; la somme des deux arcs de grand cercle menés d'un point quelconque de la courbe à ces foyers est constante.

33. *Lieu des centres des sphères de rayon nul, bitangentes à un cône,*

$$a^2x^2 + b^2y^2 - c^2z^2 = 0$$

(*lignes focales du cône*).

α, β, γ étant les coordonnées d'un point du lieu, la fonction

$$(x-\alpha)^2 + (y-\beta)^2 + (z-\gamma)^2 + \lambda(a^2x^2 + b^2y^2 - c^2z^2)$$

doit être décomposable en un produit de deux facteurs; on arrive, en exprimant qu'il en est ainsi, aux résultats déjà obtenus au n° 32. Pour avoir des focales réelles, il faut faire $\alpha=0$, $\lambda = -\frac{1}{a^2}$, a^2 étant supposé plus grand que b^2, et l'on retrouve les équations

$$x=0, \qquad c^2z^2(a^2-b^2) - b^2y^2(c^2+a^2) = 0.$$

La corde de contact de la sphère bitangente et du cône est la *directrice* correspondant au foyer (α, β, γ); c'est l'intersection des deux plans dont l'équation quadratique est

$$x^2 + (y-\beta)^2 + (z-\gamma)^2 - \frac{1}{a^2}(a^2x^2 + b^2y^2 - c^2z^2) = 0.$$

En vertu de la relation

$$b^2\beta^2(a^2+c^2) - c^2\gamma^2(a^2-b^2) = 0,$$

cette équation se réduit à

$$(a^2-b^2)\left(y-\frac{\beta a^2}{a^2-b^2}\right)^2+(a^2+c^2)\left(z-\frac{\gamma a^2}{a^2+c^2}\right)^2=0,$$

et elle représente deux plans imaginaires qui se coupent suivant la droite

$$y=\frac{\beta a^2}{a^2-b^2},\qquad z=\frac{\gamma a^2}{c^2+a^2}.$$

On voit que les directrices sont toutes perpendiculaires au plan des yz et par suite aux lignes focales. Le lieu des directrices est le couple de plans directeurs réels

$$b^2y^2(a^2-b^2)-c^2z^2(a^2+c^2)=0.$$

Le coefficient angulaire de la droite qui joint le foyer $(0, \beta, \gamma)$ au pied de la directrice correspondante, sur le plan des yz, est $-\frac{\beta b^2(a^2+c^2)}{\gamma c^2(a^2-b^2)}$; celui de la ligne focale est $\frac{\beta}{\gamma}$, et le produit des deux coefficients est -1. Donc:

La droite qui joint un foyer au pied de la directrice correspondante est perpendiculaire à la ligne focale à laquelle appartient le foyer considéré.

Il est facile de retrouver la propriété des lignes focales signalée au n° 32. Prenons pour axe des z une ligne focale et soit

$$Ax^2+A'y^2+\ldots+2B''xy=0$$

l'équation du cône; si γ est un foyer, sur l'axe des z, la directrice correspondante sera dans le plan $z-\gamma=0$, et le couple de plans imaginaires passant par cette droite aura nécessairement une équation de la forme

$$k(ax+by+c)^2+l(z-\gamma)^2=0.$$

On a donc identiquement

$$\begin{aligned}Ax^2+A'y^2+\ldots+2B''xy\\=\lambda[x^2+y^2+(z-\gamma)^2+k(ax+by+c)^2+l(z-\gamma)^2].\end{aligned}$$

En faisant $z=\gamma$, il vient

$$\begin{aligned}Ax^2+A'y^2+2B''xy+2B'\gamma x+2B\gamma y+A''\gamma^2\\ =\lambda[x^2+y^2+k(ax+by+c)^2],\end{aligned}$$

ce qui montre que le point (o, o, γ) est un foyer de la section par le plan $z=\gamma$. Ainsi : *la section d'un cône par un plan perpendiculaire à une ligne focale a pour foyer le point où cette ligne coupe le plan.*

On conclut de là, en vertu d'une propriété connue des foyers des coniques, qu'*une ligne focale est une droite telle que, si l'on mène par cette droite deux plans rectangulaires quelconques, les plans tangents au cône suivant les arêtes contenues dans un de ces plans se coupent sur l'autre.*

Considérons un cône ayant pour base la conique $z=0$, $x^2+y^2=e(x-d)^2$, dont l'origine est un foyer, et pour sommet un point de l'axe des z situé à une hauteur h au-dessus du plan des xy. L'équation du cône est

$$h^2(x^2+y^2)=e(hx+dz-dh)^2$$

et peut s'écrire

$$h^2(x^2+y^2+z^2)=e(hx+dz-dh)^2+h^2z^2,$$

ce qui montre bien que l'origine est un foyer du cône et l'axe des z une focale.

On a aussi

$$\frac{x^2+y^2}{(hx+dz-dh)^2}=\frac{e}{h^2} \qquad \text{ou bien} \qquad \frac{\delta^2}{\delta'^2}=\frac{e}{h^2}(h^2+d^2),$$

en désignant par δ la distance d'un point du cône à la ligne focale prise pour axe des z, par δ' la distance du même point au plan directeur $hx+dz-dh=0$, qui correspond à l'origine des coordonnées. Donc : *le rapport des distances d'un point du cône à une ligne focale et au plan directeur correspondant est constant.*

34. *Les lignes focales d'un cône sont perpendiculaires aux plans cycliques du cône supplémentaire.*

Le cône supplémentaire du cône

$$a^2x^2+b^2y^2-c^2z^2=0$$

est

$$\frac{x^2}{a^2}+\frac{y^2}{b^2}-\frac{z^2}{c^2}=0.$$

Les lignes focales du premier sont perpendiculaires aux plans cycliques du second dont les traces sur le plan yoz ont pour équation

$$c^2y^2(a^2-b^2)-b^2z^2(a^2+c^2)=0.$$

Ce théorème permet de passer des propriétés des lignes focales à celles des plans cycliques, et inversement.

1° *La somme des angles d'une génératrice avec les lignes focales est constante.*

En effet, dans le cône supplémentaire, un plan tangent quelconque fait avec les plans cycliques deux angles dont la somme est constante (n° 27).

On vérifiera par un calcul analogue à celui du n° 27 que le cosinus de la somme des deux angles est $\frac{b^2-c^2}{b^2+c^2}$.

2° *Les plans menés par une génératrice et par les lignes focales sont également inclinés sur le plan tangent suivant cette génératrice.*

En effet, dans le cône supplémentaire, le plan tangent suivant une génératrice SA′ coupe les plans cycliques suivant deux droites SC_1, SC_2 également inclinées sur SA′ (n° 24). Les deux plans menés par l'arête SA du cône donné perpendiculaire au plan tangent, et par les deux focales, sont perpendiculaires à SC_1, SC_2; donc ils font des angles égaux avec le plan tangent suivant SA, lequel est perpendiculaire à SA′.

3° *Étant données deux arêtes d'un cône, si par chacune d'elles on mène deux plans passant par les focales, ces quatre plans touchent un cône droit dont l'axe est la droite d'intersection des plans tangents suivant les génératrices.*

Dans le cône supplémentaire, deux plans tangents P_1, P_2 coupent les plans cycliques suivant quatre droites qui appartiennent à un même cône droit C′ (nº 26); à ces quatre droites correspondent quatre plans perpendiculaires qui passent par les génératrices du cône donné perpendiculaires à P_1, P_2, et par les lignes focales. Ces quatre plans sont tangents à un cône droit C, supplémentaire de C′; les axes de C et C′ coïncident suivant une même droite perpendiculaire aux arêtes de contact de P_1, P_2, et qui, par conséquent, n'est autre chose que l'intersection des plans tangents au cône donné le long des génératrices perpendiculaires à P_1, P_2.

35. *Étant donnés deux plans tangents à un cône, si par leur droite d'intersection on mène deux plans passant par les lignes focales, ces plans et les plans tangents ont mêmes plans bissecteurs.*

Soit $\frac{x}{\alpha} = \frac{y}{\beta} = \frac{z}{\gamma}$ une droite par laquelle on mène deux plans tangents au cône

$$a^2x^2 + b^2y^2 - c^2z^2 = 0.$$

L'équation quadratique de ces plans est

$$\varphi(x, y, z) = (a^2x^2 + b^2y^2 + c^2z^2)(a^2\alpha^2 + b^2\beta^2 - c^2\gamma^2) - (a^2\alpha x + b^2\beta y - c^2\gamma z)^2 = 0.$$

Menons le plan $\alpha x + \beta y + \gamma z = 0$, perpendiculaire à la droite; les bissectrices des deux droites suivant lesquelles il coupe les plans $\varphi(x, y, z) = 0$ seront déterminées, d'après le nº 4, par l'équation

$$\frac{d\varphi}{dx}(\gamma y - \beta z) + \frac{d\varphi}{dy}(\alpha z - \gamma x) + \frac{d\varphi}{dz}(\beta x - \alpha y) = 0$$

ou

$$\begin{aligned} &\alpha\beta\gamma a^2x^2(b^2 + c^2) - \alpha\beta\gamma b^2y^2(c^2 + a^2) - \alpha\beta\gamma c^2z^2(a^2 - b^2) \\ &\quad + \alpha yz[\alpha^2a^2(b^2 + c^2) + \beta b^2(a^2 + c^2) + \gamma^2c^2(a^2 - b^2)] \\ &\quad + \beta zx[-\alpha^2a^2(b^2 + c^2) - \beta^2 b^2(c^2 + a^2) + \gamma^2c^2(a^2 - b^2)] \\ &\quad + \gamma yx[-\alpha^2a^2(b^2 + c^2) + \beta^2b^2(a^2 + c^2) - \gamma^2c^2(a^2 - b^2)] = 0. \end{aligned}$$

Maintenant le couple des plans qui passent par la droite

d'intersection des plans tangents et par les lignes focales est

$$\psi(x, y, z) - b^2(a^2 + c^2)(\beta x - \alpha y)^2 \\ - c^2(a^2 - b^2)(\gamma x - \alpha z)^2 = 0.$$

En opérant sur la fonction ψ comme on a opéré sur la fonction φ, on trouvera les mêmes bissectrices.

36. *Étant donnés deux plans fixes tangents à un cône, si un troisième plan roule sur le cône, il coupe les plans fixes suivant deux droites telles que les plans menés par une des lignes focales et ces deux droites font un angle constant.*

Comme la ligne focale passe par les foyers des sections qui lui sont perpendiculaires, on voit de suite que ce théorème se ramène au théorème analogue sur les coniques : l'angle sous lequel on voit d'un des foyers la portion d'une tangente mobile comprise entre deux tangentes fixes est constant.

On démontre de même que, si par une ligne focale on mène deux plans passant par deux génératrices du cône, et un troisième plan passant par la droite d'intersection des plans tangents suivant ces génératrices, celui-ci est bissecteur de l'angle des deux premiers.

Ce théorème et tous ceux qui précèdent sur les lignes focales sont démontrés géométriquement dans la *Géométrie supérieure* de Chasles.

37. *Un cône circonscrit à une quadrique de révolution a pour lignes focales les droites qui joignent le sommet du cône aux foyers de la quadrique.*

Considérons un cône quelconque C ayant pour base un cercle d'une sphère S, et prenons les polaires réciproques par rapport à une sphère quelconque s dont le centre est le sommet de C; S se transforme en une surface de révolution Σ dont le foyer est le centre de s; la réciproque de la base du cône C est un cône circonscrit à Σ, cône dont le sommet Γ est le point correspondant au plan de base, et la ligne qui le joint au foyer de Σ est perpendiculaire à ce plan. Mais le cône Γ est supplémentaire du cône C, ses lignes focales sont perpendiculaires aux plans cycliques de C (n° 34); donc la ligne Γs, perpendiculaire au plan de base, c'est-à-dire à un des plans cycliques du premier cône, est une ligne focale de Γ.

On pourrait démontrer ce théorème par le calcul en plaçant l'origine à l'un des foyers de la quadrique de révolution et démontrant que l'origine est le centre d'une sphère de rayon nul bitangente à un cône circonscrit quelconque.

38. *Étant donnés deux cônes circonscrits à une quadrique de révolution et qui se coupent suivant deux courbes planes, le cône passant par une de leurs courbes d'intersection et ayant son sommet en un des foyers de la quadrique a pour lignes focales les droites menées de ce foyer aux sommets des deux cônes.*

Soient une sphère S, un cercle C tracé sur cette sphère et un cône de sommet t ayant pour base le cercle C; il coupera la sphère suivant un second cercle C′. Prenons les polaires réciproques par rapport à une sphère de centre s, de façon à transformer S en une quadrique de révolution Σ ayant s pour foyer.

Aux plans C, C′ correspondent les points Γ, Γ′, et aux cercles C, C′ des cônes circonscrits à Σ et dont les sommets sont Γ, Γ′. Soit T le plan polaire de t par rapport à s; ce plan coupe chacun des cônes Γ, Γ′ suivant la même courbe. Le cône de sommet s qui a pour base cette courbe est supplémentaire du cône tCC′; mais les droites sΓ, sΓ′ sont perpendiculaires aux plans cycliques de tCC′; ce sont donc les focales du cône supplémentaire.

On pourra vérifier analytiquement ce théorème comme le précédent.

CHAPITRE III.

QUADRIQUES RAPPORTÉES A LEURS AXES.

§ I. — Plans tangents. Cônes et cylindres circonscrits.

1. *Lieu des points d'un ellipsoïde où le plan tangent fait un angle donné θ avec un des plans principaux.*

Ces points sont sur deux courbes gauches projetées sur le plan principal suivant une même ellipse.

2. *Si l'on mène une corde* MM' *d'un ellipsoïde, et par le centre des plans parallèles aux plans tangents en* M, M', *ils rencontrent la corde à des distances égales de ses extrémités.*

(x', y', z'), (x'', y'', z'') étant deux points de l'ellipsoïde

$$\frac{x^2}{a^2}+\frac{y^2}{b^2}+\frac{z^2}{c^2}=1,$$

les plans menés par le centre parallèlement aux plans tangents coupent la corde en (x_1, y_1, z_1), (x_2, y_2, z_2), et, en posant

$$\mathrm{M}=\frac{x'x''}{a^2}+\frac{y'y''}{b^2}+\frac{z'z''}{c^2},$$

on a

$$x_1=x'-\frac{x''-x'}{\mathrm{M}-1},\qquad y_1=y'-\frac{y''-y'}{\mathrm{M}-1},\qquad z_1=z'-\frac{z''-z'}{\mathrm{M}-1}.$$

$$x_2=x'+\frac{x''-x'}{\mathrm{M}-1},\qquad y_2=y'+\frac{y''-y'}{\mathrm{M}-1},\qquad z_2=z'+\frac{z''-z'}{\mathrm{M}-1}.$$

3. *Lieu des intersections des plans tangents aux extrémités des cordes d'un ellipsoïde qui passent par un point fixe* (α, β, γ).

Soient $\alpha+l\rho$, $\beta+m\rho$, $\gamma+n\rho$ les coordonnées d'un point où l'ellipsoïde est rencontré par une corde dont les paramètres directeurs sont l, m, n. Le plan tangent en ce point est

$$\frac{\alpha x}{a^2}+\frac{\beta y}{b^2}+\frac{\gamma z}{c^2}-1+\rho\left(\frac{lx}{a^2}+\frac{my}{b^2}+\frac{nz}{c^2}\right)=0.$$

Il passe par l'intersection d'un plan fixe, qui est le plan polaire de $(\alpha\beta\gamma)$, et du plan

$$\frac{lx}{a^2}+\frac{my}{b^2}+\frac{nz}{c^2}=0.$$

Ce dernier est le même pour les deux points où la corde coupe la surface ; il varie avec l, m, n. Si la corde reste dans un plan fixe

$$A(x-\alpha)+B(y-\beta)+C(z-\gamma)=0,$$

comme l, m, n satisfont à la relation $Al+Bm+Cn=0$, le plan variable passe par une droite fixe; les plans tangents en tous les points de la section plane qui contient les cordes passent donc par un point fixe, intersection de la droite fixe et du plan polaire. Ce point est le pôle du plan de la section.

4. *Lieu des sommets des trièdres trirectangles dont les arêtes touchent un ellipsoïde.*

Il suffit d'exprimer que le cône circonscrit de sommet (α, β, γ) est capable d'un trièdre trirectangle; on trouve ainsi que l'équation du lieu cherché est

$$\alpha^2(b^2+c^2)+\beta^2(c^2+a^2)+\gamma^2(a^2+b^2)=b^2c^2+c^2a^2+a^2b^2.$$

5. *De tous les points d'une droite* $\frac{x}{l}=\frac{y}{m}=\frac{z}{n}$ *on mène des asymptotes à un hyperboloïde à une nappe*

$$\frac{x^2}{a^2}+\frac{y^2}{b^2}-\frac{z^2}{c^2}=1;$$

trouver le lieu de ces asymptotes.

Soit (x_1, y_1, z_1) un point de l'espace; les asymptotes menées de ce point à la surface sont celles de la section parallèle au plan diamétral conjugué de la droite qui joint le centre à ce point. On peut d'ailleurs les obtenir directement. Menons par le point (x_1, y_1, z_1) une droite

$$x = x_1 + \alpha\rho, \qquad y = y_1 + \beta\rho, \qquad z = z_1 + \gamma\rho.$$

Pour trouver ses intersections avec l'hyperboloïde, il faut résoudre l'équation

$$\rho^2\left(\frac{\alpha^2}{a^2} + \frac{\beta^2}{b^2} - \frac{\gamma^2}{c^2}\right)$$
$$+ 2\rho\left(\frac{\alpha x_1}{a^2} + \frac{\beta y_1}{b^2} - \frac{\gamma z_1}{c^2}\right) + \frac{x_1^2}{a^2} + \frac{y_1^2}{b^2} - \frac{z_1^2}{c^2} = 0.$$

Elle doit avoir deux racines infinies; donc on a

$$\frac{\alpha^2}{a^2} + \frac{\beta^2}{b^2} - \frac{\gamma^2}{c^2} = 0 \qquad \text{et} \qquad \frac{\alpha x_1}{a^2} + \frac{\beta y_1}{b^2} - \frac{\gamma z_1}{c^2} = 0$$

ou bien

$$\frac{(x - x_1)^2}{a^2} + \frac{(y - y_1)^2}{b^2} - \frac{(z - z_1)^2}{c^2} = 0$$

et

$$(1) \qquad (x - x_1)\frac{x_1}{a^2} + (y - y_1)\frac{y_1}{b^2} - (z - z_1)\frac{z_1}{c^2} = 0.$$

Telles sont les équations qui déterminent les asymptotes; on aura le lieu demandé en éliminant x_1, y_1, z_1, λ entre ces équations et $x_1 = \lambda l, y_1 = \lambda m, z_1 = \lambda n$, ce qui donne le couple de plans

$$\left(\frac{x^2}{a^2} + \frac{y^2}{b^2} - \frac{z^2}{c^2}\right)\left(\frac{l^2}{a^2} + \frac{m^2}{b^2} - \frac{n^2}{c^2}\right) = \left(\frac{lx}{a^2} + \frac{my}{b^2} - \frac{nz}{c^2}\right)^2.$$

6. *Lieu des points d'où l'on peut mener à un hyperboloïde à une nappe deux asymptotes rectangulaires.*

Les équations (1) du n° 5 doivent représenter deux droites rectangulaires; on en conclut que le point (x_1, y_1, z_1) doit être sur le cône

$$\frac{x_1^2}{a^4}\left(\frac{1}{b^2} - \frac{1}{c^2}\right) + \frac{y_1^2}{b^4}\left(\frac{1}{a^2} - \frac{1}{c^2}\right) + \frac{z_1^2}{c^4}\left(\frac{1}{a^2} + \frac{1}{b^2}\right) = 0.$$

7. *Lieu des asymptotes menées d'un point fixe* (α, β, γ) *à des surfaces homofocales représentées par l'équation*

$$\frac{x^2}{a^2+\lambda}+\frac{y^2}{b^2+\lambda}+\frac{z^2}{c^2+\lambda}=1.$$

Formons l'équation en ρ qui détermine les intersections d'une droite $x=\alpha+l\rho, y=\beta+m\rho, z=\gamma+n\rho$ avec une des surfaces, savoir

$$\begin{aligned}\rho^2\left(\frac{l^2}{a^2+\lambda}+\frac{m^2}{b^2+\lambda}+\frac{n^2}{c^2+\lambda}\right)&\\ +2\rho\left(\frac{\alpha l}{a^2+\lambda}+\frac{\beta m}{b^2+\lambda}+\frac{\gamma n}{c^2+\lambda}\right)&\\ +\frac{\alpha^2}{a^2+\lambda}+\frac{\beta^2}{b^2+\lambda}+\frac{\gamma^2}{c^2+\lambda}&=0.\end{aligned}$$

On doit avoir

$$(1)\qquad\left\{\begin{aligned}\frac{l^2}{a^2+\lambda}+\frac{m^2}{b^2+\lambda}+\frac{n^2}{c^2+\lambda}&=0,\\ \frac{\alpha l}{a^2+\lambda}+\frac{\beta m}{b^2+\lambda}+\frac{\gamma n}{c^2+\lambda}&=0.\end{aligned}\right.$$

L'élimination de λ entre ces équations, et la substitution de $x-\alpha$, $y-\beta$, $z-\gamma$ à la place de l, m, n donneront l'équation du lieu. L'élimination se fait très simplement ainsi qu'il suit : d'après les équations (1), les quantités $\frac{1}{a^2+\lambda}$, $\frac{1}{b^2+\lambda}$ et $\frac{1}{c^2+\lambda}$ sont proportionnelles à $mn(\gamma m-\beta n)$, $nl(\alpha n-\gamma l)$, $lm(\beta l-\alpha m)$; on peut donc écrire

$$a^2+\lambda=\frac{\mu}{mn(\gamma m-\beta n)},$$

$$b^2+\lambda=\frac{\mu}{nl(\alpha n-\gamma l)},$$

$$c^2+\lambda=\frac{\mu}{lm(\beta l-\alpha m)}$$

et l'on a par suite

$$\begin{vmatrix} a^2 & 1 & \dfrac{1}{mn(\gamma m - \beta n)} \\ b^2 & 1 & \dfrac{1}{nl(\alpha n - \gamma l)} \\ c^2 & 1 & \dfrac{1}{lm(\beta l - \alpha m)} \end{vmatrix} = 0,$$

c'est-à-dire

$$\frac{l(b^2 - c^2)}{\gamma m - \beta n} + \frac{m(c^2 - a^2)}{\alpha n - \gamma l} + \frac{n(a^2 - b^2)}{\beta l - \alpha m} = 0,$$

et l'équation du lieu est

$$\frac{(x - \alpha)(b^2 - c^2)}{\gamma y - \beta z} + \frac{(y - \beta)(c^2 - a^2)}{\alpha z - \gamma z} + \frac{(z - \gamma)(a^2 - b^2)}{\beta x - \alpha y} = 0.$$

Ce cône du troisième ordre a pour génératrice double la droite qui joint l'origine au point fixe (α, β, γ).

8. *Trouver les sections circulaires de l'ellipsoïde en exprimant que les distances du centre aux plans tangents en tous les points d'une section plane sont égales.*

Le lieu des points de l'ellipsoïde où les plans tangents sont à une distance p du centre est la courbe d'intersection de l'ellipsoïde avec

$$\frac{x^2}{a^4} + \frac{y^2}{b^4} + \frac{z^2}{c^4} = \frac{1}{p^2}.$$

Exprimons que cette courbe, la poloïde, se décompose en deux courbes planes; il faut déterminer λ de telle sorte que l'équation

$$\frac{x^2}{a^4} + \frac{y^2}{b^4} + \frac{z^2}{c^4} - \frac{1}{p^2} + \lambda\left(\frac{x^2}{a^2} + \frac{y^2}{b^2} + \frac{z^2}{c^2} - 1\right) = 0$$

représente deux plans.

On devra prendre d'abord $\lambda = -\frac{1}{p^2}$; puis on aura l'une des conditions $\frac{1}{a^2}-\frac{1}{p^2}=0$, $\frac{1}{b^2}-\frac{1}{p^2}=0$, ou $\frac{1}{c^2}-\frac{1}{p^2}=0$, ce qui fait retrouver les trois systèmes de plans cycliques.

9. *Lieu des points de contact des plans tangents à un ellipsoïde, qui déterminent avec les plans principaux un tétraèdre de volume donné* V.

Ce lieu est l'intersection de l'ellipsoïde avec la surface

$$xyz=\frac{a^2b^2c^2}{6V}.$$

Le plan tangent en un des huit points

$$x=\pm\frac{a}{\sqrt{3}},\qquad y=\pm\frac{b}{\sqrt{3}},\qquad z=\pm\frac{c}{\sqrt{3}}$$

détermine un tétraèdre de volume minimum $\frac{1}{2}abc\sqrt{3}$; ces huit plans tangents forment un octaèdre circonscrit de volume minimum.

10. *Tout plan tangent à un hyperboloïde et perpendiculaire à un plan principal retranche du cône asymptote un cône fermé de volume constant.*

Soit $z=mx+p$ un plan perpendiculaire au plan des zx; il coupe le cône asymptote

$$\frac{x^2}{a^2}+\frac{y^2}{b^2}-\frac{z^2}{c^2}=0$$

suivant une conique dont l'aire a pour expression

$$\pi p^2\frac{abc\sqrt{1+m^2}}{(c^2-a^2m^2)^{\frac{3}{2}}}.$$

Si le plan est tangent à l'hyperboloïde, on aura

$$p^2=a^2m^2-c^2;$$

l'aire de la section devient $\frac{\pi abc}{p}\sqrt{1+m^2}$, et le volume du cône qui a cette section pour base et pour sommet l'origine est $\frac{\pi}{3}abc$. C'est le tiers du volume de l'ellipsoïde dont les axes ont mêmes longueurs que ceux de l'hyperboloïde.

11. *Lieu des droites qui passent par un point fixe et sont perpendiculaires à leurs conjuguées par rapport à un ellipsoïde.*

Soient $x = \alpha + l\rho$, $y = \beta + m\rho$, $z = \gamma + n\rho$ les équations d'une droite passant par le point fixe (α, β, γ); celles d'une conjuguée par rapport à l'ellipsoïde sont les équations des plans polaires de deux points quelconques de la droite; on peut prendre

$$\frac{\alpha x}{a^2} + \frac{\beta y}{b^2} + \frac{\gamma z}{c^4} - 1$$

et

$$\frac{x(\alpha + l\rho)}{a^2} + \frac{y(\beta + m\rho)}{b^2} + \frac{z(\gamma + n\rho)}{c^2} = 1,$$

et la seconde de ces équations peut être remplacée par

$$\frac{lx}{a^2} + \frac{my}{b^2} + \frac{nz}{c^2} = 0.$$

La condition de perpendicularité des deux droites conjuguées est

$$(1) \quad a^2 l(\beta n - \gamma m) + b^2 m(\gamma l - \alpha n) + c^2 n(\alpha m - \beta l) - 0$$

et, par suite, les droites passant par (α, β, γ) et perpendiculaires à leurs conjuguées sont sur le cône

$$(2) \quad \left\{ \begin{aligned} & a^2(x - \alpha)(\beta z - \gamma y) + b^2(y - \beta)(\gamma x - \alpha z) \\ & \qquad + c^2(z - \gamma)(\alpha y - \beta x) = 0. \end{aligned} \right.$$

On voit que ce cône est toujours réel, qu'une de ses génératrices passe par le centre de l'ellipsoïde et qu'il est capable d'une infinité de trièdres trirectangles; il contient les parallèles aux axes de l'ellipsoïde menées par le sommet (α, β, γ). Le cône est de révolution lorsque le point (α, β, γ) est sur une des droites

$$x(b^2 - c^2) = \pm y(c^2 - a^2) = \pm z(a^2 - b^2).$$

L'enveloppe du plan

$$\frac{lx}{a^2}+\frac{my}{b^2}+\frac{nz}{c^2}=0,$$

l, m, n étant assujettis à la condition (1), est le cône

$$(3)\left\{\begin{aligned}&\frac{\alpha^2x^2}{a^4}(b^2-c^2)^2+\frac{\beta^2y^2}{b^4}(c^2-a^2)^2\\&+\frac{\gamma^2z^2}{c^4}(a^2-b^2)^2-\frac{2\beta\gamma yz}{b^2c^2}(c^2-a^2)(a^2-b^2)\\&-\frac{2\gamma\alpha zx}{c^2a^2}(a^2-b^2)(b^2-c^2)-\frac{2\alpha\beta xy}{a^2b^2}(b^2-c^2)(c^2-a^2)=0.\end{aligned}\right.$$

On en conclut que, si une droite $x=\alpha+l\rho, \ldots$ tourne autour du point (α, β, γ) en décrivant le cône (2), ses conjuguées, qui lui sont perpendiculaires, enveloppent une conique, intersection du cône (3) et du plan polaire de (α, β, γ). Cette conique est une parabole, car le plan

$$\frac{\alpha x}{a^2}+\frac{\beta y}{b^2}+\frac{\gamma z}{c^2}=0,$$

mené par l'origine parallèlement au plan polaire, est tangent au cône (3). La génératrice de contact est

$$\begin{aligned}&\frac{\alpha x}{a^2}(c^2-a^2)(a^2-b^2)\\&\quad=\frac{\beta y}{b^2}(a^2-b^2)(b^2-c^2)=\frac{\gamma z}{c^2}(b^2-c^2)(c^2-a^2).\end{aligned}$$

12. *On prend deux points d'un même diamètre pour sommets de deux cônes circonscrits à un ellipsoïde ; ces cônes se coupent suivant deux plans parallèles. Démontrer que la distance du centre au plan tangent à l'une des extrémités du diamètre est moyenne proportionnelle entre les distances du centre aux deux plans parallèles.*

13. *Par le sommet (α, β, γ) d'un cône circonscrit à un ellipsoïde on fait passer un autre ellipsoïde homothétique au premier et qui coupe le cône suivant une courbe plane. Trouver la condition pour que ce plan touche le premier ellipsoïde.*

Si l'on pose

$$\frac{x^2}{a^2}+\frac{y^2}{b^2}+\frac{z^2}{c^2} = S,$$

$$\frac{\alpha^2}{a^2}+\frac{\beta^2}{b^2}+\frac{\gamma^2}{c^2} = S_1,$$

$$\frac{\alpha x}{a^2}+\frac{\beta y}{b^2}+\frac{\gamma z}{c^2}-1 = P,$$

(α, β, γ) étant le sommet du cône, les équations du cône et de l'ellipsoïde homothétique sont

$$(S-1)(S_1-1)-P^2=0 \quad \text{et} \quad S-S_1=0.$$

Ces deux surfaces ont déjà une section plane commune qui est le plan tangent à $S-S_1=0$ au sommet du cône, c'est-à-dire $P-S_1+1=0$. On aura la seconde section plane commune en écrivant l'équation

$$(S-1)(S_1-1)-P^2+k(S-S_1)=0,$$

et determinant k de telle sorte que le premier membre contienne $P-S_1+1$ en facteur. Il faut prendre $k=1-S_1$; la seconde courbe d'intersection est alors

$$P+S_1-1=0$$

ou

$$\frac{\alpha x}{a^2}+\frac{\beta y}{b^2}+\frac{\gamma z}{c^2}+\frac{\alpha^2}{a^2}+\frac{\beta^2}{b^2}+\frac{\gamma^2}{c^2}-2=0.$$

La condition de contact de ce plan avec l'ellipsoïde donné est

$$\frac{\alpha^2}{a^2}+\frac{\beta^2}{b^2}+\frac{\gamma^2}{c^2}=\left(\frac{\alpha^2}{a^2}+\frac{\beta^2}{b^2}+\frac{\gamma^2}{c^2}-2\right)^2$$

ou

$$\left(\frac{\alpha^2}{a^2}+\frac{\beta^2}{b^2}+\frac{\gamma^2}{c^2}-1\right)\left(\frac{\alpha^2}{a^2}+\frac{\beta^2}{b^2}+\frac{\gamma^2}{c^2}-4\right)=0.$$

Le sommet du cône circonscrit doit donc être sur l'ellipsoïde

$$\frac{x^2}{a^2}+\frac{y^2}{b^2}+\frac{z^2}{c^2}=4.$$

14. *Trouver l'équation d'un ellipsoïde homothétique à un*

ellipsoïde donné, passant par son centre, par le sommet (α, β, γ) *d'un cône circonscrit et par la courbe de contact de ce cône et de l'ellipsoïde.*

L'ellipsoïde cherché est de la forme

$$\frac{x^2}{a^2}+\frac{y^2}{b^2}+\frac{z^2}{c^2}-1$$
$$+\left(\frac{\alpha x}{a^2}+\frac{\beta y}{b^2}+\frac{\gamma z}{c^2}-1\right)(lx+my+nz+p)=0.$$

On doit avoir

$$p+1=0,\qquad l\alpha+m\beta+n\gamma=0,\qquad \frac{m\gamma}{c^2}+\frac{n\beta}{b^2}=0,$$
$$\frac{l\beta}{b^2}+\frac{m\alpha}{a^2}=0,\qquad \frac{n\alpha}{a^2}+\frac{l\gamma}{c^2}=0;$$

les trois dernières conditions ne peuvent être vérifiées qu'en prenant $l=m=n=0$.

L'équation cherchée est donc

$$\frac{x^2}{a^2}+\frac{y^2}{b^2}+\frac{z^2}{c^2}-\frac{\alpha x}{a^2}-\frac{\beta y}{b^2}-\frac{\gamma z}{c^2}=0.$$

15. *On donne deux ellipsoïdes* A *et* B, *concentriques et homothétiques, un troisième ellipsoïde* C, *homothétique aux deux premiers et dont le centre est un point* M *de* B. *Démontrer que la section plane commune à* C *et* A *est parallèle au plan tangent à* B *au point* M.

16. *Un ellipsoïde et un hyperboloïde à deux nappes ont les mêmes axes en grandeur et en position. Si l'on mène le plan tangent à l'ellipsoïde en un point* P, *il coupera l'hyperboloïde suivant une courbe plane; le point de concours* P′ *des plans tangents en tous les points de cette courbe sera sur l'ellipsoïde et le plan tangent à l'ellipsoïde en* P′ *donnera dans l'hyperboloïde une autre section dont* P *sera le pôle.*

17. *Lieu des perpendiculaires abaissées du centre de deux quadriques concentriques et coaxiales sur leurs plans tangents communs.*

Si les quadriques sont deux ellipsoïdes

$$\frac{x^2}{a^2}+\frac{y^2}{b^2}+\frac{z^2}{c^2}=1, \qquad \frac{x^2}{a'^2}+\frac{y^2}{b'^2}+\frac{z^2}{c'^2}=1,$$

un plan tangent commun est représenté par l'une ou par l'autre des équations

$$\begin{aligned} x\cos\alpha+y\cos\beta+z\cos\gamma &= \sqrt{a^2\cos^2\alpha+b^2\cos^2\beta+c^2\cos^2\gamma} \\ &= \sqrt{a'^2\cos^2\alpha+b'^2\cos^2\beta+c'^2\cos^2\gamma}. \end{aligned}$$

Le lieu de la perpendiculaire à ce plan menée par l'origine est donc

$$(a^2-a'^2)x^2+(b^2-b'^2)y^2+(c^2-c'^2)z^2=0.$$

On aura le lieu des pieds des perpendiculaires en prenant l'intersection de ce cône et de la surface du quatrième ordre

$$(x^2+y^2+z^2)^2=a^2x^2+b^2y^2+c^2z^2.$$

18. *Si l'on circonscrit à un ellipsoïde trois cylindres dont les axes sont perpendiculaires deux à deux, la somme des carrés des aires de leurs sections droites est constante.*

Soient l, m, n les cosinus directeurs des génératrices d'un cylindre circonscrit; son équation est

$$\left(\frac{l^2}{a^2}+\frac{m^2}{b^2}+\frac{n^2}{c^2}\right)\left(\frac{x^2}{a^2}+\frac{y^2}{b^2}+\frac{z^2}{c^2}-1\right)-\left(\frac{lx}{a^2}+\frac{my}{b^2}+\frac{nz}{c^2}\right)^2=0.$$

Le produit des racines non nulles de l'équation en S relative à ce cylindre est

$$\begin{aligned} S_1S_2 &= \frac{1}{b^2c^2}\left(\frac{l^2}{a^2}+\frac{m^2}{b^2}\right)\left(\frac{n^2}{c^2}+\frac{l^2}{a^2}\right) \\ &\quad+\frac{1}{c^2a^2}\left(\frac{m^2}{b^2}+\frac{n^2}{c^2}\right)\left(\frac{l^2}{a^2}+\frac{m^2}{b^2}\right) \\ &\quad+\frac{1}{a^2b^2}\left(\frac{n^2}{c^2}+\frac{l^2}{a^2}\right)\left(\frac{m^2}{b^2}+\frac{n^2}{c^2}\right)-\frac{m^2n^2}{b^4c^4}-\frac{n^2l^2}{c^4a^4}-\frac{l^2m^2}{a^4b^4} \\ &= \frac{1}{a^2b^2c^2}(l^2+m^2+n^2)\left(\frac{l^2}{a^2}+\frac{m^2}{b^2}+\frac{n^2}{c^2}\right) \\ &= \frac{1}{a^2b^2c^2}\left(\frac{l^2}{a^2}+\frac{m^2}{b^2}+\frac{n^2}{c^2}\right). \end{aligned}$$

L'équation réduite du cylindre étant

$$S_1 X^2 + S_2 Y^2 = \frac{l^2}{a^2} + \frac{m^2}{b^2} + \frac{n^2}{c^2},$$

le produit des carrés des demi-axes de la section droite est

$$a^2 b^2 c^2 \left(\frac{l^2}{a^2} + \frac{m^2}{b^2} + \frac{n^2}{c^2} \right).$$

Si (l', m', n'), (l'', m'', n'') sont les cosinus directeurs des génératrices des deux autres cylindres, on aura

$$l^2 + l'^2 + l''^2 = 1, \qquad m^2 + m'^2 + m''^2 = 1, \qquad n^2 + n'^2 + n''^2 = 1.$$

La somme des carrés des produits des demi-axes des trois sections est donc

$$a^2 b^2 c^2 \left(\frac{1}{a^2} + \frac{1}{b^2} + \frac{1}{c^2} \right) \quad \text{ou} \quad b^2 c^2 + c^2 a^2 + a^2 b^2.$$

19. *Si l'on circonscrit un cône à un ellipsoïde et qu'on mène par le centre des parallèles aux génératrices, le cône ainsi obtenu coupe l'ellipsoïde suivant deux courbes planes dont les plans sont parallèles à celui de la courbe de contact du premier cône. Trouver à quelle condition cette dernière courbe coïncidera avec une des deux autres.*

(α, β, γ) étant le sommet du cône circonscrit, le cône qui a pour sommet l'origine est

$$\left(\frac{x^2}{a^2} + \frac{y^2}{b^2} + \frac{z^2}{c^2} \right) \left(\frac{\alpha^2}{a^2} + \frac{\beta^2}{b^2} + \frac{\gamma^2}{c^2} - 1 \right) - \left(\frac{\alpha x}{a^2} + \frac{\beta y}{b^2} + \frac{\gamma z}{c^2} \right)^2 = 0$$

ou

$$\left(\frac{x^2}{a^2} + \frac{y^2}{b^2} + \frac{z^2}{c^2} - 1 \right) \left(\frac{\alpha^2}{a^2} + \frac{\beta^2}{b^2} + \frac{\gamma^2}{c^2} - 1 \right) + \frac{\alpha^2}{a^2} + \frac{\beta^2}{b^2} + \frac{\gamma^2}{c^2} - 1 - \left(\frac{\alpha x}{a^2} + \frac{\beta y}{b^2} + \frac{\gamma z}{c^2} \right)^2 = 0.$$

Les deux plans d'intersection avec l'ellipsoïde ont pour équation

$$\frac{\alpha x}{a^2} + \frac{\beta y}{b^2} + \frac{\gamma z}{c^2} = \pm \sqrt{\frac{\alpha^2}{a^2} + \frac{\beta^2}{b^2} + \frac{\gamma^2}{c^2} - 1}.$$

L'un d'eux coïncidera avec le plan polaire de (α, β, γ), si ce point est sur l'ellipsoïde

$$\frac{x^2}{a^2}+\frac{y^2}{b^2}+\frac{z^2}{c^2}=2.$$

20. *Deux cônes circonscrits à un ellipsoïde se coupent suivant deux courbes planes; l'un des sommets $(\alpha\beta\gamma)$ étant fixe, trouver le lieu que doit décrire l'autre sommet $(\alpha'\beta'\gamma')$ pour que les deux plans soient rectangulaires.*

Si l'on pose

$$S=\frac{\alpha^2}{a^2}+\frac{\beta^2}{b^2}+\frac{\gamma^2}{c^2}-1, \qquad S'=\frac{\alpha'^2}{a^2}+\frac{\beta'^2}{b^2}+\frac{\gamma'^2}{c^2}-1,$$

l'équation quadratique des plans d'intersection des cônes est

$$S'\left(\frac{\alpha x}{a^2}+\frac{\beta y}{b^2}+\frac{\gamma z}{c^2}-1\right)^2-S\left(\frac{\alpha' x}{a^2}+\frac{\beta' y}{b^2}+\frac{\gamma' z}{c^2}-1\right)^2=0.$$

Pour qu'ils soient rectangulaires, le point $(\alpha', \beta', \gamma')$ doit être sur l'ellipsoïde

$$\left(\frac{x^2}{a^2}+\frac{y^2}{b^2}+\frac{z^2}{c^2}-1\right)\left(\frac{\alpha^2}{a^4}+\frac{\beta^2}{b^4}+\frac{\gamma^2}{c^4}\right)$$
$$-\left(\frac{\alpha^2}{a^2}+\frac{\beta^2}{b^2}+\frac{\gamma^2}{c^2}-1\right)\left(\frac{x^2}{a^4}+\frac{y^2}{b^4}+\frac{z^2}{c^4}\right)=0.$$

21. *On construit des cônes circonscrits à un ellipsoïde et dont les sommets sont sur une droite passant par le centre. Le sommet de chacun de ces cônes C est pris pour centre d'un ellipsoïde homothétique au proposé et qui coupe le cône C suivant deux courbes planes. Trouver le lieu de ces courbes lorsque le rapport d'homothétie des deux ellipsoïdes est proportionnel à la distance de leurs centres.*

Prenons la droite fixe pour axe des x et rapportons l'ellipsoïde à trois diamètres conjugués. Le cône circonscrit de sommet $(\alpha, 0, 0)$ est

$$\left(\frac{x^2}{a^2}+\frac{y^2}{b^2}+\frac{z^2}{c^2}-1\right)\left(\frac{\alpha^2}{a^2}-1\right)-\left(\frac{\alpha x}{a^2}-1\right)^2=0,$$

et l'on a, pour équation de l'ellipsoïde homothétique,

$$\frac{(x-\alpha)^2}{a^2}+\frac{y^2}{b^2}+\frac{z^2}{c^2}=k^2\alpha^2$$

ou

$$\left(\frac{x^2}{a^2}+\frac{y^2}{b^2}+\frac{z^2}{c^2}-1\right)\left(\frac{\alpha^2}{a^2}-1\right)$$
$$-\left(\frac{2\alpha x}{a^2}-\frac{\alpha^2}{a^2}+k^2\alpha^2-1\right)\left(\frac{\alpha^2}{a^2}-1\right)=0.$$

Il coupe le cône suivant les plans $\frac{(x-\alpha)^2}{a^2}=k^2(\alpha^2-a^2)$.

L'élimination de α^2 entre cette équation et celle de l'ellipsoïde variable donne immédiatement

$$\frac{y^2}{b^2}+\frac{z^2}{c^2}=k^2a^2=\lambda^2.$$

Le lieu demandé est donc un cylindre elliptique dont les génératrices sont parallèles à la droite fixe et dont la section par le plan conjugué de cette droite, par rapport à l'ellipsoïde donné, est semblable à la section de l'ellipsoïde.

22. *Un cône est circonscrit à un ellipsoïde; on mène un plan tangent à l'extrémité du diamètre qui passe par le sommet, puis, par le centre, une droite quelconque coupant l'ellipsoïde, le plan tangent et le cône. Trouver une relation entre les distances du centre à ces trois points d'intersection.*

Mêmes notations qu'au n° 21. Si $\frac{x}{l}=\frac{y}{m}=\frac{z}{n}$ sont les équations de la droite menée par le centre de l'ellipsoïde, les distances du centre aux points où elle coupe le cône sont les racines de l'équation en ρ :

$$\left[\rho^2\left(\frac{l^2}{a^2}+\frac{m^2}{b^2}+\frac{n^2}{c^2}\right)-1\right]\left(\frac{\alpha^2}{a^2}-1\right)-\left(\frac{\alpha l\rho}{a^2}-1\right)^2=0.$$

Mais, si r est le diamètre de l'ellipsoïde dirigé suivant la droite, et si s est la distance du centre au plan tangent, distance comptée sur la même droite, on a

$$\frac{1}{r^2} = \frac{l^2}{a^2} + \frac{m^2}{b^2} + \frac{n^2}{c^2} \qquad \text{et} \qquad a = sl;$$

on peut donc écrire

$$\left(\frac{\rho^2}{r^2} - 1\right)\left(\frac{\alpha^2}{a^2} - 1\right) = \left(\frac{\alpha\rho}{as} - 1\right)^2$$

ou

$$\left(\frac{1}{r^2} - \frac{1}{\rho^2}\right)\left(\frac{1}{a^2} - \frac{1}{\alpha^2}\right) = \left(\frac{1}{as} - \frac{1}{\alpha\rho}\right)^2.$$

Telle est la relation cherchée. Si le cône devient un cylindre, $\alpha = \infty$, et il vient

$$\frac{1}{r^2} = \frac{1}{\rho^2} + \frac{1}{s^2}.$$

23. *Si un cône ayant pour sommet le centre d'un ellipsoïde et pour base une section plane coupe suivant un cercle le plan tangent à l'une des extrémités du grand axe, le plan de la section passe par l'une ou l'autre de deux droites fixes situées dans le plan de l'axe moyen et du petit axe.*

Le cône qui a pour base la section de l'ellipsoïde par le plan $lx + my + nz + p = 0$ a pour équation

$$p^2\left(\frac{x^2}{a^2} + \frac{y^2}{b^2} + \frac{z^2}{c^2}\right) - (lx + my + nz)^2 = 0.$$

Pour que la section par le plan $x = a$ soit un cercle, on doit avoir

$$mn = 0 \qquad \text{et} \qquad \frac{p^2}{b^2} - m^2 = \frac{p^2}{c^2} - n^2.$$

Si l'on prend $n = 0$, m est imaginaire. Si $m = 0$, l'équation du plan sécant est

$$lx \pm \frac{p}{bc} z\sqrt{b^2 - c^2} + p = 0;$$

il passe par l'une des droites $x = 0$, $z = \pm \dfrac{bc}{\sqrt{b^2 - c^2}}$.

24. *Étant donné un cône circonscrit à un ellipsoïde, on*

mène par un point (x', y', z') des parallèles à ses génératrices; trouver le lieu que doit décrire ce point pour que le cône ainsi obtenu coupe l'ellipsoïde suivant des courbes planes.

Rapportons l'ellipsoïde au diamètre passant par le sommet du cône donné et à deux diamètres conjugués de celui-ci. Soit

$$\left(\frac{x^2}{a^2}+\frac{y^2}{b^2}+\frac{z^2}{c^2}-1\right)\left(\frac{\alpha^2}{a^2}-1\right)-\left(\frac{\alpha x}{a^2}-1\right)^2=0$$

le cône donné.

Transportons l'origine au point (x', y', z'); l'équation du cône dont le sommet est ce point sera

$$-\frac{x^2}{a^2}+\left(\frac{y^2}{b^2}+\frac{z^2}{c^2}\right)\left(\frac{\alpha^2}{a^2}-1\right)=0$$

et celle de l'ellipsoïde

$$\frac{x^2}{a^2}+\frac{y^2}{b^2}+\frac{z^2}{c^2}+\frac{2xx'}{a^2}+\frac{2yy'}{b^2}+\frac{2zz'}{c^2}+\frac{x'^2}{a^2}+\frac{y'^2}{b^2}+\frac{z'^2}{c^2}-1=0.$$

Il faut qu'on puisse déterminer λ de telle sorte que l'équation

$$\begin{aligned}&\frac{x^2}{a^2}+\frac{y^2}{b^2}+\frac{z^2}{c^2}+\frac{2xx'}{a^2}+\ldots\\&\quad+\lambda\left[-\frac{x^2}{a^2}+\left(\frac{y^2}{b^2}+\frac{z^2}{c^2}\right)\left(\frac{\alpha^2}{a^2}-1\right)\right]=0\end{aligned}$$

représente deux plans. Les trois plans du centre

$$\begin{aligned}&x(1-\lambda)+x'=0,\\&y\left[1+\lambda\left(\frac{\alpha^2}{a^2}-1\right)\right]+y'=0,\\&z\left[1+\lambda\left(\frac{\alpha^2}{a^2}-1\right)\right]+z'=0\end{aligned}$$

doivent passer par une même droite, ce qui donne

$$y'=0,\qquad z'=0,\qquad 1+\lambda\left(\frac{\alpha^2}{a^2}-1\right)=0.$$

Ces conditions étant remplies, on aura deux plans parallèles à yOz; ainsi le point (x', y', z') doit être sur la droite qui joint le centre de l'ellipsoïde au sommet du cône donné.

25. *Déterminer les cylindres minima circonscrits à un ellipsoïde.*

Prenons pour plan des xy le plan de la courbe de contact du cylindre, l'axe des z parallèle aux génératrices; l'ellipsoïde sera rapporté à trois diamètres conjugués a', b', c' faisant entre eux les angles λ, μ, ν. Le cosinus de l'angle du plan des xy avec le plan de la section droite est

$$\cos\theta = \frac{1}{\sin\nu}\sqrt{1 - \cos^2\lambda - \cos^2\mu - \cos^2\nu + 2\cos\lambda\cos\mu\cos\nu} = \frac{\sqrt{\delta}}{\sin\nu},$$

et l'aire de cette section est $\pi a' b' \sin\nu\cos\theta$ ou $\pi a' b' \sqrt{\delta}$.

Limitons le cylindre à deux plans tangents parallèles

$$\alpha x + \beta y + \gamma z = \pm\sqrt{a^2\alpha^2 + b^2\beta^2 + c^2\gamma^2};$$

la longueur de l'arête latérale est

$$\frac{2}{\gamma}\sqrt{a^2\alpha^2 + b^2\beta^2 + c^2\gamma^2},$$

et le volume est

$$V = \frac{2\pi a' b' \sqrt{\delta}}{\gamma}\sqrt{a^2\alpha^2 + b^2\beta^2 + c^2\gamma^2}.$$

Il est minimum pour $\alpha = 0$ et β o, c'est-à-dire quand les plans de base sont parallèles à celui de la courbe de contact. Le volume est alors $2\pi a' b' c' \sqrt{\delta}$ ou $2\pi abc$.

26. *Déterminer les cônes minima circonscrits à l'ellipsoïde.*

Supposons donné le plan de la base du cône, tangent à l'ellipsoïde à l'extrémité du diamètre a'; prenons ce diamètre pour axe des x et les deux autres axes dans le plan conjugué; supposons, en outre, qu'on donne d'abord la hauteur du cône et que le sommet soit dans le plan $x = -l$ parallèle à la base. Si λ, μ, ν sont les angles des axes de coordonnées, la hauteur du cône est

$$\frac{l+a}{\sin\lambda}\sqrt{1 - \cos^2\lambda - \cos^2\mu - \cos^2\nu + 2\cos\lambda\cos\mu\cos\nu} = \frac{l+a}{\sin\lambda}\sqrt{\delta}.$$

Soient $-l$, η, ζ les coordonnées du sommet du cône; l'ellipse de base, dans le plan $x = a'$, a pour équation

$$\frac{y^2}{b'^2}\left(\frac{l^2}{a'^2}+\frac{\zeta^2}{c'^2}-1\right)+\frac{z^2}{c'^2}\left(\frac{l^2}{a'^2}+\frac{\eta^2}{b'^2}-1\right)-\frac{2\eta\zeta}{b'^2c'^2}yz$$
$$+\frac{2\eta y}{b'^2}\left(1+\frac{l}{a'}\right)+\frac{2\zeta z}{c'^2}\left(1+\frac{l}{a'}\right)-\left(1+\frac{l}{a'}\right)^2=0.$$

On trouve, pour le carré du produit des axes de cette ellipse,

$$\frac{b'^2c'^2\left(\frac{l}{a'}+1\right)\left(\frac{l^2}{a'^2}+\frac{\eta^2}{b'^2}+\frac{\zeta^2}{c'^2}-1\right)}{\left(\frac{l}{a'}-1\right)^3}\sin^2\lambda.$$

Le minimum a lieu pour $\eta = 0$, $\zeta = 0$. Donc le sommet du cône minimum de hauteur donnée doit être sur le diamètre conjugué du plan de la base.

Il reste à chercher quelle doit être la hauteur pour que le volume soit minimum.

L'aire de la base est $\frac{\pi b'c'(l+a')}{l-a'}\sin\lambda$. Donc

$$V = \frac{\pi b'c'(l+a')\sin\lambda}{l-a'}\,\frac{l+a'}{3}\,\frac{\sqrt{\delta}}{\sin\lambda} = \frac{\pi}{3}b'c'\sqrt{\delta}\,\frac{(l+a')^2}{l-a'}.$$

Le minimum a lieu pour $l = 3a'$, et le volume est alors

$$\frac{8\pi}{3}a'b'c'\sqrt{\delta} = \frac{8\pi}{3}abc.$$

§ II. — Diamètres et plans diamétraux conjugués.

27. *Parmi tous les systèmes de diamètres conjugués d'un ellipsoïde, les axes ont une somme minimum et les diamètres conjugués égaux ont une somme maximum.*

Ce théorème se déduit du théorème analogue relatif à l'ellipse. On sait que, dans une ellipse, les axes sont les diamètres conjugués dont la somme est minimum; soit d un des diamètres conjugués d'un ellipsoïde qui forment un système dont la somme est minimum. Les deux diamètres situés dans le plan conjugué sont nécessairement les axes de la section, d' et d''. Si l'on considère le plan conjugué de d', d et d'' seront aussi les axes de la section; on voit donc que d, d', d'' sont perpendiculaires deux à deux.

Le même raisonnement fait voir que trois diamètres conjugués égaux ont une somme maximum.

28. *Lieu des diamètres conjugués égaux de l'ellipsoïde, et enveloppe du plan qui passe par deux diamètres conjugués égaux.*

Soit $lx + my + nz = 0$ un plan diamétral, l, m, n étant les cosinus directeurs de la normale à ce plan. L'équation dont les racines sont les carrés des demi-axes de la section est, comme on sait,

$$\frac{1}{\rho^4} + \frac{1}{\rho^2}\left(\frac{m^2+n^2}{a^2} + \frac{n^2+l^2}{b^2} + \frac{l^2+m^2}{c^2}\right) + \frac{l^2}{b^2c^2} + \frac{m^2}{c^2a^2} + \frac{n^2}{a^2b^2} = 0;$$

il en résulte que le carré d'un des demi-diamètres conjugués égaux est

$$a'^2 = \frac{b^2c^2(m^2+n^2) + c^2a^2(n^2+l^2) + a^2b^2(l^2+m^2)}{2(a^2l^2+b^2m^2+c^2n^2)}.$$

D'autre part, le carré du demi-diamètre conjugué du plan $lx + my + nz = 0$ est

$$\delta^2 = \frac{a^4l^2+b^4m^2+c^4n^2}{a^2l^2+b^2m^2+c^2n^2};$$

on doit avoir

$$a'^2 = \delta^2 :$$

donc

$$(1)\quad \left\{ \begin{aligned} & l^2a^2(2a^2-b^2-c^2) \\ & \quad + m^2b^2(2b^2-c^2-a^2) + n^2c^2(2c^2-a^2-b^2) = 0. \end{aligned} \right.$$

Les cosinus directeurs du diamètre conjugué du plan étant proportionnels à a^2l, b^2m, c^2n, on voit que le lieu de ce diamètre est le cône

$$\frac{x^2}{a^2}(2a^2-b^2-c^2) + \frac{y^2}{b^2}(2b^2-c^2-a^2) + \frac{z^2}{c^2}(2c^2-a^2-b^2) = 0.$$

L'enveloppe du plan dont les coefficients l, m, n satisfont à la relation (1) est

$$\frac{x^2}{a^2(2a^2-b^2-c^2)}+\frac{y^2}{b^2(2b^2-c^2-a^2)}+\frac{z^2}{c^2(2c^2-a^2-b^2)}.$$

Remarque. — D'après les théorèmes d'Apollonius, si λ, μ, ν sont les angles de trois diamètres conjugués égaux, on a

$$3a'^2 = a^2+b^2+c^2,$$

$$a'^4(\sin^2\lambda+\sin^2\mu+\sin^2\nu) = b^2c^2+c^2a^2+a^2b^2,$$

$$a'^6(1-\cos^2\lambda-\cos^2\mu-\cos^2\nu+2\cos\lambda\cos\mu\cos\nu) = a^2b^2c^2.$$

On voit que les fonctions

$$\cos^2\lambda+\cos^2\mu+\cos^2\nu \quad \text{et} \quad \cos\lambda\cos\mu\cos\nu$$

sont constantes; leurs valeurs sont

$$\cos^2\lambda+\cos^2\mu+\cos^2\nu = \frac{9(b^2c^2+c^2a^2+a^2b^2)}{(a^2+b^2+c^2)^2},$$

$$\cos\lambda\cos\mu\cos\nu = \frac{12a^2b^2c^2-2\Sigma a^6-3\Sigma a^4b^2}{2(a^2+b^2+c^2)^3}$$

$$= 1-\frac{9\Sigma a^4b^2}{2(a^2+b^2+c^2)^3}.$$

29. *Trouver la relation qui doit exister entre les axes d'un ellipsoïde pour qu'il y ait des diamètres conjugués égaux tels que la somme de leurs angles deux à deux soit égale à deux droits.*

λ, μ, ν étant les angles des diamètres conjugués égaux, on a

$$(a^2+b^2+c^2)^2(\sin^2\lambda+\sin^2\mu+\sin^2\nu) = 9(b^2c^2+c^2a^2+a^2b^2),$$

$$\cdot b^2+c^2)^3(1-\cos^2\lambda-\cos^2\mu-\cos^2\nu+2\cos\lambda\cos\mu\cos\nu) = 27a^2b^2c^2.$$

et aussi

$$\cos^2\lambda+\cos^2\mu+\cos^2\nu+2\cos\lambda\cos\mu\cos\nu = 1,$$

puisque $\lambda+\mu+\nu=\pi$.

Les deux premières relations donnent, en vertu de la troisième,

$$4\cos\lambda\cos\mu\cos\nu = \frac{27a^2b^2c^2}{(a^2+b^2+c^2)^3}$$

et

$$2 + 2\cos\lambda\cos\mu\cos\nu = \frac{9(b^2c^2 + c^2a^2 + a^2b^2)}{(a^2 + b^2 + c^2)^2}.$$

On en conclut

$$27a^2b^2c^2 = 18(a^2 + b^2 + c^2)(b^2c^2 + c^2a^2 + a^2b^2) - 4(a^2 + b^2 + c^2)^3.$$

Lorsque cette relation existe entre les axes d'un ellipsoïde, il est évident qu'il y a une infinité de systèmes de diamètres conjugués égaux satisfaisant à la condition énoncée.

30. *Diamètres conjugués égaux de l'hyperboloïde à une nappe.*

Soit $lx + my + nz = 0$ un plan diamétral de l'hyperboloïde

$$\frac{x^2}{a^2} + \frac{y^2}{b^2} - \frac{z^2}{c^2} = 1;$$

si la section est elliptique et si le diamètre conjugué du plan doit faire partie d'un système de diamètres conjugués égaux, on reconnaîtra, comme au n° 28 pour le cas de l'ellipsoïde, que ce diamètre est sur le cône

$$\frac{x^2}{a^2}(2a^2 + b^2 - c^2) + \frac{y^2}{b^2}(2b^2 - c^2 + a^2) + \frac{z^2}{c^2}(2c^2 - a^2 - b^2) = 0.$$

Si la section par le plan diamétral est hyperbolique, la somme algébrique des carrés de ses axes doit être nulle, et le lieu du diamètre conjugué est le cône

$$\frac{x^2}{a^2}(b^2 - c^2) + \frac{y^2}{b^2}(a^2 - c^2) - \frac{z^2}{c^2}(a^2 + b^2) = 0.$$

D'après cela, si l'on prend sur ce cône deux génératrices conjuguées pour axes obliques des x' et des y', et pour axe des z' le diamètre conjugué des deux premières droites, diamètre qui appartiendra au premier cône, l'équation de l'hyperboloïde prendra la forme

$$x'^2 + y'^2 - z'^2 = m^2.$$

Il existe une infinité de systèmes d'axes obliques satisfaisant à ces conditions, mais il faut, pour qu'ils soient réels, que $b^2 - c^2$ et $a^2 - c^2$ ne soient pas négatifs à la fois.

31. *Si d'un point fixe on mène deux rayons aux extrémités d'un diamètre d'une quadrique, ils rencontrent la surface en deux autres points, et la somme ou la différence des deux rayons, divisés respectivement par les segments compris entre le point fixe et les deux autres points, sera constante.*

Soient (α, β, γ) le point fixe M, (x', y', z') l'extrémité A d'un diamètre de l'ellipsoïde

$$\frac{x^2}{a^2}+\frac{y^2}{b^2}+\frac{z^2}{c^2}=1.$$

Pour avoir le point B où la droite MA coupe encore la surface, nous poserons

$$x=\frac{\alpha+\lambda x'}{1+\lambda}, \qquad y=\frac{\beta+\lambda y'}{1+\lambda}, \qquad z=\frac{\gamma+\lambda z'}{1+\lambda},$$

et nous aurons l'équation

$$2\lambda\left(\frac{\alpha x'}{a^2}+\frac{\beta y'}{b^2}+\frac{\gamma z'}{c^2}-1\right)+\frac{\alpha^2}{a^2}+\frac{\beta^2}{b^2}+\frac{\gamma^2}{c^2}-1=0,$$

le coefficient de λ^2 étant nul.

On en conclut, en posant

$$\varphi=\frac{\alpha^2}{a^2}+\frac{\beta^2}{b^2}+\frac{\gamma^2}{c^2}, \qquad P=\frac{\alpha x'}{a^2}+\frac{\beta y'}{b^2}+\frac{\gamma z'}{c^2},$$

$$\lambda=\frac{MB}{AB}=\frac{1-\varphi}{2P-2} \quad \text{et} \quad \frac{MA}{MB}=1+\frac{2P-2}{1-\varphi}=\frac{2P-1-\varphi}{1-\varphi}.$$

Pour avoir $\frac{MA'}{MB'}$, A' étant l'autre extrémité du diamètre OA, il suffit de changer les signes des x', y', z', c'est-à-dire de remplacer P par $-$P; on a ainsi

$$\frac{MA}{MB}+\frac{MA'}{MB'}=\frac{2+2\varphi}{\varphi-1}=\text{const.}$$

32. *Si d'un point fixe on mène des droites aux extrémités d'un diamètre d'un ellipsoïde, la somme de leurs carrés, divisés par les carrés des demi-diamètres parallèles à ces droites, sera constante.*

On trouve pour cette somme l'expression

$$\frac{1}{2}\left(\frac{\alpha^2}{a^2}+\frac{\beta^2}{b^2}+\frac{\gamma^2}{c^2}+1\right),$$

α, β, γ étant les coordonnées du point fixe. Lorsque le point est sur l'ellipsoïde, la somme constante se réduit à l'unité.

33. *Si sur un diamètre d'un ellipsoïde on prend deux points conjugués harmoniques par rapport aux extrémités de ce diamètre, les distances de chaque point de l'ellipsoïde à ces deux points, divisées respectivement par les demi-diamètres parallèles aux droites sur lesquelles se mesurent ces distances, donnent deux rapports dont le quotient est constant.*

Soit (x', y', z') une des extrémités du diamètre fixe; les points P, Q, conjugués harmoniques par rapport aux extrémités du diamètre, auront pour coordonnées $(\rho x', \rho y', \rho z')$ et $\left(\frac{x'}{\rho}, \frac{y'}{\rho}, \frac{z'}{\rho}\right)$, ρ étant une certaine constante. Soient maintenant $M(\alpha, \beta, \gamma)$ un point de l'ellipsoïde, δ_1 et δ_2 les demi-diamètres parallèles à MP, MQ; on trouve

$$\frac{\overline{\mathrm{MP}}^2}{\delta_1^2} : \frac{\overline{\mathrm{MQ}}^2}{\delta_2^2} = \frac{\frac{(\alpha-\rho x')^2}{a^2}+\frac{(\beta-\rho y')^2}{b^2}+\frac{(\gamma-\rho z')^2}{c^2}}{\frac{\left(\alpha-\frac{x'}{\rho}\right)^2}{a^2}+\frac{\left(\beta-\frac{y'}{\rho}\right)^2}{b^2}+\frac{\left(\gamma-\frac{z'}{\rho}\right)^2}{c^2}}$$

$$= \frac{1-2\rho\left(\frac{\alpha x'}{a^2}+\frac{\beta y'}{b^2}+\frac{\gamma z'}{c^2}\right)+\rho^2}{1-\frac{2}{\rho}\left(\frac{\alpha x'}{a^2}+\frac{\beta y'}{b^2}+\frac{\gamma z'}{c^2}\right)+\frac{1}{\rho^2}} = \rho^2.$$

34. *Les plans tangents aux extrémités de trois diamètres conjugués rencontrent un diamètre fixe en trois points dont les distances au centre de la surface ont la somme des carrés de leurs inverses constante.*

Soient $\frac{x}{l}=\frac{y}{m}=\frac{z}{n}$ les équations du diamètre fixe, (x', y', z'), (x'', y'', z''), (x''', y''', z''') les extrémités de trois diamètres conjugués; la somme des carrés des inverses des distances du centre aux points où le diamètre fixe est coupé par les plans tangents en ces trois points est

$$\frac{1}{l^2+m^2+n^2}\left[\left(\frac{lx'}{a^2}+\frac{my'}{b^2}+\frac{nz'}{c^2}\right)^2+\left(\frac{lx''}{a^2}+\frac{my''}{b^2}+\frac{nz''}{c^2}\right)^2\right.$$
$$\left.+\left(\frac{lx'''}{a^2}+\frac{my'''}{b^2}+\frac{nz'''}{c^2}\right)^2\right].$$

Mais on peut poser

$$x'=a\cos\lambda',\qquad y'=b\cos\mu',\qquad z'=c\cos\nu';$$
$$x''=a\cos\lambda'',\qquad \ldots,\qquad x'''=a\cos\lambda''',\qquad \ldots,$$

les angles $(\lambda'\ \mu'\ \nu')$, $(\lambda''\ \mu''\ \nu'')$, $(\lambda'''\ \mu'''\ \nu''')$ étant ceux que font avec les axes trois droites rectangulaires. Alors on voit que l'expression précédente se réduit à la constante

$$\frac{\dfrac{l^2}{a^2}+\dfrac{m^2}{b^2}+\dfrac{n^2}{c^2}}{l^2+m^2+n^2}\quad \text{ou}\quad \frac{\cos^2\alpha}{a^2}+\frac{\cos^2\beta}{b^2}+\frac{\cos^2\gamma}{c^2},$$

α, β, γ étant les angles du diamètre avec les axes.

35. *La somme des produits des projections de trois diamètres conjugués d'un ellipsoïde sur deux droites fixes est constante.*

Si les deux droites fixes font avec les axes les angles $(\alpha_1\ \beta_1\ \gamma_1)$, $(\alpha_2\ \beta_2\ \gamma_2)$, on trouve, pour la somme des produits des projections de trois diamètres définis par les angles $(\lambda'\ \mu'\ \nu')$, $(\lambda''\ \mu''\ \nu'')$, $(\lambda'''\ \mu'''\ \nu''')$, la valeur

$$a^2\cos\alpha_1\cos\alpha_2+b^2\cos\beta_1\cos\beta_2+c^2\cos\gamma_1\cos\gamma_2,$$

quels que soient λ', μ', ν', ...

36. *Un parallélépipède étant construit sur trois demi-diamètres conjugués, si l'on projette chacune de ses faces sur deux plans fixes, et qu'on fasse le produit des deux projections, la somme de ces produits est constante.*

Les diamètres conjugués étant définis comme aux n°s 34 et 35, soient

$$x\cos\alpha_1+y\cos\beta_1+z\cos\gamma_1=0,$$
$$x\cos\alpha_2+y\cos\beta_2+z\cos\gamma_2=0$$

les deux plans fixes.

Le plan des diamètres $(\lambda'' \mu'' \nu'')$, $(\lambda''' \mu''' \nu''')$ fait avec le plan $(\alpha_1 \beta_1 \gamma_1)$ un angle V_1 dont le cosinus a pour expression

$$\cos V_1 = \frac{\left\{\begin{array}{l} bc\cos\alpha_1(\cos\mu''\cos\nu''' - \cos\mu'''\cos\nu'') \\ + ca\cos\beta_1(\cos\nu''\cos\lambda''' - \cos\nu'''\cos\lambda'') \\ + ab\cos\gamma_1(\cos\lambda''\cos\mu''' - \cos\lambda'''\cos\mu'') \end{array}\right\}}{\sqrt{\left\{\begin{array}{l} b^2c^2(\cos\mu''\cos\nu''' - \cos\mu'''\cos\nu'')^2 \\ + c^2a^2(\cos\nu''\cos\lambda''' - \cos\nu'''\cos\lambda'')^2 \\ + a^2b^2(\cos\lambda''\cos\mu''' - \cos\lambda'''\cos\mu'')^2 \end{array}\right\}}}$$

$$= \frac{A'bc\cos\alpha_1 + B'ca\cos\beta_1 + C'ab\cos\gamma_1}{\sqrt{A'^2b^2c^2 + B'^2c^2a^2 + C'^2a^2b^2}}.$$

Le cosinus de l'angle V_2 du même plan diamétral avec le plan $(\alpha_2 \beta_2 \gamma_2)$ s'obtient en remplaçant, dans cette formule, α_1, β_1, γ_1 par α_2, β_2, γ_2.

Mais les aires des projections de la face du parallélépipède, dont les arêtes sont $(\lambda'' \mu'' \nu'')$, $(\lambda''' \mu''' \nu''')$, sur les plans de coordonnées, sont

$$bc(\cos\mu''\cos\nu''' - \cos\mu'''\cos\nu''), \quad ca(\cos\nu''\cos\lambda''' - \cos\nu'''\cos\lambda''),$$
$$ab(\cos\lambda''\cos\mu''' - \cos\lambda'''\cos\mu'') \quad \text{ou} \quad bcA', \ caB', \ abC'.$$

Le carré de cette face est donc la quantité qui figure sous le radical dans les expressions de $\cos V_1$ et de $\cos V_2$. Le produit des deux projections de cette face sur les plans fixes est

$$(A'bc\cos\alpha_1 + B'ca\cos\beta_1 + C'ab\cos\gamma_1)$$
$$(A'bc\cos\alpha_2 + B'ca\cos\beta_2 + C'ab\cos\lambda_2).$$

Si l'on pose

$$A'' = \cos\mu'''\cos\nu' - \cos\mu'\cos\nu''' - \ldots,$$
$$A''' = \cos\mu'\cos\nu'' - \cos\mu''\cos\nu' - \ldots,$$

on trouvera, pour la somme des produits des projections des trois faces du parallélépipède,

$$\begin{aligned} \Sigma = {} & b^2c^2\cos\alpha_1\cos\alpha_2(A'^2 + A''^2 + A'''^2) \\ & + c^2a^2\cos\beta_1\cos\beta_2(B'^2 + B''^2 + B'''^2) \\ & + a^2b^2\cos\gamma_1\cos\gamma_2\,(C'^2 + C''^2 + C'''^2) \\ & + a^2bc(\cos\beta_1\cos\gamma_2 + \cos\beta_2\cos\gamma_1)(B'C' + B''C'' + B'''C''') + \ldots. \end{aligned}$$

En vertu des relations qui existent entre les angles λ', μ', ν', ..., les trois sommes $A'^2 + A''^2 + A'''^2$, $B'^2 + B''^2 + B'''^2$, $C'^2 + C''^2 + C'''^2$ se réduisent à l'unité chacune; les trois sommes $B'C' + B''C'' + B'''C'''$, $C'A' + C''A'' + C'''A'''$, $A'B' + A''B'' + A'''B'''$ sont séparément nulles; il reste donc

$$\Sigma = b^2c^2 \cos\alpha_1 \cos\alpha_2 + c^2a^2 \cos\beta_1 \cos\beta_2 + a^2b^2 \cos\gamma_1 \cos\gamma_2 = \text{const.}$$

37. *Si, par un point fixe, on mène dans un ellipsoïde trois cordes parallèles à trois diamètres conjugués quelconques, la somme des quotients des carrés de ces cordes par les carrés des diamètres correspondants est constante.*

(α, β, γ) étant le point fixe, la parallèle au diamètre

$$\frac{x}{a\cos\lambda'} = \frac{y}{b\cos\mu'} = \frac{z}{c\cos\nu'}$$

est

$$\frac{x-\alpha}{a\cos\lambda'} = \frac{y-\beta}{b\cos\mu'} = \frac{z-\gamma}{c\cos\lambda'} = \rho.$$

En combinant ces équations avec celle de l'ellipsoïde, on a l'équation en ρ

$$\rho^2 + 2\rho\left(\frac{\alpha\cos\lambda'}{a} + \frac{\beta\cos\mu'}{b} + \frac{\gamma\cos\nu'}{c}\right) + \frac{\alpha^2}{a^2} + \frac{\beta^2}{b^2} + \frac{\gamma^2}{c^2} - 1 = 0.$$

La différence des carrés des racines est

$$(\rho_1 - \rho_2)^2 = 4\left(\frac{\alpha^2\cos^2\lambda'}{a^2} + \frac{\beta^2\cos^2\mu'}{b^2} + \frac{\gamma^2\cos^2\nu'}{c^2} + \frac{2\beta\gamma}{bc}\cos\mu'\cos\nu' + \frac{2\gamma\alpha}{ca}\cos\nu'\cos\lambda' + \frac{2\alpha\beta}{ab}\cos\lambda'\cos\mu' + 1 - \frac{\alpha^2}{a^2} - \frac{\beta^2}{b^2} - \frac{\gamma^2}{c^2}\right)$$

ou

$$(\rho_1 - \rho_2)^2 = 4P.$$

D'ailleurs le carré de la corde comprise dans l'ellipsoïde a pour expression

$$l'^2 = (\rho_1 - \rho_2)^2 (a^2 \cos^2 \lambda' + b^2 \cos^2 \mu' + c^2 \cos^2 \nu') = 4 P' d'^2,$$

d' étant le demi-diamètre parallèle à la corde. On trouve de même, en considérant les deux autres diamètres conjugués caractérisés par les angles $(\lambda'' \mu'' \nu'')$, $(\lambda''' \mu''' \nu''')$

$$l''^2 = 4 P'' d''^2, \qquad l'''^2 = 4 P''' d'''^2.$$

Donc

$$\frac{l'^2}{d'^2} + \frac{l''^2}{d''^2} + \frac{l'''^2}{d'''^2} \quad 4(P' + P'' + P''')$$
$$12 - 8\left(\frac{\alpha^2}{a^2} + \frac{\beta^2}{b^2} + \frac{\gamma^2}{c^2}\right) = \text{const.}$$

38. *Étant menés deux plans fixes par le centre d'un ellipsoïde, la somme des produits des perpendiculaires abaissées des extrémités de trois diamètres conjugués sur ces plans est constante.*

Mêmes notations qu'au n° 36. La somme des produits des perpendiculaires est

$$a^2 \cos \alpha_1 \cos \alpha_2 + b^2 \cos \beta_1 \cos \beta_2 + c^2 \cos \gamma_1 \cos \gamma_2 - \text{const.},$$

ce qui est d'ailleurs une conséquence du n° 35.

39. *Si l'on projette un système de trois diamètres conjugués sur un quatrième diamètre parallèlement au plan conjugué de celui-ci, la somme des carrés des projections est égale au carré de ce quatrième diamètre.*

On peut rapporter l'ellipsoïde à trois diamètres conjugués dont l'un, pris pour axe des x, est le quatrième diamètre de l'énoncé précédent. Soit

$$\frac{x^2}{a'^2} + \frac{y^2}{b'^2} + \frac{z^2}{c'^2} = 1$$

l'équation de l'ellipsoïde. Les coordonnées $(x_1 y_1 z_1)$, $(x_2 y_2 z_2)$, $(x_3 y_3 z_3)$ des extrémités de trois diamètres conjugués quelconques satisfont aux relations

$$\frac{x_1^2}{a'^2}+\frac{y_1^2}{b'^2}+\frac{z_1^2}{c'^2}=1,$$

$$\frac{x_2^2}{a'^2}+\frac{y_2^2}{b'^2}+\frac{z_2^2}{c'^2}=1,$$

$$\frac{x_3^2}{a'^2}+\frac{y_3^2}{b'^2}+\frac{z_3^2}{c'^2}=1;$$

$$\frac{x_2x_3}{a'^2}+\frac{y_2y_3}{b'^2}+\frac{z_2z_3}{c'^2}=0,$$

$$\frac{x_3x_1}{a'^2}+\frac{y_3y_1}{b'^2}+\frac{z_3z_1}{c'^2}=0,$$

$$\frac{x_1x_2}{a'^2}+\frac{y_1y_2}{b'^2}+\frac{z_1z_2}{c'^2}=0.$$

Bien que les axes soient obliques, on voit que les quantités $\frac{x_1}{a'}, \frac{y_1}{b'}, \frac{z_1}{c'}, \frac{x_2}{a'}, \ldots$ peuvent être considérées comme les neuf cosinus directeurs de trois axes rectangulaires. On déduit en particulier des six relations écrites ci-dessus

$$x_1^2+x_2^2+x_3^2=a'^2,$$

ce qui démontre le théorème.

40. *La somme des carrés des distances des extrémités de trois diamètres conjugués à un diamètre fixe est constante.*

Désignons par a', b', c' les longueurs des trois diamètres conjugués dont les extrémités ont pour coordonnées

$$(a\cos\lambda',\ b\cos\mu',\ c\cos\nu'),\quad (a\cos\lambda'',\ \ldots),\quad (a\cos\lambda''',\ \ldots),$$

et soient $\frac{x}{x'}=\frac{y}{y'}=\frac{z}{z'}$ les équations du diamètre fixe. La somme à calculer est

$$a'^2-\frac{(ax'\cos\lambda'+by'\cos\mu'+cz'\cos\nu')^2}{x'^2+y'^2+z'^2}$$
$$+b'^2-\frac{(ax'\cos\lambda''+\ldots)^2}{x'^2+y'^2+z'^2}+c'^2-\frac{(ax'\cos\lambda'''+\ldots)^2}{x'^2+y'^2+z'^2},$$

et elle se réduit à

$$\frac{a^2(y'^2+z'^2)+b^2(z'^2+x'^2)+c^2(x'^2+y'^2)}{x'^2+y'^2+z'^2}=\text{const.}$$

41. *Si par le centre d'un ellipsoïde on élève sur chaque plan diamétral une perpendiculaire dont la longueur est proportionnelle à l'aire du parallélogramme construit sur deux diamètres conjugués compris dans ce plan, l'extrémité de cette droite décrit un ellipsoïde concentrique au premier.*

Si le plan diamétral est

$$x\cos\alpha+y\cos\beta+z\cos\gamma=0,$$

les coordonnées du point mobile satisfont aux équations

$$\frac{x}{\cos\alpha}=\frac{y}{\cos\beta}=\frac{z}{\cos\gamma},$$

et l'on a aussi

$$x^2+y^2+z^2=\frac{a^2b^2c^2}{k^2(a^2\cos^2\alpha+b^2\cos^2\beta+c^2\cos^2\gamma)}.$$

Le lieu demandé est l'ellipsoïde

$$a^2x^2+b^2y^2+c^2z^2=\frac{a^2b^2c^2}{k^2}.$$

42. *Si l'on a un système quelconque de points dans l'espace et un ellipsoïde qui ait son centre au centre des moyennes distances de ces points, la somme des carrés des droites menées d'un point de l'ellipsoïde à tous les points du système, divisés respectivement par les carrés des demi-diamètres parallèles à ces droites, est constante.*

Supposons que l'origine soit placée au centre des moyennes distances des points P_1, P_2, ..., P_n, de sorte que

$$x_1+x_2+\ldots+x_n=0,$$
$$y_1+y_2+\ldots+y_n=0,$$
$$z_1+z_2+\ldots+z_n=0.$$

Le carré de la distance d'un point de l'ellipsoïde

$$(a\cos\lambda,\ b\cos\mu,\ c\cos\nu)$$

au point P_1 est

$$\delta_1^2 = (a\cos\lambda - x_1)^2 + (b\cos\mu - y_1)^2 + (c\cos\nu - z_1)^2,$$

et le carré du demi-diamètre parallèle à cette droite est

$$d_1^2 = \frac{(a\cos\lambda - x_1)^2 + (b\cos\mu - y_1)^2 + (c\cos\nu - z_1)^2}{\frac{(a\cos\lambda - x_1)^2}{a^2} + \frac{(b\cos\mu - y_1)^2}{b^2} + \frac{(c\cos\nu - z_1)^2}{c^2}},$$

de sorte que

$$\frac{\delta_1^2}{d_1^2} = 1 + \frac{x_1^2}{a^2} + \frac{y_1^2}{b^2} + \frac{z_1^2}{c^2} - \frac{2ax_1\cos\lambda}{a^2} - \frac{2by_1\cos\mu}{b^2} - \frac{2cz_1\cos\nu}{c^2}.$$

On aura

$$\sum \frac{\delta_i^2}{d_i^2} = n + \frac{1}{a^2}\sum x_i^2 + \frac{1}{b^2}\sum y_i^2 + \frac{1}{c^2}\sum z_i^2 = \text{const.}$$

43. *Enveloppe du plan qui passe par les extrémités de trois diamètres conjugués d'un ellipsoïde.*

Le lieu des points de concours des plans tangents menés aux extrémités de trois diamètres conjugués de l'ellipsoïde

$$\frac{x^2}{a^2} + \frac{y^2}{b^2} + \frac{z^2}{c^2} = 1$$

est un autre ellipsoïde

$$\frac{x^2}{a^2} + \frac{y^2}{b^2} + \frac{z^2}{c^2} = 3.$$

On en conclut que l'enveloppe du plan passant par les extrémités de trois diamètres conjugués est la surface polaire réciproque de ce dernier ellipsoïde par rapport au premier, c'est-à-dire

$$\frac{x^2}{a^2} + \frac{y^2}{b^2} + \frac{z^2}{c^2} = \frac{1}{3}.$$

44. *On projette un point de l'ellipsoïde sur les plans principaux : trouver l'enveloppe du plan des projections.*

L'équation du plan est

$$\frac{x}{a\cos\lambda} + \frac{y}{b\cos\mu} + \frac{z}{c\cos\nu} = 2,$$

λ, μ, ν étant liés par l'équation

$$\cos^2\lambda + \cos^2\mu + \cos^2\nu = 1.$$

L'enveloppe est

$$\left(\frac{x}{a}\right)^{\frac{2}{3}} + \left(\frac{y}{b}\right)^{\frac{2}{3}} + \left(\frac{z}{c}\right)^{\frac{2}{3}} = 2^{\frac{2}{3}}.$$

45. *La somme des produits des perpendiculaires abaissées des extrémités de trois diamètres conjugués d'un ellipsoïde sur un plan tangent fixe est constante.*

Soient $\frac{xx_1}{a^2} + \frac{yy_1}{b^2} + \frac{zz_1}{c^2} = 1$ le plan tangent en un point (x_1, y_1, z_1) de l'ellipsoïde, (λ', μ', ν'), $(\lambda'', \mu'', \nu'')$, $(\lambda''', \mu''', \nu''')$ les angles qui définissent, comme aux n°s 33 et suivants, trois diamètres conjugués; la somme à calculer est

$$\frac{1}{\frac{x_1^2}{a^4} + \frac{y_1^2}{b^4} + \frac{z_1^2}{c^4}}\left[3 - \left(\frac{x_1\cos\lambda'}{a} + \frac{y_1\cos\mu'}{b} + \frac{z_1\cos\nu'}{c}\right)^2 - \left(\frac{x_1\cos\lambda''}{a} + \frac{y_1\cos\mu''}{b} + \frac{z_1\cos\nu''}{c}\right)^2 - \left(\frac{x_1\cos\lambda'''}{a} + \frac{y_1\cos\mu'''}{b} + \frac{z_1\cos\nu'''}{c}\right)^2\right],$$

et elle se réduit à

$$\frac{3 - \frac{x_1^2}{a^2} - \frac{y_1^2}{b^2} - \frac{z_1^2}{c^2}}{\frac{x_1^2}{a^4} + \frac{y_1^2}{b^4} + \frac{z_1^2}{c^4}} \quad \text{ou à} \quad \frac{2}{\frac{x_1^2}{a^4} + \frac{y_1^2}{b^4} + \frac{z_1^2}{c^4}}.$$

Elle est donc égale à deux fois le carré de la distance du centre au plan tangent.

46. *La somme des carrés des distances d'un point aux six extrémités de trois diamètres conjugués quelconques d'un ellipsoïde est égale à six fois le carré de la distance du point au centre, plus deux fois la somme des carrés des demi-axes.*

47. *Lieu des pieds des perpendiculaires abaissées du centre*

d'un ellipsoïde sur le plan passant par les extrémités de trois diamètres conjugués.

Ce lieu n'est autre chose que la podaire du centre par rapport à l'ellipsoïde $\frac{x^2}{a^2}+\frac{y^2}{b^2}+\frac{z^2}{c^2}=\frac{1}{3}$ (n° 43) ; on trouve

$$3(x^2+y^2+z^2)^2 \quad a^2x^2+b^2y^2+c^2z^2.$$

48. *Du centre d'un ellipsoïde, on abaisse une perpendiculaire sur le plan passant par les extrémités de trois diamètres conjugués, et l'on prend le pied de cette perpendiculaire pour sommet d'un cône dont la base est la section diamétrale parallèle au plan; démontrer que le volume de ce cône est invariable.*

Soit (x, y, z) le pôle d'un plan passant par les extrémités de trois diamètres conjugués, plan dont l'équation est

$$\frac{xx_1}{a^2}+\frac{yy_1}{b^2}+\frac{zz_1}{c^2}=1.$$

On a d'ailleurs

$$\frac{x_1^2}{a^2}+\frac{y_1^2}{b^2}+\frac{z_1^2}{c^2}=3.$$

La distance du centre à ce plan, c'est-à-dire la hauteur du cône, a pour expression

$$h \quad \frac{1}{\sqrt{\frac{x_1^2}{a^4}+\frac{y_1^2}{b^4}+\frac{z_1^2}{c^4}}}.$$

Si α, β, γ sont les angles de la normale au plan avec les axes, l'aire de la section diamétrale parallèle est

$$\frac{\pi abc}{\sqrt{a^2\cos^2\alpha+b^2\cos^2\beta+c^2\cos^2\gamma}}=\frac{\pi abc\sqrt{\frac{x_1^2}{a^4}+\frac{y_1^2}{b^4}+\frac{z_1^2}{c^4}}}{\sqrt{\frac{x_1^2}{a^2}+\frac{y_1^2}{b^2}+\frac{z_1^2}{c^2}}}.$$

On conclut de là que le volume du cône est $\frac{\pi abc}{3\sqrt{3}}$.

49. *Si d'un point d'un ellipsoïde on abaisse des perpendiculaires sur trois diamètres conjugués quelconques, le plan mené par les pieds de ces perpendiculaires passe par un point fixe.*

Soient (α, β, γ), $(\alpha', \beta', \gamma')$, $(\alpha'', \beta'', \gamma'')$ les coordonnées des extrémités de trois diamètres conjugués, (x_1, y_1, z_1) celles du point fixe pris sur l'ellipsoïde. Celles du pied de la perpendiculaire abaissée sur le premier diamètre sont

$$x = \frac{\alpha(\alpha x_1 + \beta y_1 + \gamma z_1)}{\alpha^2 + \beta^2 + \gamma^2} = \frac{\alpha P}{\delta^2}, \qquad y = \frac{\beta P}{\delta^2}, \qquad z = \frac{\gamma P}{\delta^2}.$$

On a de même, pour les pieds des deux autres perpendiculaires,

$$x' = \frac{\alpha' P'}{\delta'^2}, \qquad y' = \frac{\beta' P'}{\delta'^2}, \qquad z' = \frac{\gamma' P'}{\delta'^2}.$$

$$x'' = \frac{\alpha'' P''}{\delta''^2}, \qquad y'' = \frac{\beta'' P''}{\delta''^2}, \qquad z'' = \frac{\gamma'' P''}{\delta''^2}.$$

Le plan des trois points est donc

$$\begin{vmatrix} X & Y & Z & 1 \\ \alpha P & \beta P & \gamma P & \delta^2 \\ \alpha' P' & \beta' P' & \gamma' P' & \delta'^2 \\ \alpha'' P'' & \beta'' P'' & \gamma'' P'' & \delta''^2 \end{vmatrix} = 0.$$

Or on a les relations

$$\delta^2 + \delta'^2 + \delta''^2 = a^2 + b^2 + c^2, \qquad \alpha^2 + \alpha'^2 + \alpha''^2 = a^2,$$

$$\beta^2 + \beta'^2 + \beta''^2 = b^2, \qquad \gamma^2 + \gamma'^2 + \gamma''^2 = c^2,$$

$$\beta\gamma + \beta'\gamma' + \beta''\gamma'' = 0, \quad \gamma\alpha + \gamma'\alpha' + \gamma''\alpha'' = 0, \quad \alpha\beta + \alpha'\beta' + \alpha''\beta'' = 0.$$

Multiplions la première ligne du déterminant par $a^2 + b^2 + c^2$, retranchons des éléments de cette ligne ceux des trois autres; la première ligne devient

$$X(a^2 + b^2 + c^2) - a^2 x_1,$$

$$Y(a^2 + b^2 + c^2) - b^2 y_1,$$

$$Z(a^2 + b^2 + c^2) - c^2 z_1.$$

On voit donc que le déterminant s'annule, si l'on fait

$$X = \frac{a^2 x_1}{a^2+b^2+c^2}, \qquad Y = \frac{b^2 y_1}{a^2+b^2+c^2}, \qquad Z = \frac{c^2 z_1}{a^2+b^2+c^2},$$

c'est-à-dire que le plan passe par le point fixe dont les coordonnées ont les valeurs précédentes.

50. *Si d'un point* P *d'un ellipsoïde on abaisse des perpendiculaires sur trois plans diamétraux conjugués quelconques, le plan mené par les pieds de ces perpendiculaires passe par un point fixe.*

Mêmes notations qu'au n° 49. Les plans diamétraux conjugués des diamètres menés aux points (α, β, γ), $(\alpha', \beta', \gamma')$, $(\alpha'', \beta'', \gamma'')$ sont

$$\frac{\alpha x}{a^2} + \frac{\beta y}{b^2} + \frac{\gamma z}{c^2} = 1,$$

$$\frac{\alpha' x}{a^2} + \frac{\beta' y}{b^2} + \frac{\gamma' z}{c^2} = 1,$$

$$\frac{\alpha'' x}{a^2} + \frac{\beta'' y}{b^2} + \frac{\gamma'' z}{c^2} = 1,$$

et l'on a, pour les coordonnées des pieds des perpendiculaires, les valeurs

$$x = x_1 - \frac{\frac{\alpha}{a^2}\left(\frac{\alpha x_1}{a^2} + \frac{\beta y_1}{b^2} + \frac{\gamma z_1}{c^2}\right)}{\frac{\alpha^2}{a^4} + \frac{\beta^2}{b^4} + \frac{\gamma^2}{c^4}} = x_1 - \frac{\frac{\alpha}{a^2} M}{Q},$$

$$y = y_1 - \frac{\frac{\beta}{b^2} M}{Q}, \qquad z = z_1 - \frac{\frac{\gamma}{c^2} M}{Q},$$

$$x' = x_1 - \frac{\frac{\alpha'}{a^2} M'}{Q'}, \qquad \ldots, \qquad x'' = x_1 - \frac{\frac{\alpha''}{a^2} M''}{Q''}, \qquad \ldots.$$

L'équation du plan est donc

$$\begin{vmatrix} X & Y & Z & 1 \\ Qx_1 - \frac{\alpha M}{a^2} & Qy_1 - \frac{\beta M}{b^2} & Qz_1 - \frac{\gamma M}{c^2} & Q \\ Q'x_1 - \frac{\alpha' M'}{a^2} & Q'y_1 - \frac{\beta' M'}{b^2} & Q'z_1 - \frac{\gamma' M'}{c^2} & Q' \\ Q''x_1 - \frac{\alpha'' M''}{a^2} & Q''y_1 - \frac{\beta'' M''}{b^2} & Q''z_1 - \frac{\gamma'' M''}{c^2} & Q'' \end{vmatrix} = 0.$$

Mais on a

$$\begin{aligned} Q + Q' + Q'' &= \frac{1}{a^4}(\alpha^2 + \alpha'^2 + \alpha''^2) \\ &+ \frac{1}{b^4}(\beta^2 + \beta'^2 + \beta''^2) + \frac{1}{c^4}(\gamma^2 + \gamma'^2 + \gamma''^2) = \frac{1}{a^2} + \frac{1}{b^2} + \frac{1}{c^2}, \end{aligned}$$

$$\begin{aligned} Qx_1 - \frac{\alpha}{a^2}M + Q'x_1 - \frac{\alpha'}{a^2}M' + Q''x_1 - \frac{\alpha''}{a^2}M'' \\ = x_1\left(\frac{1}{a^2} + \frac{1}{b^2} + \frac{1}{c^2}\right) - \frac{x_1}{a^4}(\alpha^2 + \alpha'^2 + \alpha''^2) \\ - \frac{y_1}{a^2 b^2}(\alpha\beta + \alpha'\beta' + \alpha''\beta'') - \frac{z_1}{a^2 c^2}(\alpha\gamma + \alpha'\gamma' + \alpha''\gamma'') \\ = x_1\left(\frac{1}{a^2} + \frac{1}{b^2} + \frac{1}{c^2}\right) - \frac{x_1}{a^2} \end{aligned}$$

en vertu des relations rappelées au n° 49.

De même

$$Qy_1 - \frac{\beta}{b^2}M + Q'y_1 \ldots = y_1\left(\frac{1}{a^2} + \frac{1}{b^2} + \frac{1}{c^2}\right) - \frac{y_1}{b^2},$$

$$Qz_1 - \frac{\gamma}{c^2}M + Q'z_1 \ldots = z_1\left(\frac{1}{a^2} + \frac{1}{b^2} + \frac{1}{c^2}\right) - \frac{z_1}{c^2}.$$

Multiplions la première ligne du déterminant par

$$\frac{1}{a^2} + \frac{1}{b^2} + \frac{1}{c^2}$$

et retranchons des éléments de cette ligne ceux des trois

autres; la première ligne devient

$$(x-x_1)\left(\frac{1}{a^2}+\frac{1}{b^2}+\frac{1}{c^2}\right)-\frac{x_1}{a^2},$$

$$(y-y_1)\left(\frac{1}{a^2}+\frac{1}{b^2}+\frac{1}{c^2}\right)-\frac{y_1}{b^2},$$

$$(z-z_1)\left(\frac{1}{a^2}+\frac{1}{b^2}+\frac{1}{c^2}\right)-\frac{z_1}{c^2}.$$

Le déterminant s'annule donc, si l'on pose

$$\frac{x-x_1}{\frac{x_1}{a^2}}=\frac{y-y_1}{\frac{y_1}{b^2}}=\frac{z-z_1}{\frac{z_1}{c^2}}=\frac{1}{\frac{1}{a^2}+\frac{1}{b^2}+\frac{1}{c^2}}.$$

On voit que le plan passe par un point fixe situé sur la normale à l'ellipsoïde en (x_1, y_1, z_1) et dont les coordonnées ont les valeurs que déterminent ces dernières relations.

CHAPITRE IV.

SECTIONS PLANES DES QUADRIQUES. GÉNÉRATRICES RECTILIGNES.

1. *Le produit des sinus des angles qu'un plan diamétral fait avec les plans cycliques d'un ellipsoïde est proportionnel à la différence des carrés des inverses des demi-axes de la section faite par le plan.*

Soit $lx + my + nz = 0$ le plan diamétral, l, m, n étant les cosinus directeurs de la normale au plan ; le produit des sinus des angles de ce plan avec les plans cycliques est

$$\sin\mu' \sin\mu'' = \frac{1}{b^2(a^2-c^2)}\sqrt{\begin{cases} a^4 l^4(b^2-c^2)^2 + b^4 m^4(c^2-a^2)^2 + c^4 n^4(a^2-b^2)^2 \\ -2b^2c^2m^2n^2(a^2-b^2)(c^2-a^2) - \dots \end{cases}}$$

D'autre part, l'équation qui donne les carrés des inverses des demi-axes de la section centrale faite par le plan diamétral est

$$\frac{1}{\rho^4} + \frac{1}{\rho^2}\left(\frac{m^2+n^2}{a^2} + \frac{n^2+l^2}{b^2} + \frac{l^2+m^2}{c^2}\right) + \frac{l^2}{b^2c^2} + \frac{m^2}{c^2a^2} + \frac{n^2}{a^2b^2} = 0.$$

Donc on a

$$\frac{1}{\rho'^2} - \frac{1}{\rho'^2} = \frac{1}{a^2b^2c^2}\sqrt{a^4l^4(b^2-c^2)^2 + b^4m^4(c^2-a^2)^2 + \dots}$$

et, par suite,

$$\sin\mu' \sin\mu'' = \frac{c^2a^2}{a^2-c^2}\left(\frac{1}{\rho'^2} - \frac{1}{\rho''^2}\right).$$

On a un théorème analogue, dans le cas du paraboloïde elliptique. Prenons l'équation de la surface sous la forme

$$\frac{y^2}{p} + \frac{z^2}{q} = 2x,$$

et soit $z = \lambda y$ un plan diamétral passant par l'axe; il coupe le paraboloïde suivant une parabole dont le paramètre est

$$P = \frac{pq(1+\lambda^2)}{q+p\lambda^2}.$$

Le plan considéré fait, avec les plans cycliques

$$\frac{x^2}{p} - \left(\frac{1}{q} - \frac{1}{p}\right) z^2 = 0,$$

deux angles supplémentaires; le carré du sinus de l'un ou l'autre de ces angles a pour valeur $\frac{q}{P}$.

2. *Si par un point fixe intérieur à un ellipsoïde on mène trois plans parallèles à trois plans diamétraux conjugués, la somme des aires des trois sections divisées respectivement par les aires des sections diamétrales parallèles est constante.*

Soient

$$\frac{x \cos\lambda'}{a} + \frac{y \cos\mu'}{b} + \frac{z \cos\nu'}{c} = 0$$

un plan diamétral,

$$\frac{\cos\lambda'}{a}(x-\alpha) + \frac{\cos\mu'}{b}(y-\beta) + \frac{\cos\nu'}{c}(z-\gamma) = 0$$

le plan parallèle mené par le point (α, β, γ). Si R est un demi-diamètre de la section centrale, ρ le demi-diamètre parallèle à celui-ci dans l'autre section, on a

$$\frac{1}{R^2} = \frac{1}{\rho^2}\left(1 - \frac{d^2}{D^2}\right),$$

d étant la distance du centre de l'ellipsoïde au centre de la section, D la longueur du demi-diamètre conjugué des deux plans parallèles.

Or on trouve

$$d^2 = (a^2 \cos^2\lambda' + b^2 \cos^2\mu' + c^2 \cos^2\nu')\left(\frac{\alpha\cos\lambda'}{a} + \frac{\beta\cos\mu'}{b} + \frac{\gamma\cos\nu'}{c}\right)^2$$

et

$$D^2 = a^2 \cos^2\lambda' + b^2 \cos^2\mu' + c^2 \cos^2\nu'.$$

Donc, en posant

$$P' = \frac{\alpha\cos\lambda'}{a} + \frac{\beta\cos\mu'}{b} + \frac{\gamma\cos\nu'}{c},$$

on aura

$$\frac{1}{R^2} = \frac{1}{\rho^2}(1 - P'^2),$$

et l'on conclut de là que le rapport de l'aire de la section excentrique à l'aire de la section centrale parallèle est $1 - P'^2$.

La somme de ces rapports pour les trois couples de sections correspondant à des plans diamétraux conjugués caractérisés par les angles $(\lambda'\mu'\nu')$, $(\lambda''\mu''\nu'')$, $(\lambda'''\mu'''\nu''')$ est donc

$$3 - P'^2 - P''^2 - P'''^2,$$

ce qui se réduit à la constante

$$3 - \frac{\alpha^2}{a^2} - \frac{\beta^2}{b^2} - \frac{\gamma^2}{c^2}.$$

3. *La somme des carrés des inverses des sections d'un ellipsoïde par trois plans rectangulaires quelconques est constante.*

4. *Lieu des sommets des cônes circonscrits à un ellipsoïde suivant des ellipses d'aire constante.*

Un plan $x\cos\alpha + y\cos\beta + z\cos\gamma - p = 0$ coupe l'ellipsoïde suivant une ellipse dont le produit des axes est

$$k^2 = \frac{abc(a^2\cos^2\alpha + b^2\cos^2\beta + c^2\cos^2\gamma - p^2)}{(a^2\cos^2\alpha + b^2\cos^2\beta + c^2\cos^2\gamma)^{\frac{3}{2}}}.$$

On conclut facilement de cette formule que le lieu demandé

est la surface du sixième ordre

$$k^4\left(\frac{x^2}{a^2}+\frac{y^2}{b^2}+\frac{z^2}{c^2}\right)^3$$
$$=a^2b^2c^2\left(\frac{x^2}{a^2}+\frac{y^2}{b^2}+\frac{z^2}{c^2}-1\right)^2\left(\frac{x^2}{a^4}+\frac{y^2}{b^4}+\frac{z^2}{c^4}\right).$$

5. *Lieu des centres des sections d'un ellipsoïde dont l'aire est constante* (Concours général, 1861).

L'application de la formule rappelée au n° 4 conduit à l'équation

$$\frac{k^4}{a^2b^2c^2}\left(\frac{x^2}{a^2}+\frac{y^2}{b^2}+\frac{z^2}{c^2}\right)$$
$$=\left(\frac{x^2}{a^2}+\frac{y^2}{b^2}+\frac{z^2}{c^2}-1\right)^2\left(\frac{x^2}{a^4}+\frac{y^2}{b^4}+\frac{z^2}{c^4}\right).$$

La surface a un point conique à l'origine; le cône enveloppe des plans tangents est

$$\frac{x^2}{a^4}\left(1-\frac{k^4}{b^2c^2}\right)+\frac{y^2}{b^4}\left(1-\frac{k^4}{c^2a^2}\right)+\frac{z^2}{c^4}\left(1-\frac{k^4}{a^2b^2}\right)=0.$$

Il n'est réel que si k^2 est compris entre bc et ab. Si $k^2=bc$ ou $k^2=ab$, le cône se réduit à deux plans imaginaires; si $k^2=ca$, on a deux plans réels passant par l'axe des y.

6. *Lieu des perpendiculaires menées par le centre d'un ellipsoïde aux sections centrales dont l'aire est constante et donnée.*

Les axes de la section centrale faite par le plan

$$ux+vy+wz=0$$

sont donnés par l'équation

$$\frac{a^2u^2}{\rho^2-a^2}+\frac{b^2v^2}{\rho^2-b^2}+\frac{c^2w^2}{\rho^2-c^2}=0.$$

Si k^4 est le produit constant des carrés des demi-axes, on aura

$$k^4=\frac{a^2b^2c^2(u^2+v^2+w^2)}{a^2u^2+b^2v^2+c^2w^2},$$

ce qui montre que la normale au plan décrit le cône

$$a^2x^2(k^4-b^2c^2)+b^2y^2(k^4-c^2a^2)+c^2z^2(k^4-a^2b^2)=0$$

Le cône supplémentaire, c'est-à-dire l'enveloppe du plan, est

$$\frac{x^2}{a^2k^4-a^2b^2c^2}+\frac{y^2}{b^2k^4-a^2b^2c^2}+\frac{z^2}{c^2k^4-a^2b^2c^2}=0$$

ou

$$\frac{x^2}{a^2-\frac{a^2b^2c^2}{k^4}}+\frac{y^2}{b^2-\frac{a^2b^2c^2}{k^4}}+\frac{z^2}{c^2-\frac{a^2b^2c^2}{k^4}}=0.$$

On voit que c'est le cône asymptote d'un hyperboloïde homofocal à l'ellipsoïde donné.

7. *Par l'axe d'un paraboloïde elliptique on mène des plans; trouver le lieu des extrémités des cordes focales des sections paraboliques que ces plans déterminent.*

$y-\lambda z=0$ étant l'équation d'un plan qui coupe le paraboloïde $\frac{y^2}{p}+\frac{z^2}{q}-2x=0$, l'abscisse du foyer de la section est $\frac{pq(1+\lambda^2)}{2(p+q\lambda^2)}$. Les extrémités des cordes focales se trouvent sur la surface

$$2x(pz^2+qy^2)-pq(y^2+z^2)=0,$$

dont l'équation, combinée avec celle du paraboloïde, donne

$$y^2+z^2-4x^2=0.$$

La projection de la courbe lieu sur le plan des yz est une quartique avec un point double isolé à l'origine; les projections sur les deux autres plans de coordonnées sont des coniques.

8. *Lieu des centres des sections planes d'une quadrique qui passent par un point* (α, β, γ).

Dans le cas de l'ellipsoïde, on trouve l'ellipsoïde homothétique

$$\frac{x(x-\alpha)}{a^2} + \frac{y(y-\beta)}{b^2} + \frac{z(z-\gamma)}{c^2} = 0.$$

9. *Équations des axes d'une section plane quelconque d'un ellipsoïde.*

Si par le centre on mène un plan parallèle à la section donnée, les axes des deux sections seront parallèles; il suffit donc de former l'équation quadratique des deux plans passant par les axes de la section centrale et par le diamètre conjugué de son plan. Soit $lx + my + nz = 0$ la section centrale; si l'on représente par (x', y', z') les coordonnées d'un point d'un de ses axes, l'axe perpendiculaire à celui-là est dans le plan $xx' + yy' + zz' = 0$ et aussi dans le plan diamétral conjugué du premier, savoir $\frac{xx'}{a^2} + \frac{yy'}{b^2} + \frac{zz'}{c^2} = 0$.

Comme on a d'ailleurs $lx' + my' + nz' = 0$, l'élimination de x', y', z' entre les trois équations homogènes qui viennent d'être écrites donnera la relation suivante entre les coordonnées d'un point quelconque d'un des axes

$$\begin{vmatrix} l & m & n \\ x & y & z \\ \frac{x}{a^2} & \frac{y}{b^2} & \frac{z}{c^2} \end{vmatrix} = 0$$

ou

$$(1) \quad lyz\left(\frac{1}{b^2} - \frac{1}{c^2}\right) + mzx\left(\frac{1}{c^2} - \frac{1}{a^2}\right) + nxy\left(\frac{1}{a^2} - \frac{1}{b^2}\right) = 0.$$

L'équation des plans passant par le diamètre

$$\frac{x}{a^2 l} = \frac{y}{b^2 m} = \frac{z}{c^2 n}$$

et par les axes de la section centrale, intersections du cône (1) et du plan $lx + my + nz = 0$, s'obtiendra en considérant ces plans comme un cylindre dont les génératrices peuvent être représentées par

$$x = x_1 + a^2 l\rho, \qquad y = y_1 + b^2 m\rho, \qquad z = z_1 + c^2 n\rho,$$

x_1, y_1, z_1 désignant les coordonnées d'un point quelconque de la surface cylindrique. On trouve

$$(2)\quad \begin{cases} \dfrac{x^2}{a^2}(b^2-c^2) + \dfrac{y^2}{b^2}(c^2-a^2) + \dfrac{z^2}{c^2}(a^2-b^2) \\ \quad + yz\left[\dfrac{n}{m}\left(1-\dfrac{a^2}{b^2}\right) + \dfrac{m}{n}\left(\dfrac{a^2}{c^2}-1\right) - \dfrac{a^2 l^2}{mn}\left(\dfrac{1}{b^2}-\dfrac{1}{c^2}\right)\right] + \ldots = 0 \end{cases}$$

Le coefficient de yz peut s'écrire

$$\frac{1}{mn}\left[a^2 n^2\left(\frac{1}{a^2}-\frac{1}{b^2}\right) + a^2 m^2\left(\frac{1}{c^2}-\frac{1}{a^2}\right) \right.$$
$$\left. + a^2 l^2\left(\frac{1}{b^2}-\frac{1}{c^2}\right) - 2a^2 l^2\left(\frac{1}{b^2}-\frac{1}{c^2}\right)\right]$$

et ceux de zx et de xy s'en déduisent par permutation circulaire des lettres a, b, c et l, m, n. En définitive, l'équation quadratique qui donne les axes d'une section quelconque parallèle au plan $lx + my + nz = 0$ est celle du couple de plans (2) qui peut se mettre sous la forme

$$\frac{x^2}{a^2}(b^2-c^2) + \frac{y^2}{b^2}(c^2-a^2) + \frac{z^2}{c^2}(a^2-b^2) - 2a^2 l^2 \frac{yz}{mn}\left(\frac{1}{b^2}-\frac{1}{c^2}\right)$$
$$- 2b^2 m^2 \frac{zx}{nl}\left(\frac{1}{c^2}-\frac{1}{a^2}\right) - 2c^2 n^2 \frac{xy}{lm}\left(\frac{1}{a^2}-\frac{1}{b^2}\right)$$
$$+ \left[l^2\left(\frac{1}{b^2}-\frac{1}{c^2}\right) + m^2\left(\frac{1}{c^2}-\frac{1}{a^2}\right) + n^2\left(\frac{1}{a^2}-\frac{1}{b^2}\right)\right]$$
$$\times\left(\frac{a^2 yz}{mn} + \frac{b^2 zx}{nl} + \frac{c^2 xy}{lm}\right) = 0.$$

On peut déduire de ce qui précède l'équation qui détermine les axes d'une section plane du paraboloïde elliptique. Si, dans l'équation de l'ellipsoïde, on remplace x par $x - a$, et si l'on pose $b^2 = ap$, $c^2 = aq$, on sait que l'équation devient celle d'un paraboloïde, lorsque a augmente indéfiniment. Faisons dans l'équation (2) les substitutions indiquées;

elle deviendra

$$\begin{aligned}
&(x-a)^2\frac{p-q}{a}+\frac{y^2(q-a)}{p}+\frac{z^2(a-p)}{q}\\
&\quad+yz\left[\frac{n}{m}\left(1-\frac{a}{p}\right)+\frac{m}{n}\left(\frac{a}{q}-1\right)-\frac{al^2}{mn}\left(\frac{1}{p}-\frac{1}{q}\right)\right]\\
&\quad+z(x-a)\left[\frac{l}{n}\left(1-\frac{p}{q}\right)+\frac{n}{l}\left(\frac{p}{a}-1\right)-\frac{pm^2}{nl}\left(\frac{1}{q}-\frac{1}{a}\right)\right]\\
&\quad+y(x-a)\left[\frac{m}{l}\left(1-\frac{q}{a}\right)+\frac{l}{m}\left(\frac{q}{p}-1\right)-\frac{qn^2}{lm}\left(\frac{1}{a}-\frac{1}{p}\right)\right]=0.
\end{aligned}$$

Si maintenant a augmente indéfiniment, les seuls termes qui subsisteront sont ceux qui contiennent actuellement a en facteur aux numérateurs; il vient donc, toutes réductions faites,

$$\begin{aligned}
&lmn(pz^2-qy^2)\\
&\quad+lyz[m^2p-n^2q+l^2(p-q)]\\
&\quad+mpz[m^2p+n^2q+l^2(p-q)]\\
&\quad-qny[m^2p+n^2q-l^2(p-q)]+lmnpq(p-q)=0.
\end{aligned}$$

Cette équation représente deux plans passant par le diamètre $y=-\frac{pm}{l}$, $z=-\frac{qn}{l}$, conjugué du plan

$$lx+my+nz=0$$

par rapport au paraboloïde $\frac{y^2}{p}+\frac{z^2}{q}=2x$; ces deux plans coupent suivant leurs axes de symétrie toutes les sections parallèles au plan donné.

10. *Étant donné un plan $lx+my+nz-p=0$, trouver le lieu des sommets des cônes qui ont pour base la section d'un ellipsoïde par ce plan et qui coupent la surface suivant une seconde courbe plane dont le plan soit perpendiculaire à celui de la première.*

L'équation d'un cône dont le sommet est $(\alpha\beta\gamma)$ et qui a pour base la section de l'ellipsoïde par le plan est

$$\begin{aligned}\left(\frac{x^2}{a^2}+\frac{y^2}{b^2}+\frac{z^2}{c^2}-1\right)&(l\alpha+m\beta+n\gamma-p)\\ &+(lx+my+nz-p)^2\left(\frac{\alpha^2}{a^2}+\frac{\beta^2}{b^2}+\frac{\gamma^2}{c^2}-1\right)\\ &-2(lx+my+nz-p)(l\alpha+m\beta+n\gamma-p)\\ &\qquad\times\left(\frac{\alpha x}{a^2}+\frac{\beta y}{b^2}+\frac{\gamma z}{c^2}-1\right)=0.\end{aligned}$$

Le plan de la seconde courbe d'intersection est

$$\begin{aligned}(lx+my+nz-p)&\left(\frac{\alpha^2}{a^2}+\frac{\beta^2}{b^2}+\frac{\gamma^2}{c^2}-1\right)\\ &-2(l\alpha+m\beta+n\gamma-p)\left(\frac{\alpha x}{a^4}+\frac{\beta y}{b^2}+\frac{\gamma z}{c^2}-1\right)=0.\end{aligned}$$

On a, pour la condition de perpendicularité des deux plans,

$$\begin{aligned}\left(\frac{\alpha^2}{a^2}+\frac{\beta^2}{b^2}+\frac{\gamma^2}{c^2}-1\right)&(l^2+m^2+n^2)\\ &-2(l\alpha+m\beta+n\gamma-p)\left(\frac{\alpha l}{a^2}+\frac{\beta m}{b^2}+\frac{\gamma n}{c^2}\right)=0.\end{aligned}$$

Cette équation en α, β, γ représente une quadrique qui coupe l'ellipsoïde suivant la section plane donnée et suivant une autre section plane qui est dans le plan diamétral conjugué de la perpendiculaire au premier plan.

11. *On coupe un ellipsoïde par un plan*

$$lx+my+nz-p=0,$$

tel que le cône ayant pour sommet le centre et pour base la section plane soit de révolution. Trouver l'enveloppe du plan.

L'équation du cône est

$$\begin{aligned}x^2\left(\frac{p^2}{a^2}-l^2\right)&+y^2\left(\frac{p^2}{b^2}-m^2\right)\\ &+z^2\left(\frac{p^2}{c^2}-n^2\right)-2mnyz-2nlzx-2lmxy=0.\end{aligned}$$

Si aucun des coefficients l, m, n n'est égal à zéro, le cône ne peut être de révolution que si l'ellipsoïde se réduit à une sphère.

Supposons $l = 0$; la condition pour que l'équation en S, relative au cône, ait une racine double, est

$$\frac{p^4}{a^4} - \frac{p^2}{a^2}\left(\frac{p^2}{b^2} + \frac{p^2}{c^2} - m^2 - n^2\right) + \frac{p^4}{b^2c^2} - \frac{p^2m^2}{c^2} - \frac{p^2n^2}{b^2} = 0$$

ou

$$m^2\left(\frac{1}{a^2} - \frac{1}{c^2}\right) + n^2\left(\frac{1}{a^2} - \frac{1}{b^2}\right) + \left(\frac{1}{a^2} - \frac{1}{b^2}\right)\left(\frac{1}{a^2} - \frac{1}{c^2}\right) = 0.$$

L'enveloppe du plan $my + nz = p$, dont les coefficients vérifient l'équation précédente, est le cylindre

$$y^2\left(\frac{1}{b^2} - \frac{1}{a^2}\right) + z^2\left(\frac{1}{c^2} - \frac{1}{a^2}\right) = 1.$$

Les hypothèses $m = 0$ et $n = 0$ donnent de même les cylindres

$$\left(\frac{1}{c^2} - \frac{1}{b^2}\right)z^2 + \left(\frac{1}{a^2} - \frac{1}{b^2}\right)x^2 = 1,$$
$$\left(\frac{1}{a^2} - \frac{1}{c^2}\right)x^2 + \left(\frac{1}{b^2} - \frac{1}{c^2}\right)y^2 = 1.$$

12. *Les deux cônes qui ont pour sommets les extrémités des axes a et b d'un ellipsoïde et pour bases respectivement les ellipses principales du plan des yz et du plan des zx ont une section parabolique commune; calculer le paramètre de cette section.*

Le plan $\frac{y}{b} - \frac{x}{a} = 0$ coupe les deux cônes suivant une parabole dont la projection sur le plan zOx est

$$\frac{z^2}{c^2} + \frac{2x}{a} - 1 = 0$$

et dont l'équation, dans son plan, est

$$\frac{z^2}{c^2} + \frac{2X}{\sqrt{a^2 + b^2}} - 1 = 0.$$

Le paramètre est

$$p = \frac{c^2}{\sqrt{a^4 + b^2}},$$

de sorte que

$$\frac{1}{p^2} = \frac{a^2}{c^4} + \frac{b^2}{c^4}.$$

13. *Lieu des centres des sphères de rayon constant qui coupent un ellipsoïde suivant des cercles.*

Soit $(x-\alpha)^2+(y-\beta)^2+(z-\gamma)^2-R^2=0$ une des sphères; le premier membre de l'équation

$$(1) \quad \lambda\left(\frac{x^2}{a^2}+\frac{y^2}{b^2}+\frac{z^2}{c^2}-1\right)+(x-\alpha)^2+\ldots-R^2=0$$

devant se décomposer en un produit de facteurs, les trois équations

$$x\left(1+\frac{\lambda}{a^2}\right)-\alpha=0,$$

$$y\left(1+\frac{\lambda}{b^2}\right)-\beta=0,$$

$$z\left(1+\frac{\lambda}{c^2}\right)-\gamma=0$$

doivent représenter trois plans passant par une même droite, ce qui exige que l'une d'elles ait ses coefficients nuls. Prenons $\beta=0$, $\lambda=-b^2$; la ligne des centres de la surface (1) sera

$$x(a^2-b^2)+a^2\alpha=0, \qquad z(c^2-a^2)+b^2\gamma=0.$$

Enfin, comme cette droite doit être sur la surface, on aura

$$\frac{\alpha^2}{a^2-b^2}-\frac{\gamma^2}{b^2-c^2}=1-\frac{R^2}{b^2};$$

les centres sont donc sur une hyperbole dans le plan des zx.

Les hypothèses $\gamma=0$, $\lambda=-c^2$ et $\alpha=0$, $\lambda=-a^2$ donnent des ellipses pour les lieux des centres, mais les sphères correspondantes coupent l'ellipsoïde suivant des plans imaginaires.

14. *On construit une sphère ayant pour grand cercle une section circulaire d'un ellipsoïde et qui, par conséquent, coupe la surface suivant un second cercle. Trouver le lieu de la droite d'intersection des deux sections circulaires, lorsque le plan du grand cercle se déplace parallèlement à lui-même.*

Soit $cx\sqrt{a^2-b^2}-az\sqrt{b^2-c^2}+\rho=0$ le plan de la section circulaire donnée; l'équation d'une sphère passant par le cercle de section est

$$\frac{x^2}{a^2}+\frac{y^2}{b^2}+\frac{z^2}{c^2}-1+(cx\sqrt{a^2-b^2}-az\sqrt{b^2-c^2}+\rho)$$
$$\times\left(\frac{x\sqrt{a^2-b^2}}{a^2b^2c}+\frac{z\sqrt{b^2-c^2}}{ab^2c^2}+\rho'\right)=0.$$

Le centre de la sphère doit être sur le diamètre de l'ellipsoïde conjugué du plan de la première section, c'est-à-dire sur le diamètre

$$cx\sqrt{b^2-c^2}+az\sqrt{a^2-b^2}=0, \qquad y=0.$$

Comme les coordonnées de ce centre sont données par les équations

$$\frac{2x}{b^2}+\sqrt{a^2-b^2}\left(c\rho'+\frac{\rho}{a^2b^2c}\right)=0,$$
$$\frac{2z}{b^2}+\sqrt{b^2-c^2}\left(\frac{\rho}{ab^2c^2}-a\rho'\right)=0, \qquad y=0,$$

on doit avoir

$$\frac{c\rho'+\dfrac{\rho}{a^2b^2c}}{\dfrac{\rho}{ab^2c^2}-a\rho'}=-\frac{a}{c}; \qquad \text{d'où} \qquad \rho'=\frac{\rho(a^2+c^2)}{a^2b^2c^2(a^2-c^2)}.$$

Le lieu de l'intersection des plans

$$cx\sqrt{a^2-b^2}-az\sqrt{b^2-c^2}+\rho=0,$$
$$cx(a^2-c^2)\sqrt{a^2-b^2}+az(a^2-c^2)\sqrt{b^2-c^2}+\rho(a^2+c^2)=0,$$

quand on fait varier ρ, est le plan

$$c^3x\sqrt{a^2-b^2}-a^3z\sqrt{b^2-c^2}=0.$$

15. *Une sphère et un cylindre variables coupent un ellipsoïde suivant la même courbe; le cylindre a ses génératrices parallèles au petit axe, et le centre de la sphère est le foyer de la section principale du plan des zx. Démontrer que l'axe du cylindre est invariable et que l'aire de sa section droite est proportionnelle à l'aire de la sphère.*

Les équations de la sphère et du cylindre sont

$$(x-\sqrt{a^2-c^2})^2+y^2+z^2=\rho^2,$$

$$b^2x^2(a^2-c^2)+a^2y^2(b^2-c^2)+2a^2b^2x\sqrt{a^2-c^2}+a^2b^2(a^2-\rho^2)=0.$$

L'axe du cylindre est la droite

$$x=\frac{a^2}{\sqrt{a^2-c^2}}, \qquad y=0.$$

L'aire de sa section droite a pour expression

$$\frac{\pi ab\rho^2}{\sqrt{(a^2-c^2)(b^2-c^2)}}.$$

16. *Un paraboloïde elliptique a un plan cyclique coïncidant avec une section circulaire centrale d'un ellipsoïde, et coupe cet ellipsoïde suivant un autre cercle. Trouver le lieu du sommet.*

Posons

$$R=\sqrt{\frac{a^2-b^2}{b^2-c^2}},$$

et soit $az-cRx=0$ la section circulaire centrale commune aux deux surfaces; l'autre section commune sera

$$\lambda az+\lambda cRx+\mu=0.$$

L'équation du paraboloïde est donc de la forme

$$\frac{x^2}{a^2}+\frac{y^2}{b^2}+\frac{z^2}{c^2}-1+(az-cRx)(\lambda az+\lambda cRx+\mu)=0$$

ou

$$x^2\left(\frac{1}{a^2}-\lambda c^2R^2\right)+\frac{y^2}{b^2}+z^2\left(\frac{1}{c^2}+\lambda a^2\right)-\mu cRx+\mu az-1-0.$$

Le centre devant être à l'infini, il faut prendre

$$\lambda = -\frac{1}{a^2c^2} \qquad \text{ou} \qquad \lambda = \frac{1}{a^2c^2R^2}.$$

En adoptant la première valeur de λ, l'équation précédente devient

$$\frac{x^2(a^2-c^2)}{a^2(b^2-c^2)} + \frac{y^2}{b^2} - \mu c R x + \mu a z - 1 = 0$$

ou, par l'introduction des paramètres arbitraires h et k,

$$\left(\frac{x\sqrt{a^2-c^2}}{a\sqrt{b^2-c^2}} + h\right)^2 + \left(\frac{y}{b} + k\right)^2$$
$$- x\left(\mu c R + \frac{2h\sqrt{a^2-c^2}}{a\sqrt{b^2-c^2}}\right) - \frac{2ky}{b} + \mu a z - 1 - h^2 - k^2 = 0.$$

h et k doivent être déterminés de telle sorte que la droite

$$\frac{x\sqrt{a^2-c^2}}{a\sqrt{b^2-c^2}} + h = 0, \qquad \frac{y}{b} + k = 0,$$

qui est un diamètre, soit l'axe du paraboloïde, c'est-à-dire soit perpendiculaire au plan tangent

$$x\left(\mu c R + \frac{2h\sqrt{a^2-c^2}}{a\sqrt{b^2-c^2}}\right) + \ldots + 1 + h^2 + k^2 = 0.$$

On voit que l'équation de ce plan ne doit renfermer qu'un terme en z et un terme constant. Donc il faut prendre

$$k = 0, \qquad h = -\frac{\mu c R a\sqrt{b^2-c^2}}{2\sqrt{a^2-c^2}} = -\frac{\mu c a\sqrt{a^2-b^2}}{2\sqrt{a^2-c^2}}.$$

En définitive, l'axe du paraboloïde est la droite

$$y = 0, \qquad x = \frac{\mu c a^2\sqrt{(a^2-b^2)(b^2-c^2)}}{2(a^2-c^2)}$$

et le plan tangent au sommet est

$$\mu a z = 1 + \frac{\mu^2 c^2 a^2 (a^2-b^2)}{4(a^2-c^2)}.$$

Le lieu du sommet est la conique

$$y=0, \qquad \frac{x^2(a^2-c^2)}{a^2(b^2-c^2)} - \frac{2zx(a^2-c^2)}{ca\sqrt{(b^2-c^2)(a^2-b^2)}} + 1 = 0.$$

L'hypothèse $\lambda = \frac{1}{a^2c^2R}$ conduit à une autre conique

$$y=0, \qquad \frac{z^2(a^2-c^2)}{c^2(a^2-b^2)} - \frac{2zx(a^2-c^2)}{ca\sqrt{(b^2-c^2)(a^2-b^2)}} - 1 = 0.$$

17. *On donne un ellipsoïde et un point* (α, β, γ); *trouver le lieu des droites qui passent par le point et qui sont telles que chacune d'elles soit un des axes d'une des sections de l'ellipsoïde qui passent par cette droite.*

Soient $x=\alpha+l\rho$, $y-\beta+m\rho$, $z=\gamma+n\rho$ une droite menée par le point fixe; (x_1, y_1, z_1) les coordonnées du milieu de la corde interceptée par cette droite dans l'ellipsoïde; (x', y', z'), (x'', y'', z'') les coordonnées des extrémités de la corde; enfin ρ_1, ρ', ρ'' les valeurs de ρ correspondant à ces trois points. Le point (x_1, y_1, z_1) devant être le centre de la section dont la droite est un axe, le plan de la section est parallèle à

$$\frac{xx_1}{a^2} + \frac{yy_1}{b^2} + \frac{zz_1}{c^2} = 0;$$

le plan tangent en (x', y', z') est parallèle à

$$\frac{xx'}{a^2} + \frac{yy'}{b^2} + \frac{zz'}{c^2} = 0.$$

Il faut exprimer que la droite dont les coefficients de direction sont l, m, n est perpendiculaire à l'intersection des deux plans. On a ainsi la condition

$$\frac{l}{b^2c^2}(y_1z'-z_1y') + \frac{m}{c^2a^2}(z_1x'-x_1z') + \frac{n}{a^2b^2}(x_1y'-y_1x') = 0.$$

Or

$$\begin{aligned} y_1z'-z_1y' &= \tfrac{1}{2}[z'(y'+y'')-y'(z'+z'')] \\ &= \tfrac{1}{2}[(\beta+m\rho'')(\gamma+n\rho')-(\beta+m\rho')(\gamma+n\rho'')] \\ &= \tfrac{1}{2}(m\gamma-n\beta)(\rho''-\rho'). \end{aligned}$$

De même,

$$z_1 x' - x_1 z' = \tfrac{1}{2}(n\alpha - l\gamma)\ (\rho'' - \rho'),$$
$$x_1 y' - y_1 x' = \tfrac{1}{2}(l\beta - m\alpha)(\rho'' - \rho').$$

La condition ci-dessus devient, après la suppression du facteur $\rho'' - \rho'$,

$$(1)\quad \frac{l}{b^2c^2}(m\gamma - n\beta) + \frac{m}{c^2a^2}(n\alpha - l\gamma) + \frac{n}{a^2b^2}(l\beta - m\alpha) = 0.$$

Le lieu des droites est donc le cône du second degré

$$(2)\quad \begin{cases} a^2(x-\alpha)(\gamma y - \beta z) + b^2(y-\beta)(\alpha z - \gamma x) \\ \qquad\qquad + c^2(z-\gamma)(\beta x - \alpha y) = 0. \end{cases}$$

Si l'on considère dans un plan fixe toutes les droites jouissant de la propriété d'être un axe d'une des sections planes de l'ellipsoïde menées par chacune d'elles, on voit que par chaque point (α, β, γ) du plan passent deux droites du système, savoir les deux génératrices du cône (2) contenues dans ce plan. Les droites situées dans le plan enveloppent donc une conique.

En d'autres termes, toutes les droites de l'espace qui jouissent de la propriété énoncée constituent un *complexe* du second ordre; le cône du complexe est le cône du second degré représenté par l'équation (2); la courbe plane du complexe est une conique. Nous allons chercher l'équation de sa projection sur le plan des xy. Soit $z = qx + py + r$ le plan de la courbe; la projection sur xOy de la droite

$$x = \alpha + l\rho, \qquad y = \beta + m\rho, \qquad z = \gamma + n\rho$$

est

$$mx - ly + \beta l - \alpha m = 0,$$

et l'on doit avoir

$$\gamma = q\alpha + p\beta + r, \qquad n = ql + pm.$$

D'après cela, la condition (1) devient

$$\frac{l}{b^2c^2}[q(\alpha m - \beta l) + rm]$$
$$+ \frac{m}{c^2a^2}[p(\alpha m - \beta l) - rl] - \frac{1}{a^2b^2}[ql + pm)(\alpha m - \beta l) = 0.$$

Posons $\alpha m - \beta l = \nu$; on a à chercher l'enveloppe de $mx - ly = \nu$ les trois paramètres l, m, ν satisfaisant à la relation

$$m\nu p(b^2 - c^2) + \nu l q(a^2 - c^2) + lm\, r(a^2 - b^2) = 0.$$

On trouve la parabole

$$\begin{aligned}&[qx(a^2 - c^2) + py(b^2 - c^2)]^2\\ &\quad + 2r(a^2 - b^2)[qx(a^2 - c^2) - py(b^2 - c^2)] + r^2(a^2 - b^2)^2 = 0.\end{aligned}$$

Elle se réduit à deux droites confondues si l'ellipsoïde est de révolution, ou encore si le plan fixe est parallèle à l'un des axes, ou encore s'il passe par l'origine.

18. *Enveloppe des plans qui coupent un ellipsoïde de telle sorte que les cônes, ayant pour bases les sections faites par ces plans et pour sommet commun le centre de l'ellipsoïde, aient un volume constant.*

Un plan $x\cos\alpha + y\cos\beta + z\cos\gamma - p = 0$ coupe l'ellipsoïde suivant une ellipse dont l'aire est

$$\frac{\pi abc(a^2\cos^2\alpha + b^2\cos^2\beta + c^2\cos^2\gamma - p^2)}{(a^2\cos^2\alpha + b^2\cos^2\beta + c^2\cos^2\gamma)^{\frac{3}{2}}}.$$

En multipliant par p, on aura le triple du volume du cône; mais le plan tangent parallèle étant

$$x\cos\alpha + y\cos\beta + z\cos\gamma = \sqrt{a^2\cos^2\alpha + b^2\cos^2\beta + c^2\cos^2\gamma},$$

la quantité $a^2\cos^2\alpha + b^2\cos^2\beta + c^2\cos^2\gamma$ est le carré de la distance δ du centre au plan tangent. On peut donc écrire

$$3V = \frac{\pi abcp(\delta^2 - p^2)}{\delta^3};$$

si le rapport $\frac{\delta}{p}$ est constant et égal à λ, $3V$ sera constamment égal à $\frac{\pi abc(\lambda^2 - 1)}{\lambda^3}$. L'enveloppe du plan sécant sera un ellipsoïde concentrique et semblable à l'ellipsoïde donné, et dont les axes ont pour valeur $\frac{a}{\lambda}$, $\frac{b}{\lambda}$, $\frac{c}{\lambda}$.

19. *Deux hyperboloïdes à une et à deux nappes ont même cône asymptote; trouver le lieu des points de contact des plans tangents au second qui déterminent dans le premier des ellipses d'aire constante.*

Soient

$$\frac{x^2}{a^2}+\frac{y^2}{b^2}-\frac{z^2}{c^2}-1=0, \qquad \frac{x^2}{a^2}+\frac{y^2}{b^2}-\frac{z^2}{c^2}+1=0$$

les deux hyperboloïdes;

$$\frac{xx_1}{a^2}+\frac{yy_1}{b^2}-\frac{zz_1}{c^2}+1=0$$

un plan tangent au second, au point (x_1, y_1, z_1).

En changeant c en $c\sqrt{-1}$ dans la formule relative à l'ellipsoïde, on trouve pour l'aire de la section que ce plan détermine dans l'hyperboloïde à une nappe

$$S=\frac{\pi abc\left(\frac{x_1^2}{a^2}+\frac{y_1^2}{b^2}-\frac{z_1^2}{c^2}-1\right)\left(\frac{x_1^2}{a^4}+\frac{y_1^2}{b^4}+\frac{z_1^2}{c^4}\right)^{\frac{1}{2}}}{\left(\frac{z_1^2}{c^2}-\frac{x_1^2}{a^2}-\frac{y_1^2}{b^2}\right)^{\frac{3}{2}}}$$

ou bien, puisque l'on a $\frac{x_1^2}{a^2}+\frac{y_1^2}{b^2}-\frac{z_1^2}{c^2}=-1$,

$$S=2\pi abc\left(\frac{x_1^2}{a^4}+\frac{y_1^2}{b^4}+\frac{z_1^2}{c^4}\right)^{\frac{1}{2}}.$$

D'après cela, le lieu cherché est l'intersection de l'hyperboloïde à deux nappes avec l'ellipsoïde

$$\frac{x^2}{a^4}+\frac{y^2}{b^4}+\frac{z^2}{c^4}=\frac{k^4}{4a^2b^2c^2},$$

k^2 désignant le produit des axes d'une ellipse équivalente à la section d'aire constante.

20. *Enveloppe des plans qui passent par le centre d'un hyperboloïde à une nappe et coupent la surface suivant des hyperboles équilatères.*

La condition pour qu'un plan $lx+my+nz=0$ coupe le

cône asymptote

$$\frac{x^2}{a^2}+\frac{y^2}{b^2}-\frac{z^2}{c^2}=0$$

suivant deux droites rectangulaires est

$$l^2a^2(c^2-b^2)+m^2b^2(c^2-a^2)+n^2c^2(a^2+b^2)=0.$$

L'enveloppe de ce plan est le cône

$$\frac{x^2}{a^2(c^2-b^2)}+\frac{y^2}{b^2(c^2-a^2)}+\frac{z^2}{c^2(a^2+b^2)}=0.$$

21. *Lieu des centres des sections faites dans un ellipsoïde par les plans tangents à une quadrique concentrique* $\alpha x^2+\beta y^2+\gamma z^2=1$.

$$\frac{x^2}{\alpha a^4}+\frac{y^2}{\beta b^4}+\frac{z^2}{\gamma c^4}=\left(\frac{x^2}{a^2}+\frac{y^2}{b^2}+\frac{z^2}{c^2}\right)^2.$$

22. *Lieu des axes des sections d'un ellipsoïde qui passent par une droite* $\frac{x}{l}=\frac{y}{m}=\frac{z}{n}$.

Les axes de la section faite par le plan $\alpha x+\beta y+\gamma z=0$ sont les intersections de ce plan et du cône

$$\frac{x}{a^2}(\gamma y-\beta z)+\frac{y}{b^2}(\alpha z-\gamma x)+\frac{z}{c^2}(\beta x-\alpha y)=0 \quad (\text{n}^\circ\ 9);$$

on doit avoir aussi

$$\alpha l+\beta m+\gamma n=0.$$

L'élimination de α, β, γ entre ces trois équations homogènes donne le cône du troisième ordre

$$\frac{x}{a^2}(mxy+nzx-ly^2-lz^2)+\frac{y}{b^2}(nyz+lxy-mz^2-mx^2)$$
$$+\frac{z}{c^2}(lzx+myz-nx^2-ny^2)=0.$$

23. *Si l'on coupe un ellipsoïde par des plans passant par le centre et par un point fixe de la surface, les sections d'aire maximum et minimum sont perpendiculaires entre elles et le* *produit de ces aires est constant, lorsque le point est pris sur la courbe d'intersection de l'ellipsoïde et d'une sphère concentrique.*

L'aire de la section faite par le plan

$$x\cos\alpha + y\cos\beta + z\cos\gamma = 0$$

est

$$\frac{\pi abc}{\sqrt{a^2\cos^2\alpha + b^2\cos^2\beta + c^2\cos^2\gamma}};$$

il faut chercher le maximum et le minimum de la fonction

$$u^2 = a^2\cos^2\alpha + b^2\cos^2\beta + c^2\cos^2\gamma;$$

$\cos\alpha$, $\cos\beta$, $\cos\gamma$ sont liés par les relations

$$(1)\qquad \begin{cases} \cos^2\alpha + \cos^2\beta + \cos^2\gamma = 1, \\ x_1\cos\alpha + y_1\cos\beta + z_1\cos\gamma = 0 \end{cases}$$

(x, y, z étant le point fixe de la surface de l'ellipsoïde par lequel passent tous les plans sécants). La question revient à chercher le maximum et le minimum de la fonction de trois variables indépendantes

$$\begin{aligned} \text{U} - a^2\cos^2\alpha &+ b^2\cos^2\beta + c^2\cos^2\gamma \\ &+ 2\lambda(x_1\cos\alpha + y_1\cos\beta + z_1\cos\gamma) \\ &+ \mu(\cos^2\alpha + \cos^2\beta + \cos^2\gamma - 1). \end{aligned}$$

On a donc

$$\begin{aligned} a^2\cos\alpha + \lambda x_1 + \mu\cos\alpha - 0, \\ b^2\cos\beta + \lambda y_1 + \mu\cos\beta = 0, \\ c^2\cos\gamma + \lambda z_1 + \mu\cos\gamma = 0. \end{aligned}$$

Ajoutant ces équations multipliées par $\cos\alpha$, $\cos\beta$, $\cos\gamma$, il vient d'abord $u^2 + \mu = 0$, en vertu des relations (1); puis

$$(2)\qquad \begin{cases} \cos\alpha = -\dfrac{\lambda x_1}{a^2 - u^2}, \\ \cos\beta = -\dfrac{\lambda y_1}{b^2 - u^2}, \\ \cos\gamma = -\dfrac{\lambda z_1}{c^2 - u^2}. \end{cases}$$

Enfin l'addition de ces trois dernières équations, multipliées par x_1, y_1, z_1, donne

$$\frac{x_1^2}{a^2-u^2}+\frac{y_1^2}{b^2-u^2}+\frac{z_1^2}{c^2-u^2}=0$$

ou

$$(3)\quad \left\{\begin{aligned} &u^4-u^2\,\frac{x_1^2(b^2+c^2)+y_1^2(c^2+a^2)+z_1^2(a^2+b^2)}{x_1^2+y_1^2+z_1^2}\\ &\qquad\qquad+\frac{a^2b^2c^2}{x_1^2+y_1^2+z_1^2}=0,\end{aligned}\right.$$

en tenant compte de ce que le point (x_1, y_1, z_1) est sur l'ellipsoïde.

L'équation (3) donne deux valeurs pour u^2; en les substituant dans les formules (2), on aura les cosinus directeurs des normales aux plans qui correspondent aux sections d'aire maximum et minimum. Soient u_1^2, u_2^2 les racines de l'équation (3), $(\alpha_1, \beta_1, \gamma_1)$, $(\alpha_2, \beta_2, \gamma_2)$ les angles correspondants. On a

$$(4)\quad \left\{\begin{aligned} &\frac{1}{\lambda^2}(\cos\alpha_1\cos\alpha_2+\cos\beta_1\cos\beta_2+\cos\gamma_1\cos\gamma_2)\\ &=\frac{x_1^2}{(a^2-u_1^2)(a^2-u_2^2)}+\frac{y_1^2}{(b^2-u_1^2)(b^2-u_2^2)}+\frac{z_1^2}{(c^2-u_1^2)(c^2-u_2^2)}\end{aligned}\right.$$

Mais

$$\begin{aligned}(a_2^2-u_1^2)(a^2-u_2^2)&=\frac{1}{x_1^2+y_1^2+z_1^2}(a^4x_1^2-a^2b^2x_1^2-c^2a^2x_1^2-a^2c^2y_1^2-a^2b^2z_1^2+a^2b^2c^2\\ &=\frac{x_1^2}{x_1^2+y_1^2+z_1^2}(a^4-a^2b^2-c^2a^2+b^2c^2)-\frac{x_1^2(a^2-b^2)(a^2-c^2)}{x_1^2+y_1^2+z_1^2}.\end{aligned}$$

De même,

$$(b^2-u_1^2)(b^2-u_2^2)=\frac{y_1^2(b^2-c^2)(b^2-a^2)}{x_1^2+y_1^2+z_1^2},$$

$$(c^2-u_1^2)(c^2-u_2^2)=\frac{z_1^2(c^2-a^2)(c^2-b^2)}{x_1^2+y_1^2+z_1^2}.$$

La substitution de ces valeurs dans le second membre de l'équation (4) fait voir qu'il est identiquement nul; les deux plans

$$x\cos\alpha_1 + y\cos\beta_1 + z\cos\gamma_1 = 0,$$
$$x\cos\alpha_2 + y\cos\beta_2 + z\cos\gamma_2 = 0$$

sont donc perpendiculaires.

On reconnaît aussi que le produit $u_1^2 u_2^2$ et, par suite, le produit des aires correspondantes, sont invariables lorsque $x_1^2 + y_1^2 + z_1^2$ est constant, c'est-à-dire lorsque le point (x_1, y_1, z_1) est sur l'intersection de l'ellipsoïde et d'une sphère concentrique. Enfin rappelons que les carrés des demi-axes de la section d'un ellipsoïde par le plan

$$x\cos\lambda + y\cos\mu + z\cos\nu = 0$$

sont les racines de l'équation

$$\frac{a^2\cos^2\lambda}{a^2-\rho^2} + \frac{b^2\cos^2\mu}{b^2-\rho^2} + \frac{c^2\cos^2\nu}{c^2-\rho^2} = 0;$$

la comparaison de cette équation avec (3) fait voir que u_1, u_2 ne sont autre chose que les demi-axes de la section par le plan

$$\frac{xx_1}{a} + \frac{yy_1}{b} + \frac{zz_1}{c} = 0.$$

24. *Lieu des foyers des sections d'un paraboloïde elliptique faites par des plans parallèles à l'axe.*

Soient α, β, γ les coordonnées du foyer de la section du paraboloïde

$$qy^2 + pz^2 + 2pqx = 0$$

par un plan

$$y = lz + m.$$

Transportons l'origine au foyer; les équations de la section deviennent

$$q(y+\beta)^2 + p(z+\gamma)^2 - 2pq(x+\alpha) = 0, \qquad y = lz;$$

cette courbe doit être bitangente au cercle de rayon nul

$$x^2 + y^2 + z^2 = 0, \qquad y = lz.$$

Les projections de la courbe et du cercle sur un plan quelconque, par exemple sur le plan des zx, sont aussi bitangentes, et, par suite, la fonction

$$q(iz+\beta)^2+p(z+\gamma)^2-2pq(x+\alpha)+\lambda[x^2+z^2(l^2+1)]$$

doit être un carré parfait. En exprimant cette condition, on arrive aux équations

$$\lambda(l^2+1)+ql^2+p=0, \qquad ql\beta+p\gamma=0,$$
$$p^2q^2=\lambda(q\beta^2+p\gamma^2-2pq\alpha);$$

on a de plus

$$\beta-l\gamma+m;$$

l'élimination de l, m, λ entre les quatre équations qui précèdent donne le lieu du foyer (α, β, γ), savoir

$$pq(p^2\gamma^2+q^2\beta^2)+(p\gamma^2+q\beta^2)^2-2pq\alpha(q\beta^2+p\gamma^2)=0.$$

On construira facilement les sections de cette surface du quatrième ordre par les plans de coordonnées et par des plans parallèles à l'un d'eux.

25. *Lieu des foyers des sections centrales d'un ellipsoïde.*

La méthode employée au nº 24 peut être appliquée au problème actuel, comme à toutes les questions relatives aux foyers des sections planes des quadriques. Mais les calculs sont plus symétriques en opérant de la manière suivante. Les axes de la section de l'ellipsoïde par le plan $lx+my+nz=0$ sont les intersections du plan et du cône (*voir* nº 9) :

$$a^2lyz(b^2-c^2)+b^2mzx(c^2-a^2)+c^2nxy(a^2-b^2)=0.$$

On a donc

$$\frac{l}{x[c^2y^2(a^2-b^2)-b^2z^2(c^2-a^2)]}$$
$$=\frac{m}{y[a^2z^2(b^2-c^2)-c^2x^2(a^2-b^2)]}$$
$$=\frac{n}{z[b^2x^2(c^2-a^2)-a^2y^2(b^2-c^2)]},$$

ce que nous écrirons abréviativement

$$\frac{l}{x(Cy^2-Bz^2)}=\frac{m}{y(Az^2-Cx^2)}=\frac{n}{z(Bx^2-Ay^2)}.$$

D'autre part, l'équation aux carrés des demi-longueurs des axes de la section est

$$\rho^4(a^2l^2+b^2m^2+c^2n^2) + \rho^2[l^2a^2(b^2+c^2)+m^2b^2(c^2+a^2)+n^2c^2(a^2+b^2)] + a^2b^2c^2(l^2+m^2+n^2)=0$$

et l'on en conclut, pour la différence des carrés de ces demi-longueurs,

$$(\rho_1^2-\rho_2^2)^2=\frac{A^2x^4(Cy^2-Bz^2)^4+\ldots-2BCy^2z^2(Az^2-Cx^2)^2(Bx^2-Ay^2)^2-\ldots}{[a^2x^2(Cy^2-Bz^2)^2+b^2y^2(Az^2-Cx^2)^2+c^2z^2(Bx^2-Ay^2)^2]^2}$$

après avoir remplacé l, m, n par les quantités proportionnelles $x(By^2-Cz^2)$, ... Comme $\rho_1^2-\rho_2^2$ est le carré de la distance d'un des foyers de la section à l'origine des coordonnées, on voit que le lieu des foyers est

$$(1)\quad \left\{\begin{aligned} &(x^2+y^2+z^2)^2[a^2x^2(Cy^2-Bz^2)^2+\ldots]^2\\ &\quad = A^2x^4(Cy^2-Bz^2)^4+\ldots\\ &\qquad -2BCy^2z^2(Az^2-Cx^2)^2(Bx^2-Ay^2)^2-\ldots.\end{aligned}\right.$$

Le second membre de cette équation n'est autre chose que

$$(Cy^2-Bz^2)^2(Az^2-Cx^2)^2(Bx^2-Ay^2)^2.$$

Le facteur $a^2x^2(Cy^2-Bz^2)^2+\ldots$ peut s'écrire

$$\begin{aligned} &y^2z^2a^2(b^2-c^2)^2(c^2a^2y^2+a^2b^2z^2)\\ &+z^2x^2b^2(c^2-a^2)^2(a^2b^2z^2+b^2c^2x^2)\\ &+x^2y^2c^2(a^2-b^2)^2(b^2c^2x^2+c^2a^2y^2)\\ &-2a^2b^2c^2x^2y^2z^2(b^2c^2+c^2a^2+a^2b^2-a^4-b^4-c^4),\end{aligned}$$

et, comme le dernier terme revient à

$$-a^2b^2c^2x^2y^2z^2[-(b^2-c^2)^2-(c^2-a^2)^2-(a^2-b^2)^2],$$

on voit que le facteur dont il s'agit est le produit de

$$b^2c^2x^2+c^2a^2y^2+a^2b^2z^2$$

par

$$a^2y^2z^2(b^2-c^2)^2+b^2z^2x^2(c^2-a^2)^2+c^2x^2y^2(a^2-b^2)^2.$$

En définitive, l'équation (1) devient

$$\begin{aligned}(x^2+y^2+z^2)&(b^2c^2x^2+c^2a^2y^2+a^2b^2z^2)\\ &\times[a^2y^2z^2(b^2-c^2)^2+b^2z^2x^2(c^2-a^2)^2+c^2x^2y^2(a^2-b^2)^2]\\ =\pm&[c^2y^2(a^2-b^2)-b^2z^2(c^2-a^2)][a^2z^2(b^2-c^2)-c^2x^2(a^2-b^2)]\\ &\times[b^2x^2(c^2-a^2)-a^2y^2(b^2-c^2)].\end{aligned}$$

26. *Dans un hyperboloïde, chaque système de deux génératrices parallèles détermine sur deux génératrices fixes de système différent, à partir de leur point de concours, deux segments dont le produit est constant.*

Si l'on prend pour axes des x et des y les deux génératrices fixes, pour axe des z la droite qui joint leur point de concours au centre, l'équation de l'hyperboloïde est de la forme

$$z^2+2bxy+2cz=0,$$

et le produit des segments que déterminent sur Ox, Oy deux génératrices parallèles est

$$Op.Oq=-\frac{2c^2}{b}.$$

27. *Étant donnée une section plane d'un hyperboloïde et deux génératrices Ox, Oy de système différent, parallèles à celles qui se croisent en un point O' de la courbe, démontrer que les autres couples de génératrices menées par les points de la courbe partagent Ox, Oy en parties proportionnelles.*

Mêmes axes de coordonnées qu'au n° 26. Le plan tangent en un point de la section plane considérée coupe le plan xOy suivant une droite dont l'enveloppe est une parabole tangente à Ox et à Oy. Cette droite mobile est précisément celle qui joint les points d'intersection, avec Ox et Oy, des deux génératrices menées par le point de contact du plan tangent. On conclut de là le théorème énoncé, car une tangente mobile à une parabole détermine sur deux tangentes fixes, à partir de leur point de concours, des segments proportionnels.

28. *Si deux génératrices qui passent par un point* P *d'un hyperboloïde rencontrent l'ellipse principale aux extrémités* Q, Q' *de deux diamètres conjugués, on aura la relation*

$$\overline{PQ}^2 + \overline{PQ'}^2 = a^2 + b^2 + 2c^2.$$

29. *Enveloppe des projections des génératrices d'un hyperboloïde sur un plan.*

Soient

$$lx + my + nz = 0$$

l'équation du plan;

$$\frac{x}{a} = \frac{z}{c}\cos\varphi - \sin\varphi, \qquad \frac{y}{b} = \frac{z}{c}\sin\varphi + \cos\varphi$$

celles d'une génératrice quelconque de l'hyperboloïde. Le plan mené par cette droite perpendiculairement au plan donné est

$$\sin\varphi\left(\frac{nx}{ac} - \frac{lz}{ac} - \frac{m}{b}\right)^2 \\ + \cos\varphi\left(\frac{mz}{bc} - \frac{ny}{bc} - \frac{l}{a}\right)^2 - \frac{mx}{ab} + \frac{ly}{ab} + \frac{n}{c} = 0,$$

et il a pour enveloppe

$$(1)\quad \begin{cases} [b(nx - lz) - acm]^2 + [a(mz - ny) - bcl]^2 \\ \qquad - [c(mx - ly) - abn]^2 = 0. \end{cases}$$

Cette équation représente un cylindre dont la trace sur le plan $lx + my + nz = 0$ est l'enveloppe des projections des génératrices. Cette enveloppe est une ellipse ou une hyperbole suivant que la quantité $\frac{l^2}{a^2} + \frac{m^2}{b^2} - \frac{n^2}{c^2}$ est négative ou positive; si cette quantité est nulle, on a un couple de droites. La condition $\frac{l^2}{a^2} + \frac{m^2}{b^2} - \frac{n^2}{c^2} = 0$ exprime que le plan

$$lx + my + nz = 0$$

est perpendiculaire à l'une des génératrices de l'hyperboloïde, et dans ce cas les projections de toutes les génératrices de l'autre système passent par le pied de la première. L'angle des asymptotes de l'enveloppe, ou, ce qui revient au même, l'angle des plans asymptotiques du cylindre est donné par la formule

$$\cos V = \frac{a^2(m^2+n^2)+b^2(n^2+l^2)-c^2(l^2+m^2)}{\sqrt{l^4(b^2+c^2)^2+m^4(c^2+a^2)^2+n^4(a^2-b^2)^2+2m^2n^2(a^4-b^2)(a^2+c^2)}}$$

C'est aussi l'angle des asymptotes de la section du cône $a^2x^2+b^2y^2-c^2z^2=0$ par le plan donné. On conclut de là que la courbe enveloppe des projections des génératrices sur le plan est semblable à la section par le même plan de la polaire réciproque de la surface par rapport à une sphère concentrique.

Cette dernière propriété se démontre très facilement par la Géométrie. Considérons le cône asymptote de l'hyperboloïde; l'angle des plans asymptotiques du cylindre (1) est égal à l'angle des plans tangents à ce cône asymptote menés perpendiculairement au plan $lx+my+nz=0$. Cet angle lui-même est égal à celui des perpendiculaires aux deux plans tangents considérés; mais ces perpendiculaires ne sont autre chose que les deux génératrices correspondantes du cône supplémentaire du cône asymptote, c'est-à-dire du cône asymptote de la polaire réciproque de l'hyperboloïde par rapport à une sphère concentrique.

30. *Expression de la plus courte distance entre deux génératrices d'un même système d'un hyperboloïde. Maximum de cette distance.*

Soient

$$\frac{x}{a} - \frac{z}{c}\sin\alpha+\cos\alpha,$$

$$\frac{y}{b} = -\frac{z}{c}\cos\alpha+\sin\alpha$$

et

$$\frac{x}{a} = \frac{z}{c}\sin\varphi+\cos\varphi,$$

$$\frac{y}{b} = -\frac{z}{c}\cos\varphi+\sin\varphi$$

deux génératrices qui rencontrent l'ellipse principale aux points $(a\cos\alpha, b\sin\alpha)$ et $(a\cos\varphi, b\sin\varphi)$. Le carré de leur distance est

$$\delta^2 = \frac{a^2b^2c^2[(\cos\varphi - \cos\alpha)^2 + (\sin\varphi - \sin\alpha)^2]^2}{b^2c^2(\cos\varphi - \cos\alpha)^2 + c^2a^2(\sin\varphi - \sin\alpha)^2 + a^2b^2\sin^2(\varphi - \alpha)}$$

$$= \frac{4a^2b^2c^2\sin^2\frac{\varphi-\alpha}{2}}{b^2c^2\sin^2\frac{\varphi+\alpha}{2} + c^2a^2\cos^2\frac{\varphi+\alpha}{2} + a^2b^2\cos^2\frac{\varphi-\alpha}{2}}.$$

En égalant à zéro les dérivées de cette fonction par rapport à φ et à α, et supprimant le facteur $\sin\frac{\varphi-\alpha}{2}$ qui annule les dérivées partielles, mais donnerait une distance nulle et deux génératrices coïncidentes, on trouve

$$b^2c^2\sin\alpha\sin\frac{\varphi+\alpha}{2} + c^2a^2\cos\alpha\cos\frac{\varphi+\alpha}{2} + a^2b^2\cos\frac{\varphi-\alpha}{2} = 0,$$

$$b^2c^2\sin\varphi\sin\frac{\varphi+\alpha}{2} + c^2a^2\cos\varphi\cos\frac{\varphi+\alpha}{2} + a^2b^2\cos\frac{\varphi-\alpha}{2} = 0,$$

puis, en retranchant les deux équations membre à membre,

$$c^2(a^2 - b^2)\sin\frac{\varphi-\alpha}{2}\sin(\varphi+\alpha) = 0.$$

On doit avoir

$$\sin(\varphi+\alpha) = 0 \qquad \text{ou} \qquad \varphi = \pi - \alpha,$$

et la substitution dans l'une des deux équations donne

$$b^2c^2\sin\alpha + a^2b^2\sin\alpha = 0,$$

c'est-à-dire $\sin\alpha = 0$ et, par suite, $\alpha = 0$, $\varphi = \pi$. Les deux génératrices passent donc par les extrémités du grand axe de l'ellipse, et leur distance est alors égale à $2a$.

En supposant la première génératrice fixe, c'est-à-dire α constant et φ variable, la première des équations de condition pour le maximum donne

$$\tang\frac{\varphi}{2} = -\frac{b^2c^2\sin\alpha\sin\frac{\alpha}{2} + c^2a^2\cos\alpha\cos\frac{\alpha}{2} + a^2b^2\cos\frac{\alpha}{2}}{b^2c^2\sin\alpha\cos\frac{\alpha}{2} - c^2a^2\cos\alpha\sin\frac{\alpha}{2} + a^2b^2\sin\frac{\alpha}{2}},$$

$$\tang\frac{\varphi+\alpha}{2} = -\frac{a^2\cos\alpha(b^2+c^2)}{b^2\sin\alpha(c^2+a^2)},$$

$$\tang\frac{\varphi-\alpha}{2} = \frac{a^2\cos^2\alpha(b^2+c^2)+b^2\sin^2\alpha(c^2+a^2)}{c^2(a^2-b^2)\sin\alpha\cos\alpha};$$

la substitution des valeurs de $\sin^2\frac{\varphi-\alpha}{2}$, $\cos^2\frac{\varphi-\alpha}{2}$, .. donnera l'expression de δ^2 qui est fort compliquée.

31. *Étant donné un hyperboloïde de révolution, on mène par les extrémités d'une corde du cercle de gorge deux génératrices d'un même système; trouver la surface engendrée par leur perpendiculaire commune, lorsque la corde se déplace en conservant une longueur constante.*

Soient

$$x = \frac{a}{c}z\cos\varphi - a\sin\varphi,$$

$$y = \frac{a}{c}z\sin\varphi + a\cos\varphi$$

et

$$x = \frac{a}{c}z\cos\psi - a\sin\psi,$$

$$y = \frac{a}{c}z\sin\psi + a\cos\psi$$

deux génératrices de l'hyperboloïde $\frac{x^2}{a^2}+\frac{y^2}{b^2}-\frac{z^2}{c^2}=1$; si 2α est l'angle constant sous-tendu par la corde qu'elles interceptent sur le cercle de gorge, on aura

$$\varphi - \psi = 2\alpha.$$

Les équations de la perpendiculaire commune sont

$$\begin{vmatrix} x+a\sin\varphi & y-a\cos\varphi & z \\ \frac{a}{c}\cos\varphi & \frac{a}{c}\sin\varphi & 1 \\ \sin\varphi-\sin\psi & \cos\psi-\cos\varphi & \frac{a}{c}\sin(\psi-\varphi) \end{vmatrix} = 0,$$

$$\begin{vmatrix} x+a\sin\psi & y-a\cos\psi & z \\ \frac{a}{c}\cos\psi & \frac{a}{c}\sin\psi & 1 \\ \sin\varphi-\sin\psi & \cos\psi-\cos\varphi & \frac{a}{c}\sin(\psi-\varphi) \end{vmatrix} = 0$$

ou, en développant et divisant par $\sin\frac{\varphi-\psi}{2}$ ou $\sin\alpha$,

$$-x\left(\frac{a^2}{c^2}\cos\alpha\sin\varphi+\sin\frac{\varphi+\psi}{2}\right)$$
$$+y\left(\frac{a^2}{c^2}\cos\alpha\cos\varphi+\cos\frac{\varphi+\psi}{2}\right)-\frac{a}{c}z\sin\alpha=\frac{a^3}{c^2}\cos\alpha+a\cos\alpha,$$

$$-x\left(\frac{a^2}{c^2}\cos\alpha\sin\psi+\sin\frac{\varphi+\psi}{2}\right)$$
$$+y\left(\frac{a^2}{c^2}\cos\alpha\cos\psi+\cos\frac{\varphi+\psi}{2}\right)+\frac{a}{c}z\sin\alpha=\frac{a^3}{c^2}\cos\alpha+a\cos\alpha.$$

En ajoutant et retranchant successivement ces deux équations, on trouve

$$-x\left[\frac{a^2}{c^2}\cos\alpha(\sin\varphi+\sin\psi)+2\sin\frac{\varphi+\psi}{2}\right]$$
$$+y\left[\frac{a^2}{c^2}\cos\alpha(\cos\varphi+\cos\psi)+2\cos\frac{\varphi+\psi}{2}\right]=\frac{2a^3}{c^2}\cos\alpha+2a\cos\alpha,$$

$$\frac{a^2}{c^2}x\cos\alpha(\sin\varphi-\sin\psi)$$
$$+\frac{a^2}{c^2}y\cos\alpha(\cos\psi-\cos\varphi)+\frac{2a}{c}z\sin\alpha=0,$$

ce qui se réduit à

$$-x\sin\frac{\varphi+\psi}{2}(c^2+a^2\cos^2\alpha)$$
$$+y\cos\frac{\varphi+\psi}{2}(c^2+a^2\cos^2\alpha)=a\cos\alpha(a^2+c^2),$$

$$ay\cos\alpha\sin\frac{\varphi+\psi}{2}+ax\cos\alpha\cos\frac{\varphi+\psi}{2}=-cz.$$

L'élimination de l'angle $\frac{\varphi+\psi}{2}$ donne une équation qui se réduit, après la suppression du facteur x^2+y^2, à

$$x^2+y^2-\frac{c^2z^2}{a^2\cos^2\alpha}=\frac{a^2\cos^2\alpha(a^2+c^2)^2}{(c^2+a^2\cos^2\alpha)^2}.$$

32. *Surface engendrée par la perpendiculaire commune aux génératrices d'un hyperboloïde qui passent par les extrémités des diamètres de l'ellipse principale.*

Les équations de deux génératrices satisfaisant à la condition indiquée sont

$$\frac{x}{a}=\frac{z}{c}\cos\varphi-\sin\varphi,$$
$$\frac{y}{b}=\frac{z}{c}\sin\varphi+\cos\varphi$$

et

$$\frac{x}{a}=-\frac{z}{c}\cos\varphi+\sin\varphi,$$
$$\frac{y}{b}=-\frac{z}{c}\sin\varphi-\cos\varphi.$$

On a pour celles de la plus courte distance

$$cax\cos\varphi+cby\sin\varphi+z(a^2\cos^2\varphi+b^2\sin^2\varphi)-c(a^2-b^2)\sin\varphi\cos\varphi-0,$$
$$cax\cos\varphi+cby\sin\varphi-z(a^2\cos^2\varphi+b^2\sin^2\varphi)+c(a^2-b^2)\sin\varphi\cos\varphi=0.$$

Ces équations peuvent être remplacées par

$$ax\cos\varphi+by\sin\varphi=0,$$
$$z(a^2\cos^2\varphi+b^2\sin^2\varphi)-c(a^2-b^2)\sin\varphi\cos\varphi=0$$

et l'élimination de l'angle φ donne, pour le lieu cherché,

$$abz(x^2+y^2)+cxy(a^2-b^2)=0.$$

33. *On considère les deux génératrices d'un même système qui passent par les extrémités* A, A' *du grand axe de l'ellipse principale d'un hyperboloïde; si une génératrice quelconque de l'autre système les coupe en* P, P', *on aura*

$$AP.AP'=b^2+c^2.$$

34. *Si, à partir de deux points fixes* A, A' *pris sur deux droites données, on prend sur chacune d'elles des longueurs* AP, AP', *telles que* $AP.AP'=k^2$, *le lieu de la droite* PP' *est un hyperboloïde à une nappe.*

En prenant pour axe des z la plus courte distance des deux droites, pour axes des x et des y les bissectrices de leurs projections sur un plan perpendiculaire à la plus courte distance, mené par son milieu, les équations des droites fixes sont

$$(z=c,\quad y=mx),\qquad (z=-c,\quad y=-mx);$$

on trouve, pour le lieu de PP', en désignant par $(a,\ ma,\ c)$, $(b,\ -mb,\ -c)$ les coordonnées des points A et A', l'équation

$$[c(y+mx)-am(z+c)][c(y-mx)-bm(z-c)]=\frac{m^2k^2}{1+m^2}(z^2-c^2).$$

Si les points A, A' sont les pieds de la perpendiculaire commune aux droites fixes, on retrouve le théorème du n° 33.

35. *Lieu des intersections des génératrices d'un hyperboloïde qui passent par les extrémités de deux diamètres conjugués de l'ellipse principale.*

Les équations des deux génératrices sont de la forme

$$\frac{x}{a}=\frac{z}{c}\cos\varphi-\sin\varphi,$$

$$\frac{y}{b}=\frac{z}{c}\sin\varphi+\cos\varphi$$

et

$$\frac{x}{a} = -\frac{z}{c}\sin\varphi - \cos\varphi,$$

$$\frac{y}{b} = \frac{z}{c}\cos\varphi - \sin\varphi.$$

Le lieu de leur point de concours se compose des deux ellipses $z = \pm c$, $\frac{x^2}{a^2} + \frac{y^2}{b^2} = 2$.

36. *Si deux plans passent par deux génératrices d'un même système d'un hyperboloïde menées par les extrémités du grand axe de l'ellipse principale et se coupent suivant une troisième génératrice, il existe deux plans fixes sur lesquels les traces de ces plans sont perpendiculaires.*

Les deux génératrices fixes ayant pour équations

$$\left(\frac{x}{a} = -1, \frac{y}{b} = \frac{z}{c}\right), \qquad \left(\frac{x}{a} = 1, \frac{y}{b} = -\frac{z}{c}\right),$$

soient

$$\frac{y}{b} - \frac{z}{c} = \lambda\left(\frac{x}{a} + 1\right) \quad \text{et} \quad \frac{y}{b} + \frac{z}{c} = \frac{1}{\lambda}\left(1 - \frac{x}{a}\right)$$

deux plans satisfaisant à la condition indiquée. Pour que leurs traces sur un plan $lx + my + nz = 0$ soient perpendiculaires. on doit avoir

$$l^2\left(\frac{1}{c^2} - \frac{1}{b^2}\right) + m^2\left(\frac{1}{a^2} + \frac{1}{c^2}\right) + n^2\left(\frac{1}{a^2} - \frac{1}{b^2}\right) - \frac{nl}{ca}\left(\lambda + \frac{1}{\lambda}\right) + \frac{lm}{ab}\left(\frac{1}{\lambda} - \lambda\right) = 0,$$

et cette condition doit être remplie, quel que soit λ. On doit prendre $l = 0$ et $\frac{m^2(b^2+c^2)}{c^2} = \frac{n^2(a^2+b^2)}{a^2}$, ce qui fait retrouver les deux plans cycliques réels de l'hyperboloïde.

37. *Calcul de l'angle des deux plans qui passent par le centre d'un hyperboloïde et les deux génératrices qui se croi-*

sent en un point de la surface, et calcul de l'angle de ces génératrices.

Deux génératrices de systèmes différents

$$\frac{x}{a} = \frac{z}{c}\cos\theta - \sin\theta,$$

$$\frac{y}{b} = \frac{z}{c}\sin\theta + \cos\theta$$

et

$$\frac{x}{a} = \frac{z}{c}\cos\varphi + \sin\varphi,$$

$$\frac{y}{b} = \frac{z}{c}\sin\varphi - \cos\varphi$$

se coupent au point

$$x_1 = \frac{a\cos\frac{1}{2}(\varphi+\theta)}{\sin\frac{1}{2}(\varphi-\theta)},$$

$$y_1 = \frac{b\sin\frac{1}{2}(\varphi+\theta)}{\sin\frac{1}{2}(\varphi-\theta)},$$

$$z_1 = \frac{c\cos\frac{1}{2}(\varphi-\theta)}{\sin\frac{1}{2}(\varphi-\theta)}.$$

Le cosinus de l'angle des plans menés par les deux génératrices et par le centre est

$$\cos V = \frac{\frac{1}{a^2}\cos\varphi\cos\theta + \frac{1}{b^2}\sin\varphi\sin\theta + \frac{1}{c^2}}{\sqrt{\left(\frac{1}{a^2}\cos^2\theta + \frac{1}{b^2}\sin^2\theta + \frac{1}{c^2}\right)\left(\frac{1}{a^2}\cos^2\varphi + \frac{1}{b^2}\sin^2\varphi + \frac{1}{c^2}\right)}}.$$

On a donc

$$\cot V = \frac{\frac{1}{a^2}\cos\varphi\cos\theta + \frac{1}{b^2}\sin\varphi\sin\theta + \frac{1}{c^2}}{\frac{2}{abc}\sin\frac{\theta-\varphi}{2}\sqrt{a^2\cos^2\frac{\varphi+\theta}{2} + b^2\sin^2\frac{\varphi+\theta}{2} + c^2\cos^2\frac{\varphi-\theta}{2}}}$$

Mais la distance ρ de l'origine au point (x_1, y_1, z_1) est égale au radical qui figure au dénominateur de $\cot V$, multiplié par

$\frac{1}{\sin\frac{1}{2}(\theta-\varphi)}$; on peut donc écrire

$$\frac{2}{abc}\rho\cot V = \frac{1}{\sin^2\frac{\theta-\varphi}{2}}\left(\frac{1}{a^2}\cos\varphi\cos\theta + \frac{1}{b^2}\sin\varphi\sin\theta + \frac{1}{c^2}\right)$$

$$= \frac{1}{\sin^2\frac{\theta-\varphi}{2}}\left(\frac{1}{a^2}\cos^2\frac{\varphi+\theta}{2} + \frac{1}{b^2}\sin^2\frac{\varphi+\theta}{2} + \frac{1}{c^2}\cos^2\frac{\varphi-\theta}{2}\right)$$

$$-\frac{1}{a^2} - \frac{1}{b^2} + \frac{1}{c^2}.$$

Comme le plan des génératrices a pour équation

$$\frac{x}{a}\cos\frac{\varphi+\theta}{2} + \frac{y}{b}\sin\frac{\varphi+\theta}{2} - \frac{z}{c}\cos\frac{\varphi-\theta}{2} = \sin\frac{\theta-\varphi}{2},$$

on voit que, p désignant la distance de l'origine à ce plan, le second membre de cette dernière égalité n'est autre chose que

$$\frac{1}{p^2} - \frac{1}{a^2} - \frac{1}{b^2} + \frac{1}{c^2}.$$

Ainsi

$$\cot V = \frac{abc}{2\rho}\left(\frac{1}{p^2} - \frac{1}{a^2} - \frac{1}{b^2} + \frac{1}{c^2}\right).$$

Un calcul analogue donne pour l'angle ψ des génératrices

$$\cot\psi = \frac{p}{2abc}(\rho^2 - a^2 - b^2 + c^2).$$

38. *Calcul de l'angle des deux génératrices du paraboloïde* $\frac{y^2}{p} - \frac{z^2}{q} = 2x$ *qui passent par un point* (x_1, y_1, z_1) *de la surface.*

$$\cos V = \frac{qy_1^2 - pz_1^2 + pq(p-q)}{\sqrt{(qy_1^2 - pz_1^2)^2 + 2pq(p+q)(qy_1^2 + pz_1^2) + p^2q^2(p+q)^2}}.$$

Si le point (x_1, y_1, z_1) est sur la parabole principale $y^2 = 2px$, on a

$$\cos V = \frac{2x_1 + p - q}{2x_1 + p + q}.$$

39. *Lieu des perpendiculaires abaissées du sommet d'un paraboloïde hyperbolique sur les génératrices.*

On trouve le cône du second degré

$$2x^2 + y^2 + z^2 + \frac{(p+q)yz}{\sqrt{pq}} = 0.$$

La racine moyenne de l'équation en S relative à ce cône est 2, ce qui montre que ses plans cycliques réels sont

$$y\sqrt{q} - z\sqrt{p} = 0, \qquad y\sqrt{q} + z\sqrt{p} = 0.$$

40. *Étant donné un point d'un hyperboloïde, trouver le lieu du point de concours de deux génératrices vues de ce point sous un angle droit.*

Soient (x_1, y_1, z_1) les coordonnées du point de concours de deux génératrices, (α, β, γ) celles du point fixe. Considérons le couple de plans qui passent par les deux génératrices et le point (α, β, γ) comme un cône de sommet (α, β, γ) et dont la base est l'intersection de la surface par son plan tangent en (x_1, y_1, z_1). L'équation de ce cône est

$$\begin{aligned}
&\left(1 - \frac{xx_1}{a^2} - \frac{yy_1}{b^2} + \frac{zz_1}{c^2}\right)^2 \left(\frac{\alpha^2}{a^2} + \frac{\beta^2}{b^2} - \frac{\gamma^2}{c^2} - 1\right)\\
&+ 2\left(1 - \frac{xx_1}{a^2} - \frac{yy_1}{b^2} + \frac{zz_1}{c^2}\right)\left(\frac{\alpha x}{a^2} + \frac{\beta y}{b^2} - \frac{\gamma z}{c^2} - 1\right)\left(\frac{\alpha x_1}{a^2} + \frac{\beta y_1}{b^2} - \frac{\gamma z_1}{c^2} - 1\right)\\
&+ \left(\frac{x^2}{a^2} + \frac{y^2}{b^2} - \frac{z^2}{c^2} - 1\right)\left(\frac{\alpha x_1}{a^2} + \frac{\beta y_1}{b^2} - \frac{\gamma z_1}{c^2} - 1\right)^2 = 0,
\end{aligned}$$

et elle se réduit aux deux derniers termes, puisque l'on a

$$\frac{\alpha^2}{a^2} + \frac{\beta^2}{b^2} - \frac{\gamma^2}{c^2} - 1 = 0.$$

Pour exprimer que le couple de plans est rectangulaire, il suffit d'écrire que le cône est capable d'un trièdre trirectangle, c'est-à-dire que la somme des coefficients de x^2, y^2, z^2, dans les deux termes de l'équation précédente, est nulle. On a ainsi

$$-2\left(\frac{\alpha x_1}{a^4}+\frac{\beta y_1}{b^4}+\frac{\gamma z_1}{c^4}\right)\left(\frac{\alpha x_1}{a^2}+\frac{\beta y_1}{b^2}-\frac{\gamma z_1}{c^2}-1\right)$$
$$+\left(\frac{1}{a^2}+\frac{1}{b^2}-\frac{1}{c^2}\right)\left(\frac{\alpha x_1}{a^2}+\frac{\beta y_1}{b^2}-\frac{\gamma z_1}{c^2}-1\right)^2=0.$$

Le lieu cherché est le plan

$$\frac{2\alpha x}{a^4}+\frac{2\beta y}{b^4}+\frac{2\gamma z}{c^4}=\left(\frac{1}{a^2}+\frac{1}{b^2}-\frac{1}{c^2}\right)\left(\frac{\alpha x}{a^2}+\frac{\beta y}{b^2}-\frac{\gamma z}{c^2}-1\right),$$

en laissant de côté le facteur $\frac{\alpha x}{a^2}+\frac{\beta y}{b^2}-\frac{\gamma z}{c^2}-1$ qui, égalé à zéro, représente le plan tangent au point (α, β, γ).

41. *Quatre génératrices d'un hyperboloïde forment un quadrilatère gauche dont les sommets sont définis par les angles* (θ_1, φ_1), (θ_2, φ_2), (θ_3, φ_3), (θ_4, φ_4), *de sorte que les coordonnées des sommets consécutifs sont*

$$x_1=a\frac{\cos\theta_1}{\cos\varphi_1},\qquad y_1=b\frac{\sin\theta_1}{\cos\varphi_1},\qquad z_1=c\operatorname{tang}\varphi_1,$$

et ainsi de suite; démontrer les relations

$$\theta_1+\theta_3=\theta_2+\theta_4,\qquad \varphi_1+\varphi_3=\varphi_2+\varphi_4.$$

Considérons quatre génératrices formant deux couples de chaque système, savoir

$$\left\{\begin{aligned}\frac{x}{a}&=\frac{z}{c}\cos\alpha_1-\sin\alpha_1,\\ \frac{y}{b}&=\frac{z}{c}\sin\alpha_1+\cos\alpha_1,\end{aligned}\right.\qquad \left\{\begin{aligned}\frac{x}{a}&=\frac{z}{c}\cos\beta_1+\sin\beta_1,\\ \frac{y}{b}&=\frac{z}{c}\sin\beta_1-\cos\beta_1,\end{aligned}\right.$$

$$\left\{\begin{aligned}\frac{x}{a}&=\frac{z}{c}\cos\alpha_2-\sin\alpha_1,\\ \frac{y}{b}&=\frac{z}{c}\sin\alpha_2+\cos\alpha_2,\end{aligned}\right.\qquad \left\{\begin{aligned}\frac{x}{a}&=\frac{z}{c}\cos\beta_2+\sin\beta_2,\\ \frac{y}{b}&=\frac{z}{c}\sin\beta_2-\cos\beta_2.\end{aligned}\right.$$

Les génératrices α_1, β_1 se coupent au point (θ_1, φ_1), α_1 et β_2

au point (θ_2, φ_2), α_2 et β_2 au point (θ_3, φ_3), enfin α_2 et β_1 au point (θ_4, φ_4). On trouve

$$\frac{z_1}{c} = \frac{\sin\alpha_1 + \sin\beta_1}{\cos\alpha_1 - \cos\beta_1} = \cot\frac{\beta_1 - \alpha_1}{2} = \operatorname{tang}\varphi_1.$$

De même,

$$\frac{z_2}{c} = \cot\frac{\beta_2 - \alpha_1}{2} = \operatorname{tang}\varphi_2,$$

$$\frac{z_3}{c} = \cot\frac{\beta_2 - \alpha_2}{2} = \operatorname{tang}\varphi_3,$$

$$\frac{z_4}{c} = \cot\frac{\beta_1 - \alpha_2}{2} = \operatorname{tang}\varphi_4.$$

Il en résulte

$$2\varphi_1 = \pi + \alpha_1 - \beta_1, \qquad 2\varphi_3 = \pi + \alpha_2 - \beta_2,$$
$$2\varphi_2 = \pi + \alpha_1 - \beta_2, \qquad 2\varphi_4 = \pi + \alpha_2 - \beta_1$$

et, par suite,

$$2\pi + \alpha_1 + \alpha_2 - \beta_1 - \beta_2 = 2(\varphi_1 + \varphi_3) = 2(\varphi_2 + \varphi_4).$$

On a aussi

$$\frac{x_1}{a} = \cos\alpha_1 \cos\frac{\beta_1 - \alpha_1}{2} - \sin\alpha_1 = \frac{\cos\frac{\alpha_1 + \beta_1}{2}}{\sin\frac{\beta_1 - \alpha_1}{2}} = \frac{\cos\frac{\alpha_1 + \beta_1}{2}}{\cos\varphi_1};$$

donc

$$\cos\theta_1 = \cos\frac{\alpha_1 + \beta_1}{2} \qquad \text{et} \qquad \theta_1 = \frac{\alpha_1 + \beta_1}{2};$$

de même

$$\theta_3 = \frac{\alpha_2 + \beta_2}{2}, \qquad \theta_2 = \frac{\alpha_1 - \beta_2}{2}, \qquad \theta_4 = \frac{\alpha_2 + \beta_1}{2},$$

et enfin

$$\tfrac{1}{2}(\alpha_1 + \alpha_2 + \beta_1 + \beta_2) = \theta_1 + \theta_3 = \theta_2 + \theta_4.$$

42. *On construit un parallélépipède sur trois génératrices d'un hyperboloïde, appartenant au même système, et perpendiculaires deux à deux. Trouver le lieu des sommets de ce parallélépipède non situés sur l'hyperboloïde.*

Première solution. — En général, il n'est pas possible de trouver trois génératrices d'un même système perpendiculaires deux à deux. Pour que cela soit possible, il faut que le cône asymptote soit capable d'un trièdre trirectangle, c'est-à-dire que l'on ait

$$\frac{1}{a^2}+\frac{1}{b^2}-\frac{1}{c^2}=0.$$

Supposons implicitement que cette condition soit remplie. Soient

$$\frac{x}{a}=\frac{z}{c}\cos\alpha-\sin\alpha, \qquad \frac{y}{b}=\frac{z}{c}\sin\alpha+\cos\alpha$$

les équations d'une génératrice; les deux autres génératrices qui servent à construire le parallélépipède seront définies par les angles β, γ. Elles seront perpendiculaires à la première, si l'on a

$$(1)\quad \begin{cases} a^2\cos\alpha\cos\beta+b^2\sin\alpha\sin\beta+c^2=0, \\ a^2\cos\alpha\cos\gamma+b^2\sin\alpha\sin\gamma+c^2=0, \end{cases}$$

et ces deux conditions entraînent la suivante

$$a^2\cos\beta\cos\gamma+b^2\sin\beta\sin\gamma+c^2=0,$$

si l'on a

$$\frac{1}{a^2}+\frac{1}{b^2}-\frac{1}{c^2}=0.$$

Pour avoir les sommets du parallélépipède non situés sur l'hyperboloïde, il faut mener par la droite (α) un plan parallèle à (β), par (β) un plan parallèle à (γ), par (γ) un plan parallèle à (α); l'intersection de ces trois plans donne un premier sommet. Le second s'obtient en répétant la même opération, dans l'ordre (α), (γ), (β). Le premier système de trois plans est

$$(2)\quad \begin{cases} x\cos\dfrac{\alpha+\beta}{2}+y\sin\dfrac{\alpha+\beta}{2}-z\cos\dfrac{\alpha-\beta}{2}+\sin\dfrac{\alpha-\beta}{2}=0, \\ x\cos\dfrac{\beta+\gamma}{2}+y\sin\dfrac{\beta+\gamma}{2}-z\cos\dfrac{\beta-\gamma}{2}+\sin\dfrac{\beta-\gamma}{2}=0, \\ x\cos\dfrac{\gamma+\alpha}{2}+y\sin\dfrac{\gamma+\alpha}{2}-z\cos\dfrac{\gamma-\alpha}{2}+\sin\dfrac{\gamma-\alpha}{2}=0. \end{cases}$$

L'élimination de α, β, γ entre les équations (1) et (2) donnerait la courbe, lieu des sommets; mais le calcul est très laborieux, et la solution suivante est préférable.

Seconde solution. — Soit ABCDEFGH (*fig.* 4) un parallélépipède rectangle dont les arêtes AE, BC, GH sont trois génératrices d'un même système; les arêtes AB, GC, EH sont des

Fig. 4.

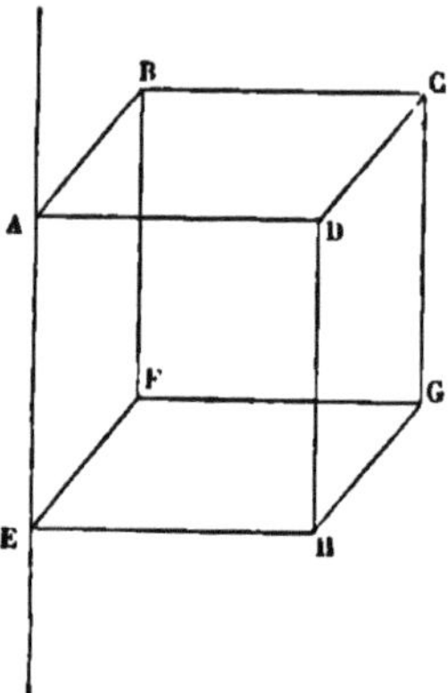

génératrices de l'autre système, et les sommets opposés D, F sont ceux dont on cherche le lieu. On voit que les trois arêtes DA, DC, DH sont normales à l'hyperboloïde en A, C, H; de même FB, FE, FG sont normales en B, E, G.

D'ailleurs, comme les points A, B, C, G, H, E appartiennent à la sphère de Monge, il en est de même des points D et F. On aura le lieu de ces deux sommets en prenant l'intersection de la sphère $x^2+y^2+z^2=a^2+b^2-c^2$ avec la surface engendrée par les normales en tous les points de la quartique gauche suivant laquelle se coupent la sphère et l'hyperboloïde.

Soit (x_1, y_1, z_1) un point de cette quartique; la normale en ce point a pour équations

$$\frac{a^2(x-x_1)}{x_1}=\frac{b^2(y-y_1)}{y_1}=-\frac{c^2(z-z_1)}{z_1}=\lambda,$$

d'où

$$x_1 = \frac{a^2 x}{a^2 + \lambda}, \qquad y_1 = \frac{b^2 y}{b^2 + \lambda}, \qquad z_1 = \frac{c^2 z}{c^2 - \lambda}.$$

On aura la surface, lieu des normales, en éliminant λ, x_1, y_1, z_1 entre ces trois dernières équations et celles qui expriment que le point (x_1, y_1, z_1) est sur la sphère et sur l'hyperboloïde, ou simplement λ entre

$$(1) \qquad \frac{a^2 x^2}{(a^2+\lambda)^2} + \frac{b^2 y^2}{(b^2+\lambda)^2} - \frac{c^2 z^2}{(\lambda - c^2)^2} = 1$$

et

$$(2) \qquad \frac{a^4 x^2}{(a^2+\lambda)^2} + \frac{b^4 y^2}{(b^2+\lambda)^2} + \frac{c^4 z^2}{(\lambda - c^2)^2} = a^2 + b^2 - c^2.$$

La surface obtenue ainsi est du huitième ordre ([1]); elle coupe la sphère suivant une courbe gauche du seizième ordre dont fait partie d'ailleurs la quartique gauche; la courbe lieu des points D, F est donc du douzième ordre seulement. Elle est en même temps le lieu des sommets des trièdres trirectangles dont les arêtes sont normales à l'hyperboloïde. Toutefois il faut remarquer que ce dernier lieu n'est une courbe tracée sur la sphère de Monge que dans le cas particulier où la relation $\frac{1}{a^2} + \frac{1}{b^2} - \frac{1}{c^2} = 0$ est satisfaite.

La recherche du lieu des sommets des trièdres trirectangles dont les arêtes sont normales à une quadrique a été faite par Painvin dans le cas général (voir *Nouvelles Annales de Mathématiques*, 2e série, t. X, p. 337; 1871).

Remarque. — On peut remplacer l'équation (2) par une autre plus simple; en la retranchant de celle de la sphère et

([1]) Il est fort pénible de former l'équation de cette surface et même de reconnaître son degré par un calcul direct. Dans une Note *sur le déplacement infiniment petit d'une surface algébrique* (*Comptes rendus de l'Académie des Sciences*, 9 mai 1870), M. Mannheim a démontré que la surface engendrée par les normales à une surface d'ordre m en tous les points de son intersection avec une autre surface d'ordre p est de l'ordre $m^2 p$.

tenant compte de (1), on obtient

$$\frac{x^2}{a^2+\lambda}+\frac{y^2}{b^2+\lambda}+\frac{z^2}{\lambda-c^2}+1=0. \tag{3}$$

La surface définie par les équations (1), (3) donne par son intersection avec la sphère la courbe du douzième ordre. Les coordonnées d'un point de cette courbe s'expriment simplement en fonction de λ.

CHAPITRE V.

PROBLÈMES SUR LES NORMALES. PROPRIÉTÉS FOCALES DES QUADRIQUES. QUADRIQUES HOMOFOCALES.

1. *Le segment intercepté sur une normale à l'ellipsoïde par deux des plans principaux, étant multiplié par la distance du centre au plan tangent adjacent à la normale, donne un produit constant et égal à la différence des carrés des demi-axes de l'ellipsoïde qui ne sont pas dirigés suivant l'intersection des deux plans principaux considérés.*

2. *Si l'on mène les normales en deux points d'un ellipsoïde, les produits des segments compris sur ces normales entre les deux plans tangents, par les distances respectives du centre à ces plans, sont égaux entre eux.*

La normale au point $P'(x', y', z')$ d'un ellipsoïde coupe le plan tangent en $P''(x'', y'', z'')$ en un point M'', tel que l'on a

$$P'M'' = \frac{1 - \frac{x'x''}{a^2} - \frac{y'y''}{b^2} - \frac{z'z''}{c^2}}{\frac{x'x''}{a^4} + \frac{y'y''}{b^4} + \frac{z'z''}{c^4}} \sqrt{\frac{x'^2}{a^4} + \frac{y'^2}{b^4} + \frac{z'^2}{c^4}} = \frac{1 - M}{N} \frac{1}{p'},$$

p' étant la distance du centre au plan tangent en (x', y', z'). De même le segment compris entre P'' et le point M' où la normale en P'' coupe le plan tangent en P' a pour expression

$$P''M' = \frac{1 - M}{N} \frac{1}{p''},$$

p'' étant la distance du centre au plan tangent en P''. Ainsi

$$P'M''.p' = P''M'.p''.$$

3. *Soient deux points* P′, P″ *d'un ellipsoïde,* n' *et* n'' *les longueurs des normales en ces points, c'est-à-dire les longueurs comprises, sur chaque normale, entre la surface et l'un des plans principaux, enfin* V′, V″ *les angles des normales avec la corde* P′P″; *démontrer la relation*

$$n' \cos V' = - n'' \cos V''.$$

Désignons, comme ci-dessus, par p', p'' les distances du centre aux plans tangents en P′, P″; les longueurs des normales comprises entre les points d'incidence et le plan des xy sont

$$n' = \frac{c^2}{p'}, \qquad n'' = \frac{c^2}{p''},$$

de sorte que

$$\frac{n'}{n''} = \frac{p''}{p'}.$$

On trouve ensuite

$$\cos V' = \frac{p'}{\delta}\left(1 - \frac{x'x''}{a^2} - \frac{y'y''}{b^2} - \frac{z'z''}{c^2}\right),$$

δ étant la longueur de la corde P′P″, et

$$\cos V'' = \frac{p''}{\delta}\left(\frac{x'x''}{a^2} + \frac{y'y''}{b^2} + \frac{z'z''}{c^2} - 1\right).$$

Donc

$$\frac{n'}{n''} = - \frac{\cos V''}{\cos V'}.$$

4. *Soit* B *la courbe d'intersection d'un ellipsoïde et d'une sphère ayant pour centre un point d'un plan principal; désignons par* C *la projection de* B *sur ce plan, par* C′ *le lieu des points où ce plan est coupé par les normales aux points de la courbe* B; C *et* C′ *sont deux coniques ayant leurs axes parallèles. Démontrer que si* a_1^2, $a_1'^2$ *et* b_1^2, $b_1'^2$ *sont les carrés des demi-axes parallèles, on a*

$$a_1^2 a_1'^2 = b_1^2 b_1'^2.$$

Si l'équation de la sphère est

$$(x - \alpha)^2 + (y - \beta)^2 + z^2 = R^2,$$

la projection de la courbe B sur le plan des xy est

$$(\mathrm{C})\quad \left\{ \begin{aligned} &\frac{x^2(a^2-c^2)}{a^2c^2}+\frac{y^2(b^2-c^2)}{b^2c^2}-\frac{2\alpha x}{c^2}\\ &\qquad -\frac{2\beta y}{c^2}+\frac{\alpha^2+\beta^2-\mathrm{R}^2}{c^2}+1=0. \end{aligned} \right.$$

On trouve, pour l'équation de (C'),

$$(\mathrm{C}')\quad \left\{ \begin{aligned} &\frac{a^2x^2}{c^2(a^2-c^2)}+\frac{b^2y^2}{c^2(b^2-c^2)}-\frac{2\alpha a^2 x}{c^2(a^2-c^2)}\\ &\qquad -\frac{2\beta b^2 y}{c^2(b^2-c^2)}+\frac{\alpha^2+\beta^2-\mathrm{R}^2}{c^2}+1=0. \end{aligned} \right.$$

Si l'on pose

$$\mathrm{M}=\frac{\beta^2}{b^2-c^2}+\frac{\alpha^2}{a^2-c^2}+\frac{\mathrm{R}^2}{c^2}-1,$$

les carrés des demi-axes de (C) ont pour expressions

$$a_1^2=\frac{a^2c^2\mathrm{M}}{a^2-c^2},\qquad b_1^2=\frac{b^2c^2\mathrm{M}}{b^2-c^2};$$

pour ceux de la conique (C'), on a

$$a_1'^2=\frac{c^2(a^2-c^2)\mathrm{M}}{a^2},\qquad b_1'^2-\frac{c^2(b^2-c^2)\mathrm{M}}{b^2}.$$

On conclut de là

$$a_1^2a_1'^2=b_1^2b_1'^2=c^4\mathrm{M}^2.$$

5. *Trouver sur un ellipsoïde le lieu des points tels que la normale en chacun de ces points coupe une normale donnée.*

Pour que les normales en deux points (α, β, γ), $(\alpha', \beta', \gamma')$ de l'ellipsoïde se rencontrent, on doit avoir

$$(1)\quad \begin{vmatrix} \frac{\alpha}{a^2} & \frac{\alpha'}{a^2} & \alpha-\alpha' \\ \frac{\beta}{b^2} & \frac{\beta'}{b^2} & \beta-\beta' \\ \frac{\gamma}{c^2} & \frac{\gamma'}{c^2} & \gamma-\gamma' \end{vmatrix}=0 \quad \text{ou} \quad \begin{vmatrix} \alpha & \alpha-\alpha' & a^2(\alpha-\alpha') \\ \beta & \beta-\beta' & b^2(\beta-\beta') \\ \gamma & \gamma-\gamma' & c^2(\gamma-\gamma') \end{vmatrix}=0$$

Supposons le point (α, β, γ) fixe et le point $(\alpha', \beta', \gamma')$ variable, remplaçons $(\alpha', \beta', \gamma')$ par (x, y, z); il vient

$$\frac{\alpha(b^2-c^2)}{x-\alpha}+\frac{\beta(c^2-a^2)}{y-\beta}+\frac{\gamma(a^2-b^2)}{z-\gamma}=0.$$

Cette équation représente un cône dont le sommet est (α, β, γ); la courbe d'intersection de ce cône et de l'ellipsoïde est le lieu cherché.

Il faut remarquer que la condition (1) exprime que la corde joignant les points (α, β, γ), $(\alpha', \beta', \gamma')$ est perpendiculaire à sa conjuguée.

6. *On mène les normales à un ellipsoïde aux extrémités de trois diamètres conjugués* OA, OB, OC; *démontrer que les projections orthogonales de ces trois normales sur le plan* ABC *se coupent au même point.*

Soient (α, β, γ), $(\alpha', \beta', \gamma')$, $(\alpha'', \beta'', \gamma'')$ les coordonnées des points A, B, C; on a, parmi les relations qui lient ces neuf quantités, les suivantes :

$$\beta'\gamma''-\beta''\gamma'=\frac{bc}{a}\alpha, \qquad \gamma'\alpha''-\gamma''\alpha'=\frac{ca}{b}\beta, \qquad \alpha'\beta''-\alpha''\beta'=\frac{ab}{c}\gamma,$$

$$\beta''\gamma-\beta\gamma''=\frac{bc}{a}\alpha', \qquad \gamma''\alpha-\gamma\alpha''=\frac{ca}{b}\beta', \qquad \alpha''\beta-\alpha\beta''=\frac{ab}{c}\gamma',$$

$$\beta\gamma'-\beta'\gamma=\frac{bc}{a}\alpha'', \qquad \gamma\alpha'-\gamma'\alpha=\frac{ca}{b}\beta'', \qquad \alpha\beta'-\alpha'\beta=\frac{ab}{c}\gamma''.$$

De plus, le déterminant des neuf coordonnées est égal à abc. D'après ces relations, on constate que l'équation du plan ABC peut s'écrire

$$\begin{aligned}b^2c^2x(\alpha+\alpha'+\alpha'')+c^2a^2y(\beta+\beta'+\beta'')\\ +a^2b^2z(\gamma+\gamma'+\gamma'')-a^2b^2c^2=0.\end{aligned}$$

Les plans projetant les trois normales ont pour équations

$$\begin{aligned}(x-\alpha)(\alpha'-\alpha'')+(y-\beta)(\beta'-\beta'')+(z-\gamma)(\gamma'-\gamma'')=0,\\ (x-\alpha')(\alpha''-\alpha)+(y-\beta')(\beta''-\beta)+(z-\gamma')(\gamma''-\gamma)=0,\\ (x-\alpha'')(\alpha-\alpha')+(y-\beta'')(\beta-\beta')+(z-\gamma'')(\gamma-\gamma')=0.\end{aligned}$$

Les trois plans passent par une même droite, ce qui démontre le théorème.

7. *La normale en un point* P *d'un ellipsoïde coupe les plans principaux en* N_1, N_2, N_3; *prouver que le produit* $PN_1.PN_2.PN_3$ *est proportionnel au cube de la section diamétrale faite par le plan conjugué du diamètre qui passe en* P.

On trouve

$$PN_1.PN_2.PN_3 = \frac{a^2b^2c^2}{p^3},$$

p étant la distance du centre au plan tangent en P; l'aire de la section diamétrale conjuguée de OP est

$$S = \frac{\pi abc}{p};$$

on a donc

$$PN_1.PN_2.PN_3 = \frac{S^3}{\pi^3 abc}.$$

8. *On porte sur les normales à un ellipsoïde à partir de leur point d'incidence et vers l'intérieur de la surface des longueurs inversement proportionnelles aux distances du centre aux plans tangents; trouver le lieu des points ainsi obtenus.*

(x_1, y_1, z_1) étant un point de la surface, (x, y, z) l'extrémité du segment porté sur la normale, on a la relation

$$(x-x_1)^2+(y-y_1)^2+(z-z_1)^2 = k^4\left(\frac{x_1^2}{a^4}+\frac{y_1^2}{b^4}+\frac{z_1^2}{c^4}\right)$$

et aussi

$$\frac{a^2(x-x_1)}{x_1} = \frac{b^2(y-y_1)}{y_1} = \frac{c^2(z-z_1)}{z_1} - \lambda$$

avec

$$\frac{x_1^2}{a^2}+\frac{y_1^2}{b^2}+\frac{z_1^2}{c^2} = 1.$$

L'élimination de λ, x_1, y_1, z_1 entre ces cinq équations donne

$$\frac{a^2x^2}{(a^2\pm k^2)^2}+\frac{b^2y^2}{(b^2\pm k^2)^2}+\frac{c^2z^2}{(c^2\pm k^2)^2} = 1.$$

Le signe — doit être adopté si les longueurs variables sont portées sur les normales vers l'intérieur de l'ellipsoïde, le signe + correspond au cas où elles sont portées à l'extérieur.

9. *On coupe un ellipsoïde par un plan, on mène des normales aux différents points de la section; par un point de l'espace on mène des droites égales et parallèles aux longueurs interceptées sur les normales par un des plans principaux. Trouver le lieu des extrémités de ces droites.*

Soit $lx + my + nz = p$ le plan sécant; la longueur interceptée sur la normale au point (α, β, γ) par le plan des xy est

$$\delta = c^2\sqrt{\frac{\alpha^2}{a^4} + \frac{\beta^2}{b^4} + \frac{\gamma^2}{c^4}}.$$

Une parallèle à cette normale menée par l'origine est

$$(1) \qquad \frac{a^2 x}{\alpha} = \frac{b^2 y}{\beta} = \frac{c^2 z}{\gamma}.$$

Si l'on porte sur cette parallèle une longueur $OP = \delta$, on aura entre les coordonnées (x, y, z) du point P la relation

$$(2) \qquad x^2 + y^2 + z^2 = c^4\left(\frac{\alpha^2}{a^4} + \frac{\beta^2}{b^4} + \frac{\gamma^2}{c^4}\right)$$

et, en outre,

$$(3) \qquad l\alpha + m\beta + n\gamma = p$$

avec

$$(4) \qquad \frac{\alpha^2}{a^2} + \frac{\beta^2}{b^2} + \frac{\gamma^2}{c^2} = 1.$$

L'élimination de α, β, γ entre (1), (2), (3) et (4) donne

$$(5) \qquad p^2(a^2x^2 + b^2y^2 + c^2z^2) = (la^2x + mb^2y + nc^2z)^2$$

et

$$(x^2 + y^2 + z^2)(la^2x + mb^2y + nc^2z)^2 = c^4(p^2x^2 + p^2y^2 + p^2z^2)$$

ou

$$(6) \qquad (la^2x + mb^2y + nc^2z)^2 = c^4p^2.$$

Le lieu cherché se compose de deux courbes planes, intersections du cône (5) et des deux plans parallèles représentés par l'équation (6). On peut d'ailleurs remplacer le cône par l'ellipsoïde

$$a^2x^2+b^2y^2+c^2z^2=c^4.$$

10. *Lieu des points tels que la somme des carrés des normales menées de chacun d'eux à un ellipsoïde ait une valeur constante* K^2.

Les coordonnées des pieds des normales abaissées du point (x, y, z) sur l'ellipsoïde satisfont aux équations

$$\begin{aligned} a^2y_1(x-x_1)&=b^2x_1(y-y_1),\\ b^2z_1(y-y_1)&=c^2y_1(z-z_1),\\ c^2x_1(z-z_1)&=a^2z_1(x-x_1),\end{aligned}$$

qui équivalent à deux équations seulement. En tirant de la première et de la troisième y_1 et z_1 en fonction de x_1, puis substituant ces valeurs dans l'équation de l'ellipsoïde, on obtient

$$\begin{aligned} x_1^6(b^2-a^2)^2(c^2-a^2)^2&+2a^2xx_1^5(b^2+c^2-2a^2)(b^2-a^2)(c^2-a^2)\\ +x_1^4[a^4x^2(b^2+c^2-2a^2)^2&+2a^4x^2(b^2-a^2)(c^2-a^2)\\ &+a^2b^2y^2(c^2-a^2)^2+c^2a^2z^2(b^2-a^2)^2-a^2(b^2-a^2)^2(c^2-a^2)^2]+\ldots=0.\end{aligned}$$

On aurait de même, par permutations de lettres, les équations du sixième degré qui donnent les y_1 et les z_1 des pieds des normales. La somme des carrés des six normales est

$$\begin{aligned} 6x^2+6y^2+6z^2-2x\Sigma x_1-2y\Sigma y_1&\\ -2z\Sigma z_1+\Sigma x_1^2+\Sigma y_1^2+\Sigma z_1^2-k^2.&\end{aligned}$$

Le calcul des sommes Σx_1, ..., Σx_1^2, ... et leur substitution dans la relation précédente donne l'équation du lieu : c'est un ellipsoïde.

Son équation est

$$\begin{aligned} 6x^2+6y^2+6z^2+\frac{2a^2x^2(a^2-b^2-c^2)}{(a^2-b^2)(c^2-a^2)}+\frac{2b^2y^2(b^2-c^2-a^2)}{(b^2-c^2)(a^2-b^2)}&\\ +\frac{2c^2z^2(c^2-a^2-b^2)}{(c^2-a^2)(b^2-c^2)}+2a^2+2b^2+2c^2-k^2=0.&\end{aligned}$$

11. *On mène des normales à un ellipsoïde en tous les points d'une section parallèle à un plan principal; ces normales rencontrent deux droites fixes situées dans les autres plans principaux.*

Si les normales sont menées aux points de la section par le plan $z = h$, elles coupent le plan $y = 0$ suivant la droite

$$z = -h\,\frac{b^2 - c^2}{c^2},$$

et le plan $x = 0$ suivant la droite

$$z = -h\,\frac{a^2 - c^2}{c^2}.$$

12. *Les normales menées à un ellipsoïde en tous les points de son intersection avec le cône $lyz + mzx + nxy = 0$ rencontrent un diamètre fixe.*

Les équations

$$\frac{a^2(x - x_1)}{x_1} = \frac{b^2(y - y_1)}{y_1} = \frac{c^2(z - z_1)}{z_1} = \lambda$$

de la normale au point (x_1, y_1, z_1) donnent

$$x_1 = \frac{a^2 x}{a^2 + \lambda}, \qquad y_1 = \frac{b^2 y}{b^2 + \lambda}, \qquad z_1 = \frac{c^2 z}{c^2 + \lambda};$$

en substituant ces valeurs dans l'équation de l'ellipsoïde et dans celle du cône, on a

$$\frac{a^2 x^2}{(a^2 + \lambda)^2} + \frac{b^2 y^2}{(b^2 + \lambda)^2} + \frac{c^2 z^2}{(c^2 + \lambda)^2} = 1,$$

$$\frac{l(a^2 + \lambda)}{a^2 x} + \frac{m(b^2 + \lambda)}{b^2 y} + \frac{n(c^2 + \lambda)}{c^2 z} = 0.$$

L'élimination de λ donne l'équation de la surface réglée, lieu des normales :

$$\frac{a^2 x^2}{\left[\dfrac{m}{y}\dfrac{a^2 - b^2}{b^2} + \dfrac{n}{z}\dfrac{a^2 - c^2}{c^2}\right]^2} + \frac{b^2 y^2}{\left[\dfrac{n}{z}\dfrac{b^2 - c^2}{c^2} + \dfrac{l}{x}\dfrac{b^2 - a^2}{a^2}\right]^2}$$

$$+ \frac{c^2 z^2}{\left[\dfrac{l}{x}\dfrac{c^2 - a^2}{a^2} + \dfrac{m}{y}\dfrac{c^2 - b^2}{b^2}\right]^2} = \frac{1}{\left[\dfrac{l}{a^2 x} + \dfrac{m}{b^2 y} + \dfrac{n}{c^2 z}\right]^2}.$$

On voit que cette équation est vérifiée pour tous les points de la droite

$$\frac{a^2 x}{l(a^2-b^2)(c^2-a^2)} = \frac{b^2 y}{m(b^2-c^2)(a^2-b^2)} = \frac{c^2 z}{n(c^2-a^2)(b^2-c^2)}.$$

13. *Si de tous les points d'une droite on mène des normales à un ellipsoïde, les pieds de ces normales sont sur une quartique gauche.*

Soit

$$\frac{x-\alpha_1}{l} = \frac{y-\beta_1}{m} = \frac{z-\gamma_1}{n} = \rho$$

la droite donnée. Les coordonnées des pieds des normales menées du point (α, β, γ) satisfont aux équations

$$\frac{a^2(\alpha-x)}{x} = \frac{b^2(\beta-y)}{y} = \frac{c^2(\gamma-z)}{z} = \lambda;$$

comme $\alpha = \alpha_1 + l\rho$, $\beta = \beta_1 + m\rho$, $\gamma = \gamma_1 + n\rho$, on voit que les pieds des normales abaissées de tous les points de la droite sont sur une surface dont l'équation résulte de l'élimination de ρ et de λ entre les équations

$$\alpha_1 - x + l\rho = \frac{\lambda x}{a^2}, \quad \beta_1 - y + m\rho = \frac{\lambda y}{b^2}, \quad \gamma_1 - z + n\rho = \frac{\lambda z}{c^2}.$$

Cette surface est la quadrique

$$a^2(x-\alpha_1)(nc^2 y - mb^2 z) + b^2(y-\beta_1)(la^2 z - nc^2 x) + c^2(z-\gamma_1)(mb^2 x - la^2 y) = 0,$$

qui passe par la droite donnée et coupe l'ellipsoïde suivant une quartique gauche, lieu des pieds des normales.

14. *Étant donné un faisceau de quadriques homothétiques et concentriques, si d'un point* P *on mène des normales à ces surfaces, leurs pieds sont sur une cubique gauche qui passe par le point* P, *par le centre et par les points à l'infini sur les axes communs à toutes les surfaces. Si l'on considère en particulier une des surfaces, les six normales menées du point* P, *la droite qui joint ce point au centre, les parallèles aux axes menées par* P, *la perpendiculaire abaissée de* P *sur le plan polaire de ce point, sont onze droites situées sur un même cône du second ordre.*

Soit

$$\frac{x^2}{a^2}+\frac{y^2}{b^2}+\frac{z^2}{c^2}=k$$

l'équation des surfaces homothétiques, k étant un paramètre variable; les pieds des normales abaissées d'un point (x', y', z') sont définis par les équations

$$\begin{aligned} S_1 &= a^2y(x'-x)-b^2x(y'-y)=0, \\ S_2 &= b^2z(y'-y)-c^2y(z'-z)=0, \\ S_3 &= c^2x(z'-z)-a^2z(x'-x)=0. \end{aligned}$$

Le lieu des pieds des normales est la courbe d'intersection de deux des cylindres S_1, S_2 et S_3; S_1 et S_2 se coupent suivant un lieu courbe du quatrième ordre qui se compose d'une cubique gauche et de la droite à l'infini, intersection des deux plans

$$y(a^2-b^2)+b^2y'=0 \qquad \text{et} \qquad y(b^2-c^2)-b^2y'=0.$$

Si l'on considère les cylindres S_1 et S_3, on voit qu'ils se coupent suivant la même cubique et une droite à l'infini, intersection de deux plans parallèles à $x=0$; enfin S_2 et S_3 donnent la cubique et la droite d'intersection de deux plans parallèles à $z=0$. La cubique gauche passe évidemment par le point $P(x', y', z')$, par l'origine et par les trois points à l'infini sur les axes.

Considérons en particulier une des surfaces données

$$\frac{x^2}{a^2}+\frac{y^2}{b^2}+\frac{z^2}{c^2}-1=S=0;$$

l'équation

$$\Sigma=\rho S+\lambda S_1+\mu S_2+\nu S_3=0$$

représente les quadriques passant par les pieds des six normales abaissées du point P sur l'ellipsoïde S. Le centre de Σ

est déterminé par les équations

$$\frac{2\rho x}{a^2} + \lambda y(b^2 - a^2) - \lambda b^2 y' + \nu z(a^2 - c^2) + \nu c^2 z' = 0,$$

$$\frac{2\rho y}{b^2} + \lambda x(b^2 - a^2) + \lambda a^2 x' + \mu z(c^2 - b^2) - \mu c^2 z' = 0,$$

$$\frac{2\rho z}{c^2} + \mu y(c^2 - b^2) + \mu b^2 y' + \nu x(a^2 - c^2) - \nu a^2 x' = 0.$$

Pour que ce centre coïncide avec (x', y', z'), on doit avoir

$$\frac{2\rho x'}{a^4} - \lambda y' + \nu z' = 0,$$

$$\frac{2\rho y'}{b^4} + \lambda x' - \mu z' = 0,$$

$$\frac{2\rho z'}{c^4} + \mu y' - \nu x' = 0.$$

En ajoutant ces équations, multipliées respectivement par x', y', z', on trouve

$$2\rho\left(\frac{x'^2}{a^4} + \frac{y'^2}{b^4} + \frac{z'^2}{c^4}\right) = 0, \qquad \text{d'où} \qquad \rho = 0.$$

Les valeurs de λ, μ, ν sont proportionnelles à z', x', y', et l'équation de la surface Σ, passant par les pieds des six normales, devient

$$a^2(z'y - y'z)(x' - x) \\ + b^2(x'z - z'x)(y' - y) + c^2(y'x - x'y)(z' - z) = 0.$$

C'est un cône dont le sommet est (x', y', z'); il passe par le centre, par les droites

$$(y - y' = 0,\ z - z' = 0),$$
$$(z - z' = 0,\ x - x' = 0),$$
$$(x - x' = 0,\ y - y' = 0),$$

et par la droite

$$\frac{x'(x - x')}{a^2} = \frac{y'(y - y')}{b^2} = \frac{z'(z - z')}{c^2},$$

perpendiculaire au plan polaire de P.

13. *D'un point* P *pris sur une normale en un point* A *d'un* *paraboloïde elliptique, on peut mener à la surface quatre autres normales dont les points d'incidence sont* B, C, D, E. *Trouver l'équation de la sphère* S *passant par les quatre points, le lieu du centre* I *de cette sphère, quand le point* P *se déplace sur la normale en* A, *ainsi que la surface engendrée par la droite* PI (Concours général, 1883).

Soit

$$\frac{y^2}{p} + \frac{z^2}{q} - 2x = 0$$

l'équation du paraboloïde; désignons par (x_1, y_1, z_1) les coordonnées du point P, par (α, β, γ) celles du point A, par (x, y, z) celles d'un des points B, C, D, E. La normale en (x, y, z) étant

$$\frac{X - x}{-1} = \frac{(Y - y)p}{y} = \frac{(Z - z)q}{z} = \lambda,$$

on a, en exprimant qu'elle passe par (x_1, y_1, z_1),

$$x = x_1 + \lambda, \qquad y = \frac{py_1}{p + \lambda}, \qquad z = \frac{qz_1}{q + \lambda},$$

et, comme le point (x, y, z) est sur le paraboloïde,

$$\frac{py_1^2}{(p + \lambda)^2} + \frac{qz_1^2}{(q + \lambda)^2} - 2x_1 - 2\lambda = 0.$$

Cette équation du cinquième degré donne cinq valeurs pour λ et détermine les pieds des cinq normales abaissées de (x_1, y_1, z_1). Mais ce point (x_1, y_1, z_1) étant sur la normale en (α, β, γ), on a

$$x_1 = \alpha - \rho, \qquad y_1 = \frac{\beta(\rho + p)}{p}, \qquad z_1 = \frac{\gamma(\rho + q)}{q},$$

formules dans lesquelles ρ est le paramètre donné qui fixe la position de P sur la normale. La substitution de ces valeurs dans l'équation précédente donne

$$(1) \qquad \frac{\beta^2(\rho + p)^2}{p(\lambda + p)^2} + \frac{\gamma^2(\rho + q)^2}{q(\lambda + q)^2} - 2\alpha + 2\rho - 2\lambda = 0,$$

équation qui admet la racine $\lambda = \rho$.

Maintenant soit

$$X^2 + Y^2 + Z^2 + 2lX + 2mY + 2nZ + D = 0$$

l'équation d'une sphère; si elle passe par les points B, C, D, E, l'équation doit être vérifiée en faisant

$$X = \alpha - \rho + \lambda, \qquad Y = \frac{\beta(\rho + p)}{p + \lambda}, \qquad Z = \frac{\gamma(\rho + q)}{q + \lambda}$$

et en donnant à λ les valeurs λ_1, λ_2, λ_3, λ_4 des racines de l'équation (1) autres que ρ. On obtient ainsi la condition

$$\begin{aligned}(\alpha - \rho + \lambda)^2 + \frac{\beta^2(\rho + p)^2}{(\lambda + p)^2} + \frac{\gamma^2(\rho + q)^2}{(\lambda + q)^2}& \\ + 2l(\alpha - \rho + \lambda) + \frac{2m\beta(\rho + p)}{p + \lambda} + \frac{2n\gamma(\rho + q)}{q + \lambda} + D &= 0.\end{aligned}$$

Ajoutons à cette équation l'équation (1) multipliée par λ; il vient

$$(2)\quad \left\{\begin{aligned}&\frac{\beta^2(\rho + p)^2}{p(\lambda + p)} + \frac{\gamma^2(\rho + q)^2}{q(\lambda + q)} + 2l(\alpha - \rho + \lambda) \\ &\quad + \frac{2m\beta(\rho + p)}{p + \lambda} + \frac{2n\gamma(\rho + q)}{q + \lambda} + D + (\alpha - \rho + \lambda)(\alpha - \rho - \lambda) = 0.\end{aligned}\right.$$

Cette équation du quatrième degré doit avoir pour racines λ_1, λ_2, λ_3, λ_4; en exprimant cette condition, nous déterminerons les coefficients inconnus l, m, n, D de l'équation de la sphère. Posons, pour abréger,

$$\alpha - \rho = A, \qquad \beta(\rho + p) = B, \qquad \gamma(\rho + q) = C.$$

Les équations (1) et (2) deviennent

$$(3)\quad \left\{\begin{aligned}&\lambda^5 + \lambda^4(A + 2p + 2q) + \lambda^3[2A(p + q) + p^2 + q^2 + 4pq] \\ &\quad + \lambda^2\left[A(p^2 + q^2 + 4pq) + 2pq(p + q) - \frac{B^2 q + C^2 p}{2pq}\right] \\ &\quad + \lambda\left[2Apq(p + q) + p^2 q^2 - \frac{B^2 q^2 + C^2 p^2}{pq}\right] + p^2 q^2 A - \frac{B^2 q^3 + C^2 p^3}{2pq} = 0,\end{aligned}\right.$$

$$(4)\quad \left\{\begin{aligned}&\lambda^4 + \lambda^3(p + q - 2l) + \lambda^2[pq - 2l(p + q + A) - A^2 - D] \\ &\quad - \lambda\left[\begin{aligned}&2l(Ap + Aq + pq) + A^2(p + q) \\ &\quad + D(p + q) + 2mB + 2nC + \frac{B^2 q + C^2 p}{pq}\end{aligned}\right] \\ &\quad - 2lApq - A^2 pq - Dpq - 2mBq - 2nCp - \frac{B^2 q^2 + C^2 p^2}{pq} = 0.\end{aligned}\right.$$

Après avoir divisé le premier membre de (3) par $\lambda - \rho$, il faut identifier l'équation du quatrième degré avec (4). Le calcul conduit aux résultats suivants :

$$2l = -(A + p + q + \rho) = -(p + q + \alpha),$$
$$D = -(\rho + p)(\rho + q),$$
$$2m = \frac{1}{\beta(p-q)}\left[\alpha(\rho+q)^2 - \frac{B^2}{2p} - \frac{C^2}{2q}\right],$$
$$2n = \frac{1}{\gamma(p-q)}\left[\frac{B^2}{2p} + \frac{C^2}{2q} - \alpha(\rho+p)^2\right].$$

Mais, en remplaçant B et C par leurs valeurs, on a

$$\frac{B^2}{2p} + \frac{C^2}{2q} = \frac{\beta^2}{2p}(\rho+p)^2 + \frac{\gamma^2}{2q}(\rho+q)^2;$$

comme d'ailleurs

$$\frac{\beta^2}{2p} + \frac{\gamma^2}{2q} = 2\alpha,$$

les valeurs de $2m$, $2n$ prennent la forme

$$2m = -\frac{\beta}{2p}(2\rho + p + q), \qquad 2n = -\frac{\gamma}{2q}(2\rho + p + q).$$

L'équation de la sphère S est donc en définitive

$$x^2 + y^2 + z^2 - x(\alpha + p + q) - \frac{\beta y}{2p}(2\rho + p + q) - \frac{\gamma z}{2q}(2\rho + p + q) - (\rho + p)(\rho + q) = 0.$$

Les coordonnées du centre I sont

$$\xi = \frac{\alpha + p + q}{2},$$
$$\eta = \frac{\beta}{4p}(2\rho + p + q),$$
$$\zeta = \frac{\gamma}{4q}(2\rho + p + q).$$

Quand le point P se déplace sur la normale, c'est-à-dire quand on fait varier ρ, le lieu du centre est la droite d'intersection des plans $2x = \alpha + p + q$, $p\gamma y - q\beta z = 0$. Les équations de la droite PI sont

$$\frac{x-x_1}{\xi-x_1}=\frac{y-y_1}{\eta-y_1}=\frac{z-z_1}{\zeta-z_1}$$

ou

$$\frac{x-\alpha+\rho}{p+q-\alpha+2\rho}=\frac{2py-2p\beta-2\beta\rho}{\beta q-3p\beta-2\beta\rho}=\frac{2qz-2q\gamma-2\gamma\rho}{\gamma p-3q\gamma-2\gamma\rho}.$$

Pour trouver le lieu de cette droite, cherchons l'équation du cône formé par les parallèles aux droites PI menées par l'origine; il faut éliminer ρ entre

$$\frac{x}{p+q-\alpha+2\rho}=\frac{2py}{\beta(q-3p-2\rho)}=\frac{2qz}{\gamma(p-3q-2\rho)}.$$

L'équation obtenue est divisible par x, et il reste

$$2\beta\gamma x(q-p)+p\gamma y(2q-2p+\alpha)+q\beta z(2q-2p-\alpha)=0.$$

La droite PI est donc parallèle à un plan fixe et rencontre deux droites fixes, savoir la normale en A au paraboloïde, et la droite, lieu du point I; le lieu de PI est donc un paraboloïde hyperbolique dont l'équation est facile à former.

16. *Si d'un point* P *on mène les six normales à un ellipsoïde, on peut faire passer par les pieds de ces normales une infinité de quadriques* Σ *concentriques à l'ellipsoïde. Trouver le lieu que doit décrire le point* P *pour que ces surfaces soient de révolution, ainsi que le cône, lieu des axes de révolution et la courbe lieu des sommets. Sur une section du cône perpendiculaire à l'axe mineur de l'ellipsoïde, indiquer les points par lesquels passe l'axe de la quadrique* Σ, *lorsque cette surface est un ellipsoïde, un hyperboloïde à une ou à deux nappes, un cône, un cylindre, ou un système de deux plans parallèles.* (Agrégation, 1883).

L'équation générale des quadriques passant par les pieds des normales menées du point P(x', y', z') à l'ellipsoïde est

$$\begin{aligned}\frac{x^2}{a^2}+\frac{y^2}{b^2}+\frac{z^2}{c^2}-1+\lambda[b^2z(y'-y)-c^2y(z'-z)]\\+\mu[c^2x(z'-z)-a^2z(x'-x)]\\+\nu[a^2y(x'-x)-b^2x(y'-y)]=0.\end{aligned}$$

Pour que le centre soit l'origine des coordonnées, il faut donner à λ, μ, ν des valeurs proportionnelles à a^2x', b^2y', c^2z'; soit

$$\lambda = 2ka^2x', \qquad \mu = 2kb^2y', \qquad \nu = 2kc^2z'.$$

L'équation de la surface Σ deviendra

$$(\Sigma) \quad \begin{cases} \dfrac{x^2}{a^2} + \dfrac{y^2}{b^2} + \dfrac{z^2}{c^2} - 2ka^2x'(b^2 - c^2)yz \\ \qquad - 2kb^2y'(c^2 - a^2)zx - 2kc^2z'(a^2 - b^2)xy - 1 = 0. \end{cases}$$

Posons

$$B = a^2x'(b^2 - c^2), \qquad B' = b^2y'(c^2 - a^2), \qquad B'' = c^2z'(a^2 - b^2).$$

Les conditions pour que Σ soit de révolution sont

$$(1) \qquad \frac{1}{a^2} + \frac{kB'B''}{B} = \frac{1}{b^2} + \frac{kB''B}{B'} = \frac{1}{c^2} + \frac{kBB'}{B''},$$

et l'on a pour l'axe de révolution les équations

$$(2) \qquad Bx = B'y = B''z.$$

L'élimination de k entre les équations (1) donne le lieu du point (x', y', z') qui est un cône du quatrième ordre

$$(3) \qquad \frac{y^2z^2}{a^2(b^2 - c^2)} + \frac{z^2x^2}{b^2(c^2 - a^2)} + \frac{x^2y^2}{c^2(a^2 - b^2)} = 0.$$

Les axes de révolution sont sur le cône du second degré

$$(4) \qquad a^2(b^2 - c^2)x^2 + b^2(c^2 - a^2)y^2 + c^2(a^2 - b^2)z^2 = 0$$

qui est réel, puisque $b^2 - c^2$ et $a^2 - b^2$ sont positifs, et $c^2 - a^2$ négatif.

On aura la courbe, lieu des sommets, en éliminant k, x', y', z' entre les équations (Σ), (1) et (2); cette courbe est l'intersection du cône (4) et d'une surface du quatrième ordre

$$a^2b^2(y^2 - x^2)\left(\frac{x^2}{a^2} + \frac{y^2}{b^2} + \frac{z^2}{c^2} - 1\right) \\ + 2(b^2 - c^2)(y^2z^2 + z^2x^2 + x^2y^2) = 0.$$

Considérons maintenant les racines de l'équation en S relative à la surface (Σ) supposée de révolution. La racine double $S_1 = S_2$ de cette équation est

$$\frac{1}{c^2} + \frac{kBB'}{B''},$$

et, comme la première des équations (1) donne

$$k = \frac{BB'(a^2 - b^2)}{a^2 b^2 B''(B'^2 - B^2)},$$

on aura

$$S_1 = S_2 = \frac{a^2 b^2 (B'^2 B''^2 - B^2 B''^2) + B^2 B'^2 (a^2 - b^2) c^2}{a^2 b^2 c^2 (B'^2 B''^2 - B^2 B''^2)}.$$

Mais, si x, y, z sont les coordonnées d'un point de l'axe de la surface (Σ), on voit par les équations (2) que $B'^2B''^2$, $B^2B''^2$, $B'^2B'^2$ sont proportionnels à x^2, y^2, z^2; donc

$$S_1 = S_2 = \frac{a^2 b^2 (x^2 - y^2) + z^2 (a^2 - b^2) c^2}{a^2 b^2 c^2 (x^2 - y^2)}.$$

La troisième racine S_3 de l'équation en S a pour valeur

$$\begin{aligned} S_3 &= \frac{1}{a^2} + \frac{1}{b^2} + \frac{1}{c^2} - \frac{2a^2 b^2 (x^2 - y^2) + 2z^2 (a^2 - b^2) c^2}{a^2 b^2 c^2 (x^2 - y^2)} \\ &= \frac{(x^2 - y^2)(b^2 c^2 + c^2 a^2 - a^2 b^2) - 2z^2 (a^2 - b^2) c^2}{a^2 b^2 c^2 (x^2 - y^2)}. \end{aligned}$$

Cela posé, la section du cône (4), lieu des axes, par un plan $z = h$, est une hyperbole

$$(5) \qquad a^2 (b^2 - c^2) x^2 - b^2 (a^2 - c^2) y^2 = - c^2 h^2 (a^2 - b^2),$$

dont l'axe transverse est dirigé suivant Oy (*fig.* 5) (cette hyperbole est représentée en traits pleins). Pour trouver sur cette courbe les points qui sont les extrémités des axes des diverses surfaces que peut représenter l'équation (Σ), il faut évidemment, d'après les valeurs précédentes de S_1, S_2 et de S_3, considérer les courbes séparatrices

$$(6) \qquad a^2 b^2 (x^2 - y^2) + c^2 h^2 (a^2 - b^2) = 0,$$

$$(7) \qquad (x^2 - y^2)(b^2 c^2 + c^2 a^2 - a^2 b^2) - 2c^2 h^2 (a^2 - b^2) = 0,$$

$$(8) \qquad x^2 - y^2 = 0,$$

et examiner successivement les trois hypothèses

$$b^2c^2 + c^2a^2 - a^2b^2 > 0,$$

$$b^2c^2 + c^2a^2 - a^2b^2 = 0,$$

$$b^2c^2 + c^2a^2 - a^2b^2 < 0.$$

Supposons $b^2c^2 + c^2a^2 - a^2b^2 > 0$. L'hyperbole (6) qui a pour axe transverse Oy coupe l'hyperbole (5) en quatre

Fig. 5.

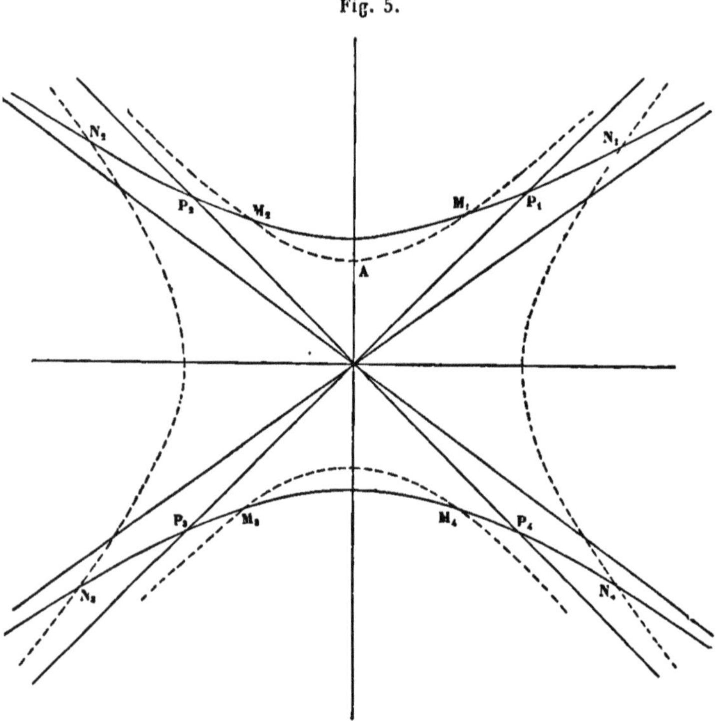

points réels, M_1, M_2, M_3, M_4; l'hyperbole (7) coupe l'hyperbole (5) en N_1, N_2, N_3, N_4; soient enfin P_1, P_2, P_3, P_4 les points où les bissectrices des axes de coordonnées rencontrent l'hyperbole (5). On aura le Tableau suivant qui se rapporte à la branche $AM_1P_1N_1$ comprise dans l'angle yOx :

De A en M_1..... $\left\{\begin{matrix} S_1 > 0 \\ S_3 > 0 \end{matrix}\right\}$ Σ est un ellipsoïde.

En M_1.......... $S_1 = 0$ deux plans parallèles.

De M_1 en P_1.... $\left\{\begin{matrix} S_1 < 0 \\ S_3 > 0 \end{matrix}\right\}$ hyperboloïde à deux nappes.

En P_1.......... $S_1 = \infty$, $S_3 = \infty$ cône.

De P_1 en N_1 .... $\left\{\begin{matrix} S_1 > 0 \\ S_3 < 0 \end{matrix}\right\}$ hyperboloïde à une nappe.

En N_1.......... $S_3 = 0$ cylindre.

De N_1 à l'infini.. $\left\{\begin{matrix} S_1 > 0 \\ S_3 > 0 \end{matrix}\right\}$ ellipsoïde.

Les deux autres hypothèses

$$b^2c^2 + c^2a^2 - a^2b^2 = 0, \qquad b^2c^2 + c^2a^2 - a^2b^2 > 0,$$

donnent lieu à une discussion analogue.

17. *Étant donné un ellipsoïde, on considère des droites* D *telles que, si par chacune d'elles on mène des plans tangents à l'ellipsoïde, les normales aux points de contact soient dans un même plan.* 1° *Démontrer que la droite* D *et la droite des contacts sont rectangulaires;* 2° *trouver le lieu des droites* D *qui passent par ce point donné* A; 3° *ce lieu est un cône du second degré; trouver le lieu des positions du point* A *pour lesquelles le cône est de révolution;* 4° *trouver l'enveloppe* C *des droites* D *qui sont contenues dans un plan donné* P *et la surface* S *engendrée par* C *quand* P *se déplace parallèlement à un plan donné* Q; 5° *trouver pour quelle direction de* Q *la surface* S *est de révolution* (Agrégation, 1881).

La condition pour que les normales en deux points $M(\alpha\beta\gamma)$ et $M'(\alpha'\beta'\gamma')$ se rencontrent a été donnée (n° 5); on doit avoir

$$\frac{\alpha(b^2-c^2)}{\alpha'-\alpha} + \frac{\beta(c^2-a^2)}{\beta'-\beta} + \frac{\gamma(a^2-b^2)}{\gamma'-\gamma} = 0.$$

Cette condition exprime que la droite MM′ est perpendiculaire à l'intersection des plans tangents en M, M′, c'est-à-dire à sa conjuguée. On trouve immédiatement, pour le lieu des droites D qui passent par un point quelconque (x', y', z') et sont perpendiculaires à leurs conjuguées, le cône du second degré

$$(1) \qquad \frac{x'(b^2-c^2)}{x-x'} + \frac{y'(c^2-a^2)}{y-y'} + \frac{z'(a^2-b^2)}{z-z'} = 0$$

ou

$$x'yz(b^2-c^2) + y'zx(c^2-a^2) + z'xy(a^2-b^2) = 0,$$

en transportant l'origine en (x', y', z').

La condition pour que ce cône soit de révolution est exprimée par les équations

$$(b^2-c^2)x'^2 = (c^2-a^2)y'^2 = (a^2-b^2)z'^2.$$

Le lieu des sommets des cônes de révolution se compose donc de quatre droites passant par le centre de l'ellipsoïde.

On voit que le cône (1) contient les parallèles aux axes menées par le sommet, et que par suite il est capable d'un trièdre trirectangle; le diamètre passant par le sommet est une génératrice. Lorsque le point (x', y', z') est dans un des plans principaux, le cône se réduit au plan principal lui-même et à un plan perpendiculaire à celui-ci, et dont la trace est la perpendiculaire abaissée de (x', y', z') sur la polaire de ce point par rapport à la conique focale située dans le plan principal.

Soient $Ax + By + Cz = 1$ un plan fixe contenant la droite D; $lx + my + nz = 1$ un plan variable contenant la même droite. En prenant, pour définir la conjuguée, les plans polaires des deux points où D coupe les plans $z = 0$, $y = 0$, on aura les équations

$$\frac{x(m-B)}{a^2(Am-Bl)} + \frac{y(A-l)}{b^2(Am-Bl)} = 1,$$

$$\frac{x(n-C)}{a^2(An-Cl)} + \frac{z(A-l)}{c^2(An-Cl)} = 1.$$

La condition pour que les deux droites soient perpendiculaires est

$$a^2(A-l)(Bn-Cm)+b^2(B-m)(Cl-An) \\ +c^2(C-n)(Am-Bl)=0.$$

Si l'on fait $n=0$, on aura une équation entre l et m qui sera l'équation tangentielle de la projection de l'enveloppe des droites D sur le plan des xy. Cette équation est

$$lm(a^2-b^2)+Bl(b^2-c^2)+Am(c^2-a^2)=0,$$

et elle conduit à l'équation ponctuelle

$$x^2(c^2-a^2)^2+B^2y^2(b^2-c^2)^2+2ABxy(b^2-c^2)(c^2-a^2) \\ +2Ax(c^2-a^2)(a^2-b^2)+2By(b^2-c^2)(a^2-b^2)+(a^2-b^2)^2=0.$$

L'enveloppe est donc une parabole.

Pour avoir le lieu de cette courbe (C) lorsque le plan $Ax+By+Cz=1$ se déplace parallèlement à lui-même, il suffit de remplacer A, B, C par $\frac{A}{D}$, $\frac{B}{D}$, $\frac{C}{D}$ et d'éliminer D entre l'équation du cylindre parabolique ci-dessus et l'équation

$$Ax+By+Cz=D;$$

on trouve ainsi le cône

$$(S)\quad \left\{\begin{array}{l} A^2x^2(b^2-c^2)+B^2y^2(c^2-a^2)+C^2z^2(a^2-b^2) \\ \quad -2BCyz(c^2-a^2)(a^2-b^2) \\ \quad -2CAzx(a^2-b^2)(b^2-c^2) \\ \quad -2ABxy(b^2-c^2)(c^2-a^2)=0, \end{array}\right.$$

qui a pour sommet l'origine.

Si le plan passe par l'origine, la courbe enveloppe se réduit à un point, ce qui devait être, car le diamètre passant par le sommet d'un cône quelconque du *complexe* est une génératrice de ce cône, d'après une remarque déjà faite.

Le cône (S) est de révolution si l'on a

$$A^2(b^2-c^2)^4=B^2(c^2-a^2)^4=C^2(a^2-l^2)^4.$$

18. *Trouver à quelle condition une section plane d'un ellipsoïde doit satisfaire pour qu'il soit possible de trouver sur*

cette section trois points, tels que les normales en ces points soient concourantes. Même question pour le paraboloïde.

1° Les coordonnées des points d'incidence des six normales menées à l'ellipsoïde par le point $P(x_1, y_1, z_1)$ s'obtiennent en remplaçant dans les formules

$$x = \frac{a^2 x_1}{\lambda + a^2}, \qquad y = \frac{b^2 y_1}{\lambda + b^2}, \qquad z = \frac{c^2 z_1}{\lambda + c^2}$$

la quantité λ par les racines de l'équation

$$f(\lambda) = \frac{a^2 x_1^2}{(\lambda + a^2)^2} + \frac{b^2 y_1^2}{(\lambda + b^2)^2} + \frac{c^2 z_1^2}{(\lambda + c^2)^2} - 1 = 0.$$

Soient Q le plan passant par les points d'incidence de trois de ces normales, et Q′ le plan qui passe par les points d'incidence des trois autres normales. Désignons par (α, β, γ), $(\alpha', \beta', \gamma')$ les coordonnées des pôles des plans Q et Q′; trois des racines de l'équation $f(\lambda) = 0$ appartiendront à l'équation

$$\frac{\alpha x_1}{\lambda + a^2} + \frac{\beta y_1}{\lambda + b^2} + \frac{\gamma z_1}{\lambda + c^2} - 1 = 0,$$

et les trois autres à l'équation

$$\frac{\alpha' x_1}{\lambda + a^2} + \frac{\beta' y_1}{\lambda + b^2} + \frac{\gamma' z_1}{\lambda + c^2} - 1 = 0.$$

Il résulte de là que les six racines de $f(\lambda) = 0$ appartiennent à l'équation

$$F(\lambda) = \left(\frac{\alpha x_1}{\lambda + a^2} + \frac{\beta y_1}{\lambda + b^2} + \frac{\gamma z_1}{\lambda + c^2} - 1\right)\left(\frac{\alpha' x_1}{\lambda + a^2} + \frac{\beta' y_1}{\lambda + b^2} + \frac{\gamma' z_1}{\lambda + c^2} - 1\right) = 0.$$

L'identification de ces deux équations conduit aux relations suivantes :

$$\alpha\alpha' = -a^2, \qquad \beta\beta' = -b^2, \qquad \gamma\gamma' = -c^2,$$

$$\frac{\alpha\beta' + \beta\alpha'}{b^2 - a^2} y_1 + \frac{\alpha\gamma' + \gamma\alpha'}{c^2 - a^2} z_1 = \alpha + \alpha',$$

$$\frac{\beta\gamma' + \gamma\beta'}{c^2 - b^2} z_1 + \frac{\beta\alpha' + \alpha\beta'}{a^2 - b^2} x_1 = \beta + \beta',$$

$$\frac{\gamma\alpha' + \alpha\gamma'}{a^2 - c^2} x_1 + \frac{\gamma\beta' + \beta\gamma'}{b^2 - c^2} y_1 = \gamma + \gamma',$$

qui donnent ensuite, par l'élimination de α', β', γ',

$$(1)\quad \begin{cases} \dfrac{b^2\alpha^2+a^2\beta^2}{b^2-a^2}\,\dfrac{y_1}{\beta}+\dfrac{c^2\alpha^2+a^2\gamma^2}{c^2-a^2}\,\dfrac{z_1}{\gamma}=a^2-\alpha^2,\\ \dfrac{c^2\beta^2+b^2\gamma^2}{c^2-b^2}\,\dfrac{z_1}{\gamma}+\dfrac{a^2\beta^2+b^2\alpha^2}{a^2-b^2}\,\dfrac{x_1}{\alpha}=b^2-\beta^2,\\ \dfrac{a^2\gamma^2+c^2\alpha^2}{a^2-c^2}\,\dfrac{x_1}{\alpha}+\dfrac{b^2\gamma^2+c^2\beta^2}{b^2-c^2}\,\dfrac{y_1}{\beta}=c^2-\gamma^2. \end{cases}$$

Ces trois équations sont en général incompatibles, car le déterminant des inconnues $\frac{x_1}{\alpha}$, $\frac{y_1}{\beta}$, $\frac{z_1}{\gamma}$ est nul; il n'est donc pas possible, en général, de trouver sur une section plane d'un ellipsoïde trois points tels que les normales en ces points soient concourantes. Pour que cette circonstance se présente, il faut que les équations précédentes soient indéterminées, c'est-à-dire que l'on ait

$$(2)\quad \frac{b^2\gamma^2+c^2\beta^2}{b^2-c^2}(\alpha^2-a^2)+\frac{c^2\alpha^2+a^2\gamma^2}{c^2-a^2}(\beta^2-b^2)+\frac{a^2\beta^2+b^2\alpha^2}{a^2-b^2}(\gamma^2-c^2)=0$$

Lorsque le pôle (α, β, γ) du plan Q est sur la surface du quatrième ordre que cette équation représente (surface normopolaire de M. Desboves), les équations (1), où l'on regarde (x_1, y_1, z_1) comme des coordonnées courantes, se réduisent à deux et représentent une droite L.

Si, de chaque point de cette droite, on mène des normales à l'ellipsoïde, les points d'incidence de trois d'entre elles seront dans le plan Q, et ceux des trois autres dans le plan Q', dont le pôle a pour coordonnées $\alpha'=-\frac{a^2}{\alpha}$, $\beta'=-\frac{b^2}{\beta}$, $\gamma'=-\frac{c^2}{\gamma}$. Le plan Q' passe par les projections, sur les axes de l'ellipsoïde, du point symétrique du pôle du plan Q par rapport au centre, car son équation est

$$\frac{x}{\alpha}+\frac{y}{\beta}+\frac{z}{\gamma}+1=0.$$

2° Dans le cas du paraboloïde elliptique, les coordonnées des points d'incidence des cinq normales abaissées d'un point

(x_1, y_1, z_1) s'obtiennent en remplaçant, dans les formules

$$x = x_1 + \lambda, \qquad y = \frac{py_1}{\lambda + p}, \qquad z = \frac{qz_1}{\lambda + q},$$

λ par les racines de l'équation

$$\frac{py_1^2}{(\lambda + p)^2} + \frac{qz_1^2}{(\lambda + q)^2} - 2x_1 - 2\lambda = f(\lambda) = 0.$$

Soient α, β, γ les coordonnées du pôle d'un plan Q passant par les pieds de trois des normales, et $ly + mz + 1 = 0$ l'équation d'un plan Q', parallèle à l'axe et passant par les pieds des deux autres normales. Trois racines de $f(\lambda) = 0$ appartiennent à l'équation

$$\frac{\beta y_1}{\lambda + p} + \frac{\gamma z_1}{\lambda + q} - x_1 - \lambda - \alpha = 0,$$

les deux autres à

$$\frac{ply_1}{\lambda + p} + \frac{qmz_1}{\lambda + q} + 1 = 0.$$

On aura donc à identifier $f(\lambda)$ avec la fonction

$$F(\lambda) = \left(\frac{\beta y_1}{\lambda + p} + \frac{\gamma z_1}{\lambda + q} - x_1 - \lambda - \alpha\right)\left(\frac{ply_1}{\lambda + p} + \frac{qmz_1}{\lambda + q} + 1\right),$$

que l'on écrira sous la forme

$$\begin{aligned} &\frac{\beta ply_1^2}{(\lambda + p)^2} + \frac{\gamma qmz_1^2}{(\lambda + q)^2} + \frac{(\gamma pl + \beta qm)y_1 z_1}{q - p}\left(\frac{1}{\lambda + p} - \frac{1}{\lambda + q}\right) \\ &\quad + \frac{y_1}{\lambda + p}[\beta - pl(x_1 + \alpha)] + \frac{z_1}{\lambda + q}[\gamma - qm(x_1 + \alpha)] \\ &\quad - ply_1\left(1 - \frac{p}{\lambda + p}\right) - qmz_1\left(1 - \frac{q}{\lambda + q}\right) - x_1 - \alpha - \lambda. \end{aligned}$$

Égalant à zéro les coefficients de $\frac{1}{\lambda + p}$ et de $\frac{1}{\lambda + q}$, identifiant ensuite les autres coefficients avec ceux de $f(\lambda)$, on trouvera

$$l = \frac{1}{2\beta}, \qquad m = \frac{1}{2\gamma}, \qquad ply_1 + qmz_1 + \alpha = 0,$$

$$\frac{y_1 z_1(\gamma pl + \beta qm)}{q - p} + \beta y_1 - py_1 l\,(x_1 + \alpha) + p^2 ly_1 = 0,$$

$$-\frac{y_1 z_1(\gamma pl + q\beta m)}{q - p} + \gamma z_1 + qz_1 m(x_1 + \alpha) + q^2 mz_1 = 0.$$

Les trois dernières relations deviennent, en remplaçant l et m par $\frac{1}{2\beta}$, $\frac{1}{2\gamma}$,

$$(1')\quad \begin{cases} \dfrac{py_1}{\beta} + \dfrac{qz_1}{\gamma} + 2\alpha = 0, \\[2mm] \dfrac{q\beta^2 + p\gamma^2}{q-p}\,\dfrac{z_1}{\gamma} + 2\beta^2 - px_1 - p\alpha + p^2 = 0, \\[2mm] \dfrac{q\beta^2 + p\gamma^2}{q-p}\,\dfrac{y_1}{\beta} + 2\gamma^2 - qx_1 - q\alpha + q^2 = 0. \end{cases}$$

Ces équations sont en général incompatibles, à moins que le pôle du plan Q ne soit situé sur la surface normopolaire du troisième ordre

$$(2')\quad 2\alpha\frac{q\beta^2 + p\gamma^2}{p-q} + 2(q\beta^2 - p\gamma^2) + pq(p-q) = 0.$$

Alors les équations (1′) représentent une droite, car elles se réduisent à deux; si de chaque point de cette droite on mène cinq normales au paraboloïde, les points d'incidence de trois d'entre elles sont dans le plan Q, ceux des deux autres sont dans le plan Q′ :

$$\frac{y}{2\beta} + \frac{z}{2\gamma} + 1 = 0.$$

19. *On mène des plans parallèles à l'axe mineur d'un ellipsoïde et tels que les normales en tous les points de chacune des sections rencontrent une même droite; trouver l'enveloppe des traces de ces plans sur le plan des xy.*

Les traces des plans sécants sur le plan des xy sont les polaires par rapport à l'ellipse $\frac{x^2}{a^2} + \frac{y^2}{b^2} = 1$ des points de la courbe

$$\frac{\beta^2(\alpha^2 - a^2)}{b^2 - c^2} + \frac{\alpha^2(\beta^2 - b^2)}{c^2 - a^2} - \frac{a^2\beta^2 + b^2\alpha^2}{a^2 - b^2} = 0,$$

qui est la trace de la surface normopolaire [éq. (2) du n° 18] sur le plan des xy. On a donc à chercher l'enveloppe de la droite $\frac{\alpha x}{a^2} + \frac{\beta y}{b^2} = 1$, α et β étant liés par l'équation précédente. Pour reconnaître la nature de cette enveloppe, posons $\alpha = a^2 m$, $\beta = b^2 n$; la relation entre α et β devient

$$a^2 b^2 m^2 n^2 (a^2 - b^2)^2 = a^2 m^2 (b^2 - c^2)^2 + b^2 n^2 (c^2 - a^2)^2.$$

Or la condition pour qu'une droite $mx + ny = 1$ soit normale à une ellipse $\frac{x^2}{A^2} + \frac{y^2}{B^2} = 1$ est

$$m^2 n^2 (A^2 - B^2)^2 = B^2 m^2 + A^2 n^2.$$

On conclut de là sans difficulté que la droite $\frac{\alpha x}{a^2} + \frac{\beta y}{b^2} = 1$ est normale à une ellipse concentrique et homothétique à l'ellipse principale du plan des xy, et dont les carrés des demi-axes ont pour valeurs

$$A^2 = \frac{a^2 b^4 (c^2 - a^2)^2}{(a^2 b^2 - c^4)^2}, \qquad B^2 = \frac{a^4 b^2 (b^2 - c^2)^2}{(a^2 b^2 - c^4)^2}.$$

L'enveloppe n'est autre chose que la développée de cette ellipse.

Si l'on fait $\gamma = 0$ dans les équations (1) du n° 18, on a

$$z = 0 \qquad \text{et} \qquad \frac{\alpha x}{a^2 - c^2} + \frac{\beta y}{b^2 - c^2} = 1;$$

on voit donc que les normales en tous les points de la section de l'ellipsoïde par le plan $\frac{\alpha x}{a^2} + \frac{\beta y}{b^2} = 1$ rencontrent une même droite du plan des xy, et il est facile de s'assurer que cette droite est normale à l'ellipse principale.

20. *Trouver l'enveloppe des plans passant par le sommet d'un paraboloïde elliptique et tels que les normales en tous les points de la section faite par chacun d'eux rencontrent une même droite.*

Les sections planes devant passer par l'origine, il résulte du n° 18 (2°) que leurs pôles sont dans le plan des xy sur la trace de la surface normopolaire [éq. (2') du n° 18], c'est-à-dire sur la courbe

$$2q\beta^2 - 2p\gamma^2 + pq(p - q) = 0.$$

L'enveloppe de ces plans est le cône du second degré

$$2pqx^2 + q(p-q)y^2 - p(p-q)z^2 = 0.$$

La droite que rencontrent les normales en tous les points d'une des sections planes considérées est représentée par deux des équations (1′) du n° 18, équations qui se réduisent à deux et dans lesquelles on fait $\alpha = 0$. Le lieu de toutes ces droites est la surface

$$\begin{aligned} 2(p-q)[qz^2(x-p) - py^2(x-q)]^2 \\ + (py^2 - qz^2)(py^2 + qz^2)^2 = 0. \end{aligned}$$

21. *Trouver le lieu des points tels que les pieds des six normales que l'on peut mener de l'un quelconque d'entre eux à un ellipsoïde donné, à trois axes inégaux, se séparent en deux groupes de trois points dont les plans respectifs sont parallèles entre eux. Montrer que, si l'on se donne un point* P *du lieu, la solution de ce problème : « Mener du point* P *les normales à l'ellipsoïde », dépend de la résolution de deux équations du troisième degré.* (Concours général, 1881.)

Reportons-nous à la discussion faite au n° 18 (1°). Les plans

$$Q = \frac{\alpha x}{a^2} + \frac{\beta y}{b^2} + \frac{\gamma z}{c^2} - 1 = 0 \quad \text{et} \quad Q' = \frac{x}{\alpha} + \frac{y}{\beta} + \frac{z}{\gamma} + 1 = 0$$

doivent être parallèles; on a donc

$$\alpha^2 = ka^2, \qquad \beta^2 = kb^2, \qquad \gamma^2 = kc^2,$$

et comme le point (α, β, γ) doit appartenir à la surface normopolaire, on reconnaît, en substituant ces valeurs dans l'équation (2) du n° 18, que k est égal à l'unité. On prendra donc

$$\alpha = \pm a, \qquad \beta = \pm b, \qquad \gamma = \pm c,$$

ce qui donne huit points, sommets du parallélépipède rectangle circonscrit à l'ellipsoïde.

Considérons le point $(\alpha = a, \beta = b, \gamma = c)$; les normales en tous les points de la section de l'ellipsoïde par le plan

$$\frac{x}{a} + \frac{y}{b} + \frac{z}{c} - 1 = 0$$

rencontreront une même droite représentée par deux des équations (1) du n° 18, savoir

$$(\alpha) \qquad ax(b^2 - c^2) = by(c^2 - a^2) = cz(a^2 - b^2).$$

Le lieu complet du point P se compose évidemment de quatre droites

$$a^2x^2(b^2 - c^2)^2 = b^2y^2(c^2 - a^2)^2 = c^2z^2(a^2 - b^2)^2.$$

Si (x_1, y_1, z_1) est un point de la droite (α), les points d'incidence des six normales qui lui correspondent s'obtiendront en remplaçant dans les formules $x = \frac{a^2 x_1}{\lambda + a^2}$, ... la quantité λ par les racines des deux équations du troisième degré

$$\frac{ax_1}{\lambda + a^2} + \frac{by_1}{\lambda + b^2} + \frac{cz_1}{\lambda + c^2} - 1 = 0,$$

$$\frac{ax_1}{\lambda + a^2} + \frac{by_1}{\lambda + b^2} + \frac{cz_1}{\lambda + c^2} + 1 = 0.$$

22. *Si d'un point pris dans un des plans principaux on mène des normales à des quadriques homofocales, toutes ces normales seront situées dans deux plans dont l'un sera le plan principal et l'autre sera perpendiculaire à ce plan principal.*

Les points d'incidence des normales situées dans le plan principal sont sur une courbe du troisième ordre (la focale à nœud de Quételet). Les points d'incidence des normales situées dans le second plan sont sur une circonférence de cercle qui a pour diamètre la perpendiculaire abaissée du point fixe sur la polaire de ce point par rapport à la focale située dans le plan principal où ce point est placé. Enfin les plans tangents aux surfaces menés par les points d'incidence des premières normales enveloppent un cylindre parabolique, et les plans tangents menés par les points d'incidence des autres normales passent tous par une même droite située dans le plan principal. (Agrégation, 1869.)

Soit

$$\frac{x^2}{a^2+\lambda}+\frac{y^2}{b^2+\lambda}+\frac{z^2}{c^2+\lambda}-1=0$$

l'équation des surfaces homofocales; le lieu des normales menées d'un point (α, β, γ) à toutes ces surfaces est le cône

$$\begin{vmatrix} a^2(x-\alpha) & \alpha & x \\ b^2(y-\beta) & \beta & y \\ c^2(z-\gamma) & & \end{vmatrix}=0.$$

C'est le cône du second degré qui passe par les six normales menées du point (α, β, γ) à l'une quelconque des surfaces du système. Si (α, β, γ) est dans un plan principal, le cône se réduit à deux plans; soit $\gamma=0$, on aura

$$z[\beta x(c^2-a^2)+\alpha y(b^2-c^2)+\alpha\beta(a^2-b^2)]=0.$$

Étudions les normales contenues dans le plan principal $z=0$; ce sont les normales aux coniques du système

$$\frac{x^2}{a^2+\lambda}+\frac{y^2}{b^2+\lambda}-1=0.$$

Le lieu de leurs points d'incidence est une cubique à point double

$$(\beta x-\alpha y)(\alpha x+\beta y-x^2-y^2)=(a^2-b^2)(x-\alpha)(y-\beta).$$

Le point double est (α, β); les tangentes en ce point sont rectangulaires, ce sont les normales aux deux coniques homofocales qui passent en (α, β). Enfin la cubique est circulaire et l'asymptote réelle est parallèle à la droite joignant le centre au point double.

L'enveloppe des tangentes aux coniques qui correspondent aux normales n'est autre chose que la *podaire négative* de la cubique par rapport au point (α, β). Transportons l'origine en (α, β); l'équation de la courbe devient

$$(X^2+Y^2)(\alpha Y-\beta X)+(\alpha X+\beta Y)(\alpha Y-\beta X)-(a^2-b^2)XY=0.$$

Soit maintenant $uX+vY=1$ une tangente quelconque;

il s'agit de trouver une relation entre u et v. Or, pour un point de la cubique, on a

$$\frac{Y}{X}=\frac{v}{u},$$

car $\frac{Y}{X}$ et $\frac{v}{u}$ sont deux expressions de la tangente trigonométrique de l'angle que fait le rayon vecteur OM du point avec Ox. En effet, on a

$$\operatorname{tang}MOP=\frac{MP}{OP}=\frac{Y}{X}=\frac{OA}{OB}=\frac{1}{u}:\frac{1}{v},$$

AB étant la perpendiculaire au rayon OM (*fig.* 6).

Les deux relations

$$uX+vY=1, \qquad uY=vX,$$

qui ont lieu entre les coordonnées X, Y d'un point de la

Fig. 6.

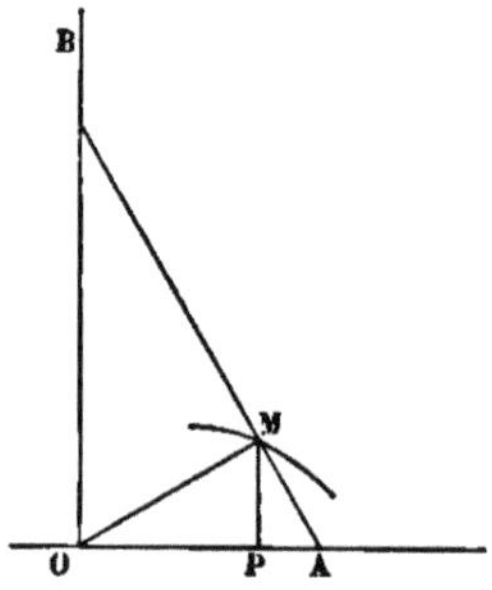

courbe et les coordonnées tangentielles u, v de la perpendiculaire AMB, donnent

$$X=\frac{u}{u^2+v^2}, \qquad Y=\frac{v}{u^2+v^2}.$$

Il suffit de remplacer X, Y par ces valeurs dans l'équation de la cubique pour avoir l'équation tangentielle de l'enveloppe cherchée; on obtient

$$\alpha v-\beta u+(\alpha u+\beta v)(\alpha v-\beta u)-(a^2-b^2)uv=0.$$

L'enveloppe de la droite $ux+vy=1$, dont les paramètres

sont liés par cette équation, est la parabole

$$(\alpha X + \beta Y)^2 + 2\beta Y(\alpha^2 + \beta^2 + a^2 - b^2)$$
$$+ 2\alpha X(\alpha^2 + \beta^2 - a^2 + b^2) + (\alpha^2 - \beta^2 - a^2 + b^2)^2 + 4\alpha^2\beta^2 = 0.$$

Le plan

$$(1) \qquad \beta x(c^2 - a^2) + \alpha y(b^2 - c^2) + \alpha\beta(a^2 - b^2) = 0,$$

qui contient les autres normales, a pour trace sur le plan des xy une perpendiculaire abaissée de (α, β) sur la droite

$$(2) \qquad \frac{\alpha x}{a^2 - c^2} + \frac{\beta y}{b^2 - c^2} = 1,$$

polaire de ce point par rapport à la conique

$$\frac{x^2}{a^2 - c^2} + \frac{y^2}{b^2 - c^2} = 1.$$

Cette conique est la focale située dans le plan des xy (*voir* n° 27) et on peut la considérer comme une surface limite du système. Le plan (1) coupe les quadriques homofocales suivant des coniques ayant pour axe, dans le plan $z = 0$, la trace de ce plan. Du point (α, β) situé sur l'axe on peut mener à chacune de ces coniques deux normales symétriques par rapport à cet axe. Soient (x_1, y_1, z_1) les coordonnées d'un point d'incidence, (x_1, y_1) vérifiant l'équation (1); le plan tangent en ce point est

$$\frac{xx_1}{a^2 + \lambda} + \frac{yy_1}{b^2 + \lambda} + \frac{zz_1}{c^2 + \lambda} = 1.$$

Comme la normale passe en (α, β), on aura, en faisant $z = 0$ dans ses équations et remplaçant les coordonnées courantes x, y par α, β,

$$\frac{(a^2 + \lambda)(\alpha - x_1)}{x_1} = \frac{(b^2 + \lambda)(\beta - y_1)}{y_1} = -(c^2 + \lambda);$$

d'où

$$\frac{x_1}{a^2 + \lambda} = \frac{\alpha}{a^2 - c^2} \qquad \text{et} \qquad \frac{y_1}{b^2 + \lambda} = \frac{\beta}{b^2 - c^2};$$

l'équation du plan tangent devient donc

$$\frac{\alpha x}{a^2-c^2}+\frac{\beta y}{b^2-c^2}+\frac{zz_1}{c^2+\lambda}=1.$$

On voit qu'il coupe toujours le plan $z=0$ suivant la droite

$$\frac{\alpha x}{a^2-c^2}+\frac{\beta y}{b^2-c^2}=1,$$

perpendiculaire à la trace du plan des normales.

On conclut de là que le lieu des points d'incidence des normales est une circonférence, puisque la normale et la trace du plan tangent sur le plan (1) sont les deux côtés d'un angle droit qui passent chacun par un point fixe, savoir : le point (α, β) pour la normale, et, pour la trace du plan tangent, le pied de la perpendiculaire abaissée de (α, β) sur la droite (2).

On peut traiter la question d'une autre manière, mais qui a l'inconvénient de ne pas mettre aussi facilement en évidence les propriétés des deux groupes de normales.

Le lieu des points d'incidence des normales abaissées d'un point (α, β, γ) sur des quadriques homofocales s'obtient en éliminant λ entre l'équation des surfaces et les deux suivantes :

$$(a^2+\lambda)y(\alpha-x)-(b^2+\lambda)x(\beta-y)=0,$$
$$(b^2+\lambda)z(\beta-y)-(c^2+\lambda)y(\gamma-z)=0.$$

Si l'on tire λ de la première de ces équations et qu'on substitue sa valeur dans celle des surfaces, on obtient

$$(\alpha y-\beta x)(x^2-\alpha x+y^2-\beta y+\gamma z-z^2)$$
$$=(a^2-b^2)(x-\alpha)(y-\beta).$$

Cette surface du troisième ordre donne, par son intersection avec le cône des normales, la courbe lieu des points d'incidence. En faisant $\gamma=0$, on obtient pour la trace de la surface cubique sur le plan $z=0$ la focale de Quetelet, déjà obtenue plus haut. L'intersection de la surface avec le plan (1) donne une autre courbe du troisième ordre, mais elle est décomposable. On voit en effet que la droite $x=\alpha$, $y=\beta$, contenue dans le plan (1), est tout entière sur la surface; il reste donc une conique, et l'on prouverait assez péniblement que cette conique est un cercle.

23. *Si l'on mène à un système de surfaces homofocales des normales parallèles, leurs pieds sont sur une hyperbole équilatère dont une asymptote est parallèle aux normales.*

Les équations de la normale en un point (x_1, y_1, z_1) d'une surface du système $\frac{x^2}{a^2+\lambda}+\ldots-1=0$ étant

$$\frac{(a^2+\lambda)(x-x_1)}{x_1}=\frac{(b^2+\lambda)(y-y_1)}{y_1}=\frac{(c^2+\lambda)(z-z_1)}{z_1},$$

si cette normale est parallèle à $\frac{x}{l}=\frac{y}{m}=\frac{z}{n}$, on aura

$$(1) \qquad \frac{x_1}{l(a^2+\lambda)}=\frac{y_1}{m(b^2+\lambda)}=\frac{z_1}{n(c^2+\lambda)}.$$

Le lieu des pieds des normales s'obtiendra en éliminant λ entre ces équations (1) et celle des surfaces. On tire de (1) les expressions suivantes de λ, par la combinaison des trois rapports deux à deux,

$$\lambda=\frac{b^2mz-c^2ny}{ny-mz}=\frac{c^2nx-a^2lz}{lz-nx}=\frac{a^2ly-b^2mx}{mx-ly},$$

ce qui donne d'abord

$$(2) \qquad mnx(b^2-c^2)+nly(c^2-a^2)+lmz(a^2-b^2)=0.$$

On a ensuite

$$a^2+\lambda=a^2+\frac{b^2mz-c^2ny}{ny-mz}$$
$$=\frac{ny(a^2-c^2)+mz(b^2-a^2)}{ny-mz}=\frac{mnx(b^2-c^2)}{l(ny-mz)},$$

en vertu de (2).

De même,

$$b^2+\lambda=\frac{nly(c^2-a^2)}{m(lz-nx)}, \qquad c^2+\lambda=\frac{lmz(a^2-b^2)}{n(mx-ly)}.$$

La substitution de ces valeurs dans l'équation des surfaces donne la quadrique

$$(3)\quad \frac{lx(my-nz)}{mn(b^2-c^2)}+\frac{my(lz-nx)}{nl(c^2-a^2)}+\frac{nz(mx-ly)}{lm(a^2-b^2)}=1.$$

Le lieu des pieds des normales est l'intersection du plan (2) et de la quadrique (3).

On voit que la droite $\frac{x}{l}=\frac{y}{m}=\frac{z}{n}$ est à la fois dans le plan (2) et dans le cône asymptote de la surface (3). L'autre asymptote de la courbe d'intersection est

$$\frac{x}{l[n^2(c^2-a^2)-m^2(a^2-b^2)]}=\frac{y}{m[l^2(a^2-b^2)-n^2(b^2-c^2)]}$$
$$=\frac{z}{n[m^2(b^2-c^2)-l^2(c^2-a^2)]}$$

et elle est perpendiculaire à la première.

24. *Les plans tangents aux pieds des normales menées d'un point à des surfaces homofocales enveloppent une développable du quatrième ordre.*

Le plan tangent en un point (x_1, y_1, z_1) d'une surface du système est

$$\frac{xx_1}{a^2+\lambda}+\frac{yy_1}{b^2+\lambda}+\frac{zz_1}{c^2+\lambda}=1.$$

Les paramètres x_1, y_1, z_1, λ sont liés par les équations

$$\frac{x_1^2}{a^2+\lambda}+\frac{y_1^2}{b^2+\lambda}+\frac{z_1^2}{c^2+\lambda}=1$$

et

$$\frac{(a^2+\lambda)(x_1-\alpha)}{x_1}=\frac{(b^2+\lambda)(y_1-\beta)}{y_1}=\frac{(c^2+\lambda)(z_1-\gamma)}{z_1}=\mu,$$

(α, β, γ) étant le point d'où l'on mène les normales.

Les trois dernières équations donnent

$$x_1=\frac{\alpha(a^2+\lambda)}{a^2+\lambda-\mu},\qquad y_1=\frac{\beta(b^2+\lambda)}{b^2+\lambda-\mu},\qquad z_1=\frac{\gamma(c^2+\lambda)}{c^2+\lambda-\mu};$$

l'équation du plan tangent devient donc, en posant $\lambda-\mu=\mathrm{K}$,

$$\frac{\alpha x}{a^2+\mathrm{K}}+\frac{\beta y}{b^2+\mathrm{K}}+\frac{\gamma z}{c^2+\mathrm{K}}=1$$

ou bien

$$\mathrm{K}^3+\mathrm{AK}^2+\mathrm{BK}+\mathrm{C}=0;$$

A, B, C sont trois polynômes du premier degré en x, y, z. L'enveloppe du plan tangent est donc la surface du quatrième ordre

$$(9\mathrm{C}-\mathrm{AB})^2=4(3\mathrm{B}-\mathrm{A}^2)(3\mathrm{AC}-\mathrm{B}^2).$$

25. *Si par une droite fixe on mène des plans tangents à des surfaces homofocales, les normales aux points de contact sont sur un paraboloïde hyperbolique, et ce paraboloïde se réduit à un plan, lorsque la droite est normale à l'une des surfaces du système.*

Soient

$$\frac{x-\alpha}{l}=\frac{y-\beta}{m}=\frac{z-\gamma}{n}$$

la droite donnée,

$$\mathrm{A}x+\mathrm{B}y+\mathrm{C}z=1$$

un plan passant par cette droite, ce qui donne entre les coefficients A, B, C les relations

$$(1)\qquad \mathrm{A}\alpha+\mathrm{B}\beta+\mathrm{C}\gamma=1,\qquad \mathrm{A}l+\mathrm{B}m+\mathrm{C}n=0.$$

Si (x_1, y_1, z_1) est le point d'incidence de la normale correspondant au plan, et si λ est le paramètre de celle des surfaces $\frac{x^2}{a^2+\lambda}+\ldots-1=0$ qui touche le plan, on doit pouvoir identifier l'équation $\mathrm{A}x+\mathrm{B}y+\mathrm{C}z=1$ avec celle du plan tangent qui est

$$\frac{xx_1}{a^2+\lambda}+\frac{yy_1}{b^2+\lambda}+\frac{zz_1}{c^2+\lambda}=1;$$

on a donc

$$x_1=\mathrm{A}(a^2+\lambda),\qquad y_1=\mathrm{B}(b^2+\lambda),\qquad z_1=\mathrm{C}(c^2+\lambda)$$

et les équations de la normale prennent la forme

$$(2)\qquad \frac{x}{\mathrm{A}}-a^2=\frac{y}{\mathrm{B}}-b^2=\frac{z}{\mathrm{C}}-c^2.$$

L'élimination de A, B, C entre les quatre équations (1) et (2) donne, pour le lieu des normales,

$$\begin{aligned}(lx+my+nz)\,&[\mathrm{MN}x(b^2-c^2)+\mathrm{NL}y(c^2-a^2)+\mathrm{LM}z(a^2-b^2)]\\ &+lx(b^2-c^2)[m\mathrm{M}(a^2-b^2)+n\mathrm{N}(c^2-a^2)]\\ &+my(c^2-a^2)[n\mathrm{N}(b^2-c^2)+l\mathrm{L}(a^2-b^2)]\\ &+nz(a^2-b^2)[l\mathrm{L}(c^2-a^2)+m\mathrm{M}(b^2-c^2)]\\ &=lmn(b^2-c^2)(c^2-a^2)(a^2-b^2),\end{aligned}$$

équation dans laquelle on a fait, pour abréger,

$$\mathrm{L}=\beta n-\gamma m,\qquad \mathrm{M}=\gamma l-\alpha n,\qquad \mathrm{N}-\alpha m-\beta l.$$

Supposons que la droite donnée soit normale à l'une des surfaces du système, par exemple à celle qui correspond à $\lambda=0$, au point (α, β, γ); il faudra alors, dans les calculs précédents, supposer

$$l=\frac{\alpha}{a^2},\qquad m=\frac{\beta}{b^2},\qquad n=\frac{\gamma}{c^2}.$$

Le paraboloïde se réduit au plan $\frac{\alpha x}{a^2}+\frac{\beta y}{b^2}+\frac{\gamma z}{c^2}-1$, qui est tangent en (α, β, γ) à la surface à laquelle la droite donnée est normale.

Solution géométrique. — Nous nous appuierons sur les deux lemmes suivants, faciles à établir :

1° Parmi les quadriques d'un système homofocal, il y en a une qui touche un plan donné, et deux qui touchent une droite donnée (*voir* n° 50).

2° Le lieu des pôles d'un plan par rapport aux surfaces du système est la normale à celle des surfaces qui touche le plan, le pied de la normale étant le point de contact du plan et de la surface en question.

Cela posé, si par une droite D on mène un plan quelconque P et la normale à la surface S qui est tangente à P, le pôle du plan par rapport à une autre surface quelconque S′ du système est un point de la normale; on voit donc que la normale rencontre la droite polaire de D par rapport à S′. Chacune des normales rencontre toutes les droites polaires;

comme d'ailleurs toutes les normales sont parallèles à un plan perpendiculaire à D, elles engendrent un paraboloïde dont l'autre système de génératrices est constitué par les droites polaires. Il est évident, en outre, que le paraboloïde coupe la droite D en deux points qui sont les points de contact de D avec les deux surfaces qui lui sont tangentes.

Supposons maintenant que D soit normale en A à une surface S, et menons par D un plan quelconque P; la normale qui correspond à ce plan s'obtiendra en prenant le pôle de P par rapport à S et en abaissant de ce pôle une perpendiculaire sur P; mais ce pôle et cette perpendiculaire sont dans le plan tangent en A la surface S. Ainsi le plan tangent est, dans ce cas particulier, le lieu des normales.

26. *Si par une droite* D, *normale à l'une des surfaces d'un système homofocal, on mène des plans tangents à toutes ces surfaces, les points de contact sont sur une cubique plane, et les normales correspondantes enveloppent une conique.*

Considérons la droite

$$\frac{a^2(x-\alpha)}{\alpha} = \frac{b^2(y-\beta)}{\beta} = \frac{c^2(z-\gamma)}{\gamma},$$

normale au point (α, β, γ) à la surface

$$\frac{x^2}{a^2} + \frac{y^2}{b^2} + \frac{z^2}{c^2} - 1$$

qui fait partie du système homofocal défini par l'équation

$$\frac{x^2}{a^2+\lambda} + \frac{y^2}{b^2+\lambda} + \frac{z^2}{c^2+\lambda} = 1.$$

Si l'un des plans passant par la droite est

$$Ax + By + Cz = 1,$$

et s'il touche la surface de paramètre λ en (x_1, y_1, z_1), on aura

$$A = \frac{x_1}{a^2+\lambda}, \qquad B = \frac{y_1}{b^2+\lambda}, \qquad C = \frac{z_1}{c^2+\lambda},$$

et en outre, puisque le plan passe par la droite

$$A\alpha + B\beta + C\gamma = 1, \qquad \frac{A\alpha}{a^2} + \frac{B\beta}{b^2} + \frac{C\gamma}{c^2} = 0$$

et, par conséquent,

$$(1) \qquad \frac{\alpha x_1}{a^2+\lambda} + \frac{\beta y_1}{b^2+\lambda} + \frac{\gamma z_1}{c^2+\lambda} = 1,$$

$$(2) \qquad \frac{\alpha x_1}{a^2(a^2+\lambda)} + \frac{\beta y_1}{b^2(b^2+\lambda)} + \frac{\gamma z_1}{c^2(c^2+\lambda)} = 0$$

l'élimination de λ entre (1), (2) et

$$(3) \qquad \frac{x_1^2}{a^2+\lambda} + \frac{y_1^2}{b^2+\lambda} + \frac{z_1^2}{c^2+\lambda} = 1$$

donnera la courbe, lieu des points de contact des plans tangents.

On peut remplacer l'équation (3) par celle-ci :

$$(4) \qquad \frac{x_1(x_1-\alpha)}{a^2+\lambda} + \frac{y_1(y_1-\beta)}{b^2+\lambda} + \frac{z_1(z_1-\gamma)}{c^2+\lambda} = 0$$

et considérer le système (1), (2), (4). L'élimination de λ entre (1) et (2) donne le plan tangent en (α, β, γ) à la surface à laquelle la droite donnée est normale, savoir

$$(5) \qquad \frac{\alpha x_1}{a^2} + \frac{\beta y_1}{b^2} + \frac{\gamma z_1}{c^2} = 1.$$

Cela devait être d'après le n° 25.

L'élimination du même paramètre entre (2) et (4) conduit à l'équation du troisième degré

$$\begin{aligned} & x_1(b^2-c^2)\left[\frac{\gamma}{c^2}(x_1-\alpha) - \frac{\alpha}{a^2}(z_1-\gamma)\right]\left[\frac{\alpha}{a^2}(y_1-\beta) - \frac{\beta}{b^2}(x_1-\alpha)\right] \\ + & y_1(c^2-a^2)\left[\frac{\alpha}{a^2}(y_1-\beta) - \frac{\beta}{b^2}(x_1-\alpha)\right]\left[\frac{\beta}{b^2}(z_1-\gamma) - \frac{\gamma}{c^2}(y_1-\beta)\right] \\ + & z_1(a^2-b^2)\left[\frac{\beta}{b^2}(z_1-\gamma) - \frac{\gamma}{c^2}(y_1-\beta)\right]\left[\frac{\gamma}{c^2}(x_1-\alpha) - \frac{\alpha}{a^2}(z_1-\gamma)\right] = 0. \end{aligned}$$

Le lieu des points de contact des plans tangents est donc la cubique plane, intersection de cette surface et du plan (5), dans lequel se trouvent toutes les normales. Le point (α, β, γ) est un point double de cette cubique.

L'équation d'un plan passant par l'origine et par la normale

$$\frac{(x-x_1)(a^2+\lambda)}{x_1} = \frac{(y-y_1)(b^2+\lambda)}{y_1} = \frac{(z-z_1)(c^2+\lambda)}{z_1}$$

est

$$\begin{vmatrix} x & y & z \\ x_1 & y_1 & z_1 \\ \dfrac{x_1}{a^2+\lambda} & \dfrac{y_1}{b^2+\lambda} & \dfrac{z_1}{c^2+\lambda} \end{vmatrix} = 0.$$

La recherche de l'enveloppe des normales revient à celle de l'enveloppe de ce plan. Mais il vaut mieux remarquer, comme au n° 22, que cette enveloppe n'est autre chose que la podaire négative de la cubique, lieu des points d'incidence, par rapport au point double (α, β, γ), c'est-à-dire une parabole. La directrice de cette parabole passe en (α, β, γ).

Remarque. — Les théorèmes précédents peuvent être présentés d'une autre manière.

Les normales à des surfaces homofocales forment un complexe du second ordre; on a déjà vu (n° 22) que le cône du complexe est du second ordre. Il résulte des calculs précédents que toutes les normales contenues dans un même plan enveloppent une parabole, que leurs pieds sont sur une cubique, que les plans tangents aux points d'incidence passent par une même droite, savoir la normale à celle des surfaces homofocales qui touche le plan considéré.

27. *Recherche des lignes focales d'une quadrique.*

Un foyer d'une quadrique est le centre d'une sphère de rayon nul bitangente à la surface, et la corde des contacts est la directrice correspondante.

Supposons que la quadrique soit l'ellipsoïde

$$\frac{x^2}{a^2} + \frac{y^2}{b^2} + \frac{z^2}{c^2} = 1,$$

et soient (α, β, γ) les coordonnées d'un foyer. L'équation générale des surfaces qui passent par l'intersection de l'ellipsoïde et de la sphère

$$(x-\alpha)^2+(y-\beta)^2+(z-\gamma)^2-0$$

est

$$S=\frac{x^2}{a^2}+\frac{y^2}{b^2}+\frac{z^2}{c^2}-1+\lambda[(x-\alpha)^2+(y-\beta)^2+(z-\gamma)^2]=0;$$

le premier membre de cette équation doit pouvoir se mettre sous la forme d'un produit de facteurs du premier degré, P et Q, réels ou imaginaires, et l'intersection des plans $P=0$, $Q=0$ sera la directrice correspondant au foyer (α, β, γ).

Les trois équations qui déterminent le centre de la surface S doivent d'abord se réduire à deux, et, pour qu'il en soit ainsi, une des quantités α, β ou γ doit être nulle. Si l'on suppose $\gamma=0$, on en conclut $\lambda=-\frac{1}{c^2}$, et les équations

$$(1)\qquad x\left(\frac{1}{a^2}-\frac{1}{c^2}\right)=-\frac{\alpha}{c^2},\qquad y\left(\frac{1}{b^2}-\frac{1}{c^2}\right)=-\frac{\beta}{c^2}$$

représenteront la directrice relative au foyer $(\alpha, \beta, 0)$. Il faut exprimer en outre que le centre est sur la surface, c'est-à-dire que l'équation

$$-\lambda\alpha x-\lambda\beta y-\lambda\gamma z+\lambda(\alpha^2+\beta^2+\gamma^2)-1=0$$

est vérifiée pour $\gamma=0$, $\lambda=-\frac{1}{c^2}$ et pour les valeurs de x, y, z qui répondent à un point quelconque de la directrice (1), ligne des centres de la surface S. On obtient ainsi entre α et β la relation

$$(2)\qquad \frac{\alpha^2}{a^2-c^2}+\frac{\beta^2}{b^2-c^2}=1.$$

Cette équation (2) représente une ellipse, lieu des foyers contenus dans le plan des xy.

Le lieu des directrices correspondantes s'obtient en éliminant α et β entre (1) et (2); c'est le cylindre

$$(3)\qquad \frac{x^2(a^2-c^2)}{a^4}+\frac{y^2(b^2-c^2)}{b^4}=1.$$

L'hypothèse $\beta = 0$ donne l'hyperbole focale

$$(4) \qquad \frac{\alpha^2}{a^2 - b^2} - \frac{\gamma^2}{b^2 - c^2} = 1,$$

située dans le plan des zx, et le cylindre directeur

$$(5) \qquad \frac{x^2(a^2 - b^2)}{a^4} - \frac{z^2(b^2 - c^2)}{b^4} = 1.$$

Enfin l'hypothèse $\alpha = 0$ conduit à une ellipse focale imaginaire dans le plan des yz, et à un cylindre directeur imaginaire.

On trouve donc trois espèces de foyers : ceux qui se trouvent dans le plan des xy, sur l'ellipse focale (2), sont les foyers de deuxième espèce; les plans P, Q qui leur correspondent sont imaginaires : ce sont des plans cycliques de l'ellipsoïde, perpendiculaires au plan xOy. Si, dans l'équation $S = 0$, on fait $\gamma = 0$ et $\lambda = -\frac{1}{c^2}$, et si l'on remplace α, β par $\frac{x_1}{a^2}(a^2 - c^2)$ et $\frac{y_1}{b^2}(b^2 - c^2)$ (x_1, y_1 étant les coordonnées du pied d'une directrice), on a

$$\begin{aligned} S = &- \frac{a^2 - c^2}{a^2}\left[\frac{x^2}{c^2} - \frac{2xx_1}{c^2} + \frac{x_1^2(a^2 - c^2)}{a^2c^2}\right] \\ &- \frac{b^2 - c^2}{b^2}\left[\frac{y^2}{c^2} - \frac{2yy_1}{c^2} + \frac{y_1^2(b^2 - c^2)}{b^2c^2}\right] - 1 \\ = &- \frac{a^2 - c^2}{a^2c^2}(x - x_1)^2 - \frac{b^2 - c^2}{b^2c^2}(y - y_1)^2 \\ &+ \frac{x_1^2(a^2 - c^2)}{a^4} + \frac{y_1^2(b^2 - c^2)}{b^4} - 1. \end{aligned}$$

Les trois derniers termes disparaissent, puisque (x_1, y_1) est sur le cylindre (3), et il reste

$$\begin{aligned} S = &\frac{x^2}{a^2} + \frac{y^2}{b^2} + \frac{z^2}{c^2} - 1 - \frac{1}{c^2}[(x - \alpha)^2 + (y - \beta)^2 + z^2] \\ = &- \frac{a^2 - c^2}{a^2c^2}(x - x_1)^2 - \frac{b^2 - c^2}{b^2c^2}(y - y_1)^2. \end{aligned}$$

Enfin, pour un point quelconque (x, y, z) de l'ellipsoïde, on a la relation

$$(x-\alpha)^2+(y-\beta)^2+z^2=\frac{a^2-c^2}{a^2}(x-x_1)^2+\frac{b^2-c^2}{b^2}(y-y_1)^2.$$

Le premier membre est le carré de la distance du point (x, y, z) au foyer (α, β, o); le second membre peut s'écrire

$$\frac{b^2-c^2}{b^2}\left[(y-y_1)^2+\frac{a^2-c^2}{a^2}\,\frac{b^2}{b^2-c^2}(x-x_1)^2\right];$$

c'est le produit de $\frac{b^2-c^2}{b^2}$ par le carré de la distance du point (x, y, z) au point où la directrice est rencontrée par un plan mené par le point (x, y, z) parallèlement à une des sections circulaires réelles de l'ellipsoïde. Donc, le rapport des distances d'un point de la surface à un foyer de deuxième espèce et à la directrice correspondante est constant, la distance à la directrice étant comptée parallèlement à un des plans cycliques réels.

En faisant les mêmes calculs pour un foyer de première espèce (α, o, γ) situé sur l'hyperbole (4) du plan des zx, on trouve

$$(x-\alpha)^2+y^2+(z-\gamma)^2=\frac{a^2-b^2}{a^2}(x-x_1)^2-\frac{b^2-c^2}{b^2}(z-z_1)^2,$$

ce qui montre que les deux plans P, Q sont des plans cycliques réels de l'ellipsoïde. Le second membre de cette égalité est le produit des distances du point (x, y, z) aux plans cycliques menés par la directrice (x_1, z_1), divisé par

$$\frac{a^2-b^2}{a^2}+\frac{b^2-c^2}{b^2}.$$

Donc : *la distance d'un point de la surface à un foyer de première espèce est dans un rapport constant avec la moyenne proportionnelle des distances du même point aux deux plans cycliques réels qui passent par la directrice.*

On arrive aux équations des coniques focales par d'autres considérations :

1° Les coniques focales constituent le lieu des sommets des cônes de révolution circonscrits à une quadrique. La tangente en chaque point d'une de ces coniques est l'axe du cône de révolution qui a ce point pour sommet.

Il est inutile d'insister sur cette question qui est traitée dans la plupart des cours de Mathématiques spéciales.

2° On trouve les coniques focales en cherchant le lieu des centres des sphères par rapport auxquelles la polaire réciproque d'une quadrique est une surface de révolution. Ce résultat se vérifie aisément en partant de l'équation de la polaire réciproque de l'ellipsoïde par rapport à la sphère

$$(x-\alpha)^2+(y-\beta)^2+(z-\gamma)^2=R^2;$$

cette équation est

$$a^2x^2+b^2y^2+c^2z^2=(\alpha x+\beta y+\gamma z+R^2)^2.$$

3° Une conique focale est une courbe, telle que la trace d'une normale quelconque à la surface sur le plan principal qui contient la courbe est le pôle, par rapport à celle-ci, de la trace du plan tangent qui correspond à la normale.

Chasles a pris cette propriété comme définition des coniques focales (*Aperçu historique,* Note XXXI).

Si l'on considère dans un plan principal une conique, lieu des pieds des normales en tous les points d'une section plane quelconque, puis la trace du cône circonscrit à la quadrique suivant la même section, ces deux coniques seront évidemment polaires réciproques l'une de l'autre par rapport à la focale située dans le plan principal.

Remarque. — La recherche des focales des deux hyperboloïdes se fait comme celle de l'ellipsoïde; on a immédiatement les équations de ces courbes en modifiant les signes de b^2 et c^2. Le paraboloïde elliptique a une parabole focale de deuxième espèce dans le plan des xy, une parabole focale de première espèce dans le plan des zx, si l'on prend l'équation de la surface sous la forme

$$\frac{y^2}{p}+\frac{z^2}{q}-2x,$$

avec l'hypothèse $p>q$.

Enfin le paraboloïde hyperbolique a deux paraboles focales de deuxième espèce.

28. *Une conique focale et la trace du cylindre directeur correspondant sur le plan principal qui contient cette focale sont polaires réciproques l'une de l'autre par rapport à la section principale de la surface.*

29. *La normale en un point d'une focale passe par le pied de la directrice correspondante et le plan normal au même point coupe la surface suivant une conique qui a un de ses foyers en ce point.*

30. *La ligne joignant un foyer* F *d'une quadrique à un point quelconque* M *de l'espace est perpendiculaire à la ligne joignant ce foyer au point où le plan polaire de* M *coupe la directrice relative à ce foyer. Lorsque le point* M *est sur la directrice, le plan polaire passe par* F *et est perpendiculaire à* MF.

31. *Si l'on prend deux points fixes quelconques sur une focale, la somme ou la différence des distances d'un point quelconque de l'autre focale à ces deux points est constante.*

Soient (α, β), (α', β') deux points de l'ellipse focale du plan des xy [éq. (2), n° 27]; (x_1, z_1) un point de l'hyperbole focale [éq. (4), n° 27]. Les carrés des distances de ce point aux deux premiers se mettent sous la forme

$$\delta^2 = \frac{[x_1(a^2 - c^2) - \alpha(a^2 - b^2)]^2}{(a^2 - b^2)(a^2 - c^2)},$$

$$\delta'^2 = \frac{[x_1(a^2 - c^2) - \alpha'(a^2 - b^2)]^2}{(a^2 - b^2)(a^2 - c^2)}.$$

On a donc

$$\delta - \delta' = (\alpha' - \alpha)\sqrt{\frac{a^2 - b^2}{a^2 - c^2}}.$$

De même la somme des distances d'un point quelconque de l'ellipse focale à deux points fixes pris sur l'hyperbole est constante.

32. *Pour chaque plan tangent à une quadrique, le produit de ses distances aux deux points d'une des coniques focales, pour lesquels les tangentes en ces points sont parallèles à ce plan, est constant.*

Soient M le point de contact d'un plan tangent à un ellipsoïde (*fig.* 7), MN la normale qui coupe en N le plan des xy,

Fig. 7.

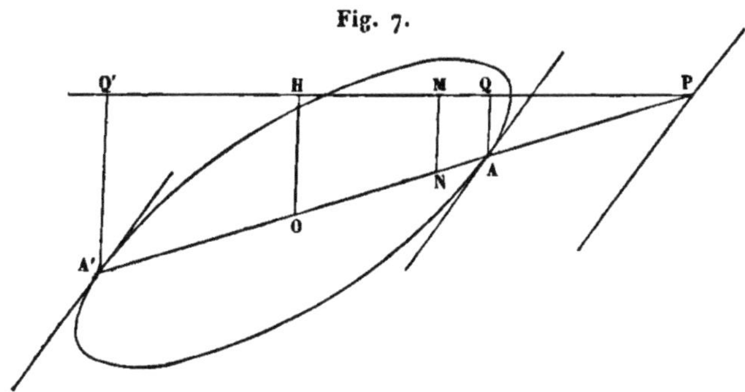

O le centre de la surface. La droite ON coupe la trace du plan tangent sur xOy en un point P; et, comme cette trace est la polaire de N par rapport à l'ellipse focale (n° 27, 3°), on voit que N et P sont conjugués harmoniques par rapport aux points A, A' où le rayon OP rencontre cette ellipse. Les tangentes en A, A' sont parallèles à la trace du plan tangent et au plan lui-même. Menons AQ, A'Q', OH perpendiculaires au plan tangent; on aura

$$AQ.A'Q' = \frac{\overline{MN}^2}{\overline{PN}^2} AP.A'P,$$

et, puisque

$$\frac{2}{PN} = \frac{PA + PA'}{PA.PA'} = \frac{2OP}{PA.PA'},$$

on pourra écrire

$$AQ.A'Q' = \frac{\overline{MN}^2.\overline{OP}^2}{PA.PA'} = \frac{\overline{MN}^2.\overline{OP}^2}{OP.PN} = \frac{\overline{MN}^2.OP}{PN} - MN.OH = c^2,$$

c étant le petit axe de l'ellipsoïde.

33. *Si l'on considère un point d'une focale et deux plans tangents à la quadrique parallèles entre eux et à la tangente en ce point, le produit des distances du point considéré aux deux plans tangents est constant.*

Ce théorème peut être considéré comme un corollaire du précédent; on peut les démontrer tous deux d'une autre manière.

Un point d'une focale et la tangente en ce point sont le sommet et l'axe d'un cône de révolution circonscrit à la quadrique; l'équation de ce cône rapporté à ses plans principaux étant

$$Ax^2 + Ay^2 + Bz^2 = 0,$$

celle de la quadrique sera de la forme

$$Ax^2 + Ay^2 + Bz^2 + (lx + my + nz + p)^2 = 0,$$

et l'équation du cylindre circonscrit, dont les génératrices sont parallèles à l'axe du cône, sera

$$A(B + n^2)(x^2 + y^2) + B(lx + my + p)^2 = 0.$$

La section droite de ce cylindre a donc pour foyer le sommet du cône, et l'axe du cône est une focale du cylindre.

Cela posé, considérons un cylindre circonscrit à un ellipsoïde et dont les génératrices sont parallèles au plan des xy; les lignes focales de ce cylindre seront les tangentes menées à l'ellipse focale parallèlement aux génératrices. Si alors on mène par un des points de contact A la section droite du cylindre, ce point A sera un foyer de la section, et le produit de ses distances à deux tangentes parallèles (ou à deux plans tangents parallèles à la tangente en A à la focale) sera égal au carré du demi petit axe de la section droite, c'est-à-dire à c^2.

34. *Si, par une tangente en un point quelconque d'une quadrique, on mène deux plans tangents à l'une des coniques focales, ils sont également inclinés sur le plan tangent à la surface au point considéré.*

Soient Δ la trace sur le plan principal xOy du plan tangent en M, MT une tangente contenue dans ce plan et qui coupe la trace en T; menons les tangentes TA, TA′ à l'ellipse focale, et joignons T au pied N de la normale. Les droites TA, TA′ sont conjuguées harmoniques par rapport à TN, TΔ (n° 27, 3°); donc les plans MTΔ, MTN, MTA, MTA′ forment un faisceau harmonique, et, comme les deux premiers sont perpendiculaires, les deux autres font des angles égaux avec chacun d'eux.

35. *Les foyers des sections parallèles d'un ellipsoïde menéés perpendiculairement au plan d'une focale sont sur une ellipse bitangente à cette focale et à la section principale correspondante.*

En opérant comme au n° 24 du Chap. IV, on trouve, pour le lieu des foyers des sections parallèles au plan $y = mx$, l'ellipse

$$(b^2x^2 + a^2y^2 - a^2b^2)[b^2(a^2 - c^2) + a^2m^2(b^2 - c^2)] + c^2(b^2x + ma^2y)^2 = 0.$$

Cette équation peut se mettre sous la forme

$$[x^2(b^2 - c^2) + y^2(a^2 - c^2) - (b^2 - c^2)(a^2 - c^2)] \times [b^2(a^2 - c^2) + a^2m^2(b^2 - c^2)] - c^2[mx(b^2 - c^2) - y(a^2 - c^2)]^2 = 0$$

et l'on voit que l'ellipse touche la focale aux deux points où les normales sont parallèles à $y = mx$ (*voir* n° 29).

36. *Si des extrémités de deux diamètres conjugués* AA′, BB′ *de l'ellipse focale d'un ellipsoïde on abaisse des perpendiculaires* AP, A′P′, BQ, B′Q′ *sur un plan tangent, la somme* AP.A′P′ + BQ.B′Q′ *conserve une valeur constante pour tous les systèmes de diamètres conjugués.*

Soient (α, β), (α', β') les coordonnées des points A, B, $(-\alpha, -\beta)$, $(-\alpha', -\beta')$ celles de A′, B′; on pourra poser

$$\alpha = \sqrt{a^2 - c^2}\cos\lambda, \qquad \alpha' = -\sqrt{a^2 - c^2}\sin\lambda,$$
$$\beta = \sqrt{b^2 - c^2}\sin\lambda, \qquad \beta' = \sqrt{b^2 - c^2}\cos\lambda.$$

Si p est la perpendiculaire abaissée du centre sur le plan tangent au point (x', y', z') de l'ellipsoïde, on trouvera

$$\begin{aligned}&\text{AP}.\text{A}'\text{P}' + \text{BQ}.\text{B}'\text{Q}'\\ &= 2p^2 - p^2\left[\left(\frac{\alpha x'}{a^2} + \frac{\beta y'}{b^2}\right)^2 + \left(\frac{\alpha' x'}{a^2} + \frac{\beta' y'}{b^2}\right)^2\right]\\ &= 2p^2 - p^2\left[\frac{x'^2(a^2 - c^2)}{a^4} + \frac{y'^2(b^2 - c^2)}{b^4}\right]\\ &= 2p^2 - p^2\left[\frac{x'^2}{a^2} + \frac{y'^2}{b^2} - c^2\left(\frac{x'^2}{a^4} + \frac{y'^2}{b^4}\right)\right].\end{aligned}$$

Mais

$$\frac{x'^2}{a^2} + \frac{y'^2}{b^2} = 1 - \frac{z'^2}{c^2}, \qquad \frac{x'^2}{a^4} + \frac{y'^2}{b^4} = \frac{1}{p^2} - \frac{z'^2}{c^4}.$$

Donc l'expression entre crochets se réduit à $1 - \frac{c^2}{p^2}$, et par suite

$$\text{AP}.\text{A}'\text{P}' + \text{BQ}.\text{B}'\text{Q}' = p^2 + c^2.$$

37. *Si l'on circonscrit à l'ellipse focale d'un ellipsoïde un parallélogramme* PQRS *dont les points de contact sont les extrémités de deux diamètres conjugués et que l'on abaisse sur un plan tangent les perpendiculaires* PP′, QQ′, RR′, SS′, *la somme des produits* PP′.RR′, QQ′.SS′ *est constante, quel que soit le plan tangent et quel que soit le parallélogramme.*

Les points P, Q, R, S sont les extrémités de deux diamètres conjugués de l'ellipse

$$\frac{x^2}{a^2 - c^2} + \frac{y^2}{b^2 - c^2} = 2;$$

on trouve

$$\text{PP}'.\text{RR}' + \text{QQ}'.\text{SS}' = 2c^2.$$

38. *Si l'on prend arbitrairement un point* P *dans un des plans principaux d'un ellipsoïde, on pourra construire une surface de révolution circonscrite à l'ellipsoïde suivant la section faite par le plan polaire de* P. *L'axe de cette surface est la polaire du point* P *par rapport à la focale située dans le* *plan principal considéré; les foyers sont les points d'intersection de cette polaire avec la focale.*

Soient (x_1, y_1) les coordonnées d'un point P du plan des xy; l'équation de la surface de révolution demandée est

$$\left(\frac{x^2}{a^2}+\frac{y^2}{b^2}+\frac{z^2}{c^2}-1\right)\left[\frac{x_1^2(b^2-c^2)}{a^2}+\frac{y_1^2(a^2-c^2)}{b^2}\right]$$
$$+\frac{(b^2-c^2)(a^2-c^2)}{c^2}\left(\frac{xx_1}{a^2}+\frac{yy_1}{b^2}-1\right)^2.$$

Son axe est la droite

$$\left(z=0,\quad \frac{xx_1}{a^2-c^2}+\frac{yy_1}{b^2-c^2}-1=0\right),$$

et les foyers sont les intersections de cette droite avec la conique

$$\frac{x^2}{a^2-c^2}+\frac{y^2}{b^2-c^2}=1.$$

39. *La section diamétrale faite par un plan parallèle au plan tangent en un point* M *d'une quadrique a ses axes parallèles aux normales aux deux surfaces homofocales qui passent en* M.

Soient (a^2, b^2, c^2) les carrés des demi-axes de la première surface S que nous supposons être un ellipsoïde, (a_1^2, b_1^2, c_1^2), (a_2^2, b_2^2, c_2^2) les carrés des demi-axes des deux autres surfaces S_1 et S_2, (x', y', z') le point commun, enfin p_1, p_2 les distances du centre aux plans tangents en M aux deux dernières surfaces. Les trois quadriques se coupant orthogonalement, les parallèles aux deux normales, menées par le centre, sont dans la section diamétrale considérée et elles sont rectangulaires; il suffit donc de faire voir que les cosinus directeurs de ces normales, $(\alpha_1, \beta_1, \gamma_1)$, $(\alpha_2, \beta_2, \gamma_2)$, satisfont à la relation

$$\frac{\alpha_1\alpha_2}{a^2}+\frac{\beta_1\beta_2}{b^2}+\frac{\gamma_1\gamma_2}{c^2}=0,$$

qui caractérise deux diamètres conjugués de la première surface.

Or les relations

$$\frac{x'^2}{a^2}+\frac{y'^2}{b^2}+\frac{z'^2}{c^2}=1,$$

$$\frac{x'^2}{a_1^2}+\frac{y'^2}{b_1^2}+\frac{z'^2}{c_1^2}=1,$$

$$\frac{x'^2}{a_2^2}+\frac{y'^2}{b_2^2}+\frac{z'^2}{c_2^2}=1$$

donnent par soustraction

$$\frac{x'^2(a^2-a_1^2)}{a^2a_1^2}+\frac{y'^2(b^2-b_1^2)}{b^2b_1^2}+\frac{z'^2(c^2-c_1^2)}{c^2c_1^2}=0,$$

$$\frac{x'^2(a^2-a_2^2)}{a^2a_2^2}+\frac{y'^2(b^2-b_2^2)}{b^2b_2^2}+\frac{z'^2(c^2-c_2^2)}{c^2c_2^2}=0,$$

ou, comme

$$a^2-a_1^2=b^2-b_1^2=c^2-c_1^2, \qquad a^2-a_2^2=b^2-b_2^2=c^2-c_2^2,$$

$$\frac{x'^2}{a^2a_1^2}+\frac{y'^2}{b^2b_1^2}+\frac{z'^2}{c^2c_1^2}=0, \qquad \frac{x'^2}{a^2a_2^2}+\frac{y'^2}{b^2b_2^2}+\frac{z'^2}{c^2c_2^2}=0.$$

Enfin ces dernières relations donnent de la même manière

$$\frac{x'^2}{a^2a_1^2a_2^2}+\frac{y'^2}{b^2b_1^2b_2^2}+\frac{z'^2}{c^2c_1^2c_2^2}=0.$$

Comme les cosinus directeurs des normales ont pour valeurs

$$\alpha_1=\frac{p_1x'}{a_1^2}, \qquad \beta_1=\frac{p_1y'}{b_1^2}, \qquad \gamma_1-\frac{p_1z'}{c_1^2}, \qquad \alpha_2=\frac{p_2x'}{a_2^2}, \qquad \dots,$$

on aura

$$\frac{\alpha_1\alpha_2}{a^2}+\frac{\beta_1\beta_2}{b^2}+\frac{\gamma_1\gamma_2}{c^2}=p_1p_2\left(\frac{x'^2}{a^2a_1^2a_2^2}+\frac{y'^2}{b^2b_1^2b_2^2}+\frac{z'^2}{c^2c_1^2c_2^2}\right)=0.$$

40. *Si l'on considère un point quelconque de l'intersection d'une quadrique et d'une de ses homofocales, si p est la longueur de la perpendiculaire abaissée du centre sur le plan tangent en ce point à la surface donnée et que d soit la longueur du demi-diamètre parallèle à la tangente à la courbe d'intersection au point considéré, on a, quel que soit ce point,* $p.d=\text{const}$.

Mêmes notations qu'au n° 39. Nous considérons l'intersection des deux surfaces S et S_2; la tangente en un point quelconque de la courbe gauche est normale à la surface S_1, qui passe par ce point, et, par suite, la longueur d du demi-diamètre parallèle est donnée par la formule

$$\frac{1}{d^2} = \frac{\alpha_1^2}{a^2} + \frac{\beta_1^2}{b^2} + \frac{\gamma_1^2}{c^2} = p_1^2\left(\frac{x'^2}{a^2 a_1^4} + \frac{y'^2}{b^2 b_1^4} + \frac{z'^2}{c^2 c_1^4}\right).$$

Mais, en retranchant membre à membre la relation

$$\frac{x'^2}{a^2 a_1^2} + \frac{y'^2}{b^2 b_1^2} + \frac{z'^2}{c^2 c_1^2} = 0,$$

démontrée au n° 39, et celle-ci

$$\frac{x'^2}{a_1^4} + \frac{y'^2}{b_1^4} + \frac{z'^2}{c_1^4} = \frac{1}{p_1^2},$$

on obtient

$$\frac{x'^2(a^2 - a_1^2)}{a^2 a_1^4} + \frac{y'^2(b^2 - b_1^2)}{b^2 b_1^4} + \frac{z'^2(c^2 - c_1^2)}{c^2 c_1^4} = \frac{1}{p_1^2}$$

ou

$$\frac{x'^2}{a^2 a_1^4} + \frac{y'^2}{b^2 b_1^4} + \frac{z'^2}{c^2 c_1^4} = \frac{1}{p_1^2(a^2 - a_1^2)}.$$

Donc

$$\frac{1}{d^2} = p_1^2 \frac{1}{p_1^2(a^2 - a_1^2)} \qquad \text{ou} \qquad d^2 = a^2 - a_1^2.$$

Telle est l'expression du carré d'un des demi-axes de la section centrale parallèle au plan tangent en (x', y', z'); pour l'autre demi-axe, on a

$$d'^2 = a^2 - a_2^2,$$

et comme, d'après un théorème connu, on a

$$p^2 d^2 d'^2 = a^2 b^2 c^2,$$

l'expression de p^2 peut s'écrire

$$p^2 = \frac{a^2 b^2 c^2}{(a^2 - a_1^2)(a^2 - a_2^2)}.$$

Donc

$$p^2 d^2 = \frac{a^2 b^2 c^2}{a^2 - a_2^2};$$

ce produit est indépendant de la surface S_1 qui varie lorsque le point (x', y', z') parcourt la courbe d'intersection de S et de S_2.

41. *En un point* M *d'une quadrique on mène la normale et le plan tangent, puis le plan diamétral conjugué de la normale; soit* Δ *l'intersection des deux plans. Si l'on considère le cône de sommet* M *qui a pour base une section de la quadrique par un plan quelconque mené par* Δ, *les axes de ce cône seront la normale en* M *et les normales aux deux surfaces homofocales qui passent par ce point.*

En prenant pour axes la normale en M et les parallèles aux axes de la section centrale parallèle au plan tangent, c'est-à-dire, d'après le n° 39, les normales aux deux surfaces homofocales, l'équation de la quadrique sera

$$Ax^2 + A'y^2 + A''z^2 + 2Byz + 2B'zx + 2C''z = 0.$$

Le plan diamétral conjugué de la normale Mz est

$$B'x + By + A''z + C'' = 0,$$

et une section plane passant par l'intersection de ce plan avec le plan tangent xOy est

$$B'x + By + C'' + \lambda z = 0;$$

enfin le cône de sommet M et ayant pour base cette section a pour équation

$$Ax^2 + A'y^2 + z^2(A'' - 2\lambda) = 0;$$

il a pour axes de figure les axes mêmes des coordonnées.

42. *Les axes d'un cône circonscrit à une quadrique sont les normales aux trois surfaces homofocales qui passent par son sommet; tous les cônes de même sommet circonscrits aux quadriques d'un système homofocal ont mêmes axes et mêmes lignes focales. Ces lignes focales sont deux génératrices de l'hyperboloïde à une nappe du système donné qui passe par le sommet commun à tous les cônes.*

Considérons un point M, sommet d'un cône circonscrit à la surface S, et le plan tangent en ce point à la surface S_1, l'une des trois quadriques homofocales à S qui passent par M; le pôle P de ce plan par rapport à S est dans le plan de la courbe de contact et il est en même temps sur la normale à S_1. La polaire de P par rapport à la courbe de contact est l'intersection du plan de cette courbe et du plan tangent; c'est donc la droite qui joint les pieds Q, R des normales aux deux autres homofocales S_2 et S_3 passant en M. En d'autres termes, le plan MQR est le plan polaire de MP par rapport au cône; de même MRP, MPQ sont les plans polaires de MQ, MR respectivement; ainsi les trois normales MP, MQ, MR sont des diamètres conjugués du cône et, comme elles sont rectangulaires deux à deux, ce sont les axes.

Nous allons chercher l'équation du cône circonscrit en prenant les trois normales MP, MQ, MR pour axes des coordonnées. Si la surface S est un ellipsoïde ayant pour axes a, b, c, l'équation du cône circonscrit, dont le sommet est (x', y', z'), prendra d'abord la forme

$$\left(\frac{x'^2}{a^2}+\frac{y'^2}{b^2}+\frac{z'^2}{c^2}-1\right)\left(\frac{x^2}{a^2}+\frac{y^2}{b^2}+\frac{z^2}{c^2}\right)-\left(\frac{xx'}{a^2}+\frac{yy'}{b^2}+\frac{zz'}{c^2}\right)^2,$$

en transportant l'origine en M.

Soient maintenant (a_1^2, b_1^2, c_1^2), (a_2^2, b_2^2, c_2^2), (a_3^2, b_3^2, c_3^2) les carrés des demi-axes des trois homofocales S_1, S_2, S_3; p_1, p_2, p_3 les distances du centre commun de ces surfaces aux trois plans tangents en (x', y', z'); $(\alpha_1, \beta_1, \gamma_1)$, $(\alpha_2, \beta_2, \gamma_2)$, $(\alpha_3, \beta_3, \gamma_3)$ les cosinus directeurs des normales prises pour nouveaux axes; on a

$$\alpha_1=\frac{p_1 x'}{a_1^2}, \qquad \beta_1=\frac{p_1 y'}{b_1^2}, \qquad \gamma_1=\frac{p_1 z'}{c_1^2},$$
$$\alpha_2=\frac{p_2 x'}{a_2^2}, \qquad \ldots, \qquad \alpha_3=\frac{p_3 x'}{a_3^2}, \qquad \ldots,$$

et, par suite, les formules de transformation

$$x=\frac{p_1 x'}{a_1^2}X+\frac{p_2 x'}{a_2^2}Y+\frac{p_3 x'}{a_3^2}Z,$$
$$y=\frac{p_1 y'}{b_1^2}X+\frac{p_2 y'}{b_2^2}Y+\frac{p_3 y'}{b_3^2}Z,$$
$$z-\frac{p_1 z'}{c_1^2}X+\frac{p_2 z'}{c_2^2}Y+\frac{p_3 z'}{c_3^2}Z.$$

Posons

$$S' = \frac{x'^2}{a^2} + \frac{y'^2}{b^2} + \frac{z'^2}{c^2} - 1;$$

l'équation transformée du cône sera

$$(1)\quad \left\{\begin{aligned} &S'\left[p_1^2 X^2\left(\frac{x'^2}{a^2 a_1^4} + \frac{y'^2}{b^2 b_1^4} + \frac{z'^2}{c^2 c_1^4}\right) + \ldots\right. \\ &\qquad \left. + 2YZ p_2 p_3\left(\frac{x'^2}{a^2 a_2^2 a_3^2} + \frac{y'^2}{b^2 b_2^2 b_3^2} + \frac{z'^2}{c^2 c_2^2 c_3^2}\right) + \ldots\right] \\ &= \left[p_1 X\left(\frac{x'^2}{a^2 a_1^2} + \frac{y'^2}{b^2 b_1^2} + \frac{z'^2}{c^2 c_1^2}\right)\right. \\ &\qquad \left. + p_2 Y\left(\frac{x'^2}{a^2 a_2^2} + \frac{y'^2}{b^2 b_2^2} + \frac{z'^2}{c^2 c_2^2}\right) + p_3 Z\left(\frac{x'^2}{a^2 a_3^2} + \frac{y'^2}{b^2 b_3^2} + \frac{z'^2}{c^2 c_3^2}\right)\right]^2. \end{aligned}\right.$$

Maintenant les deux relations

$$\frac{x'^2}{a^2} + \frac{y'^2}{b^2} + \frac{z'^2}{c^2} - 1 = S', \qquad \frac{x'^2}{a_1^2} + \frac{y'^2}{b_1^2} + \frac{z'^2}{c_1^2} - 1 = 0$$

donnent, par soustraction,

$$(2)\qquad \frac{x'^2}{a^2 a_1^2} + \frac{y'^2}{b^2 b_1^2} + \frac{c'^2}{c^2 c_1^2} = \frac{S'}{a_1^2 - a^2},$$

puisque

$$a_1^2 - a^2 = b_1^2 - b^2 = c_1^2 - c^2 \text{ (1)}.$$

---

(1) Nous rappellerons que les axes des trois surfaces S_1, S_2, S_3 sont déterminés par l'équation du troisième degré en λ^2

$$\frac{x'^2}{a^2 - \lambda^2} + \frac{y'^2}{b^2 - \lambda^2} + \frac{z'^2}{c^2 - \lambda^2} = 1;$$

si λ_1^2, λ_2^2, λ_3^2 sont les trois racines, on a

$$a^2 - \lambda_1^2 = a_1^2, \qquad b^2 - \lambda_1^2 = b_1^2, \qquad c^2 - \lambda_1^2 = c_1^2,$$

et, de même,

$$a^2 - \lambda_2^2 = a_2^2, \qquad \ldots, \qquad a^2 - \lambda_3^2 = a_3^2, \qquad \ldots$$

ou

$$a_1^2 - a^2 = b_1^2 - b^2 = c_1^2 - c^2 = -\lambda_1^2,$$

$$a_2^2 - a^2 - b_2^2 - b^2 = c_2^2 - c^2 = -\lambda_2^2,$$

$$a_3^2 - a^2 = b_3^2 - b^2 = c_3^2 - c^2 = -\lambda_3^2.$$

On a de même

$$(2')\qquad \frac{x'^2}{a^2 a_2^2} + \frac{y'^2}{b^2 b_2^2} + \frac{z'^2}{c^2 c_2^2} = \frac{S'}{a_2^2 - a^2},$$

$$(2'')\qquad \frac{x'^2}{a^2 a_3^2} + \frac{y'^2}{b^2 b_3^2} + \frac{z'^2}{c^2 c_3^2} = \frac{S'}{a_3^2 - a^2}.$$

La soustraction des relations (2), (2′), (2″) deux à deux donne ensuite

$$(3)\qquad \frac{x'^2}{a^2 a_2^2 a_3^2} + \frac{y'^2}{b^2 b_2^2 b_3^2} + \frac{z'^2}{c^2 c_2^2 c_3^2} = \frac{S'}{(a_2^2 - a^2)(a_3^2 - a^2)},$$

$$(3')\qquad \frac{x'^2}{a^2 a_3^2 a_1^2} + \frac{y'^2}{b^2 b_3^2 b_1^2} + \frac{z'^2}{c^2 c_3^2 c_1^2} = \frac{S'}{(a_3^2 - a^2)(a_1^2 - a^2)},$$

$$(3'')\qquad \frac{x'^2}{a^2 a_1^2 a_2^2} + \frac{y'^2}{b^2 b_1^2 b_2^2} + \frac{z'^2}{c^2 c_1^2 c_2^2} = \frac{S'}{(a_1^2 - a^2)(a_2^2 - a^2)}.$$

Enfin, par la combinaison de la relation (2) avec

$$\frac{x'^2}{a_1^4} + \frac{y'^2}{b_1^4} + \frac{z'^2}{c_1^4} = \frac{1}{p_1^2},$$

on obtient

$$(4)\qquad \frac{x'^2}{a^2 a_1^4} + \frac{y'^2}{b^2 b_1^4} + \frac{z'^2}{c^2 c_1^4} = \frac{S'}{(a_1^2 - a^2)^2} - \frac{1}{p_1^2(a_1^2 - a^2)}$$

et de même

$$(4')\qquad \frac{x'^2}{a^2 a_2^4} + \frac{y'^2}{b^2 b_2^4} + \frac{z'^2}{c^2 c_2^4} = \frac{S'}{(a_2^2 - a^2)^2} - \frac{1}{p_2^2(a_2^2 - a^2)},$$

$$(4'')\qquad \frac{x'^2}{a^2 a_3^4} + \frac{y'^2}{b^2 b_3^4} + \frac{z'^2}{c^2 c_3^4} = \frac{S'}{(a_3^2 - a^2)^2} - \frac{1}{p_3^2(a_3^2 - a^2)}.$$

En tenant compte des identités (2), (2′), (2″), (3), (3′), (3″), (4), (4′), (4″), l'équation (1) devient

$$\begin{aligned} S'\Big\{ p_1^2 X^2 \left[\frac{S'}{(a_1^2 - a^2)^2} - \frac{1}{p_1^2(a_1^2 - a^2)} \right] + \ldots \\ + 2 p_2 p_3 YZ \frac{S'}{(a_2^2 - a^2)(a_3^2 - a^2)} + \ldots \Big\} \\ = S'^2 \left(\frac{p_1 X}{a_1^2 - a^2} + \frac{p_2 Y}{a_2^2 - a^2} + \frac{p_3 Z}{a_3^2 - a^2} \right)^2 \end{aligned}$$

et il reste simplement

$$(5) \qquad \frac{X^2}{a_1^2 - a^2} + \frac{Y^2}{a_2^2 - a^2} + \frac{Z^2}{a_3^2 - a^2} = 0.$$

On voit que le cône est rapporté à ses axes de figure; de plus, les différences des quantités $a_1^2 - a^2$, $a_2^2 - a^2$, $a_3^2 - a^2$, prises deux à deux, entrent seules dans les équations des lignes focales réelles ou imaginaires de ce cône; ces équations sont indépendantes de a^2, c'est-à-dire de la quadrique à laquelle on circonscrit le cône.

Supposons que la surface S_1 soit l'ellipsoïde homofocal à S qui passe en (x', y', z'), que S_2 soit l'hyperboloïde à une nappe, et S_3 l'hyperboloïde à deux nappes, que de plus le point (x', y', z') soit extérieur à l'ellipsoïde S; on aura alors, comme il est facile de s'en assurer (*voir* la note de la page 193)

$$a_1^2 > a^2, \qquad a_2^2 < a_1^2, \qquad a_3^2 < a_2^2 < a^2.$$

Les focales réelles du cône (5) sont alors représentées par les équations

$$Y = 0, \qquad \frac{X^2}{a_1^2 - a_2^2} - \frac{Z^2}{a_2^2 - a_3^2} = 0;$$

elles sont dans le plan tangent à S_2.

Mais, d'après le n° 40, les carrés des demi-axes de la section centrale de l'hyperboloïde S_2 parallèle au plan tangent sont $a_1^2 - a_2^2$ et $a_2^2 - a_3^2$; les focales du cône sont donc parallèles aux asymptotes de cette section; ce sont donc les deux génératrices de l'hyperboloïde S_2 qui passent par le sommet du cône.

43. *Si, par une tangente à une quadrique, on mène deux plans tangents à une de ses homofocales, ces plans font des angles égaux avec le plan tangent à la première surface dans lequel se trouve la tangente.*

Ce théorème résulte immédiatement de ce que le plan tangent à la première surface est un plan principal du cône circonscrit à la seconde; deux plans tangents à un cône, menés par une droite située dans un plan principal et passant par le sommet, sont également inclinés sur ce plan principal.

Le théorème n° 34 est un cas particulier de celui-ci, car les coniques focales ne sont autre chose que les limites de surfaces homofocales à la quadrique à laquelle ces coniques appartiennent.

44. *Quand un cône est circonscrit à une quadrique, ses trois axes rencontrent un quelconque des plans principaux en trois points qui forment un triangle polaire conjugué par rapport à la conique focale contenue dans ce plan.*

Les trois axes d'un cône circonscrit percent le plan de la courbe de contact en trois points qui forment un triangle polaire conjugué par rapport à cette courbe; en considérant une conique focale comme la limite d'une surface, on voit donc que les axes du cône qui a cette conique pour base perceront son plan en trois points formant un triangle polaire conjugué par rapport à cette conique elle-même. Or ces axes sont les mêmes que ceux du cône circonscrit à la quadrique donnée.

45. *Si l'on circonscrit à des quadriques homofocales des cylindres ayant leurs génératrices parallèles, un plan quelconque perpendiculaire aux génératrices détermine dans ces cylindres des sections homofocales.*

Ce théorème peut être considéré comme un corollaire de celui du n° 42; il est facile d'ailleurs de le démontrer par un calcul direct.

On en déduit cette conséquence : *les projections des deux focales d'une surface sur un même plan sont des coniques homofocales.*

46. *Si l'on considère un cône de sommet* S *circonscrit à une quadrique, le point* P *où l'un des axes de ce cône perce le plan polaire de* S, *la droite* SP *est l'un des axes du cône ayant pour sommet le point* S *et pour base la section de la quadrique par un plan quelconque mené par* P.

Le plan polaire du point P par rapport au cône circonscrit est en même temps le plan polaire de P par rapport à la quadrique, et aussi par rapport à un cône ayant pour base la section de la surface par un plan quelconque passant en P.

Comme SP est perpendiculaire au plan polaire de P par rapport au cône circonscrit, cette droite est aussi un axe du second cône, et cela aura lieu, quel que soit le plan mené par le point P.

Ce théorème donne *a priori* la solution de la première partie de la question proposée au Concours d'agrégation en 1877, et dont voici l'énoncé :

On donne un ellipsoïde et un point S : 1° *trouver un point* P *tel que, en menant par ce point un plan quelconque, la droite* SP *soit toujours un des axes du cône qui a pour sommet le point* S, *et pour base la section de l'ellipsoïde par le plan;* 2° *le problème admet en général trois solutions; trouver pour quelles positions du point* S *le nombre des solutions devient infini;* 3° *le point* S *restant fixe, on suppose que l'ellipsoïde se déforme de manière que les sections principales conservent les mêmes foyers, et l'on demande le lieu que décrit alors le point* P.

On voit que les points cherchés sont les points P, Q, R où les axes du cône circonscrit à l'ellipsoïde et ayant S pour sommet percent le plan de la courbe de contact. Il faut démontrer toutefois que P, Q, R sont les seuls points répondant à la question : considérons un plan tangent mené par le point P, supposé connu, et soit A son point de contact; le cône de sommet S et ayant pour base la section par le plan tangent se réduit à deux plans imaginaires passant par SA, et SP doit être perpendiculaire à SA. Toutes les droites, telles que SA, sont donc dans un même plan passant en S et qui est le plan polaire de P; donc P est dans le plan polaire de S. Si maintenant le plan *quelconque* mené par P est le plan polaire de S, on voit que SP est un axe du cône circonscrit.

Lorsque le point S est sur une des focales de l'ellipsoïde, le cône circonscrit est de révolution; le plan perpendiculaire à son axe coupe le plan de la courbe de contact suivant une droite, et chacun des points de cette droite, étant la trace d'un axe du cône, jouit de la propriété énoncée. Ainsi, pour que le problème proposé admette une infinité de solutions, il faut que le point S soit sur une des coniques focales.

Enfin, si l'on considère les surfaces homofocales à l'ellipsoïde, le lieu des points P, Q, R se compose de trois droites, les axes communs à tous les cônes circonscrits aux différentes surfaces.

47. *Si l'on regarde la normale en un point d'une quadrique et les normales aux deux homofocales qui passent par ce point comme les trois axes principaux communs à trois quadriques passant par le centre de la proposée et tangentes respectivement à ses trois plans principaux, les axes de ces surfaces dirigés suivant la première normale sont égaux à ceux de la quadrique donnée, et les trois nouvelles surfaces sont homofocales* (*voir* Ire Partie, Chap. IV, n° 8, pour la question analogue de Géométrie plane).

Soient

$\frac{x^2}{a^2}+\frac{y^2}{b^2}+\frac{z^2}{c^2}=1$ la quadrique donnée;

(x', y', z') le point pris sur sa surface;

(a_1, b_1, c_1), (a_2, b_2, c_2) les axes des deux homofocales;

p, p_1, p_2 les distances du centre aux trois plans tangents en (x', y', z').

Si l'on prend pour nouveaux axes les trois normales, l'équation d'une des surfaces à construire est de la forme

$$\frac{X^2}{\alpha^2}+\frac{Y^2}{\beta^2}+\frac{Z^2}{\gamma^2}=1.$$

Si elle doit toucher le plan principal des yz dont l'équation dans le nouveau système est

$$\frac{pX}{a^2}+\frac{p_1Y}{a_1^2}+\frac{p_2Z}{a_2^2}+1=0,$$

et passer en même temps par le centre de l'ellipsoïde donné, dont les coordonnées actuelles sont $X=-p$, $Y=-p_1$, $Z=-p_2$, il faudra prendre $\alpha^2=a^2$, $\beta^2=a_1^2$, $\gamma^2=a_2^2$, et l'équation de la quadrique sera

$$\frac{X^2}{a^2}+\frac{Y^2}{a_1^2}+\frac{Z^2}{a_2^2}=1.$$

De même celles des deux autres sont

$$\frac{X^2}{b^2}+\frac{Y^2}{b_1^2}+\frac{Z^2}{b_2^2}=1, \qquad \frac{X^2}{c^2}+\frac{Y^2}{c_1^2}+\frac{Z^2}{c_2^2}=1.$$

On voit que les carrés des demi-axes de ces trois surfaces, dirigés suivant l'axe des X, normal à l'ellipsoïde, sont a^2, b^2, c^2. Les trois surfaces sont homofocales en vertu des relations

$$a^2-a_1^2=b^2-b_1^2=c^2-c_1^2, \qquad a^2-a_2^2=b^2-b_2^2=c^2-c_2^2.$$

48. *Étant données trois surfaces homofocales qui passent par un même point, le lieu du sommet d'un trièdre trirectangle dont les faces touchent respectivement ces trois surfaces est une sphère.*

Les cosinus directeurs des normales aux trois plans tangents étant $(\alpha_1\beta_1\gamma_1)$, $(\alpha_2\beta_2\gamma_2)$, $(\alpha_3\beta_3\gamma_3)$, les carrés de leurs distances au centre sont

$$p_1^2=a_1^2\alpha_1^2+b_1^2\beta_1^2+c_1^2\gamma_1^2,$$
$$p_2^2=a_2^2\alpha_2^2+b_2^2\beta_2^2+c_2^2\gamma_2^2,$$
$$p_3^2=a_3^2\alpha_3^2+b_3^2\beta_3^2+c_3^2\gamma_3^2.$$

Mais on a les deux groupes de relations

$$\alpha_1^2+\alpha_2^2+\alpha_3^2=1, \qquad \beta_1^2+\beta_2^2+\beta_3^2=1, \qquad \gamma_1^2+\gamma_2^2+\gamma_3^2=1,$$
$$\alpha_1^2+\beta_1^2+\gamma_1^2=1, \qquad \alpha_2^2+\beta_2^2+\gamma_2^2=1, \qquad \alpha_3^2+\beta_3^2+\gamma_3^2=1.$$

On en conclut

$$\begin{aligned} p_1^2+p_2^2+p_3^2 &= a_1^2+b_1^2+c_1^2+\alpha_2^2(a_2^2-a_1^2)+\beta_2^2(b_2^2-b_1^2)+\gamma_2^2(c_2^2-c_1^2) \\ &\quad +\alpha_3^2(a_3^2-a_1^2)+\beta_3^2(b_3^2-b_1^2)+\gamma_3^2(c_3^2-c_1^2) \\ &= a_1^2+b_1^2+c_1^2+(a_2^2-a_1^2)+(a_3^2-a_1^2). \end{aligned}$$

Comme $p_1^2+p_2^2+p_3^2$ est le carré de la distance de l'origine au point d'intersection des trois plans tangents, on voit que le lieu de ce point est une sphère concentrique aux trois surfaces.

49. *Le sommet d'un trièdre trirectangle dont une des faces touche une quadrique et dont les deux autres faces touchent les focales réelles, décrit une sphère ayant le grand axe pour diamètre.*

La démonstration directe peut être faite comme celle du théorème précédent. On peut d'ailleurs conclure de ce théorème celui que nous venons d'énoncer, en considérant la quadrique et ses deux coniques focales comme trois surfaces homofocales passant par un même point. Supposons que la quadrique donnée soit un ellipsoïde; la partie du plan des xy extérieure à l'ellipse focale peut être considérée comme un hyperboloïde à une nappe infiniment aplati; la partie du plan des zx intérieure à l'hyperbole focale est la limite d'un hyperboloïde à deux nappes. Les trois surfaces se coupent aux extrémités du grand axe de l'ellipsoïde; ainsi, dans l'expression de $p_1^2+p_2^2+p_3^2$ du n° 48, il faudra faire

$$a_2^2=a_1^2-c_1^2, \qquad a_3^2=a_1^2-b_1^2,$$

et il reste

$$p_1^2+p_2^2+p_3^2=a_1^2.$$

50. *Parmi les quadriques d'un système homofocal, il y en a deux qui touchent une droite donnée, et les plans tangents aux points de contact sont rectangulaires.*

Si l'on exprime la condition de contact d'une droite et de la surface $\frac{x^2}{a^2-\lambda^2}+\ldots=1$, on trouve une équation du second degré en λ^2, ce qui démontre la première partie du théorème. Considérons maintenant les deux homofocales

$$\frac{x^2}{a^2}+\frac{y^2}{b^2}+\frac{z^2}{c^2}=1 \qquad \text{et} \qquad \frac{x^2}{a^2-\lambda^2}+\frac{y^2}{b^2-\lambda^2}+\frac{z^2}{c^2-\lambda^2}=1,$$

un point (x', y', z') de la première et un point (x'', y'', z'') de la seconde. Si la droite qui joint ces points est tangente aux deux surfaces, elle sera contenue dans chacun des plans tangents aux points considérés, ce qui donne les conditions

$$\frac{x'x''}{a^2}+\frac{y'y''}{b^2}+\frac{z'z''}{c^2}=1, \qquad \frac{x'x''}{a^2-\lambda^2}+\frac{y'y''}{b^2-\lambda^2}+\frac{z'z''}{c^2-\lambda^2}=1,$$

et, en les retranchant membre à membre,

$$\lambda^2\left[\frac{x'x''}{a^2(a^2-\lambda^2)}+\frac{y'y''}{b^2(b^2-\lambda^2)}+\frac{z'z''}{c^2(c^2-\lambda^2)}\right]=0.$$

Or cette dernière équation, puisque λ^2 est différent de zéro, exprime que les deux plans tangents sont rectangulaires.

51. *Si par un point d'un ellipsoïde on mène les quatre cordes bifocales (c'est-à-dire les quatre droites qui rencontrent à la fois les deux focales réelles), on peut faire passer par ces cordes un cône de révolution ayant pour axe la normale au point donné; si l'on coupe les cordes bifocales par un plan perpendiculaire à cette normale, la longueur du segment intercepté sur chacune d'elles est égale au grand axe de l'ellipsoïde.*

Si l'on prend pour axes de coordonnées la normale à l'ellipsoïde au point considéré et les normales aux deux homofocales qui passent par ce point, et dont les carrés des demi-axes sont (a_1^2, b_1^2, c_1^2), (a_2^2, b_2^2, c_2^2), on aura, d'après l'équation (5) du n° 42, pour le cône circonscrit à l'ellipse focale du plan des xy,

$$S = \frac{X^2}{c^2} + \frac{Y^2}{a_1^2 - a^2 + c^2} + \frac{Z^2}{a_2^2 - a^2 + c^2} = 0,$$

et, pour le cône circonscrit à l'hyperbole focale,

$$S_1 = \frac{X^2}{b^2} + \frac{Y^2}{a_1^2 - a^2 + b^2} + \frac{Z^2}{a_2^2 - a^2 + b^2} = 0.$$

L'équation $S + \mu S_1 = 0$ représentera un cône de révolution si l'on prend

$$\mu = -\frac{(a_1^2 - a^2 + b^2)(a_2^2 - a^2 + b^2)}{(a_1^2 - a^2 + c^2)(a_2^2 - a^2 + c^2)};$$

on aura

$$X^2\left[\frac{(a_1^2 - a^2)(a_2^2 - a^2)}{b^2 c^2} - 1\right] = Y^2 + Z^2.$$

Mais on a vu (n° 40) que le carré de la distance du centre au plan tangent au sommet de ce cône est

$$p^2 = \frac{a^2 b^2 c^2}{(a_1^2 - a^2)(a_2^2 - a^2)};$$

on peut donc écrire

$$X^2\left(\frac{a^2}{p^2} - 1\right) = Y^2 + Z^2.$$

Ce cône contient les quatre cordes bifocales; si on le coupe par le plan $X = p$, mené par le centre de l'ellipsoïde perpendiculairement à son axe, on aura le cercle

$$Y^2 + Z^2 = a^2 - p^2.$$

Donc le segment de la génératrice compris entre le sommet et ce plan est égal à a.

CHAPITRE VI.

QUADRIQUES REPRÉSENTÉES PAR L'ÉQUATION GÉNÉRALE DU SECOND DEGRÉ. THÉORÈMES ET LIEUX GÉOMÉTRIQUES DIVERS.

1. *Conditions pour que l'équation générale du second degré représente un paraboloïde, un cylindre de révolution.*

Si la surface

$$Ax^2 + A'y^2 + A''z^2 + 2Byz + 2B'zx + 2B''xy + 2Cx + 2C'y + 2C''z + D = 0$$

est un paraboloïde de révolution, on aura à la fois

$$A - \frac{B'B''}{B} = A' - \frac{B''B}{B'} = A'' - \frac{BB'}{B''}$$

et

$$AA'A'' + 2BB'B'' - AB^2 - A'B'^2 - A''B''^2 = 0.$$

Désignons par K la valeur commune des binômes de Jacobi et remplaçons dans le dénominateur des coordonnées du centre A, A', A'' par $K + \frac{B'B''}{B}$, ...; il vient

$$K^3 + K^2\left(\frac{B'B''}{B} + \frac{B''B}{B'} + \frac{BB'}{B''}\right) = 0$$

ou

$$K = -\left(\frac{B'B''}{B} + \frac{B''B}{B'} + \frac{BB'}{B''}\right),$$

la solution $K = 0$ devant être écartée, car elle répond au cylindre parabolique. On aura donc

$$A-\frac{B'B''}{B}=-\left(\frac{B'B''}{B}+\frac{B''B}{B'}+\frac{BB'}{B''}\right)$$

ou

$$AB'B''+B(B'^2+B''^2)=0$$

et de même

$$A'B''B+B'(B''^2+B^2)=0, \qquad A''BB'+B''(B^2+B'^2)=0.$$

Si la surface est un cylindre de révolution, on doit avoir, outre les conditions précédentes,

$$\begin{vmatrix} B'' & A' & B \\ B' & B & A'' \\ C & C' & C'' \end{vmatrix}=0$$

ou

$$C(A'A''-B^2)+C'(BB'-A''B'')+C''(B''B-A'B')=0.$$

Remplaçons A' et A'' par $-\frac{B'}{B''B}(B''^2+B^2)$, $-\frac{B''}{BB'}(B^2+B'^2)$; cette dernière condition s'écrit

$$\left(\frac{C}{B^2}+\frac{C'}{BB'}+\frac{C''}{BB''}\right)(B'^2B''^2+B''^2B^2+B^2B'^2)=0$$

ou

$$\frac{C}{B}+\frac{C'}{B'}+\frac{C''}{B''}=0.$$

2. *Étude de la surface*

$$\begin{aligned} &Ax^2+A'y^2+A''z^2+2Ayz \\ &\quad+2A'zx+2A''xy-2Cx-2C'y-2C''z+1=0, \end{aligned}$$

dans le cas où le déterminant des équations du centre est nul.

On a identiquement

$$\begin{vmatrix} A & A'' & A' \\ A'' & A' & A \\ A' & A & A'' \end{vmatrix}=(A+A'+A'')(A'A''+A''A+AA'-A^2-A'^2-A''^2).$$

Si l'on suppose

$$A'A''+A''A+AA'-A^2-A'^2-A''^2=0,$$

l'équation en S a deux racines nulles, et la surface est un cylindre parabolique. Si l'on suppose

$$A + A' + A'' = 0,$$

et par suite

$$A'A'' + A''A + \ldots - A''^2 = -\tfrac{3}{2}(A^2 + A'^2 + A''^2),$$

l'équation en S a une racine nulle, les deux autres égales et de signes contraires; la surface est un paraboloïde hyperbolique isoscèle.

Supposons maintenant que l'on ait à la fois

$$A + A' + A'' = 0$$

et

$$\begin{vmatrix} A & A'' & A' \\ A'' & A' & A \\ C & C' & C'' \end{vmatrix} - C(A''A - A'^2) + C'(A'A'' - A^2) + C''(AA' - A''^2) = 0.$$

La surface sera un cylindre, et, comme l'hypothèse

$$A + A' + A'' = 0$$

donne

$$\begin{aligned} A''A - A'^2 = A'A'' - A^2 = AA' - A''^2 \\ = \tfrac{1}{3}(A''A - A'^2 + A'A'' - A^2 + AA' - A''^2) \\ = -\tfrac{1}{2}(A^2 + A'^2 + A''^2), \end{aligned}$$

on aura

$$C + C' + C'' = 0.$$

Le cylindre est hyperbolique et équilatère; les équations de la droite des centres sont

$$Ax + A''y + A'z = C, \qquad A''x + A'y + Az = C'.$$

On peut écrire, en éliminant z,

$$x - y = \frac{CA - C'A'}{A^2 - A'A''}$$

ou bien

$$x - \frac{CA}{A^2 - A'A''} = y - \frac{C'A'}{A'^2 - A''A},$$

à cause de la relation

$$A^2 - A'A'' = A'^2 - A''A.$$

Chacun de ces binômes est aussi égal à $z - \frac{C''A''}{A''^2 - AA'}$, et, en définitive, l'axe du cylindre peut être représenté par

$$x - \frac{CA}{A^2 - A'A''} = y - \frac{C'A'}{A'^2 - A''A} = z - \frac{C''A''}{A''^2 - AA'}$$

ou

$$x - \frac{2CA}{A^2 + A'^2 + A''^2} = y - \frac{2C'A'}{A^2 + A'^2 + A''^2} = z - \frac{2C''A''}{A^2 + A'^2 + A''^2}.$$

Remarque. — Dans le cas où la surface a un centre unique, on peut obtenir une relation remarquable entre les coordonnées x', y', z' du centre et les coefficients de l'équation. On a

$$\begin{aligned} Ax' + A''y' + A'z' &= C, \\ A''x' + A'y' + Az' &= C', \\ A'x' + Ay' + A''z' &= C''. \end{aligned}$$

Formons avec les trois coefficients C, C', C'' le déterminant symétrique analogue à celui des équations du centre; nous aurons

$$\begin{vmatrix} C & C'' & C' \\ C'' & C' & C \\ C' & C & C'' \end{vmatrix} = \begin{vmatrix} Ax' + A''y' + A'z' & A'x' + Ay' + A''z' & A''x' + A'y' + Az' \\ A'x' + Ay' + A''z' & A''x' + A'y' + Az' & Ax' + A''y' + A'z' \\ A''x' + A'y' + Az' & Ax' + A''y' + A'z' & A'x' + Ay' + A''z' \end{vmatrix}$$

$$= \begin{vmatrix} A & A'' & A' \\ A'' & A' & A \\ A' & A & A'' \end{vmatrix} \times \begin{vmatrix} y' & z' & x' \\ x' & y' & z' \\ z' & x' & y' \end{vmatrix}$$

ou

$$\begin{aligned} &3CC'C'' - C^3 - C'^3 - C''^3 \\ &= (3AA'A'' - A^3 - A'^3 - A''^3)(x'^3 + y'^3 + z'^3 - 3x'y'z'). \end{aligned}$$

3. *Démontrer l'égalité des deux ellipsoïdes*

$$(a_1x + b_1y + c_1z)^2 + (a_2x + b_2y + c_2z)^2 + (a_3x + b_3y + c_3z)^2 = 1,$$
$$(a_1x + a_2y + a_3z)^2 + (b_1x + b_2y + b_3z)^2 + (c_1x + c_2y + c_3z)^2 = 1.$$

Les équations en S pour ces deux ellipsoïdes ont les mêmes coefficients; on le reconnaît sans calcul pour le coefficient de S^2. Le coefficient de S est, pour chacune des équations, la somme de neuf carrés, savoir

$$(b_2c_3 - b_3c_2)^2 + (b_3c_1 - b_1c_3)^2 + (b_1c_2 - b_2c_1)^2 \\ + (c_2a_3 - c_3a_2)^2 + \ldots + (a_2b_3 - a_3b_2)^2 + \ldots.$$

Enfin les deux termes indépendants de S sont chacun le carré du déterminant

$$\begin{vmatrix} a_1 & b_1 & c_1 \\ a_2 & b_2 & c_2 \\ a_3 & b_3 & c_3 \end{vmatrix},$$

ce carré étant fait en multipliant par lignes pour le premier ellipsoïde, par colonnes pour le deuxième.

4. *Lieu des points d'intersection des génératrices rectangulaires de l'hyperboloïde représenté par l'équation générale du second degré.*

Cherchons d'abord la condition pour que la section de la surface $Ax^2 + A'y^2 + \ldots + D = f(x, y, z) = 0$ par un plan $lx + my + nz = 0$ soit une hyperbole équilatère. On peut procéder comme au n° 4 du Chap. II, et exprimer que les deux génératrices suivant lesquelles le plan coupe le cône asymptotique de la surface sont perpendiculaires; la condition cherchée est

$$l^2(A' + A'') + m^2(A'' + A) + n^2(A + A') \\ - 2mnB - 2nlB' - 2lmB'' = 0.$$

Le premier membre de cette équation est la somme des coefficients de x^2, y^2, z^2 dans l'équation du cylindre ayant pour directrice la section de la quadrique par le plan donné et ses génératrices perpendiculaires à ce plan; cette somme doit être nulle, car l'équation en S relative au cylindre doit avoir deux racines égales et de signes contraires; le coefficient de S^2 est donc nul.

Écrivons maintenant que la section de la surface par un

plan tangent en (x_1, y_1, z_1)

$$x\frac{df}{dx_1}+y\frac{df}{dy_1}+z\frac{df}{dz_1}+\frac{df}{dw_1}=0$$

est une hyperbole équilatère. Nous aurons

$$(A'+A'')\left(\frac{df}{dx_1}\right)^2+(A''+A)\left(\frac{df}{dy_1}\right)^2+(A+A')\left(\frac{df}{dz_1}\right)^2$$
$$-2B\frac{df}{dy_1}\frac{df}{dz_1}-2B'\frac{df}{dz_1}\frac{df}{dx_1}-2B''\frac{df}{dx_1}\frac{df}{dy_1}=0.$$

En considérant x_1, y_1, z_1 comme des coordonnées courantes, cette équation jointe à $f(x_1, y_1, z_1)=0$ donne le lieu des points d'intersection des génératrices rectangulaires.

On aura la sphère de Monge en retranchant de l'équation précédente celle de la surface multipliée par

$$A'A''+A''A+AA'-B^2-B'^2-B''^2.$$

5. *Calcul du discriminant de la section droite d'un cylindre.*

Supposons que le cylindre soit elliptique ou hyperbolique et représenté par l'équation générale du second degré. On a, pour déterminer le terme constant D_1 de l'équation de la surface rapportée au centre :

$$(1)\qquad Aa+B''b+B'c+C=0,$$
$$(2)\qquad B''a+A'b+Bc+C'=0,$$
$$(3)\qquad B'a+Bb+A''c+C''=0,$$
$$(4)\qquad Ca+C'b+C''c+D-D_1=0,$$

a, *b*, *c* désignant les coordonnées du centre.

Les trois premières équations sont réductibles à deux, par hypothèse; en considérant (1), (2), (4), on aura, si le mineur $AA'-B''^2$ n'est pas nul, le déterminant *caractéristique*

$$\begin{vmatrix} A & B'' & C \\ B'' & A' & C' \\ C & C' & D-D_1 \end{vmatrix},$$

qui doit être nul si les trois équations sont compatibles.

Donc

$$D_1(AA'-B''^2)=\begin{vmatrix} A & B'' & C \\ B'' & A' & C' \\ C & C' & D \end{vmatrix} \quad \text{ou} \quad D_1=\frac{\Delta_{A''}}{AA'-B''^2},$$

$\Delta_{A''}$ désigne le mineur, relatif à A'', du discriminant Δ de l'équation générale.

La considération des équations (1), (3), (4), puis (2), (3), (4) donne pour D_1 les expressions

$$D_1=\frac{\Delta_A}{A'A''-B^2}, \qquad D_1=\frac{\Delta_{A'}}{A''A-B'^2}.$$

Cela posé, l'équation réduite du cylindre est

$$S_1x^2+S_2y^2+D_1=0,$$

et le discriminant de la conique, section droite, est

$$S_1S_2D_1=\delta.$$

Mais on a

$$S_1S_2=A'A''-B^2+A''A-B'^2+AA'-B''^2;$$

ainsi

$$\delta=\frac{\Delta_A}{A'A''-B^2}(A'A''-B^2+\ldots)=\frac{\Delta_{A'}}{A''A-B'^2}(A'A''-B^2+\ldots)$$
$$=\frac{\Delta_{A''}}{AA'-B''^2}(A'A''-B^2+\ldots)=\Delta_A+\Delta_{A'}+\Delta_{A''}.$$

Telle est l'expression du discriminant de la section droite; on voit que, dans tout cylindre, la fonction $\Delta_A+\Delta_{A'}+\Delta_{A''}$, est un invariant.

Le même théorème subsiste dans le cas du cylindre parabolique; mais la démonstration a besoin d'être un peu modifiée.

Soit

$$(lx+my+nz)^2+2Cx+2C'y+2C''z+D=0$$

l'équation du cylindre; la racine différente de zéro de l'équation en S est

$$S=A+A'+A''=l^2+m^2+n^2.$$

Soient (α, β, γ), $(\alpha', \beta', \gamma')$, $(\alpha'', \beta'', \gamma'')$ les cosinus directeurs des nouveaux axes, choisis de manière à faire disparaître les termes en y^2, z^2, yz, zx et xy; on sait que l'équation prend la forme

$$\begin{aligned}&Sx^2+2x(C\alpha+C'\beta+C''\gamma)\\&\quad+2y(C\alpha'+C'\beta'+C''\gamma')+2z(C\alpha''+C'\beta''+C''\gamma'')+D=0;\end{aligned}$$

α', β', γ', α'', β'', γ'' seront déterminés par les conditions

$$\begin{aligned}&l\alpha'+m\beta'+n\gamma'=0, && l\alpha''+m\beta''+n\gamma''=0,\\&C\alpha'+C'\beta'+C''\gamma'=0, && \alpha'\alpha''+\beta'\beta''+\gamma'\gamma''=0,\\&\alpha'^2+\beta'^2+\gamma'^2=1, && \alpha''^2+\beta''^2+\gamma''^2=1;\end{aligned}$$

on fera ensuite disparaître le terme en x, et le terme constant par un changement d'origine, et l'on aura finalement

$$Sx^2+2z(C\alpha''+C'\beta''+C''\gamma'')=0.$$

Il faut calculer le coefficient $C\alpha''+C'\beta''+C''\gamma''$. On a d'abord

$$\frac{\alpha'}{mC''-nC'}=\frac{\beta'}{nC-lC''}=\frac{\gamma'}{lC'-mC},$$

puis

$$\begin{aligned}\alpha''&=k[m(lC'-mC)-n(nC-lC'')],\\\beta''&=k[n(mC''-nC')-l(lC'-mC)],\\\gamma''&=k[l(nC-lC'')-m(mC''-nC')].\end{aligned}$$

D'après cela,

$$\begin{aligned}&C\alpha''+C'\beta''+C''\gamma''\\&=-\frac{(lC'-mC)^2+(mC''-nC')^2+(nC-lC'')^2}{\sqrt{(m^2+n^2)(mC''-nC')^2+\ldots-2mn(lC'-mC)(nC-lC'')}}\cdot\end{aligned}$$

Mais on a

$$\Delta_A=\begin{vmatrix}m^2 & mn & C'\\ mn & n^2 & C''\\ C' & C'' & D\end{vmatrix}=-(mC''-nC')^2,$$

$$\Delta_{A'}=-(nC-lC'')^2,$$

$$\Delta_{A''}=-(lC'-mC)^2.$$

La quantité sous le radical dans l'expression précédente

peut s'écrire

$$\begin{aligned}(l^2+m^2+n^2)[(mC''-nC')^2+(nC-lC'')^2+(lC'-mC)^2]\\ -[l(mC''-nC')+m(nC-lC'')+n(lC'-mC)]^2\\ =-(l^2+m^2+n^2)(\Delta_A+\Delta_{A'}+\Delta_{A''}).\end{aligned}$$

Donc enfin

$$\begin{aligned}C\alpha''+C'\beta''+C''\gamma'' &= \frac{\Delta_A+\Delta_{A'}+\Delta_{A''}}{\sqrt{-(l^2+m^2+n^2)(\Delta_A+\Delta_{A'}+\Delta_{A''})}}\\ &= \sqrt{-\frac{\Delta_A+\Delta_{A'}+\Delta_{A''}}{l^2+m^2+n^2}}\\ &= \sqrt{-\frac{\Delta_A+\Delta_{A'}+\Delta_{A''}}{S}}.\end{aligned}$$

Le discriminant de la parabole principale

$$Sx^2+2z(C\alpha''+C'\beta''+C''\gamma'')=0$$

est égal à $-S(C\alpha''+C'\beta''+C''\gamma'')^2$ et par conséquent à

$$\Delta_A+\Delta_{A'}+\Delta_{A''},$$

comme dans le cas du cylindre elliptique ou hyperbolique.

6. *On donne deux points fixes a, b et leurs plans polaires* A, B *par rapport à une quadrique; si l'on mène un plan transversal quelconque, le rapport des distances des points a, b à ce plan est au rapport des distances du pôle du plan aux plans* A *et* B *dans une raison constante.*

Si $f(x, y, z)=0$ est l'équation de la surface et si (x', y', z'), (x'', y'', z'') sont les coordonnées des points a, b, le quotient des deux rapports indiqués est $\sqrt{f'^2_{x'}+f'^2_{y'}+f'^2_{z'}} : \sqrt{f'^2_{x''}+f'^2_{y''}+f'^2_{z''}}$.

7. *Si autour d'un point fixe on fait tourner trois droites rectangulaires qui coupent une quadrique en six points, la somme des carrés des distances de ces points au plan polaire du point fixe, divisée respectivement par les carrés des distances des mêmes points au point fixe, est constante.*

Prenons pour origine le point fixe et soit

$$Ax^2+A'y^2+\ldots+2C''z+D=0$$

la surface rapportée à trois axes rectangulaires; le plan polaire de l'origine est

$$Cx + C'y + C''z + D = 0.$$

Les axes percent la surface en six points $(x', 0, 0)$, $(x'', 0, 0)$, $(0, y', 0)$, $(0, y'', 0)$, $(0, 0, z')$, $(0, 0, z'')$, et la somme des rapports indiqués dans l'énoncé est

$$\frac{1}{C^2 + C'^2 + C''^2}\left[\frac{(Cx' + D)^2}{x'^2} + \frac{(Cx'' + D)^2}{x''^2} + \frac{(C'y' + D)^2}{y'^2} + \ldots + \frac{(C''z'' + D)^2}{z''^2}\right].$$

Elle se réduit à

$$\frac{2C^2 + 2C'^2 + 2C''^2 - 2D(A + A' + A'')}{C^2 + C'^2 + C''^2}.$$

Si maintenant on passe à un autre système d'axes, la somme précédente ne change pas, car D est constant, et les expressions $A + A' + A''$, $C^2 + C'^2 + C''^2$ sont des invariants, quand les axes sont rectangulaires.

8. *Étant donnés deux ellipsoïdes quelconques, la somme des carrés de trois diamètres conjugués du premier, divisés respectivement par les carrés des diamètres du second qui leur sont parallèles, est constante.*

Nous pouvons supposer les deux ellipsoïdes concentriques. Soient

$\frac{x^2}{a^2} + \frac{y^2}{b^2} + \frac{z^2}{c^2} = 1$ et $Ax^2 + A'y^2 + \ldots + 2B''xy = 1$ leurs équations;

$(a \cos\lambda, b \cos\mu, c \cos\nu)$, $(a \cos\lambda', b \cos\mu', c \cos\nu')$, $(a \cos\lambda'', b \cos\mu'', c \cos\nu'')$ les coordonnées des extrémités de trois diamètres conjugués du premier;

d, d', d'' les longueurs de ces diamètres;

$\delta, \delta', \delta''$ les diamètres du second ellipsoïde qui ont mêmes directions.

On a

$$d^2 = a^2\cos^2\lambda + b^2\cos^2\mu + c^2\cos^2\nu,$$

$$\delta^2 = \frac{a^2\cos^2\lambda + b^2\cos^2\mu + c^2\cos^2\nu}{\left[\begin{array}{l} A a^2\cos^2\lambda + A' b^2\cos^2\mu + A'' c^2\cos^2\nu + 2 B bc\cos\mu\cos\nu \\ \quad + 2 B' ca\cos\nu\cos\lambda + 2 B'' ab\cos\lambda\cos\mu \end{array}\right]}$$

et des expressions analogues pour d'^2, δ'^2, d''^2, δ''^2. En vertu des relations connues entre les angles λ, μ, ν, ..., la somme $\frac{d^2}{\delta^2} + \frac{d'^2}{\delta'^2} + \frac{d''^2}{\delta''^2}$ se réduit à $A a^2 + A' b^2 + A'' c^2$.

9. *Étant donnés deux ellipsoïdes concentriques, la somme des carrés des aires des sections faites dans le premier par trois plans diamétraux conjugués, divisés respectivement par les carrés des aires des sections faites par les mêmes plans dans le second ellipsoïde, est constante.*

Mêmes notations qu'au nº 8. Le plan diamétral conjugué du diamètre (λ, μ, ν) détermine dans le premier ellipsoïde une section dont le produit des carrés des axes a pour valeur

$$S^2 = b^2c^2\cos^2\lambda + c^2a^2\cos^2\mu + a^2b^2\cos^2\nu.$$

Le produit des inverses des carrés des axes de la section que le même plan fait dans l'autre ellipsoïde est

$$\frac{1}{\Sigma^2} = \begin{vmatrix} A & B'' & B' & \cos\alpha \\ B'' & A' & B & \cos\beta \\ B' & B & A'' & \cos\gamma \\ \cos\alpha & \cos\beta & \cos\gamma & 0 \end{vmatrix},$$

α, β, γ étant les angles de la normale au plan avec les axes.

Mais on a

$$\frac{\cos\alpha}{\frac{\cos\lambda}{a}} = \frac{\cos\beta}{\frac{\cos\mu}{b}} = \frac{\cos\gamma}{\frac{\cos\nu}{c}} = \frac{1}{\sqrt{\frac{\cos^2\lambda}{a^2} + \frac{\cos^2\mu}{b^2} + \frac{\cos^2\nu}{c^2}}}.$$

On trouve de même S'^2, $\frac{1}{\Sigma'^2}$, S''^2, $\frac{1}{\Sigma''^2}$; puis, en tenant compte des valeurs de $\cos\alpha$, $\cos\beta$, $\cos\gamma$, $\cos\alpha'$, ...,

$$\frac{S^2}{\Sigma^2}+\frac{S'^2}{\Sigma'^2}+\frac{S''^2}{\Sigma''^2}$$
$$=b^2c^2(A'A''-B^2)+c^2a^2(A''A-B'^2)+a^2b^2(AA'-B''^2)=\text{const.}$$

10. *Dans tout hyperboloïde dont les axes satisfont à la relation* $\frac{1}{a^2}+\frac{1}{b^2}-\frac{1}{c^2}=0$, *les projections du centre de la surface sur les faces d'un tétraèdre conjugué quelconque sont dans un même plan.*

Soient

$$a_1x+b_1y+c_1z+1=0,\qquad a_2x+b_2y+c_2z+1=0,$$
$$a_3x+\ldots=0,\qquad a_4x+\ldots=0$$

les quatre faces d'un tétraèdre rapportées à des axes rectangulaires; l'équation d'une quadrique conjuguée quelconque est

$$\lambda(a_1x+b_1y+c_1z+1)^2+\mu(a_2x+\ldots)^2$$
$$+\nu(a_3x+\ldots)^2+\rho(a_4x+\ldots)^2=0.$$

Si l'origine est le centre de la surface, on aura

$$(1)\qquad \begin{cases} \lambda a_1+\mu a_2+\nu a_3+\rho a_4=0,\\ \lambda b_1+\mu b_2+\nu b_3+\rho b_4=0,\\ \lambda c_1+\mu c_2+\nu c_3+\rho c_4=0.\end{cases}$$

Maintenant la condition pour que les quatre projections du centre sur les faces du tétraèdre soient dans un même plan est

$$0=\begin{vmatrix} a_1 & b_1 & c_1 & a_1^2+b_1^2+c_1^2\\ a_2 & b_2 & c_2 & a_2^2+b_2^2+c_2^2\\ a_3 & b_3 & c_3 & a_3^2+b_3^2+c_3^2\\ a_4 & b_4 & c_4 & a_4^2+b_4^2+c_4^2\end{vmatrix}$$

$$=(a_1^2+b_1^2+c_1^2)\begin{vmatrix} a_2 & b_2 & c_2\\ a_3 & b_3 & c_3\\ a_4 & b_4 & c_4\end{vmatrix}-(a_2^2+b_2^2+c_2^2)\begin{vmatrix} a_1 & b_1 & c_1\\ a_3 & b_3 & c_3\\ a_4 & b_4 & c_4\end{vmatrix}+$$

Comme, en vertu des équations (1), les déterminants du troisième ordre qui figurent dans cette égalité sont proportionnels à λ, $-\mu$, ν, $-\rho$, on peut écrire

$$\lambda(a_1^2+b_1^2+c_1^2)+\mu(a_2^2+b_2^2+c_2^2)$$
$$+\nu(a_3^2+b_3^2+c_3^2)+\rho(a_4^2+b_4^2+c_4^2)=0.$$

Ainsi la somme des coefficients des carrés des variables dans l'équation de la surface est nulle; cette somme est proportionnelle à la somme algébrique des inverses des carrés des demi-axes, ce qui démontre le théorème énoncé.

11. *On peut toujours dans un tétraèdre inscrire un ellipsoïde qui touche les quatre faces en leurs centres de gravité; le centre de cet ellipsoïde est le centre de gravité du tétraèdre. On peut aussi décrire un ellipsoïde tangent aux six arêtes en leurs milieux et ayant même centre que le précédent.*

Prenons pour plans de coordonnées trois des faces du tétraèdre et soit

$$\frac{x}{a}+\frac{y}{b}+\frac{z}{c}-1=0$$

la quatrième face. Pour exprimer qu'une quadrique

$$Ax^2+A'y^2+\ldots+2C''z+1=0$$

touche le plan xOy au point $\left(x'=\frac{a}{3}, y'=\frac{b}{3}, z'=0\right)$, qui est le centre de gravité de la face du tétraèdre comprise dans ce plan, il faut écrire que le plan polaire du point coïncide avec le plan xOy; on a ainsi les conditions

$$(1)\qquad Aa+B''b+3C=0,$$
$$(2)\qquad B''a+A'b+3C'=0,$$
$$(3)\qquad Ca+C'b+3=0.$$

De même on trouve, pour exprimer le contact de la surface avec le plan yOz au point $\left(0, \frac{b}{3}, \frac{c}{3}\right)$,

$$(4)\qquad A'b+Bc+3C'=0,$$
$$(5)\qquad Bb+A''c+3C''=0,$$
$$(6)\qquad C'b+C''c+3=0,$$

et, pour exprimer le contact avec zOx au point $\left(\frac{a}{3}, o, \frac{c}{3}\right)$,

$$(7) \qquad Aa + B'c + 3C = o,$$

$$(8) \qquad B'a + A''c + 3C'' = o,$$

$$(9) \qquad Ca + C''c + 3 = o.$$

On a déjà neuf équations, mais elles sont insuffisantes; on peut, en prenant (3), (6), (9) déterminer C, C', C'', et l'on trouve

$$C = -\frac{3}{2a}, \qquad C' = -\frac{3}{2b}, \qquad C'' = -\frac{3}{2c}.$$

Mais, en éliminant B'' entre (1) et (2), B entre (4) et (5), B' entre (7) et (8), on obtient, pour déterminer A, A' et A'', trois équations qui se réduisent à deux distinctes.

Exprimons que la quatrième face du tétraèdre touche l'ellipsoïde au point $\left(\frac{a}{3}, \frac{b}{3}, \frac{c}{3}\right)$; il vient

$$\begin{aligned} a(Aa + B''b + B'c + 3C) &= b(B''a + A'b + Bc + 3C') \\ &= c(B'a + Bb + A''c + 3C'') \\ &= -(Ca + C'b + C''c + 3). \end{aligned}$$

Mais, en tenant compte des équations (2), (5), (7) et remplaçant C, C', C'' par leurs valeurs, on a

$$abB'' = caB' = bcB = \frac{3}{2},$$

d'où

$$B = \frac{3}{2bc}, \qquad B' = \frac{3}{2ca}, \qquad B'' = \frac{3}{2ab},$$

puis

$$A = \frac{3}{a^2}, \qquad A' = \frac{3}{b^2}, \qquad A'' = \frac{3}{c^2}.$$

L'équation de la quadrique cherchée est donc

$$\begin{aligned} &\frac{3x^2}{a^2} + \frac{3y^2}{b^2} + \frac{3z^2}{c^2} + \frac{3yz}{bc} + \frac{3zx}{ca} \\ &\qquad + \frac{3xy}{ab} - \frac{3x}{a} - \frac{3y}{b} - \frac{3z}{c} + 1 = o. \end{aligned}$$

Le centre a pour coordonnées $\frac{a}{4}, \frac{b}{4}, \frac{c}{4}$; il coïncide avec le centre du tétraèdre.

En transportant l'origine au centre, on trouve

$$\frac{x^2}{a^2}+\frac{y^2}{b^2}+\frac{z^2}{c^2}+\frac{yz}{bc}+\frac{zx}{ca}+\frac{xy}{ab}=\frac{1}{24}.$$

Il est facile de constater que cette quadrique est un ellipsoïde. L'ellipsoïde tangent aux six arêtes en leurs milieux est

$$\frac{x^2}{a^2}+\frac{y^2}{b^2}+\frac{z^2}{c^2}+\frac{yz}{bc}+\frac{zx}{ca}+\frac{xy}{ab}=\frac{1}{2}.$$

Les deux surfaces sont semblables et homothétiques; les diamètres du premier ellipsoïde sont aux diamètres correspondants du second dans le rapport de 1 à $2\sqrt{3}$.

12. *Un cône de sommet* O *coupe une quadrique suivant deux courbes planes* P *et* Q; *on mène deux autres quadriques touchant la première respectivement suivant* P *et* Q. *Démontrer que ces quadriques, si elles passent par le point* O, *se touchent en ce point, et qu'elles ont une courbe plane commune dans le plan polaire du point* O *par rapport à la quadrique donnée.*

L'origine étant le point O, soient $C=0$ l'équation homogène du cône, $C+PQ=0$ celle de la quadrique. En désignant par p, q les termes constants des équations des deux plans P, Q, les deux quadriques circonscrites sont

$$p(C+PQ)-qP^2=0, \qquad q(C+PQ)-pQ^2=0.$$

Si P', Q' sont les fonctions linéaires homogènes en x, y, z, premiers membres des équations des plans P, Q, mises sous la forme $P'=p$, $Q'=q$, on voit que le plan tangent à l'origine est

$$p(pQ'-qP')=0$$

pour la première quadrique, et

$$q(qP'-pQ')=0$$

pour la seconde. D'ailleurs, en retranchant leurs équations

multipliées respectivement par q et p, on trouve

$$p^2Q^2 - q^2P^2 = 0, \qquad \text{ou} \qquad (pQ + qP)(pQ - qP) = 0.$$

Le plan $pQ - qP = 0$, ou, ce qui revient au même,

$$pQ' - qP' = 0,$$

est le plan tangent commun à l'origine; le plan

$$pQ + qP = 0$$

est le plan polaire de l'origine par rapport à $C + PQ = 0$.

13. *Trois cônes ont leurs sommets sur une droite; le cône* C_1 *coupe* C_3 *suivant une courbe plane,* C_2 *coupe* C_3 *suivant une courbe plane. Il en sera de même pour* C_1 *et* C_2, *et les trois plans d'intersection passeront par une même droite.*

Les trois cônes ont deux plans tangents communs passant par la ligne des sommets; ils sont donc inscrits dans une même quadrique qui est l'ensemble de ces plans. On en conclut immédiatement le théorème énoncé.

Pour traiter la question directement, prenons pour axe des z la ligne des sommets des trois cônes, l'origine au sommet de C_3, pour plans des xz et des yz les plans tangents à C_3 qui passent par Oz; on aura

$$C_3 = z^2 + 2axy = 0.$$

Soient h, h' les z des sommets de C_1 et C_2,

$$P = lx + my + nz + p = 0, \quad P' = l'x + m'y + n'z + p' = 0$$

les sections planes communes à (C_1, C_3), (C_2, C_3). Les équations des deux autres cônes seront

$$\begin{aligned} C_1 &= 2axy(nh + p)^2 + [z(nh + p) - Ph]^2 = 0,\\ C_2 &= 2axy(n'h' + p')^2 + [z(n'h' + p') - P'h']^2 = 0. \end{aligned}$$

Ils se coupent suivant les plans

$$\begin{aligned} Q &= P'h'(nh + p) - Ph(n'h' + p') = 0,\\ R &= 2z(nh + p)(n'h' + p')\\ &\quad - P'h'(nh + p) - Ph(n'h' + p') = 0. \end{aligned}$$

Les six plans d'intersection des trois cônes deux à deux se partagent en deux groupes de trois plans passant chacun par une même droite, savoir

$$P=0, \qquad P'=0, \qquad Q=0,$$

$$2z(nh+p)-Ph=0, \qquad 2z(n'h'+p')-P'h'=0, \qquad R=0.$$

14. *Un cône étant coupé par un plan, si l'on inscrit dans le cône une surface tangente au plan de manière que le point de contact soit un ombilic de cette surface, ce point est un foyer de la section du cône.*

Si l'on prend le plan donné pour plan des xy, pour origine l'ombilic, l'équation de la quadrique est de la forme

$$x^2+y^2+A''z^2+2Byz+2B'zx+2C''z=0;$$

il suffit de former l'équation d'un cône quelconque circonscrit pour reconnaître immédiatement que l'origine est un foyer de la section de ce cône par le plan des xy. La directrice correspondante est l'intersection du plan des xy et du plan de la courbe de contact du cône et de la surface.

Plus généralement : *Si deux quadriques sont circonscrites l'une à l'autre, le plan tangent à l'une d'elles en un de ses ombilics coupe l'autre suivant une conique dont cet ombilic est un foyer.* En effet, tout plan coupe les deux surfaces dont les équations sont de la forme $S=0$, $S-P^2=0$ suivant deux coniques bitangentes; si l'une de ces coniques est un couple de droites isotropes, c'est-à-dire si le plan sécant touche une des surfaces en un de ses ombilics, ce point est un foyer de la section de l'autre surface. Le théorème de Dandelin, relatif aux sections planes du cône droit, n'est autre chose qu'une forme particulière de ce théorème très général.

15. *Quand deux surfaces sont inscrites dans le même cône, si par le sommet on mène une transversale qui les coupe en quatre points et qu'on mène les plans tangents en ces points, les plans tangents à la première coupent les plans tangents à la seconde suivant quatre droites qui sont deux à deux dans deux plans fixes. Le rapport des distances du sommet du cône à deux points pris sur les deux surfaces, en ligne droite avec* *le sommet, est au rapport des distances de ces deux points au plan fixe sur lequel se coupent les plans tangents en ces points dans une raison constante.*

Soient

$$S = ax^2 + by^2 + cz^2 = 0$$

l'équation du cône,

$$P = lx + my + nz + p = 0, \qquad Q = l'x + m'y + n'z + p' = 0$$

les courbes de contact des deux surfaces inscrites $S - P^2 = 0$, $S - Q^2 = 0$.

Les plans tangents aux points (x', y', z') de la première, (x'', y'', z'') de la deuxième, sont

$$(1) \quad axx' + byy' + czz' - P(lx' + my' + nz' + p) = 0,$$
$$(2) \quad axx'' + byy'' + czz'' - Q(l'x'' + m'y'' + n'z'' + p') = 0.$$

Mais les deux points (x', y', z'), (x'', y'', z'') étant en ligne droite avec l'origine, on a

$$x'' = \lambda x', \qquad y'' = \lambda y', \qquad z'' = \lambda z';$$

le second plan tangent a donc pour équation

$$(2') \quad \left\{ \begin{array}{l} \lambda(axx' + byy' + czz') \\ \quad - Q(l'\lambda x' + m'\lambda y' + n'\lambda z' + p') = 0. \end{array} \right.$$

La combinaison des équations (1) et (2') donne

$$P\lambda(lx' + my' + nz' + p) - Q(l'\lambda x' + m'\lambda y' + n'\lambda z' + p') = 0,$$

et, puisque

$$lx' + my' + nz' + p = \pm\sqrt{ax'^2 + by'^2 + cz'^2}$$

et aussi

$$l'\lambda x' + m'\lambda y' + n'\lambda z' + p' = \pm\lambda\sqrt{ax'^2 + by'^2 + cz'^2},$$

en vertu des équations des quadriques, on voit que les intersections des plans tangents en (x', y', z'), (x'', y'', z'') sont dans l'un ou l'autre des plans $P - Q = 0$; $P + Q = 0$; ce sont les sections planes suivant lesquelles se coupent les surfaces $S - P^2 = 0$, $S - Q^2 = 0$.

Le rapport des distances des deux points à l'origine est $\frac{1}{\lambda}$; le rapport de leurs distances au plan fixe sur lequel se trouve l'intersection des deux plans tangents est, au signe près, $\frac{p'}{p\lambda}$. Le quotient des deux rapports a donc la valeur constante $\frac{p}{p'}$.

16. *Si par un point* A *d'une quadrique à centre on mène trois cordes rectangulaires, le plan de leurs extrémités coupe en un point fixe* I *la normale au point donné, et le lieu de ce point* I *pour toutes les positions de* A *sur la quadrique est une autre surface concentrique et ayant ses axes dirigés dans le même sens.*

Si l'on prend pour origine le point donné, la normale pour axe des z et le plan tangent pour plan des xy, l'équation de la surface sera

$$Ax^2 + A'y^2 + A''z^2 + 2Byz + 2B'zx + 2C''z = 0.$$

Soit $lx + my + nz = p$ le plan des extrémités des trois cordes rectangulaires;

$$p(Ax^2 + A'y^2 + A''z^2 + 2Byz + 2B'zx) \\ + 2C''z(lx + my + nz) = 0$$

sera l'équation d'un cône ayant pour sommet l'origine et pour directrice l'intersection du plan et de la surface; la condition pour qu'il ait trois génératrices rectangulaires est

$$p(A + A' + A'') + 2nC'' = 0.$$

On conclut de là que le plan coupe la normale Az en un point fixe dont le z est $-\frac{2C''}{A + A' + A''}$.

Pour chercher le lieu du point fixe I situé sur la normale en A, considérons un ellipsoïde rapporté à ses axes

$$\frac{x^2}{a^2} + \frac{y^2}{b^2} + \frac{z^2}{c^2} = 1;$$

on peut supposer que les cordes rectangulaires partant du

point $A(x', y', z')$ sont parallèles aux axes; le plan de leurs extrémités est

$$\frac{x}{x'} + \frac{y}{y'} + \frac{z}{z'} = 1.$$

Il suffit, pour avoir le lieu du point I, d'éliminer x', y', z' entre cette équation, celles de la normale en A et la relation

$$\frac{x'^2}{a^2} + \frac{y'^2}{b^2} + \frac{z'^2}{c^2} = 1.$$

Posons

$$\frac{1}{r^2} = \frac{1}{a^2} + \frac{1}{b^2} + \frac{1}{c^2};$$

on trouve

$$\frac{x^2}{\left(\frac{a^2 - 2r^2}{a}\right)^2} + \frac{y^2}{\left(\frac{b^2 - 2r^2}{b}\right)^2} + \frac{z^2}{\left(\frac{c^2 - 2r^2}{c}\right)^2} = 1.$$

17. *On donne une quadrique* S *et un point fixe* O *par lequel on mène trois droites respectivement parallèles à trois diamètres conjugués d'un ellipsoïde*

$$\frac{x^2}{a^2} + \frac{y^2}{b^2} + \frac{z^2}{c^2} - 1 = 0;$$

trouver l'enveloppe du plan conduit par les intersections de la surface S *avec ces droites.*

Soient

$$S = Ax^2 + A'y^2 + \ldots + 2C''z + D = 0$$

l'équation de la quadrique donnée, l'origine étant le point fixe O, et

$$ux + vy + wz - 1 = 0$$

le plan dont on cherche l'enveloppe. On aura une relation entre u, v, w en formant l'équation du cône qui a pour sommet le point O, pour base l'intersection de la quadrique et du plan et en exprimant qu'on peut placer sur le cône trois diamètres conjugués de l'ellipsoïde.

L'équation du cône est

$$\begin{aligned} Ax^2 + A'y^2 + A''z^2 + 2Byz + 2B'zx + 2B''xy \\ + 2(ux + vy + wz)(Cx + C'y + C''z) \\ + D(ux + vy + wz)^2 = 0. \end{aligned}$$

On trouve, pour la relation cherchée,

$$(Du^2 + 2Cu + A)a^2 + (Dv^2 + 2C'v + A')b^2 + (Dw^2 + 2C''w + A'')c^2 = 0.$$

L'enveloppe du plan mobile est donc une quadrique qui est inscrite, ainsi que l'ellipsoïde, dans un même cône

$$\frac{x^2}{a^2} + \frac{y^2}{b^2} + \frac{z^2}{c^2} = 0.$$

Cette enveloppe est bitangente à l'ellipsoïde.

Lorsque le point O est sur la surface S, l'enveloppe se réduit à un point fixe situé sur le diamètre de l'ellipsoïde conjugué du plan tangent en O à l'autre surface.

Supposons que la surface S soit représentée par l'équation

$$Ax^2 + A'y^2 + A''z^2 + 2Byz + 2B'zx + 2C''z = 0,$$

les axes étant rectangulaires, et le point O étant l'origine des coordonnées.

La relation entre u, v, w devient simplement

$$2c^2C''w + a^2A + b^2A' + c^2A'' = 0,$$

et elle montre que le plan mobile coupe toujours l'axe des z, c'est-à-dire la normale en O à la surface S, en un même point

$$z = -\frac{2c^2C''}{a^2A + b^2A' + c^2A''}.$$

18. *On donne un hyperboloïde à une nappe*

$$\frac{x^2}{a^2} + \frac{y^2}{b^2} - \frac{z^2}{c^2} = 1$$

et une quadrique concentrique

$$Ax^2 + A'y^2 + \ldots + 2B''yz = 1:$$

trouver à quelles conditions ces deux surfaces doivent satisfaire pour qu'une génératrice quelconque de l'hyperboloïde soit perpendiculaire à sa conjuguée prise par rapport à la surface concentrique.

Soient $x = mz + p$, $y = nz + q$ les équations d'une génératrice; en considérant sa conjuguée par rapport à la seconde surface comme l'intersection des plans polaires du point (p, q, o) et du point à l'infini sur la génératrice, on a pour les équations de cette conjuguée

$$x(Ap + B''q) + y(B''p + A'q) + z(B'p + Bq) - 1 = 0,$$

$$x(Am + B''n + B') + y(B''m + A'n + B) \\ + z(B'm + Bn + A'') = 0.$$

Posons

$$\alpha = A'A'' - B^2, \qquad \alpha' = A''A - B'^2, \qquad \alpha'' = AA' - B''^2,$$
$$\beta = B'B'' - AB, \qquad \beta' = B''B - A'B', \qquad \beta'' = BB' - A''B'';$$

la condition de perpendicularité des deux droites sera

$$\alpha qm - \alpha' pn + \alpha''(pn - qm) + \beta[n(pn - qm) - p] \\ + \beta'[m(pn - qm) + q] + \beta''(qn - pm) = 0.$$

En prenant pour les équations de la génératrice

$$\frac{x}{a} - \frac{z}{c} = \lambda\left(1 - \frac{y}{b}\right), \qquad \frac{x}{a} + \frac{z}{c} = \frac{1}{\lambda}\left(1 + \frac{y}{b}\right),$$

on a

$$m = -\frac{a}{c}\frac{\lambda^2 - 1}{\lambda^2 + 1}, \qquad n = \frac{2b\lambda}{c(\lambda^2 + 1)}, \qquad \ldots$$

et la condition précédente devient

$$\lambda^4[abc(\alpha'' - \alpha) + b\beta'(c^2 - a^2)] \\ + 2\lambda^3[c\beta''(a^2 + b^2) + a\beta(b^2 - c^2)] \\ + 2\lambda^2 abc(\alpha - 2\alpha' + \alpha'') \\ + 2\lambda[a\beta(b^2 - c^2) - c\beta''(a^2 + b^2)] \\ + abc(\alpha'' - \alpha) - b\beta'(c^2 - a^2) = 0.$$

On voit qu'en général il existe quatre génératrices du système (λ) qui sont perpendiculaires à leurs conjuguées; il y a aussi quatre génératrices du système (μ).

Pour que la condition de perpendicularité soit satisfaite pour une génératrice quelconque, il faut que les cinq coefficients de l'équation du quatrième degré en λ soient nuls séparément, ce qui exige $\alpha = \alpha' = \alpha''$, $\beta = \beta' = \beta'' = 0$, et alors la seconde quadrique se réduit à deux plans parallèles. Ceci suppose que l'hyperboloïde est quelconque; mais si $a=b=c$, c'est-à-dire si l'hyperboloïde est de révolution et en outre équilatère, il suffira qu'on ait $\alpha=\alpha'=\alpha''$ et $\beta''=0$, c'est-à-dire

$$k=A'A''-B^2=A''A-B'^2=AA'-B''^2 \quad \text{avec} \quad BB'=A''B''.$$

Supposons A, A′, A″ choisis arbitrairement; on tire de ces conditions, d'abord

$$k=A''(A+A'-A''),$$

puis

$$B^2=A''(A'-A),\quad B'^2=A''(A''-A'),\quad B''^2=(A''-A')(A''-A).$$

Si l'on adopte les valeurs

$$\begin{aligned} B &= +\sqrt{A''(A''-A)},\\ B' &= +\sqrt{A''(A''-A')},\\ B'' &= +\sqrt{(A''-A')(A''-A)}, \end{aligned}$$

l'équation en S pour la seconde quadrique est

$$S^3-S^2(A+A'+A'')+3SA''(A+A'-A'')-A''(A+A'-A'')^2=0$$

et l'une des racines est

$$S_1=A+A'-A''.$$

Les deux autres S_2, S_3 sont celles de l'équation

$$S^2-2A''S+A''(A+A'-A'')=0. \tag{1}$$

Il est facile de voir que

$$\frac{2}{S_1}=\frac{1}{S_2}+\frac{1}{S_3};$$

donc, si $2\rho_1$, $2\rho_2$ sont deux des carrés des demi-axes de la quadrique, le troisième est égal à $\rho_1+\rho_2$, et l'équation réduite est

$$\frac{x^2}{\rho_1+\rho_2}+\frac{y^2}{2\rho_1}+\frac{z^2}{2\rho_2}=1.$$

Voyons ce que devient l'hyperboloïde équilatère rapporté aux mêmes axes.

Les formules de transformation étant

$$x = \alpha_1 x' + \alpha_2 y' + \alpha_3 z', \qquad y = \beta_1 x' + \ldots, \qquad z = \gamma_1 x' + \ldots,$$

on aura

$$x^2(\alpha_1^2 + \beta_1^2 - \gamma_1^2) + y^2(\alpha_2^2 + \beta_2^2 - \gamma_2^2) + z^2(\alpha_3^2 + \beta_3^2 - \gamma_3^2)$$
$$+ 2yz(\alpha_2\alpha_3 + \beta_2\beta_3 - \gamma_2\gamma_3) + \ldots \quad \nu^2.$$

Les α_i, β_i, γ_i sont déterminés par les relations

$$(2) \qquad \begin{cases} \alpha_i(A - S_i) + \beta_i B'' + \gamma_i B' = 0, \\ \alpha_i B'' + \beta_i(A' - S_i) + \gamma_i B \quad 0, \\ \alpha_i B' + \beta_1 B + \gamma_i(A'' - S_i) = 0, \end{cases}$$

avec $\alpha_i^2 + \beta_i^2 + \gamma_i^2 = 1$.

Si l'on prend d'abord

$$S_i - S_1 \quad A + A' - A'',$$

on trouve

$$\alpha_1 \quad \sqrt{\frac{A'' - A}{2A'' - A - A'}}, \qquad \beta_1 \quad -\sqrt{\frac{A'' - A'}{2A'' - A - A'}}, \qquad \gamma_1 \quad 0.$$

Le coefficient $\alpha_1^2 + \beta_1^2 - \gamma_1^2$ de x^2 devient donc l'unité. De ce que $\gamma_1 = 0$, on conclut de suite que les coefficients de zx et de xy sont nuls; car on a

$$\alpha_1\alpha_2 + \beta_1\beta_2 + \gamma_1\gamma_2 \quad 0;$$

donc, si $\gamma_1 = 0$,

$$\alpha_1\alpha_2 + \beta_1\beta_2 = 0 \qquad \text{et aussi} \qquad \alpha_1\alpha_2 + \beta_1\beta_2 - \gamma_1\gamma_2 = 0.$$

De même

$$\alpha_1\alpha_3 + \beta_1\beta_3 - \gamma_1\gamma_3 \quad 0.$$

Prenons maintenant pour S_i une des racines de l'équation (1); les deux dernières équations (2) donnent

$$\frac{\alpha_i}{A'A'' - B^2 - S_i(A' + A'') + S_i^2} = \frac{\beta_i}{BB' - A''B'' + B''S_i} = \frac{\gamma_i}{B''B - A'B' + B'S_i}$$

En tenant compte de l'équation (1), des valeurs de B, B', B'', on aura

$$\frac{\alpha_i}{S_i\sqrt{A''-A'}}=\frac{\beta_i}{S_i\sqrt{A''-A}}=\frac{\gamma_i}{\sqrt{A''}(A''-A-A'+S_i)}=\delta_i$$

avec $\alpha_i^2+\beta_i^2+\gamma_i^2=1$ et, par suite,

$$\delta_i^2[S_i^2(3A''-A-A')-2A''S_i(A+A'-A'')+A''(A+A'-A'')^2]=1;$$

puisque

$$S_i^2=2A''S_i-A''(A+A'-A''),$$

il vient

$$\delta_i^2=\frac{1}{2S_i^2(2A''-A-A')}.$$

Le coefficient de y^2 est

$$\delta_2^2[S_2^2(A''-A')+S_2^2(A''-A)-A''(S_2+A''-A-A')^2]$$

ou bien

$$\delta_2^2(A''-A-A')[S_2^2-2A''S_2+A''(A+A'-A'')],$$

et il est identiquement nul. Il en est de même du coefficient de z^2.

Enfin le coefficient de $2yz$ est

$$\frac{(A''-A')+S_2S_3(A''-A)-A''(S_2+A''-A-A')(S_3+A''-A-A')}{2S_2S_3(2A''-A-A')};$$

il se réduit à -1. Ainsi l'équation de l'hyperboloïde prend la forme simple

$$x^2-2yz=\nu^2.$$

On trouve facilement, pour le lieu des droites conjuguées de ses génératrices par rapport à l'autre surface,

$$\frac{x_2}{(\rho_1+\rho_2)^2}-\frac{yz}{2\rho_1\rho_2}=\frac{1}{\nu^2}.$$

19. *Déterminer les tétraèdres maxima inscrits dans un ellipsoïde et les tétraèdres minima circonscrits.*

Soient (λ,μ,ν), (λ',μ',ν'), (λ'',μ'',ν''), $(\lambda''',\mu''',\nu''')$ douze cosinus qui définissent les sommets d'un tétraèdre inscrit dans un ellipsoïde

$$\frac{x^2}{a^2} + \frac{y^2}{b^2} + \frac{z^2}{c^2} - 1 = 0,$$

de sorte que les coordonnées des sommets sont $(a\lambda, b\mu, c\nu)$, $(a\lambda', b\mu', c\nu')$, ...; on a les conditions

$$\lambda^2 + \mu^2 + \nu^2 = 1, \qquad \lambda'^2 + \mu'^2 + \nu'^2 = 1, \qquad \ldots.$$

Nous poserons

$$V = \begin{vmatrix} \lambda & \mu & \nu & 1 \\ \lambda' & \mu' & \nu' & 1 \\ \lambda'' & \mu'' & \nu'' & 1 \\ \lambda''' & \mu''' & \nu''' & 1 \end{vmatrix},$$

de sorte que le volume du tétraèdre est $\frac{1}{6} abc V$.

Soient en outre V_λ, V_μ, V_ν, $V_{\lambda'}$, ..., V_1, $V_{1'}$, $V_{1''}$, $V_{1'''}$ les mineurs du déterminant V; les quatre derniers sont ceux qui correspondent aux éléments 1 de la quatrième colonne; chacun de ces mineurs est pris avec le signe qui lui convient, de sorte que

$$V = \lambda V_\lambda + \mu V_\mu + \nu V_\nu + V_1 = \lambda' V_{\lambda'} + \mu' V_{\mu'} + \nu' V_{\nu'} + V_{1'} = \ldots.$$

Considérons la fonction

$$\begin{aligned} F = V &+ k(\lambda^2 + \mu^2 + \nu^2 - 1) + k'(\lambda'^2 + \mu'^2 + \nu'^2 - 1) \\ &+ k''(\lambda''^2 + \mu''^2 + \nu''^2 - 1) + k'''(\lambda'''^2 + \mu'''^2 + \nu'''^2 - 1). \end{aligned}$$

On aura, pour les conditions du maximum de cette fonction de douze variables, qui se réduit à V en vertu des relations $\lambda^2 + \mu^2 + \nu^2 = 1$, ..., les douze équations

$$(1) \quad \begin{cases} V_\lambda + 2k\lambda = 0, & V_{\lambda'} + 2k'\lambda' = 0, & V_{\lambda''} + 2k''\lambda'' = 0, & V_{\lambda'''} + 2k'''\lambda''' = 0 \\ V_\mu + 2k\mu = 0, & \ldots\ldots\ldots, & \ldots\ldots\ldots, & \ldots\ldots\ldots \\ V_\nu + 2k\nu = 0, & \ldots\ldots\ldots, & \ldots\ldots\ldots, & \ldots\ldots\ldots \end{cases}$$

En ajoutant les trois équations de la première colonne, multipliées par λ, μ, ν, les trois équations de la deuxième, multipliées par λ', μ', ν', et ainsi de suite, il vient

$$\lambda V_\lambda + \mu V_\mu + \nu V_\nu + 2k(\lambda^2 + \mu^2 + \nu^2) = 0$$

ou bien

$$V - V_1 + 2k = 0,$$

puis

$$V - V_{1'} + 2k' = 0, \quad V - V_{1''} + 2k'' = 0, \quad V - V_{1'''} + 2k''' = 0.$$

Ces quatre relations, multipliées par λ, λ', λ'', λ''' et ajoutées, donnent

$$(2)\left\{\begin{array}{l} 2k\lambda + 2k'\lambda' + 2k''\lambda'' + 2k'''\lambda''' \\ \quad + V(\lambda + \lambda' + \lambda'' + \lambda''') - (\lambda V_1 + \lambda' V_{1'} + \lambda'' V_{1''} + \lambda''' V_{1'''}) = 0. \end{array}\right.$$

Mais, en ajoutant les équations de la première ligne du groupe (1), on a

$$V_\lambda + V_{\lambda'} + V_{\lambda''} + V_{\lambda'''} + 2k\lambda + 2k'\lambda' + 2k''\lambda'' + 2k'''\lambda''' = 0,$$

et comme $V_\lambda + V_{\lambda'} + V_{\lambda''} + V_{\lambda'''}$ est identiquement nul, puisque cette expression n'est autre chose que le déterminant V, où les éléments de la première colonne seraient remplacés par ceux de la quatrième, il reste

$$2k\lambda + 2k'\lambda' + 2k''\lambda'' + 2k'''\lambda''' = 0.$$

D'autre part, on a aussi identiquement

$$\lambda V_1 + \lambda' V_{1'} + \lambda'' V_{1''} + \lambda''' V_{1'''} = 0;$$

donc enfin l'équation (2) se réduit à

$$V(\lambda + \lambda' + \lambda'' + \lambda''') = 0 \quad \text{ou} \quad \lambda + \lambda' + \lambda'' + \lambda''' = 0.$$

On trouverait de même

$$\mu + \mu' + \mu'' + \mu''' = 0, \quad \nu + \nu' + \nu'' + \nu''' = 0.$$

Ces trois relations prouvent que le tétraèdre inscrit est maximum quand son centre de gravité, dont les coordonnées sont

$$x_1 = \tfrac{1}{4}(\lambda + \lambda' + \lambda'' + \lambda'''),$$
$$y_1 = \tfrac{1}{4}(\mu + \mu' + \mu'' + \mu'''),$$
$$z_1 = \tfrac{1}{4}(\nu + \nu' + \nu'' + \nu'''),$$

coïncide avec le centre de l'ellipsoïde.

En outre, le plan tangent à l'ellipsoïde mené à l'un quelconque des quatre sommets est parallèle à la face opposée.

Pour le faire voir, nous remarquerons d'abord que le déterminant V peut s'écrire, en ajoutant les éléments des trois dernières lignes à ceux de la première :

$$V = \begin{vmatrix} 0 & 0 & 0 & 4 \\ \lambda' & \mu' & \nu' & 1 \\ \lambda'' & \mu'' & \nu'' & 1 \\ \lambda''' & \mu''' & \nu''' & 1 \end{vmatrix} = -4 \begin{vmatrix} \lambda' & \mu' & \nu' \\ \lambda'' & \mu'' & \nu'' \\ \lambda''' & \mu''' & \nu''' \end{vmatrix} = 4V_1.$$

De même

$$V = 4V_{1'} = 4V_{1''} = 4V_{1'''}.$$

Ajoutons maintenant les équations de la première colonne du groupe (1), multipliées respectivement par λ', μ', ν'; il vient

$$\lambda' V_\lambda + \mu' V_\mu + \nu' V_\nu + 2k(\lambda\lambda' + \mu\mu' + \nu\nu') = 0$$

ou bien

$$-V_1 + 2k(\lambda\lambda' + \mu\mu' + \nu\nu') = 0.$$

Mais on a trouvé plus haut $2k + V - V_1 = 0$, c'est-à-dire $2k = -3V_1$; on a donc

$$\lambda\lambda' + \mu\mu' + \nu\nu' = -\tfrac{1}{3}.$$

Des opérations semblables font voir que toutes les fonctions symétriques $\lambda\lambda'' + \mu\mu'' + \nu\nu''$, $\lambda'\lambda'' + \mu'\mu'' + \nu'\nu''$, ... ont pour valeur commune $-\frac{1}{3}$.

Cette remarque permet de calculer la valeur de V; on a effectivement

$$V_1^2 = \begin{vmatrix} 1 & \lambda'\lambda'' + \mu'\mu'' + \nu'\nu'' & \lambda'\lambda''' + \mu'\mu''' + \nu'\nu''' \\ \lambda'\lambda'' + \mu'\mu'' + \nu'\nu'' & 1 & \lambda''\lambda''' + \mu''\mu''' + \nu''\nu''' \\ \lambda'\lambda''' + \mu'\mu''' + \nu'\nu''' & \lambda''\lambda''' + \mu''\mu''' + \nu''\nu''' & 1 \end{vmatrix}$$

$$= \begin{vmatrix} 1 & -\frac{1}{3} & -\frac{1}{3} \\ -\frac{1}{3} & 1 & -\frac{1}{3} \\ -\frac{1}{3} & -\frac{1}{3} & 1 \end{vmatrix} = \frac{16}{27}$$

et

$$V = 4\sqrt{\frac{16}{27}} = \frac{16\sqrt{3}}{9}.$$

Maintenant le plan de la face $(a\lambda', b\mu', c\nu')$, $(a\lambda'', b\mu'', c\nu'')$, $(a\lambda''', b\mu''', c\nu''')$ a pour équation

$$\begin{vmatrix} \frac{x}{a} & \frac{y}{b} & \frac{z}{c} & 1 \\ \lambda' & \mu' & \nu' & 1 \\ \lambda'' & \mu'' & \nu'' & 1 \\ \lambda''' & \mu''' & \nu''' & 1 \end{vmatrix} = 0,$$

c'est-à-dire

$$\frac{x}{a}V_\lambda + \frac{y}{b}V_\mu + \frac{z}{c}V_\nu + V_1 = 0.$$

Les équations (1) font voir que V_λ, V_μ, V_ν sont proportionnels à λ, μ, ν; on a

$$V_\lambda = -2k\lambda = 3V_1\lambda, \qquad V_\mu = 3V_1\mu, \qquad V_\nu = 3V_1\nu.$$

L'équation du plan se réduit donc à

$$\frac{\lambda x}{a} + \frac{\mu y}{b} + \frac{\nu z}{c} + \frac{1}{3} = 0.$$

Ce plan est parallèle au plan tangent au point $(a\lambda, b\mu, c\nu)$.

D'après la discussion précédente, soit A un point quelconque de l'ellipsoïde, choisi pour premier sommet d'un tétraèdre maximum inscrit; on prendra sur le diamètre AO et de l'autre côté du centre le point G tel que $OG = \frac{1}{3}OA$, et l'on mènera par ce point le plan parallèle au plan tangent en A; un quelconque des triangles maxima inscrits dans l'ellipse de section pourra être pris pour base d'un tétraèdre maximum.

Le volume de tous ces tétraèdres est

$$\frac{1}{6}abc\,V = \frac{8\sqrt{3}}{27}abc.$$

Pour construire un tétraèdre minimum circonscrit à l'ellipsoïde, il suffira de mener les plans tangents aux sommets d'un tétraèdre inscrit maximum. On trouve en effet pour les coordonnées des points de concours des plans tangents aux points $(a\lambda, b\mu, c\nu)$, ... les expressions

$$x - \frac{aV_\lambda}{V_1}, \qquad y = \frac{bV_\mu}{V_1}, \qquad z = \frac{cV_\nu}{V_{1'}},$$
$$x' = \frac{aV_{\lambda'}}{V_{1'}}, \qquad y' = \frac{bV_{\mu'}}{V_{1'}}, \qquad z' = \frac{cV_{\nu'}}{V_{1'}},$$
$$\ldots\ldots\ldots, \qquad \ldots\ldots\ldots, \qquad \ldots\ldots\ldots$$

Le volume du tétraèdre circonscrit est $\frac{1}{6}\,abc\mathrm{W}$, en posant

$$\mathrm{W} = \frac{1}{V_1 V_{1'} V_{1''} V_{1'''}} \begin{vmatrix} V_\lambda & V_\mu & V_\nu & V_1 \\ V_{\lambda'} & V_{\mu'} & V_{\nu'} & V_{1'} \\ V_{\lambda''} & V_{\mu''} & V_{\nu''} & V_{1''} \\ V_{\lambda'''} & V_{\mu'''} & V_{\nu'''} & V_{1'''} \end{vmatrix}$$
$$= \frac{V^3}{V_1 V_{1'} V_{1''} V_{1'''}} = \frac{(V_1 + V_{1'} + V_{1''} + V_{1'''})^3}{V_1 V_{1'} V_{1''} V_{1'''}}.$$

On voit facilement que W sera minimum, lorsque V_1, $V_{1'}$, $V_{1''}$, $V_{1'''}$ atteignent leur valeur maximum en même temps que V.

Le volume des tétraèdres circonscrits minima est $8\sqrt{3}\,abc$.

20. *Une droite se meut de telle sorte que trois de ses points restent sur trois plans rectangulaires; on sait qu'alors un point pris arbitrairement sur la droite décrit un ellipsoïde. Cela posé, on considère une position particulière de la droite et l'on demande le lieu des normales aux ellipsoïdes relatifs à chacun de ses points. On considère en outre un ellipsoïde engendré par un point particulier de la droite mobile; démontrer que par chaque point de cette surface passent quatre droites satisfaisant à la condition indiquée en premier lieu.*

Soient A, B, C les points fixes de la droite mobile qui restent dans les plans yoz, zox, xoy, M un point pris arbitrairement sur la droite, et pris pour origine des segments, de sorte que $MA = a$, $MB = b$, $MC - c$, et enfin α, β, γ les cosinus directeurs de la droite dans une de ses positions. Si P est un point de la droite tel que $MP = \lambda$, l'équation de l'ellipsoïde décrit par P est

$$\frac{x^2}{(a-\lambda)^2}+\frac{y^2}{(b-\lambda)^2}+\frac{z^2}{(c-\lambda)^2}=1.$$

On a, pour la normale en P, les équations

$$\frac{x-\alpha(a-\lambda)}{\dfrac{\alpha}{a-\lambda}}=\frac{y-\beta(b-\lambda)}{\dfrac{\beta}{b-\lambda}}=\frac{z-\gamma(c-\lambda)}{\dfrac{\gamma}{c-\lambda}},$$

et l'élimination de λ donne, pour le lieu des normales, l'hyperboloïde

$$\frac{a\beta x-b\alpha y-\alpha\beta(a^2-b^2)}{\beta x-\alpha y-2\alpha\beta(a-b)}=\frac{c\alpha z-a\gamma x-\gamma\alpha(c^2-a^2)}{\alpha z-\gamma x-2\gamma\alpha(c-a)}.$$

Considérons maintenant l'ellipsoïde

$$\frac{x^2}{a^2}+\frac{y^2}{b^2}+\frac{z^2}{c^2}=1$$

engendré par le point M, et un point (x', y', z') de cet ellipsoïde. Les distances de ce point aux trois points fixes de la droite mobile qui se meuvent dans les plans yoz, zox, xoy, étant égales à a, b, c, la droite génératrice qui passe en (x', y', z') est évidemment une arête commune à trois cônes de révolution qui ont ce point pour sommet commun, et dont les bases circulaires sont dans les plans principaux. Les équations des trois cercles dont il s'agit sont

$$(x-x')^2+(y-y')^2=c^2-z'^2,$$
$$(z-z')^2+(y-y')^2=a^2-x'^2,$$
$$(x-x')^2+(z-z')^2=b^2-y'^2,$$

et l'on a, pour les équations des trois cônes,

$$(x-x')^2z'^2+(y-y')^2z'^2=(z-z')^2(c^2-z'^2),$$
$$(y-y')^2x'^2+(z-z')^2x'^2=(x-x')^2(a^2-x'^2),$$
$$(z-z')^2y'^2+(x-x')^2y'^2=(y-y')^2(b^2-y'^2).$$

Si on les coupe tous les trois par le plan des xy, on aura un cercle et deux hyperboles concentriques qui ont quatre points communs, savoir

$$x = x' \pm \frac{cx'}{a}, \qquad y = y' \pm \frac{cy'}{b}, \qquad z = 0.$$

Les cosinus directeurs des quatre droites qui joignent (x', y', z') à ces points sont

$$\pm \frac{x'}{a}, \quad \pm \frac{y'}{b} \quad \text{et} \quad \frac{z'}{c}.$$

21. *Si quatre points fixes pris sur une droite se meuvent sur les faces d'un tétraèdre, un point quelconque de la droite mobile décrit une ellipse, les centres des ellipses décrites par les différents points sont situés sur une droite fixe. De plus la droite mobile est toujours parallèle aux génératrices d'un cône de révolution.*

Nous prendrons pour plans de coordonnées obliques trois des faces du tétraèdre; soit $\widehat{yoz} = \lambda$, $\widehat{zox} = \mu$, $\widehat{xoy} = \nu$; $\frac{x}{p} + \frac{y}{q} + \frac{z}{r} = 1$ est la quatrième face. Nous considérons un point P de la droite, dont les distances aux points d'intersection A, B, C, D de cette droite avec les plans yoz, zox, xoy, (p, q, r) sont respectivement a, b, c, d.

Le lieu décrit par le point P, en supposant que les points A, B, C seulement restent sur les plans de coordonnées, est un ellipsoïde; en effet, si α, β, γ sont les coordonnées du point directeur de la droite mobile, x, y, z celles du point P, on a

$$x = \alpha a, \qquad y = \beta b, \qquad z = \gamma c,$$

et, comme

$$\alpha^2 + \beta^2 + \gamma^2 + 2\beta\gamma\cos\lambda + 2\gamma\alpha\cos\mu + 2\alpha\beta\cos\nu = 1,$$

le lieu de P est

$$(1) \quad \frac{x^2}{a^2} + \frac{y^2}{b^2} + \frac{z^2}{c^2} + \frac{2yz}{bc}\cos\lambda + \frac{2zx}{ca}\cos\mu + \frac{2xy}{ab}\cos\nu = 1.$$

Si maintenant (x_1, y_1, z_1) sont les coordonnées de D, on a

$$\frac{x-x_1}{\alpha}=\frac{y-y_1}{\beta}=\frac{z-z_1}{\gamma}=d$$

et

$$\frac{x-\alpha d}{p}+\frac{y-\beta d}{q}+\frac{z-\gamma d}{r}=1$$

ou

$$(2)\qquad \frac{x}{p}\left(1-\frac{d}{a}\right)+\frac{y}{q}\left(1-\frac{d}{b}\right)+\frac{z}{r}\left(1-\frac{d}{c}\right)=1.$$

Le lieu du point P est donc l'ellipse définie par les équations (1) et (2).

Pour un point P' de la droite situé à une distance ρ du point P, on aura l'ellipse, intersection de l'ellipsoïde

$$\frac{x^2}{(a+\rho)^2}+\frac{y^2}{(b+\rho)^2}+\frac{z^2}{(c+\rho)^2}+\frac{2yz\cos\lambda}{(b+\rho)(c+\rho)}+\ldots=1$$

et du plan

$$(3)\qquad \frac{x(a-d)}{p(a+\rho)}+\frac{y(b-d)}{q(b+\rho)}+\frac{z(c-d)}{r(c+\rho)}=1.$$

Le diamètre de l'ellipsoïde conjugué du plan de cette ellipse peut être représenté par les trois équations

$$(4)\qquad \frac{px}{(a-d)(a+\rho)}+\frac{py\cos\nu}{(a-d)(b+\rho)}+\frac{pz\cos\mu}{(a-d)(c+\rho)}=\sigma,$$

$$(5)\qquad \frac{qx\cos\nu}{(b-d)(a+\rho)}+\frac{qy}{(b-d)(b+\rho)}+\frac{rz\cos\lambda}{(b-d)(c+\rho)}=\sigma,$$

$$(6)\qquad \frac{rx\cos\mu}{(c-d)(a+\rho)}+\frac{ry\cos\lambda}{(c-d)(b+\rho)}+\frac{rz}{(c-d)(c+\rho)}=\sigma.$$

L'élimination de ρ, σ entre (3), (4), (5) et (6) donne le lieu des centres.

On tire d'abord de (4), (5), (6) des valeurs de $\frac{x}{a+\rho}$, $\frac{y}{b+\rho}$, $\frac{c}{c+\rho}$ qui se présentent sous la forme

$$\frac{x}{a+\rho}=\frac{\sigma}{\delta}\mathrm{P},\qquad \frac{y}{b+\rho}=\frac{\sigma}{\delta}\mathrm{Q},\qquad \frac{r}{c+\rho}=\frac{\sigma}{\delta}\mathrm{R},$$

expressions dans lesquelles

$$\delta = 1 - \cos^2\lambda - \cos^2\mu - \cos^2\nu + 2\cos\lambda\cos\mu\cos\nu,$$

$$\begin{aligned} \mathrm{P} = {} & \frac{a-d}{p}\sin^2\lambda + \frac{b-d}{q}(\cos\lambda\cos\mu - \cos\nu) \\ & + \frac{c-d}{r}(\cos\nu\cos\lambda - \cos\mu), \end{aligned}$$

$$\begin{aligned} \mathrm{Q} = {} & \frac{a-d}{p}(\cos\lambda\cos\mu - \cos\nu) \\ & + \frac{b-d}{q}\sin^2\mu + \frac{c-d}{r}(\cos\mu\cos\nu - \cos\lambda), \end{aligned}$$

$$\begin{aligned} \mathrm{R} = {} & \frac{a-d}{p}(\cos\nu\cos\lambda - \cos\mu) \\ & + \frac{b-d}{q}(\cos\mu\cos\nu - \cos\lambda) + \frac{c-d}{r}\sin^2\nu. \end{aligned}$$

Ces valeurs substituées dans (3) donnent

$$\begin{aligned} \frac{1}{\sigma} = \frac{1}{\delta}\Bigg[& \frac{(a-d)^2}{p^2}\sin^2\lambda + \frac{(b-d)^2}{q^2}\sin^2\mu + \frac{(c-d)^2}{r^2}\sin^2\nu \\ & + \frac{2(b-d)(c-d)}{qr}(\cos\mu\cos\nu - \cos\lambda) + \ldots\Bigg] = \frac{\mathrm{M}}{\delta}. \end{aligned}$$

On conclut de là

$$a + \rho = \frac{\mathrm{M}x}{\mathrm{P}}, \qquad b + \rho = \frac{\mathrm{M}y}{\mathrm{Q}}, \qquad c + \rho = \frac{\mathrm{M}z}{\mathrm{R}},$$

et par suite les centres des ellipses variables sont sur la droite

$$\frac{\mathrm{M}x}{\mathrm{P}} - a = \frac{\mathrm{M}y}{\mathrm{Q}} - b = \frac{\mathrm{M}z}{\mathrm{R}} - c.$$

Menons enfin par l'origine une parallèle à la droite qui passe par le point (x, y, z) de la conique (1), (2). Pour avoir le lieu de cette droite, il faudra éliminer x, y et z entre les équations (1), (2) et

$$\frac{a\mathrm{X}}{x} = \frac{b\mathrm{Y}}{y} = \frac{c\mathrm{Z}}{z},$$

ce qui donne le cône de révolution

$$X^2 + Y^2 + Z^2 + 2YZ\cos\lambda + 2ZX\cos\mu + 2XY\cos\nu - \left(\frac{a-d}{p}X + \frac{b-d}{q}Y + \frac{c-d}{r}Z\right)^2 = 0.$$

La droite mobile dans l'espace engendre une surface réglée du quatrième ordre dont ce cône est le cône directeur.

Le premier des théorèmes que nous venons de démontrer, et qui est dû à M. Mannheim, n'est autre chose que l'expression des relations qui existent entre les cosinus des angles d'une droite avec les quatre faces d'un tétraèdre. C'est ce qui ressort de la démonstration donnée ci-dessus, et ce qu'on voit mieux encore en employant les coordonnées tétraédriques.

Soient λ, μ, ν, ρ les cosinus des angles d'une droite avec les quatre faces du tétraèdre de référence; p, q, r, s les hauteurs de ce tétraèdre; a, b, c, a', b', c' les arêtes BC, CA, AB, DA, DB, DC. On a entre les cosinus les deux relations

$$\frac{\lambda}{p} + \frac{\mu}{q} + \frac{\nu}{r} + \frac{\rho}{s} = 0,$$

$$\frac{a^2}{qr}\mu\nu + \frac{b^2}{rp}\nu\lambda + \frac{c^2}{pq}\lambda\mu + \frac{a'^2}{ps}\lambda\rho + \frac{b'^2}{qs}\mu\rho + \frac{c'^2}{rs}\nu\rho + 1 = 0.$$

Cela posé, si (x, y, z, w) sont les coordonnées d'un point quelconque P de la droite, (x', y', z', w') celles d'un point fixe P', R la distance PP', les équations de la droite sont

$$\frac{x - x'}{\lambda} = \frac{y - y'}{\mu} = \frac{z - z'}{\nu} = \frac{w - w'}{\rho} = R.$$

Soient maintenant α, β, γ, δ les distances constantes du point P' aux quatre points où la droite perce les plans $x = 0$, $y = 0$, $z = 0$, $w = 0$, on aura

$$\lambda = -\frac{x'}{\alpha}, \qquad \mu = -\frac{y'}{\beta}, \qquad \nu = -\frac{z'}{\gamma}, \qquad \rho = -\frac{w'}{\delta},$$

et les relations ci-dessus deviendront, en supprimant les accents et remplaçant dans la seconde 1 par $\left(\frac{x}{p} + \frac{y}{q} + \frac{z}{r} + \frac{w}{s}\right)^2$, pour établir l'homogénéité

$$\frac{x}{\alpha p}+\frac{y}{\beta q}+\frac{z}{\gamma r}+\frac{w}{\delta s}=0,$$

$$\frac{a^2yz}{qr\beta\gamma}+\frac{b^2zx}{rq\gamma\alpha}+\frac{c^2xy}{pq\alpha\beta}+\frac{a'^2xw}{ps\alpha\delta}$$
$$+\frac{b'^2yw}{qs\beta\delta}+\frac{c'^2zw}{rs\gamma\delta}+\left(\frac{x}{p}+\frac{y}{q}+\frac{z}{r}+\frac{w}{s}\right)^2=0.$$

Telles sont les équations de l'ellipse décrite par le point P.

22. *Étant données deux droites non situées dans un même plan, on fait passer par ces droites un paraboloïde auquel on mène un plan tangent parallèle à un plan fixe. Trouver le lieu du point de contact.* (Agrégation, 1862.)

L'équation générale des paraboloïdes passant par les droites $(z-c=0,\ y-mx=0)$ et $(z+c=0,\ y+mx-0)$ est

$$z^2+2\lambda yz-2m\mu zx-2cm\lambda x+2c\mu y-c^2=0.$$

Soit $\alpha x+\beta y+\gamma z=0$ le plan fixe; le point de contact du plan tangent parallèle est l'intersection de la surface avec le diamètre conjugué du plan

$$-\frac{\mu mz+cm\lambda}{\alpha}=\frac{\lambda z+c\mu}{\beta}\quad\frac{z+\lambda y-m\mu x}{\gamma}.$$

L'élimination de λ, μ entre ces équations et celle du paraboloïde donne, pour le lieu cherché, après la suppression du facteur z^2-c^2,

$$z(\alpha x+\beta y+\gamma z)-\beta cm^2x-\alpha cy-\gamma mc^2=0.$$

C'est un des paraboloïdes du système donné.

23. *On considère une génératrice* A *d'un paraboloïde hyperbolique et la génératrice* B *du même système qui lui est perpendiculaire; soit ab leur plus courte distance :*

1° *Trouver le lieu des points a et b;*

2° *Trouver le lieu des points a', b', pieds de la plus courte distance des génératrices* A', B' *de l'autre système qui passent par a et b;*

3° *Trouver le lieu des points d'intersection des génératrices* A *et* B′ (*ou* A′ *et* B);

4° *Donner l'expression du rapport* $\frac{a'b'}{ab}$ *et la variation des distances* ab, $a'b'$ (École Normale, 1880).

Prenons pour plan des xy le plan directeur des génératrices A, B, pour axe des y l'axe du paraboloïde. Son équation est

$$z(ax+bz)=y;$$

les génératrices A, B sont

$$\left(z=\lambda,\quad ax+bz=\frac{y}{\lambda}\right),\qquad \left(z=\mu,\quad ax+bz=\frac{y}{\mu}\right)$$

avec la condition $a^2\lambda\mu+1=0$.

La plus courte distance de A, B a pour équations

$$ax+b\lambda=\frac{y}{\lambda},\qquad ax+b\mu=\frac{y}{\mu}$$

et le lieu de cette droite est le plan $a^2y-b=0$ qui passe par la directrice de la parabole $a^2x^2+4by=0$ de contour apparent relative au plan des xy.

Les équations des génératrices du deuxième système sont

$$z=\lambda' y,\qquad ax+bz=\frac{1}{\lambda'}:$$

la génératrice A′ devant passer par le point (α) dont les coordonnées ont pour valeurs

$$z=\lambda,\qquad y=-b\lambda\mu=\frac{b}{a^2},\qquad x=\frac{b(1-a^2\lambda^2)}{a^3\lambda},$$

on doit avoir pour cette génératrice $\lambda'=\frac{\lambda a^2}{b}$, et de même, pour B′, $\lambda'=\frac{\mu a^2}{b}$. Ainsi les équations de A′, B′ sont

$$\left(z=\frac{\lambda a^2}{b}y,\qquad ax+bz=\frac{b}{a^2\lambda}\right),$$

$$\left(z-\frac{\mu a^2}{b}y,\qquad ax+bz=\frac{b}{a^2\mu}\right).$$

La plus courte distance de A′, B′ est l'intersection des deux plans menés par ces droites perpendiculairement au plan directeur $ax + bz = 0$. On trouve

$$\frac{abx}{a^2+b^2} + \frac{a^2\lambda y}{b} - \frac{a^2 z}{a^2+b^2} = \frac{b^2}{a^2\lambda(a^2+b^2)},$$

$$\frac{abx}{a^2+b^2} + \frac{a^2\mu y}{b} - \frac{a^2 z}{a^2+b^2} = \frac{b^2}{a^2\mu(a^2+b^2)}.$$

L'élimination de λ, μ entre ces équations et la relation $a^2\lambda\mu + 1 = 0$ donne pour le lieu de $(a'b')$ le plan

$$a^2 y(a^2+b^2) - b^3 = 0.$$

L'équation du lieu de l'intersection de A et de B′ résultera de l'élimination de λ, μ entre

$$z = \lambda, \qquad ax + bz = \frac{y}{\lambda}, \qquad z = \frac{\mu a^2}{b} y,$$

$$ax + bz = \frac{b}{a^2\mu}, \qquad a^2\lambda\mu + 1 = 0,$$

équations qui équivalent à quatre seulement, puisque les deux droites que représentent les quatre premières se rencontrent. On trouve $bz^2 + y = 0$ et le paraboloïde.

On peut d'ailleurs remplacer $bz^2 + y = 0$ par $a^2x^2 + 4by = 0$; le lieu est donc la parabole du contour apparent.

La longueur de (a, b) est $\lambda - \mu$; celle de (a', b') est

$$\frac{\frac{b}{a^2}\left(\frac{1}{\lambda} - \frac{1}{\mu}\right)}{\sqrt{a^2+b^2}} = \frac{b(\lambda-\mu)}{\sqrt{a^2+b^2}},$$

puisque $\lambda\mu = -\frac{1}{a^2}$; ainsi $\frac{(a',b')}{(a,b)} = \frac{b}{\sqrt{a^2+b^2}}$.

Enfin le minimum de (a, b) est $\frac{2}{a}$, celui de (a', b') est $\frac{2b}{a\sqrt{a^2+b^2}}$.

24. *On donne un paraboloïde isoscèle $yz - mx = 0$; on prend une droite fixe sur ce paraboloïde : 1° trouver l'équa-*

tion générale des quadriques qui se raccordent avec ce paraboloïde suivant la droite choisie et le touchent en son sommet, ainsi que l'intersection de ces surfaces S *avec le paraboloïde;* 2° *trouver le lieu des centres des surfaces* S ; 3° *le lieu des sommets des trièdres trirectangles circonscrits aux surfaces* S (*sphère de Monge*) *ainsi que l'enveloppe de cette sphère.*

Soit $y = kx$, $kz = m$ la génératrice de raccordement; l'équation générale des quadriques qui passent par cette droite, par l'origine, sommet du paraboloïde, et dont le plan tangent à l'origine est $x = 0$, est de la forme

$$\lambda(y^2 - k^2x^2) + yz - mx + 2\mu x\left(z - \frac{m}{k}\right) + 2\nu x(y - kx) = 0.$$

Il faut que les plans tangents aux deux surfaces soient les mêmes en tous les points de la génératrice de raccordement; cette condition donne $\mu = 0$, $\nu + k\lambda = 0$. L'équation précédente deviendra alors

$$\lambda(y - kx)^2 + yz - mx = 0. \tag{1}$$

L'intersection d'une quelconque de ces quadriques et du paraboloïde se compose de la génératrice commune (qui compte pour deux droites), de l'axe des z et d'une droite à l'infini. Le lieu des centres est $\left(y = 0,\ z = \dfrac{m}{2k}\right)$. La somme des carrés des demi-axes de la surface (1) est $\dfrac{m^2}{4\lambda^2k^4}$; les coordonnées du centre ayant pour valeurs $\left(\dfrac{m}{2\lambda k^2},\ 0,\ \dfrac{m}{k}\right)$, la sphère de Monge a pour équation

$$x^2 + y^2 + z^2 - \frac{mx}{\lambda k^2} - \frac{2mz}{k} + \frac{m^2}{k^2} = 0$$

et son enveloppe est

$$x^2 + y^2 + z^2 - \frac{2mz}{k} + \frac{m^2}{k^2} = 0,$$

c'est-à-dire le point $\left(x = 0,\ y = 0,\ z = \dfrac{m}{k}\right)$.

25. *On donne deux droites fixes* Δ *et* Δ_1 *qui ne se rencontrent pas; par ces droites on fait passer des quadriques* S *pour lesquelles la somme des carrés des axes, ainsi que le produit des axes, sont des quantités constantes. Trouver le lieu des centres de ces surfaces. Considérant une des surfaces* S *et son centre* I, *on mène par* I *une droite qui coupe les droites fixes en* D, D_1; *par ces points on mène des plans perpendiculaires à* Δ, Δ_1; *trouver le lieu des intersections de ces plans.* (Agrégation, 1872.)

Nous prenons les axes de telle sorte que les droites soient représentées par $z-c=0$, $y-mx=0$ et par $z+c=0$, $y+mx=0$. L'équation générale des surfaces S est

$$(z+c)[\lambda(z-c)+\mu(y-mx)] \\ +(y+mx)[\nu(z-c)+y-mx]=0.$$

Le déterminant des équations du centre est

$$\delta=8m^2(\lambda-\mu\nu);$$

le discriminant est

$$\Delta=16c^2m^2(\lambda-\mu\nu)^2.$$

Les équations du centre font voir que le z du centre est toujours nul; le lieu des centres est donc une courbe plane située dans le plan parallèle aux droites données, mené par le milieu de leur perpendiculaire commune. L'x et l'y du centre sont donnés par les équations

$$(1)\qquad 2mx+c(\mu+\nu)=0,$$

$$(2)\qquad 2y+c(\mu-\nu)=0.$$

Les formules qui donnent la somme S^2 des carrés des demi-axes et leur produit P^3 étant

$$(3)\qquad S^2=\frac{c^2}{4m^2}[(\mu+\nu)^2+m^2(\mu-\nu)^2+4\lambda(m^2-1)+4m^2],$$

$$(4)\qquad P^3=\frac{c^3}{m}(\lambda-\mu\nu),$$

les équations (1), (2), (3), (4) donnent pour le lieu des centres l'ellipse

$$cm^4x^2+cy^2=cm^2S^2-c^3m^2-m(m^2-1)P^3.$$

Menons par un point (α, β) de cette ellipse une droite rencontrant les droites données; elle coupera ($z-c=0, y-mx=0$)

au point $\left(x_1 = \frac{\beta + m\alpha}{m}, y_1 = \beta + m\alpha, z_1 = c\right)$, et la seconde droite au point $\left(x_2 = -\frac{\beta - m\alpha}{m}, y_2 = \beta - \mu\alpha, z_2 = -c\right)$. L'intersection des plans perpendiculaires à Δ et Δ_1, menés par ces points, décrit le cylindre de révolution

$$x^2 + y^2 = \frac{1 + m^2}{cm^4}[cm^2 S^2 - c^3 m^2 - m(m^2 - 1)P^3].$$

26. *On donne trois plans rectangulaires; une quadrique touche un de ces plans et coupe les deux autres suivant des cercles de positions variables, mais de rayons donnés. Trouver les surfaces qui peuvent satisfaire à ces conditions, la relation qui existe entre les longueurs de leurs axes, le lieu de leurs centres. Les surfaces étant en outre assujetties à passer par un point fixe du plan tangent, trouver le lieu du point de contact.*

Supposons que les surfaces soient tangentes au plan des xy et coupent les plans des yz et des zx suivant des cercles de rayons α et β. Leur équation est de la forme

$$x^2 + y^2 + z^2 + 2B''xy + 2Cx + 2C'y + 2C''z + D = 0,$$

avec les conditions

$$(1) \qquad \begin{cases} C''^2 + C^2 - D = \alpha^2, \\ C'^2 + C''^2 - D = \beta^2, \\ C^2 + C'^2 - D + DB''^2 - 2B''CC' = 0. \end{cases}$$

Cette dernière relation exprime que la conique

$$x^2 + y^2 + 2B''xy + 2Cx + 2C'y + D = 0$$

se réduit à un couple de droites. Les axes a^2, b^2, c^2 sont donnés par les formules

$$S^2 = a^2 + b^2 + c^2 = \frac{C''^2(B''^2 - 3)}{B''^2 - 1},$$

$$Q^4 = b^2c^2 + c^2a^2 + a^2b^2 = -\frac{3C''^4}{B''^2 - 1},$$

$$P^6 = a^2b^2c^2 = -\frac{C''^6}{B''^2 - 1}.$$

On a, par l'élimination de C'', B'' entre ces trois relations

$$9S^2Q^4P^6 = 2Q^{12} + 27P^{12}.$$

Telle est la relation qui existe entre les carrés des demi-axes. Le lieu des centres des quadriques est le conoïde

$$z^2(x^2 - y^2) = \alpha^2x^2 - \beta^2y^2.$$

Soit (x_1, y_1) un point fixe du plan des xy par lequel doivent passer toutes les quadriques du système ; pour trouver le lieu du point de contact, centre du couple de droites

$$x^2 + y^2 + 2B''xy + \ldots = 0,$$

dont l'une passe toujours en (x_1, y_1), on aura à éliminer les cinq coefficients B'', C, C', C'', D entre les équations (1) et celles-ci :

$$\begin{gathered} x + B''y + C = 0, \\ B''x + y + C' = 0, \\ x_1^2 + y_1^2 + 2B''x_1y_1 + 2Cx_1 + 2C'y_1 + D = 0. \end{gathered}$$

On obtient une courbe du quatrième ordre

$$(y^2 - x^2)[(x - x_1)^2 - (y - y_1)^2] = 4(\alpha^2 - \beta^2)(x - x_1)^2(y - y_1)^2.$$

27. *On donne une quadrique fixe et une surface de révolution à centre qui se déplace en coupant toujours la première suivant un cercle; trouver le lieu du centre de cette surface mobile.* (Concours général, 1863.)

Supposons que la surface fixe soit l'ellipsoïde

$$\frac{x^2}{a^2} + \frac{y^2}{b^2} + \frac{z^2}{c^2} = 1,$$

et que la surface mobile soit un autre ellipsoïde qui, rapporté à ses axes, aurait pour équation

$$\frac{x^2 + y^2}{\alpha^2} + \frac{z^2}{\beta^2} = 1.$$

Soit

$$cx\sqrt{a^2 - b^2} + az\sqrt{b^2 - c^2} = \lambda$$

une section circulaire commune aux deux surfaces; le rayon de ce cercle est

$$R = \frac{b}{ca}\sqrt{\frac{a^2c^2(a^2-c^2)-\lambda^2}{a^2-c^2}}.$$

La distance du centre de l'ellipsoïde mobile au centre de la section de rayon R est

$$h = \frac{\beta}{\alpha}\sqrt{\alpha^2 - R^2}.$$

Ce centre est déterminé par les deux équations

$$x - \frac{\lambda\sqrt{a^2-b^2}}{c(a^2-c^2)} = \frac{c\sqrt{a^2-b^2}}{a\sqrt{a^2-c^2}}\left[z - \frac{\lambda\sqrt{b^2-c^2}}{a(a^2-c^2)}\right],$$

$$\left[x - \frac{\lambda\sqrt{a^2-b^2}}{c(a^2-c^2)}\right]^2 + \left[z - \frac{\lambda\sqrt{b^2-c^2}}{a(a^2-c^2)}\right]^2$$
$$= \beta^2 - \frac{\beta^2}{\alpha^2}\,\frac{b^2[a^2c^2(a^2-c^2)-\lambda^2]}{c^2a^2(a^2-c^2)}.$$

Le lieu du centre, obtenu par l'élimination de λ, est l'hyperbole

$$\alpha^2b^2\left[az\sqrt{a^2-b^2} - cx\sqrt{b^2-c^2}\right]^2$$
$$- b^2\gamma^2\left[ax\sqrt{b^2-c^2} - cz\sqrt{a^2-b^2}\right]^2$$
$$= \beta^2(\alpha^2-b^2)(b^2-c^2)(a^2-b^2)(a^2-c^2),$$

située dans le plan des zx. L'équation met en évidence deux diamètres conjugués de l'hyperbole; l'un est le diamètre de l'ellipsoïde, conjugué des sections circulaires considérées; l'autre est perpendiculaire à ces sections. L'hyperbole devient un couple de droites quand la section équatoriale de l'ellipsoïde mobile est égale à la section circulaire centrale de l'ellipsoïde fixe.

28. *Étant donnée une quadrique, on mène par un point donné un plan variable dont on prend le pôle* Q; *on considère le cône circonscrit à la quadrique ayant* Q *pour sommet. Trouver le lieu des traces des axes de ce cône sur le plan variable.*

Nous considérerons l'ellipsoïde

$$\frac{x^2}{a^2} + \frac{y^2}{b^2} + \frac{z^2}{c^2} - 1 = 0$$

et le point fixe (x', y', z'); soit (α, β, γ) le pôle d'un plan passant par (x', y', z'), et soient λ, μ, ν les coefficients directeurs des axes du cône circonscrit dont l'équation est

$$\frac{x^2}{a^2}\left(\frac{\beta^2}{b^2} + \frac{\gamma^2}{c^2} - 1\right) + \frac{y^2}{b^2}\left(\frac{\gamma^2}{c^2} + \frac{\alpha^2}{a^2} - 1\right) + \frac{z^2}{c^2}\left(\frac{\alpha^2}{a^2} + \frac{\beta^2}{b^2} - 1\right)$$
$$- \frac{2\beta\gamma yz}{b^2c^2} - \frac{2\gamma\alpha zx}{c^2a^2} - \frac{2\alpha\beta xy}{a^2b^2} + \ldots = 0.$$

Le lieu demandé s'obtiendra par l'élimination de λ, μ, ν, α, β, γ entre les équations

$$(1) \qquad \frac{x-\alpha}{\lambda} = \frac{y-\beta}{\mu} = \frac{z-\gamma}{\nu},$$

$$(2) \qquad \frac{\alpha x}{a^2} + \frac{\beta y}{b^2} + \frac{\gamma z}{c^2} - 1 = 0,$$

$$(3) \qquad \frac{\alpha x'}{a^2} + \frac{\beta y'}{b^2} + \frac{\gamma z'}{c^2} - 1 = 0,$$

$$(4) \qquad \left\{ \begin{aligned} & \frac{\dfrac{\lambda}{a^2}\left(\dfrac{\beta^2}{b^2} + \dfrac{\gamma^2}{c^2} - 1\right) - \dfrac{\mu\alpha\beta}{a^2b^2} - \dfrac{\nu\gamma\alpha}{c^2a^2}}{\lambda} \\ & = \frac{-\dfrac{\lambda\alpha\beta}{a^2b^2} + \dfrac{\mu}{b^2}\left(\dfrac{\gamma^2}{c^2} + \dfrac{\alpha^2}{a^2} - 1\right) - \dfrac{\nu\beta\gamma}{b^2c^2}}{\mu} \\ & = \frac{-\dfrac{\lambda\gamma\alpha}{c^2a^2} - \dfrac{\mu\beta\gamma}{b^2c^2} + \dfrac{\nu}{c^2}\left(\dfrac{\alpha^2}{a^2} + \dfrac{\beta^2}{b^2} - 1\right)}{\nu}. \end{aligned} \right.$$

Mais il est facile de voir que les deux dernières peuvent être remplacées par

$$(4') \qquad \frac{x}{a^2(x-\alpha)} = \frac{y}{b^2(y-\beta)} = \frac{z}{c^2(z-\gamma)},$$

et il suffira d'éliminer α, β, γ entre (2), (3) et (4'). On trouve la surface du troisième ordre

$$\left(\frac{x^2}{a^2}+\frac{y^2}{b^2}+\frac{z^2}{c^2}-1\right)\left(\frac{xx'}{a^4}+\frac{yy'}{b^4}+\frac{zz'}{c^4}\right)$$
$$=\left(\frac{xx'}{a^2}+\frac{yy'}{b^2}+\frac{zz'}{c^2}-1\right)\left(\frac{x^2}{a^4}+\frac{y^2}{b^4}+\frac{z^2}{c^4}\right).$$

29. *On donne deux plans fixes* P *et* Q, *un point fixe* O *dans le plan* P *et un point* A *dans l'espace ; trouver le lieu des centres des quadriques tangentes au plan* Q, *passant par* A *et tangentes au plan* P *en* O, *de telle sorte que ce point* O *soit un ombilic.*

Nous prenons le plan P pour plan des xy, le point O pour origine, l'axe des x perpendiculaire à l'intersection des plans P et Q ; l'équation du plan Q est $ax+cz+d=0$; soient α, β, γ les coordonnées de A. L'équation générale des quadriques est de la forme

$$2z(ax+cz+d)+(\lambda x+\mu z)^2+(\lambda y+\nu z)^2-0,$$

avec la condition

$$2\gamma(a\alpha+c\gamma+d)+(\lambda\alpha+\mu\gamma)^2+(\lambda\beta+\nu\gamma)^2 \quad 0.$$

Le lieu des centres est

$$z^2(4cd\gamma-a^2\alpha^2-a^2\beta^2)+2a^2\beta\gamma yz$$
$$+2a\gamma zx(a\alpha+2d)+2\gamma dz(d-c\gamma)$$
$$=a^2\gamma^2(x^2+y^2)+2ad\gamma^2x+d^2\gamma^2.$$

Cette quadrique touche le plan des xy au point

$$x \quad -\frac{d}{a}, \qquad y=0,$$

qui est un ombilic.

30. *On donne un tétraèdre* OABC *trirectangle en* O ; *on circonscrit un cercle* (G) *au triangle* OAB, *et deux hyperboles équilatères* (H), (H_1) *aux triangles* AOC, BOC, *et l'on fait passer des quadriques* Σ *par les trois courbes :*

1° *Trouver le lieu des centres des surfaces* Σ, *quand on fait varier les hyperboles.*

2° *Chercher la condition pour que Σ se réduise à un cône, et le lieu des sommets de ces cônes.*

3° *Du centre du cercle* (G), *comme sommet, on décrit un cône circonscrit à Σ; trouver le lieu du centre de la courbe de contact.*

4° *Trouver le lieu des points de concours des plans tangents à Σ en* A, B, C.

5° *Trouver le lieu des ombilics réels des surfaces Σ.*

Si l'on pose $OA = 2a$, $OB = 2b$, $OC = 2c$, l'équation générale des surfaces Σ est

$$x^2 + y^2 - z^2 + 2\lambda yz + 2\mu zx - 2ax - 2by + 2cz = 0.$$

Le lieu des centres est la sphère

$$x^2 + y^2 + z^2 - ax - by - cz = 0.$$

La condition pour que Σ soit un cône est

$$(\lambda a - \mu b)^2 - 2c(\lambda b + \mu a) + a^2 + b^2 - c^2 = 0,$$

et le lieu des sommets des cônes est l'intersection de la sphère, lieu des centres, avec le cône

$$(bx - ay)^2 + 2cz(ax + by - a^2 - b^2) + z^2(a^2 + b^2 - c^2) = 0,$$

dont le sommet $(a, b, 0)$ est sur la sphère et qui touche le plan des xy suivant la droite $bx - ay = 0$.

Les courbes de contact des cônes circonscrits aux surfaces Σ et ayant pour sommet le centre $(a, b, 0)$ du cercle (G) ont leurs centres dans le plan $ax + by - cz = 0$.

Le lieu des points de concours des plans tangents en A, B, C est la quadrique

$$\begin{aligned} &ayz(b^2 + c^2) + bzx(c^2 + a^2) \\ &\quad - cxy(a^2 + b^2) - abc(ax + by + cz) = 0. \end{aligned}$$

L'équation des surfaces pouvant s'écrire

$$x^2 + y^2 + z^2 - 2ax - 2by + 2z(c + \mu x + \lambda y - z) = 0,$$

on a un système de plans cycliques parallèles à $z = 0$, et un second système de plans parallèles à $\mu x + \lambda y - z = 0$. Les ombilics correspondant au premier système sont sur la sphère

$$x^2+y^2+z^2-2cz=0.$$

Les autres ombilics réels se trouvent sur la surface

$$4z^2(x^2+y^2-ax-by)$$
$$+(x^2+y^2-z^2-2ax-2by+2cz)(x^2+y^2-z^2-2ax-2by)=0.$$

31. *Étant donnée une courbe gauche du quatrième ordre, intersection de deux quadriques, trouver l'enveloppe des plans qui coupent cette courbe en quatre points situés sur un cercle, et qui passent par un point donné.*

Nous supposerons que l'une des surfaces est

$$ax^2+by^2+cz^2-1=0;$$

l'autre sera représentée par l'équation générale du second degré. Proposons-nous d'abord de chercher les plans qui passent par l'origine et satisfont à la condition énoncée; soit $\lambda x+\mu y+\nu z=0$ un de ces plans. S'il coupe la courbe gauche d'intersection des deux surfaces en quatre points situés sur un même cercle, les axes des deux coniques suivant lesquelles il coupe les surfaces seront parallèles; il suffit d'exprimer cette condition. On trouve

$$\begin{aligned}
&B(b-c)\lambda^3+B'(c-a)\mu^3+B''(a-b)\nu^3\\
&\quad -B''(c-a)\mu^2\nu-B'(a-b)\mu\nu^2-B(a-b)\nu^2\lambda\\
&\quad -B''(b-c)\nu\lambda^2-B'(b-c)\lambda^2\mu-B(c-a)\lambda\mu^2\\
&\qquad +\lambda\mu\nu[A(b-c)+A'(c-a)+A''(a-b)]=0.
\end{aligned}$$

Cette relation entre λ, μ, ν montre que le plan

$$\lambda x+\mu y+\nu z=0$$

enveloppe un cône de troisième classe; ce cône touche évidemment les plans cycliques des deux surfaces qui passent par l'origine.

Maintenant, si l'on a trouvé un plan quelconque satisfaisant à la condition demandée, tout plan parallèle à celui-là jouira de la même propriété, car les sections faites par ce plan dans les deux surfaces auront encore leurs axes parallèles. Donc l'enveloppe des plans menés par un point quelconque de l'espace sera un cône de troisième classe dont les génératrices seront parallèles à celles du cône qui a pour sommet l'origine.

32. *On donne une quadrique et un plan fixe; trouver le lieu des sommets des cônes circonscrits qui interceptent sur le plan une conique dont le produit des axes est constant.*

Prenons le plan fixe pour plan des xy; soient

$S = Ax^2 + A'y^2 + \ldots + D = 0$ la surface donnée,
S_1, S_2, S_3, S_4 les demi-dérivées de S par rapport à x, y, z et à la variable w introduite pour établir l'homogénéité;
k^4 le produit des carrés des demi-axes de la conique.

On a, pour l'équation du lieu des sommets des cônes,

$$\begin{vmatrix} AS - S_1^2 & B''S - S_1S_2 & CS - S_1S_4 \\ B''S - S_1S_2 & A'S - S_2^2 & C'S - S_2S_4 \\ CS - S_1S_4 & C'S - S_2S_4 & DS - S_4^2 \end{vmatrix}^2 = k^4 \begin{vmatrix} AS - S_1^2 & B''S - S_1S_2 \\ B''S - S_1S_2 & A'S - S_2^2 \end{vmatrix}^3.$$

S^2 entre en facteur dans le premier déterminant et S dans le deuxième; il reste, après réductions, l'équation du sixième degré

$$\Delta^2 z^4 S = k^4 [z^2 \delta + 2z\Delta_{C''} + \Delta_{A''}]^3.$$

(Δ est le discriminant de S, δ le dénominateur des coordonnées du centre.)

33. *On donne une quadrique et un plan fixe; trouver le lieu des sommets des cônes circonscrits qui coupent le plan suivant des cercles, le lieu des centres de ces cercles et l'enveloppe des plans des courbes de contact des cônes.*

Supposons que la quadrique ait un centre, que le plan donné, pris pour plan des xy, passe par le centre, et que les axes de la section de la surface soient pris pour axes des x et des y; l'équation de la quadrique sera

$$Ax^2 + A'y^2 + A''z^2 + 2Byz + 2B'zx + D = S = 0.$$

Le lieu des sommets des cônes circonscrits qui coupent le plan des xy suivant des cercles se compose de deux coniques, intersections des plans $S_1 = 0$, $S_2 = 0$ et de la quadrique

$$\Sigma = (A - A')S + S_2^2 - S_1^2 = 0$$

(S_1 et S_2 étant les demi-dérivées de S par rapport à x et à y).

Les cercles de base des cônes dont les sommets sont sur la conique ($S_1 = 0$, $\Sigma = 0$) ont leurs centres sur l'axe des y; les centres des cercles de base des cônes du second système ($S_2 = 0$, $\Sigma = 0$) sont sur l'axe des x.

Les courbes de contact des cônes du premier système enveloppent un cylindre dont les génératrices sont parallèles à l'axe des x, et qui a pour équation

$$A'y^2(A - A') + (AA'' - B^2 - B'^2)z^2 + 2B(A - A')yz + AD = 0.$$

L'enveloppe des plans des courbes de contact des cônes du second système est un cylindre dont les génératrices sont parallèles à Oy.

34. *Étant donnée une quadrique, par un point* P *on mène une sécante* PAB, *les plans tangents en* A *et* B *qui se coupent suivant une droite* D, *et par* D *les plans bissecteurs des dièdres formés par les plans tangents. Trouver le lieu de leurs traces sur la sécante* PAB.

Considérons une quadrique rapportée à des axes parallèles à ses axes principaux menés par P

$$ax^2 + by^2 + cz^2 + 2px + 2qy + 2rz + d = 0$$

et soit ($x = \lambda\rho$, $y = \mu\rho$, $z = \nu\rho$) une sécante menée par l'origine. Elle coupe la surface en deux points

$$(x' = \lambda\rho_1,\ y' = \mu\rho_1,\ z' = \nu\rho_1), \qquad (x'' = \lambda\rho_2,\ y'' = \mu\rho_2,\ z'' = \nu\rho_2),$$

ρ_1, ρ_2 étant les racines de l'équation

$$(1) \qquad \rho^2(a\lambda^2 + b\mu^2 + c\nu^2) + 2\rho(p\lambda + q\mu + r\nu) + d = 0.$$

L'équation quadratique des plans bissecteurs des plans tangents en ces points est

$$[x(a\lambda\rho_1+p)+y(b\mu\rho_1+q)+z(c\nu\rho_1+r)+p\lambda\rho_1+q\mu\rho_1+r\nu\rho_1+d]^2$$
$$\times[(a\lambda\rho_2+p)^2+(b\mu\rho_2+q)^2+(c\nu\rho_2+r)^2]$$
$$-[x(a\lambda\rho_2+p)+\ldots]^2[(a\lambda\rho_1+p)^2+\ldots].$$

Posons

$$a\lambda x+b\mu y+c\nu z+p\lambda+q\mu+r\nu=\mathrm{M},$$
$$px+qy+rz+d=\mathrm{P},$$
$$a^2\lambda^2+b^2\mu^2+c^2\nu^2=\alpha,\qquad ap\lambda+bq\mu+cr\nu=\beta,$$
$$p^2+q^2+r^2=\gamma.$$

L'équation précédente s'écrira

$$(\rho_1\mathrm{M}+\mathrm{P})^2(\alpha\rho_2^2+2\beta\rho_2+\gamma)-(\rho_2\mathrm{M}+\mathrm{P})^2(\alpha\rho_1^2+2\beta\rho_1+\gamma)=0$$

ou, en divisant par $\rho_1-\rho_2$,

$$2\mathrm{M}\rho_1\rho_2(\alpha\mathrm{P}-\beta\mathrm{M})$$
$$+(\alpha\mathrm{P}^2-\gamma\mathrm{M}^2)(\rho_1+\rho_2)-2\gamma\mathrm{MP}+2\beta\mathrm{P}^2=0$$

ou enfin, par la substitution des valeurs de $\rho_1\rho_2$ et de $\rho_1+\rho_2$ tirées de l'équation (1),

$$\mathrm{M}d(\alpha\mathrm{P}-\beta\mathrm{M})+(\gamma\mathrm{M}^2-\alpha\mathrm{P}^2)(p\lambda+q\mu+r\nu)$$
$$-\gamma\mathrm{MP}(a\lambda^2+b\mu^2+c\nu^2)+\beta\mathrm{P}^2(a\lambda^2+b\mu^2+c\nu^2)=0.$$

Telle est l'équation du couple des plans bissecteurs; on aura le lieu cherché en y remplaçant λ, μ, ν par x, y, z.

Si nous désignons par S le premier membre de l'équation de la surface, si nous posons en outre

$$a^2x^2+b^2y^2+c^2z^2=\mathrm{A},\qquad apx+bqy+crz=\mathrm{B},$$

l'équation du lieu s'écrira

$$d(\mathrm{S}-\mathrm{P})(\mathrm{AP}+\mathrm{BP}-\mathrm{BS})$$
$$+(\mathrm{P}-d)(\gamma\mathrm{S}^2-2\gamma\mathrm{PS}+\gamma\mathrm{P}^2-\mathrm{AP}^2)$$
$$+\mathrm{P}(\mathrm{S}-2\mathrm{P}+d)(\mathrm{BP}+\gamma\mathrm{P}-\gamma\mathrm{S})=0$$

ou, en ordonnant par rapport à S,

$$S^2 d(B+\gamma) - PS(Ad + \gamma d + 2Bd + \gamma P + BP) \\ + P^3(A + \gamma + 2B) = 0.$$

Sous cette forme, on reconnaît que l'équation est décomposable en

$$dS - P^2 = 0 \quad \text{et} \quad S(B+\gamma) - P(A + 2B + \gamma) = 0.$$

La première de ces surfaces est le cône circonscrit à la quadrique S, qui a pour sommet l'origine. La deuxième surface est du troisième ordre; son équation est *in extenso*

$$(ax^2 + by^2 + cz^2 + 2px + 2qy + 2rz + d)(apx + bqy + crz + p^2 + q^2 + r^2) \\ = (px + qy + rz + d) \\ \times (a^2x^2 + b^2y^2 + c^2z^2 + 2apx + 2bqy + 2crz + p^2 + q^2 + r^2).$$

Elle passe par l'origine et a pour plan tangent en ce point

$$(px + qy + rz)(p^2 + q^2 + r^2) - d(apx + bqy + crz) = 0.$$

Son intersection avec $S = 0$ se compose de la courbe de contact du cône circonscrit dont le sommet est à l'origine, et d'une quartique gauche, intersection de $S = 0$ avec le cône

$$(ax + p)^2 + (by + q)^2 + (cz + r)^2 = 0.$$

35. *Étant donnés un ellipsoïde, un plan* P *et un point* A *da[ns] ce plan, trouver le lieu des sommets des cônes circonscri[ts à] l'ellipsoïde et tels que la section de chacun de ces cônes p[ar le] plan* P *admette pour foyer le point* A (Co[ncours] gé[néral], 1875).

Prenons pour origine le centre de l'ellipsoï[de], [pour axes] des x et des y les axes de la section centrale parall[èle à P], pour axe des z le diamètre conjugué de ce plan; s[oient]

$\frac{x^2}{a^2} + \frac{y^2}{b^2} + \frac{z^2}{c^2} - 1 = 0$ l'équation de l'ellipsoïde

$z = h$ celle du plan P;

(α, β, h) les coordonnées du point A;

(x_1, y_1, z_1) celles du sommet d'un cône circonscrit

La section de ce cône par le plan P a pour équation

$$\frac{x^2}{a^2}\left(\frac{y_1^2}{b^2}+\frac{z_1^2}{c^2}-1\right)+\frac{y^2}{b^2}\left(\frac{x_1^2}{a^2}+\frac{z_1^2}{c^2}-1\right)$$
$$-2xy\frac{x_1y_1}{a^2b^2}-\frac{2xx_1}{a^2}\left(\frac{hz_1}{c^2}-1\right)-\frac{2yy_1}{b^2}\left(\frac{hz_1}{c^2}-1\right)$$
$$+\left(\frac{h^2}{c^2}-1\right)\left(\frac{x_1^2}{a^2}+\frac{y_1^2}{b^2}+\frac{z_1^2}{c^2}-1\right)-\left(\frac{hz_1}{c^2}-1\right)^2=0.$$

Les équations qui expriment que le point (α, β) est un foyer de cette conique sont, après la suppression du facteur

$$\frac{x_1^2}{a^2}+\frac{y_1^2}{b^2}+\frac{z_1^2}{c^2}-1,$$

$$(y_1^2-x_1^2)\left(\frac{h^2}{c^2}-1\right)+\frac{z_1^2}{c^2}(a^2-b^2+\beta^2-\alpha^2)-2\beta h\frac{y_1z_1}{c^2}$$
$$+2\alpha h\frac{z_1x_1}{c^2}-2\alpha x_1+2\beta y_1-\frac{2hz_1}{c^2}(a^2-b^2)+\alpha^2-\beta^2+\frac{h^2}{c^2}(a^2-b^2)=0$$

$$\alpha\beta\frac{z_1^2}{c^2}+x_1y_1\left(\frac{h^2}{c^2}-1\right)-\alpha h\frac{y_1z_1}{c^2}-\beta h\frac{z_1x_1}{c^2}+\beta x_1+\alpha y_1-x_1y_1=0.$$

Elles représentent deux cônes ayant pour sommet commun le point $A(\alpha, \beta, h)$; le lieu demandé se compose donc de quatre droites, savoir les génératrices communes aux deux cônes.

M. Genty a indiqué dans les *Nouvelles Annales* la généralisation suite du problème qui vient d'être traité :

…nt donné un ellipsoïde, un plan P, un point A dans ce plan et …lroites q… …assent en A, trouver le lieu des sommets des cônes … …psoïde et tels que la section de chacun de ces cônes … tangente aux deux droites.

…npose de quatre droites, intersections des plans tangents …soïde par les droites données. Dans le cas où les droites … isotropes, on retrouve la question proposée au Concours

…uver *le lieu des axes des surfaces de révolution pas-… les six sommets d'un ellipsoïde, et la projection de …be, lieu des sommets, sur un des plans principaux* …urs général, 1878).

Une quadrique, passant par les six sommets de l'ellipsoïde

$$\frac{x^2}{a^2}+\frac{y^2}{b^2}+\frac{z^2}{c^2}-1=0$$

a une équation de la forme

$$\frac{x^2}{a^2}+\frac{y^2}{b^2}+\frac{z^2}{c^2}+2\mathrm{B}yz+2\mathrm{B}'zx+2\mathrm{B}''xy-1=0.$$

Si elle est de révolution, on a

$$(1)\qquad \frac{1}{a^2}-\frac{\mathrm{B}'\mathrm{B}''}{\mathrm{B}}=\frac{1}{b^2}-\frac{\mathrm{B}''\mathrm{B}}{\mathrm{B}'}=\frac{1}{c^2}-\frac{\mathrm{B}\mathrm{B}'}{\mathrm{B}''}=\mathrm{S}.$$

Comme les équations de l'axe sont

$$\mathrm{B}x=\mathrm{B}'y=\mathrm{B}''z,$$

on trouve facilement que le lieu des axes est le cône

$$\frac{1}{a^2}(y^2-z^2)+\frac{1}{b^2}(z^2-x^2)+\frac{1}{c^2}(x^2-y^2)=0.$$

Pour étudier la projection du lieu des sommets sur le plan des xy, il est avantageux, au lieu de chercher l'équation de la courbe, d'exprimer les coordonnées de ses points en fonction du paramètre variable S.

Les relations (1) donnent d'abord

$$\mathrm{B}^2=\left(\frac{1}{b^2}-\mathrm{S}\right)\left(\frac{1}{c^2}-\mathrm{S}\right),$$

$$\mathrm{B}'^2=\left(\frac{1}{c^2}-\mathrm{S}\right)\left(\frac{1}{a^2}-\mathrm{S}\right),$$

$$\mathrm{B}''^2=\left(\frac{1}{a^2}-\mathrm{S}\right)\left(\frac{1}{b^2}-\mathrm{S}\right).$$

Remplaçons ensuite x, y, z, coordonnées [illegible]
par $\frac{k}{\mathrm{B}}, \frac{k}{\mathrm{B}'}, \frac{k}{\mathrm{B}''}$ dans l'équation de la s[illegible]

$$\mathrm{A}=\frac{1}{a^2}+\frac{1}{b^2}+ \ldots$$ [illegible]

il vient

$$k^2 = \frac{\left(\frac{1}{a^2} - S\right)\left(\frac{1}{b^2} - S\right)\left(\frac{1}{c^2} - S\right)}{6\left(S - \frac{A}{2}\right)\left(S - \frac{A}{3}\right)}$$

et

$$x^2 = \frac{\frac{1}{a^2} - S}{6\left(S - \frac{A}{2}\right)\left(S - \frac{A}{3}\right)}, \qquad y^2 = \frac{\frac{1}{b^2} - S}{6\left(S - \frac{A}{2}\right)\left(S - \frac{A}{3}\right)}.$$

On reconnaît que $\frac{1}{a^2}$ est plus petit que $\frac{A}{3}$ et *a fortiori* plus petit que $\frac{A}{2}$ (en supposant $a > b > c$); $\frac{1}{b^2}$ est toujours plus petit que $\frac{A}{2}$ et il est plus petit que $\frac{A}{3}$, si la condition

$$2a^2c^2 < b^2(c^2 + a^2)$$

est remplie. Supposons qu'il en soit ainsi et faisons varier S de $-\infty$ à $+\infty$. Les valeurs de S comprises entre $-\infty$ et $\frac{1}{a^2}$ donnent deux branches de courbe fermées, affectant la forme d'une lemniscate, tangentes à l'origine, qui est un point double, aux bissectrices des axes de coordonnées, et dont les ...mmets sont sur Oy.

...es valeurs de S comprises entre $\frac{A}{3}$ et $\frac{A}{2}$ donnent ensuite ... branches infinies, une dans chacun des angles que font ...x les axes; elles sont comprises entre deux asymptotes ...r l'origine et qui font chacune avec Ox un angle ... 45° (*fig.* 8).

...st la racine double de l'équation en S rela... ...le révolution variable; la racine simple est ...rie de $-\infty$ à o, on a des hyperboloïdes à ... = o deux plans parallèles; quand S est ... $\frac{1}{c^2}$, on a des ellipsoïdes, pour S com... ...psoïdes sont imaginaires, et les coefficients B′, B″ sont imaginaires. Il résulte de là que les deux branches fermées de la courbe correspondent seules à des surfaces réelles; soient A, B, C, D les quatre points qui répondent à $S = 0$; on a, pour ces points,

$$x^2 = \frac{1}{a^2 A^2}, \qquad y^2 = \frac{1}{b^2 B^2}.$$

Ce sont les projections des pieds des perpendiculaires abaissées de l'origine sur les couples de plans parallèles que l'on peut mener par les six sommets de l'ellipsoïde. Les arcs OA,

Fig. 8.

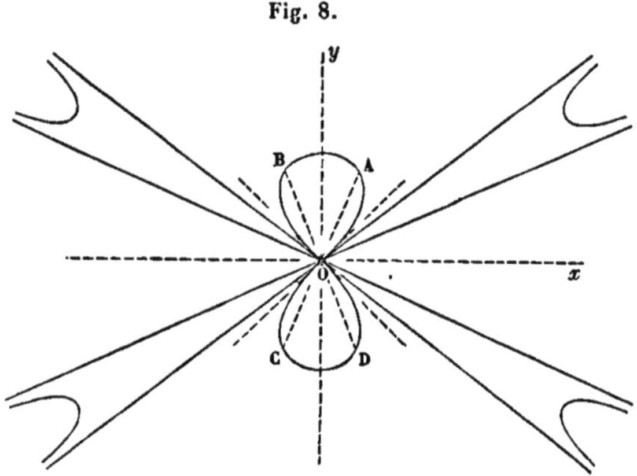

OB, OC, OD sont les projections du lieu des sommets des hyperboloïdes à deux nappes; les arcs AB, CD correspondent aux ellipsoïdes.

37. *Étant donné un parallélépipède, on considère trois arêtes qui n'ont pas d'extrémités communes, et les deux sommets non situés sur ces trois arêtes : 1° trouver l'équation du lieu d'une conique passant par ces deux points et s'appuyant sur les trois arêtes; 2° chercher les droites réelles situées sur la surface; 3° étudier les sections de la surface par des plans parallèles aux faces du parallélépipède.* (Concours général, 1876.)

En prenant pour origine le centre du parallélépipède et

pour axes les parallèles aux arêtes, les équations des trois arêtes A, B, C que l'on considère seront

$$A\begin{cases} z = c, \\ y = -b, \end{cases} \quad B\begin{cases} z = -c, \\ x = a, \end{cases} \quad C\begin{cases} x = -a, \\ y = b. \end{cases}$$

Les deux sommets par lesquels passent les plans de toutes les coniques sont $D(a, b, c)$, $E(-a, -b, -c)$. Le plan d'une des coniques a une équation de la forme

$$cx - az + \lambda(cy - bz) = 0;$$

il coupe les arêtes A, B, C en trois points A', B', C', et la conique passant par les projections de A', B', C', D, E sur le plan des xy a pour équation

$$\lambda^2(y^2 - b^2) + \lambda(x + a)(y \quad b) + x^2 - a^2 = 0.$$

L'élimination de λ entre cette équation et celle du plan donne le lieu demandé

$$\begin{aligned}(cx - az)^2(y^2 - b^2) \\ -(cx - az)(cy - bz)(x + a)(y - b) \\ +(cy - bz)^2(x^2 - a^2) = 0.\end{aligned}$$

On reconnaît que la droite DE ($cx - az = 0$, $cy - bz = 0$) est une droite double, que les trois arêtes A, B, C appartiennent à la surface, ainsi que les arêtes qui partent des points D, E; on a ainsi neuf droites simples et une droite double.

Si l'on transporte l'origine au point E, en changeant x, y, z en $x - a$, $y - b$, $z - c$, l'équation de la surface prend la forme symétrique

$$\begin{aligned}a^2y^2z^2 + b^2z^2x^2 + c^2x^2y^2 - xyz(bcx + cay + abz) \\ + 6abcxyz - 2b^2czx^2 - 2c^2axy^2 - 2a^2byz^2 = 0.\end{aligned}$$

Les dix droites trouvées ci-dessus sont les seules droites situées sur la surface. En effet, supposons qu'il existe une droite quelconque ne passant pas par l'origine E; un plan mené par le point E et par cette droite coupe la surface suivant une quartique avec un point triple en E; mais cette courbe doit se décomposer en une droite et une cubique ayant ce même point triple. Cette cubique se compose donc de trois droites.

Il résulte de là que, les seules droites de la surface qui passent par l'origine étant la diagonale ED et les trois arêtes qui partent du point E, il faudra, pour obtenir une droite distincte de celles-là, mener un plan par la droite double ED et par une des arêtes; on retrouve ainsi les droites déjà reconnues *a priori*.

Pour étudier les sections de la surface par des plans parallèles aux faces du parallélépipède, nous transporterons l'origine aux points d'intersection de ces plans avec la droite double. Soit un plan sécant $z=h$; il faudra changer dans l'équation de la surface x, y, z en $x+\frac{ah}{c}$, $y+\frac{bh}{c}$, $z+h$, puis faire $z=0$, ce qui donne, pour la projection de la courbe sur le plan des xy,

$$\begin{aligned} c^2x^2y^2 + bcx^2y(h+c) + caxy^2(h-c) \\ +(h^2-c^2)(b^2x^2-abxy+a^2y^2)=0. \end{aligned}$$

Quel que soit h, la courbe a un point double isolé à l'origine, deux asymptotes parallèles à Oy, et deux asymptotes parallèles à Ox. Les deux premières ne sont réelles que si h est compris entre $+c$ et $-\frac{5c}{3}$, les deux autres si h est compris entre $-c$ et $+\frac{5c}{3}$.

38. *Rechercher les surfaces* S *du second degré sur lesquelles existe une droite* D *telle que l'hyperboloïde de révolution* H *qui a pour axe une génératrice quelconque* G *de la surface* S, *du même système que* D, *et qui passe par la droite* D, *coupe orthogonalement la surface en tous les points de cette droite. Si l'on considère tous les hyperboloïdes* H *qui se rapportent à une même surface* S, *jouissant de la propriété énoncée :*

1° *Trouver le lieu des sommets* A *et celui des foyers* F *des hyperboloïdes* H' *conjugués des hyperboloïdes* H.

2° *Par un des foyers* F *de l'hyperboloïde* H', *on mène un plan* P *parallèle à la perpendiculaire commune aux deux droites* G *et* D, *et faisant avec cette dernière un angle supplé-*

mentaire de celui qui fait, avec cette même droite, l'axe G *de l'hyperboloïde* H; *trouver le lieu de la droite qui joint le point où le plan* P *coupe la droite* D *à l'un des points où ce plan coupe la courbe d'intersection de la surface* S *et de l'hyperboloïde* H. (Concours général, 1877.)

Prenons pour axe des z la droite D, pour axes des x et des y la normale et la tangente à la section par le plan xoy. L'équation de S sera de la forme

$$x(ax+by+cz+d)=y(a'x+b'y+c'z).$$

Soient

$$x=\lambda(a'x+b'y+c'z), \qquad y=\lambda(ax+by+cz+d)$$

les équations d'une génératrice G du même système que D; la surface de révolution du second degré H qui a pour axe cette droite G et qui passe par Oz est

$$\begin{aligned} x^2(C^2-A^2)+y^2(C^2-B^2)-2BCyz-2CAzx \\ -2ABxy+2C\lambda^2b'dx+2C\lambda d(1-\lambda a')y=0, \end{aligned}$$

en posant, pour abréger,

$$\begin{aligned} A&=\lambda^2(bc'-cb')-\lambda c', \\ B&=\lambda^2(ca'-ac')-\lambda c, \\ C&=\lambda^2(ab'-ba')+\lambda(a'+b)-1. \end{aligned}$$

Pour que les plans tangents aux deux surfaces en un point quelconque $(0, 0, \zeta)$ de l'axe des z soient rectangulaires, on doit avoir

$$\zeta^2(cA-c'B)+\zeta[c'\lambda d(1-\lambda a')+dA-\lambda^2cb'd]-\lambda^2b'd^2=0,$$

quel que soit ζ et quel que soit λ. Donc on a d'abord $b'=0$ (car d ne peut être nul, sans quoi S serait un cône), puis

$$\begin{aligned} cA-c'B=c\lambda^2(bc'-cb')-c'\lambda^2(ca'-ac')=0, \\ c'\lambda(1-\lambda a')+A=-c'a'\lambda^2+\lambda^2(bc'-cb')=0 \end{aligned}$$

et, par suite, en tenant compte de ce que $b'=0$, il reste

$$c'(bc-ca'+ac')=0, \qquad c'(b-a')=0.$$

Si l'on prend $c'=0$, S se réduit à deux plans; on doit donc faire $b=a'$ et $a=0$. Donc, en définitive, l'équation de S prend la forme

$$cxz+dx=c'yz.$$

S est donc un paraboloïde isoscèle; en déplaçant convenablement l'origine sur l'axe des z et en changeant les directions des deux autres axes, on peut simplifier encore l'équation et l'écrire

$$yz=ax.$$

La génératrice G est représentée par

$$x=\mu z, \qquad y=\mu a,$$

et l'équation de l'hyperboloïde H devient

$$x^2(1-\mu^2)+y^2-2\mu zx-2\mu ay=0.$$

Les coordonnées du centre de H sont $x_1=0$, $y_1=\mu a$, $z_1=0$; μa est le rayon du cercle de gorge, et a le demi-axe non transverse. On conclut de là que le lieu des sommets de l'hyperboloïde H' est l'intersection du paraboloïde avec un cylindre circulaire droit de rayon a dont l'axe est Oy, plus courte distance des génératrices D et G. Le lieu des foyers de H' se compose des génératrices

$$(y-x=0,\ z-a=0) \qquad \text{et} \qquad (y+x=0,\ z+a=0)$$

du paraboloïde.

Considérons le plan mené parallèlement à l'axe des y par le foyer F dont les coordonnées sont $x=y=\mu a$, $z=a$, et satisfaisant aux conditions de la deuxième partie de l'énoncé; son équation est

$$x+\mu z=2\mu a.$$

Il coupe la droite D au point $(0, 0, 2a)$; le cône qui a ce point pour sommet et pour directrice l'intersection des surfaces H et S est

$$\mu^2x^2(2y-x)+2\mu(2a-z)(x^2+y^2)-(x^2+y^2)(2y-x)=0.$$

L'élimination de μ entre cette équation et celle du plan donne la surface, lieu des droites qui joignent le point $(0, 0, 2a)$ aux points d'intersection du plan et de la courbe commune aux surfaces H et S, savoir

$$x^4(2y-x)+(2a-z)^2(x^2+y^2)(3x-2y)=0.$$

Ce cône du cinquième ordre a pour sommet le point $(0, 0, 2a)$; l'axe des z est une génératrice triple. La trace sur le plan des xy a pour équation en coordonnées polaires

$$=\frac{2a}{\cos^2\theta}\sqrt{\frac{2\operatorname{tang}\theta-3}{2\operatorname{tang}\theta-1}}.$$

39. *On donne un hyperboloïde de révolution à une nappe et un point dans le plan du cercle de gorge; par ce point on mène une droite parallèle à une génératrice de la surface. Cette droite est l'axe d'un cylindre de révolution qui passe par la génératrice. Trouver l'équation de la projection sur le plan du cercle de gorge de l'intersection des deux surfaces; la projection a un point double dont on demande le lieu, lorsque la droite varie* (Concours général, 1879).

Soient

$$\frac{x-a\sin\theta}{a\cos\theta}=\frac{y+a\cos\theta}{a\sin\theta}=\frac{z}{c}$$

les équations d'une génératrice de l'hyperboloïde

$$\frac{x^2}{a^2}+\frac{y^2}{a^2}-\frac{z^2}{c^2}=1$$

et α l'abscisse du point fixe par lequel nous faisons passer l'axe des x.

L'axe du cylindre est

$$\frac{x-\alpha}{a\cos\theta}=\frac{y}{a\sin\theta}=\frac{z}{c},$$

et l'équation du cylindre s'obtient en écrivant que la distance d'un point (x, y, z) à l'axe est égale à la distance du point $(\alpha, 0, 0)$ à la génératrice. On a ainsi

$$(1)\quad \left\{\begin{aligned} & x^2(a^2\sin^2\theta+c^2)+y^2(a^2\cos^2\theta+c^2)+a^2z^2 \\ & -2cayz\sin\theta-2cazx\cos\theta-2a^2xy\sin\theta\cos\theta \\ & +2\alpha x(a^2\cos^2\theta-a^2-c^2)+2a^2\alpha y\sin\theta\cos\theta \\ & +2ca\alpha z\cos\theta+(2a\alpha\sin\theta-a^2)(a^2+c^2)=0. \end{aligned}\right.$$

La projection de la courbe d'intersection des deux surfaces sur le plan des xy est

$$\begin{aligned}&\{a^2(x\sin\theta-y\cos\theta)^2+2c^2(x^2+y^2-a^2)\\&\quad+2\alpha[a\sin\theta(a^2+c^2)+a^2y\sin\theta\cos\theta-x(a^2\sin^2\theta+c^2)]-a^4\}^2\\&\qquad=4c^4(x^2+y^2-a^2)(x\cos\theta+y\sin\theta-\alpha\cos\theta)^2.\end{aligned}$$

Il faut dégager de cette équation du quatrième degré le facteur $x\sin\theta-y\cos\theta-a$ qui, égalé à zéro, représente la projection de la génératrice commune. On obtient ainsi la cubique

$$\begin{aligned}&(x\sin\theta-y\cos\theta+a)[4c^2(a^2+c^2)(x^2+y^2-a^2)\\&\qquad\qquad+a^4(x\sin\theta-y\cos\theta)^2-a^6]\\&-4\alpha x^2\sin\theta(2c^4+a^2c^2+a^4\sin^2\theta+2a^2c^2\sin\theta)\\&-4\alpha y^2\sin\theta(2c^4+2a^2c^2\sin\theta+a^4\cos^2\theta)\\&-4\alpha a^2xy\cos\theta(c^2+2a^2\sin^2\theta)-4\alpha a^3c^2x\cos^2\theta-4\alpha a^3c^2y\sin\theta\cos\theta\\&-4\alpha^2x\sin\theta(a^4\sin^2\theta+2a^2c^2+c^4)-4\alpha^2y\cos\theta(a^4\sin^2\theta-c^4)\\&-4a\alpha^2(a^4\sin^2\theta+2a^2c^2\sin^2\theta+c^4)+4a^2\alpha\sin\theta(a^4+3a^2c^2+2c^4)=0.\end{aligned}$$

Il serait à peu près impossible de trouver le point double au moyen de l'équation de la courbe; nous emploierons une méthode analogue à celle de la Géométrie descriptive. L'équation (1) du cylindre est de la forme

$$a^2z^2+2Mz+N=0,$$

en posant

$$\begin{aligned}M&=-ca(y\sin\theta+x\cos\theta-\alpha\cos\theta),\\N&=x^2(a^2\sin^2\theta+c^2)+y^2(a^2\cos^2\theta+c^2)\\&\quad-2a^2xy\sin\theta\cos\theta-2\alpha x(c^2+a^2\sin^2\theta)\\&\quad+2a^2\alpha y\sin\theta\cos\theta+(2a\alpha\sin\theta-a^2)(a^2+c^2).\end{aligned}$$

Comme la courbe d'intersection des deux surfaces est symétrique par rapport au plan des xy, les points doubles en projection correspondent à des valeurs de z égales et de signes contraires. On doit donc avoir

$$M=0 \qquad \text{ou} \qquad y\sin\theta+x\cos\theta-\alpha\cos\theta=0.$$

Cette droite $M=0$ n'est autre chose que la trace du plan

diamétral des cordes perpendiculaires à xoy; c'est la perpendiculaire abaissée du point (α, o, o) sur la projection de la génératrice commune. On aura alors

$$z^2 = -\frac{N}{a^2},$$

et, comme les valeurs de z sont les mêmes pour l'hyperboloïde et pour le cylindre, il vient

$$-\frac{N}{a^2} = \frac{c^2}{a^2}(x^2 + y^2 - a^2)$$

ou bien

$$N + c^2(x^2 + y^2 - a^2) = 0.$$

Il faut donc résoudre les deux équations

$$M = 0, \qquad N + c^2(x^2 + y^2 - a^2) = 0.$$

Leurs solutions communes sont les coordonnées de deux points doubles de la projection de l'intersection; l'un de ces points est commun à la droite $M = 0$ et à la projection de la génératrice commune aux deux surfaces. L'autre est le point double de la cubique; il a pour coordonnées

$$y = a\cos\theta - \frac{a^2\alpha\sin\theta\cos\theta}{a^2 + 2c^2}, \qquad x = \alpha - a\sin\theta + \frac{a^2\alpha\sin^2\theta}{a^2 + 2c^2}.$$

L'élimination de θ entre ces équations donne le lieu du point double, savoir

$$\left(x^2 + y^2 - \frac{a^2\alpha x}{a^2 + 2c^2}\right)^2 = a^2(x^2 + y^2),$$

ou bien, en coordonnées polaires,

$$\rho = \frac{a^2\alpha}{a^2 + 2c^2}\cos\omega \pm a.$$

C'est un limaçon de Pascal dont le cercle générateur est

$$\rho(a^2 + 2c^2) = a^2\alpha\cos\omega.$$

40. *Par le centre d'un ellipsoïde donné on mène trois diamètres conjugués quelconques, et, par les points où ces dia-*

mètres rencontrent la sphère de Monge, on fait passer des plans :

1° Trouver le lieu des pieds des perpendiculaires abaissées d'un point donné P *sur ces plans variables.*

2° Ce lieu est une surface du quatrième ordre; trouver les sphères telles que chacune d'elles coupe la surface suivant deux cercles.

3° Ces sphères forment cinq séries parmi lesquelles deux ne sont pas distinctes; démontrer que les sphères de la série double passent par un point fixe et trouver le lieu de leurs centres.

4° Démontrer que les sphères des trois autres séries coupent respectivement à angle droit des sphères fixes S_1, S_2, S_3; *trouver les lieux des centres des sphères de ces trois séries.* (Concours général, 1884.)

Soient (α, β, γ) les coordonnées du point P;

$$x^2 + y^2 + z^2 = a^2 + b^2 + c^2 = R^2$$

la sphère, lieu des sommets des trièdres trirectangles circonscrits à l'ellipsoïde

$$\frac{x^2}{a^2} + \frac{y^2}{b^2} + \frac{z^2}{c^2} - 1 = 0.$$

Considérons un point particulier A de la sphère, dont les coordonnées sont $R\cos\lambda$, $R\cos\mu$, $R\cos\nu$; le plan diamétral conjugué de OA est

$$\frac{x\cos\lambda}{a^2} + \frac{y\cos\mu}{b^2} + \frac{z\cos\nu}{c^2} = 0.$$

Pour qu'un plan mené par le point A

$$(1)\quad A(x - R\cos\lambda) + B(y - R\cos\mu) + C(z - R\cos\nu) = 0$$

satisfasse à la condition de l'énoncé, il faut que les deux points d'intersection de ce plan, du plan diamétral et de la sphère appartiennent à deux diamètres conjugués de l'ellipsoïde; il faut donc qu'on ait, entre les coordonnées (x', y', z'), (x'', y'', z'') de ces points, la relation

$$(2)\qquad \frac{x'x''}{a^2} + \frac{y'y''}{b^2} + \frac{z'z''}{c^2} = 0.$$

Or, si l'on forme l'équation aux abscisses d'intersection de la sphère et de la droite

$$A(x - R\cos\lambda) + B(y - R\cos\mu) + C(z - R\cos\nu) = 0,$$

$$\frac{x\cos\lambda}{a^2} + \frac{y\cos\mu}{b^2} + \frac{z\cos\nu}{c^2} = 0,$$

on trouve

$$x'x'' = \frac{R^2(A\cos\lambda + B\cos\mu + C\cos\nu)^2\left(\frac{\cos^2\mu}{b^4} + \frac{\cos^2\nu}{c^4}\right) - R^2\left(C\frac{\cos\mu}{b^2} - B\frac{\cos\nu}{c^2}\right)^2}{\left(C\frac{\cos\mu}{b^2} - B\frac{\cos\nu}{c^2}\right)^2 + \left(A\frac{\cos\nu}{c^2} - C\frac{\cos\lambda}{a^2}\right)^2 + \left(B\frac{\cos\lambda}{a^2} - A\frac{\cos\mu}{b^2}\right)^2}.$$

Les valeurs de $y'y''$, $z'z''$ s'obtiennent par permutation; en les substituant dans la relation (2), on trouve

$$(3)\left\{\begin{aligned}&(A\cos\lambda + B\cos\mu + C\cos\nu)^2[b^2c^2(b^2+c^2)\cos^2\lambda + c^2a^2(c^2+a^2)\cos^2\mu + a^2b^2(a^2+b^2)\cos^2\nu\\ &= a^2(Cc^2\cos\mu - Bb^2\cos\nu)^2 + b^2(Aa^2\cos\nu - Cc^2\cos\lambda)^2 + c^2(Bb^2\cos\lambda - Aa^2\cos\mu)^2\end{aligned}\right.$$

La perpendiculaire abaissée de P sur le plan variable étant

$$\frac{x-\alpha}{A} = \frac{y-\beta}{B} = \frac{z-\gamma}{C},$$

on aura le lieu des pieds des perpendiculaires abaissées de P sur tous les plans qui passent en A et satisfont à la condition de l'énoncé, en remplaçant A, B, C par $x-\alpha$, $y-\beta$, $z-\gamma$ dans l'équation (1) de ce plan et dans l'équation (3). On a ainsi une courbe gauche, intersection de la sphère

$$(4)\left\{\begin{aligned}&(x-\alpha)(x - R\cos\lambda) + (y-\beta)(y - R\cos\mu)\\ &\qquad + (z-\gamma)(z - R\cos\nu) = 0\end{aligned}\right.$$

et du cône

$$(5)\left\{\begin{aligned}&[(x-\alpha)\cos\lambda + (y-\beta)\cos\mu + (z-\gamma)\cos\nu]^2[b^2c^2(b^2+c^2)\cos\lambda + \ldots]\\ &= a^2[c^2\cos\mu(z-\gamma) - b^2\cos\nu(y-\beta)]^2 + \ldots.\end{aligned}\right.$$

Il faut trouver le lieu de ces courbes, lorsque le point A prend toutes les positions possibles sur la sphère de Monge, c'est-à-dire éliminer λ, μ, ν entre les équations (4), (5) et la relation $\cos^2\lambda + \cos^2\mu + \cos^2\nu = 1$. L'élimination est en apparence impossible; mais une combinaison convenable des deux équations (4) et (5) fait disparaître les angles λ, μ, ν.

On a d'abord

$$\begin{aligned} & b^2c^2(b^2+c^2)\cos^2\lambda+\ldots \\ & \quad = R^2(b^2c^2\cos^2\lambda+c^2a^2\cos^2\mu+a^2b^2\cos^2\nu)-a^2b^2c^2 \\ & \quad = R^2Q-a^2b^2c^2; \end{aligned}$$

les coefficients de $(x-\alpha)^2$, $(y-\beta)^2$, $(z-\gamma)^2$ dans (5) se réduisent à

$$Q(R^2\cos^2\lambda-a^2),\quad Q(R^2\cos^2\mu-b^2)\quad \text{et}\quad Q(R^2\cos^2\nu-c^2);$$

les coefficients de

$$(y-\beta)(z-\gamma),\quad (z-\gamma)(x-\alpha)\quad \text{et}\quad (x-\alpha)(y-\beta)$$

sont

$$2R^2Q\cos\mu\cos\nu,\quad 2R^2Q\cos\nu\cos\lambda\quad \text{et}\quad 2R^2Q\cos\lambda\cos\mu.$$

Après la suppression du facteur Q, l'équation (5) prend la forme

$$\begin{aligned} & R^2[(x-\alpha)\cos\lambda+(y-\beta)\cos\mu+(z-\gamma)\cos\nu]^2 \\ & \quad = a^2(x-\alpha)^2+b^2(y-\beta)^2+c^2(z-\gamma)^2 \end{aligned}$$

et comme, en vertu de (4), on a

$$\begin{aligned} & x(x-\alpha)+y(y-\beta)+z(z-\gamma) \\ & \quad = R[(x-\alpha)\cos\lambda+(y-\beta)\cos\mu+(z-\gamma)\cos\nu], \end{aligned}$$

le lieu de la courbe d'intersection des surfaces (4) et (5) est

$$\begin{aligned} & [x(x-\alpha)+y(y-\beta)+z(z-\gamma)]^2 \\ & \quad = a^2(x-\alpha)^2+b^2(y-\beta)^2+c^2(z-\gamma)^2. \end{aligned}$$

Transportons l'origine au point $\left(\frac{\alpha}{2}, \frac{\beta}{2}, \frac{\gamma}{2}\right)$; l'équation du lieu prendra la forme

$$\begin{aligned} & \left(x^2+y^2+z^2-\frac{\alpha^2+\beta^2+\gamma^2}{4}\right)^2 \\ & \quad = a^2\left(x-\frac{\alpha}{2}\right)^2+b^2\left(y-\frac{\beta}{2}\right)^2+c^2\left(z-\frac{\gamma}{2}\right)^2 \end{aligned}$$

ou bien

$$(6)\qquad \left\{ \begin{aligned} & (x^2+y^2+z^2)^2+4Ax^2+4A'y^2+4A''z^2 \\ & \quad +8Cx+8C'y+8C''z+4D=0, \end{aligned} \right.$$

en posant

$$(7)\quad \begin{cases} A = -\dfrac{a^2}{4} - \dfrac{\alpha^2+\beta^2+\gamma^2}{8}, & C = \dfrac{a^2\alpha}{8}, \\ A' = -\dfrac{b^2}{4} - \dfrac{\alpha^2+\beta^2+\gamma^2}{8}, & C' = \dfrac{b^2\beta}{8}, \\ A'' = -\dfrac{c^2}{4} - \dfrac{\alpha^2+\beta^2+\gamma^2}{8}, & C'' = \dfrac{c^2\gamma}{8}, \\ D = \dfrac{(\alpha^2+\beta^2+\gamma^2)^2}{64} - \dfrac{a^2\alpha^2+b^2\beta^2+c^2\gamma^2}{16}. \end{cases}$$

Soit une sphère quelconque (¹)

$$(8)\qquad x^2+y^2+z^2-2(ux+vy+wz+t)=0;$$

l'intersection de cette sphère et de la surface du quatrième ordre (6) est définie par l'équation (8) et par

$$(ux+vy+wz+t)^2+Ax^2+A'y^2+A''z^2 \\ +2Cx+2C'y+2C''z+D=0.$$

Pour que l'intersection se compose de deux cercles, il faut que la quadrique

$$(9)\quad \begin{cases} (ux+vy+wz+t)^2+Ax^2+A'y^2+\ldots \\ \qquad +D+\lambda[x^2+y^2+z^2-2(ux+vy+wz+t)]=0 \end{cases}$$

se réduise à un couple de plans. Les équations du centre peuvent s'écrire

$$\frac{u}{A+\lambda}(ux+vy+wz+t)+x+\frac{C-\lambda u}{A+\lambda}=0,$$
$$\frac{v}{A'+\lambda}(ux+vy+wz+t)+y+\frac{C'-\lambda v}{A'+\lambda}=0,$$
$$\frac{w}{A''+\lambda}(ux+vy+wz+t)+z+\frac{C''-\lambda w}{A'+\lambda}=0.$$

Elles doivent d'abord être vérifiées par une infinité de valeurs de x, y, z; prenons comme inconnue auxiliaire la quantité

(¹) La discussion suivante a été donnée par M. Brisse (*Nouvelles Annales*, 3ᵉ série, t. III, p. 323).

$ux+vy+wz+t=\mu$, et ajoutons les trois équations précédentes, multipliées respectivement par u, v, w; il vient

$$\left(\frac{u^2}{A+\lambda}+\frac{v^2}{A'+\lambda}+\frac{w^2}{A''+\lambda}+1\right)\mu+\frac{Cu}{A+\lambda}+\frac{C'v}{A'+\lambda}$$
$$+\frac{C''w}{A''+\lambda}-t-\lambda\left(\frac{u^2}{A+\lambda}+\frac{v^2}{A'+\lambda}+\frac{w^2}{A''+\lambda}\right)=0;$$

μ devant avoir une infinité de valeurs, on a les deux conditions

$$(10)\qquad \frac{u^2}{A+\lambda}+\frac{v^2}{A'+\lambda}+\frac{w^2}{A''+\lambda}+1=0,$$

$$(11)\qquad t=\lambda+\frac{Cu}{A+\lambda}+\frac{C'v}{A'+\lambda}+\frac{C''w}{A''+\lambda}.$$

Maintenant les trois équations du centre donnent

$$x=\frac{(\lambda-\mu)u-C}{A+\lambda},\quad y=\frac{(\lambda-\mu)v-C'}{A'+\lambda},\quad z=\frac{(\lambda-\mu)w-C''}{A''+\lambda}.$$

Ces coordonnées doivent satisfaire à l'équation (9) ou, ce qui revient au même, à celle-ci :

$$t(ux+vy+wz+t)+Cx+C'y+C''z$$
$$+D-\lambda(ux+vy+wz+t)-\lambda t=0.$$

On obtient ainsi l'équation du cinquième degré en λ

$$(12)\qquad -D+\lambda^2+\frac{C^2}{A+\lambda}+\frac{C'^2}{A'+\lambda}+\frac{C''^2}{A''+\lambda}=0,$$

ce qui démontre l'existence de cinq séries de sphères.

Remplaçons A, A′, A″, C, C′, C″, D par les valeurs (7) et posons en outre

$$\lambda_1=\frac{\alpha^2+\beta^2+\gamma^2}{8};$$

l'équation (12) s'écrira

$$\lambda^2-\lambda_1^2+\frac{a^2\alpha^2+b^2\beta^2+c^2\gamma^2}{16}+\frac{a^4\alpha^2}{64\left(\lambda-\lambda_1-\frac{a^2}{4}\right)}$$
$$+\frac{b^4\beta^2}{64\left(\lambda-\lambda_1-\frac{b^2}{4}\right)}+\frac{c^4\gamma^2}{64\left(\lambda-\lambda_1-\frac{c^2}{4}\right)}=0$$

ou

$$\lambda^2 - \lambda_1^2 + \frac{a^2\alpha^2(\lambda-\lambda_1)}{4[4(\lambda-\lambda_1)-a^2]} + \frac{b^2\beta^2(\lambda-\lambda_1)}{4[4(\lambda-\lambda_1)-b^2]} + \frac{c^2\gamma^2(\lambda-\lambda_1)}{4[4(\lambda-\lambda_1)-c^2]} = 0.$$

Sous cette forme, on voit que λ_1 est racine; après la suppression du facteur $\lambda - \lambda_1$, il reste

$$4\lambda + 4\lambda_1 + \frac{a^2\alpha^2}{4(\lambda-\lambda_1)-a^2} + \ldots = 0,$$

$$4\lambda - 4\lambda_1 + \alpha^2 + \beta^2 + \gamma^2 + \frac{a^2\alpha^2}{4(\lambda-\lambda_1)-a^2} + \ldots = 0,$$

$$4(\lambda-\lambda_1) + \frac{4\alpha^2(\lambda-\lambda_1)}{4(\lambda-\lambda_1)-a^2} + \frac{4\beta^2(\lambda-\lambda_1)}{4(\lambda-\lambda_1)-b^2} + \frac{4\gamma^2(\lambda-\lambda_1)}{4(\lambda-\lambda_1)-c^2} = 0.$$

λ_1 est encore une fois racine; on a donc, en supprimant le facteur $\lambda - \lambda_1$, l'équation du troisième degré

$$(13)\quad 1 + \frac{\alpha^2}{4\left(\lambda-\lambda_1-\frac{a^2}{4}\right)} + \frac{\beta^2}{4\left(\lambda-\lambda_1-\frac{b^2}{4}\right)} + \frac{\gamma^2}{4\left(\lambda-\lambda_1-\frac{c^2}{4}\right)} = 0.$$

Les sphères qui correspondent à la racine double λ_1 constituent une série double; le lieu de leurs centres s'obtient en remplaçant λ par λ_1 dans la relation (10); c'est l'ellipsoïde

$$\frac{4u^2}{a^2} + \frac{4v^2}{b^2} + \frac{4w^2}{c^2} - 1 = 0.$$

En vertu de l'équation (11), on a, pour les sphères de cette série,

$$t = \lambda_1 - \frac{\alpha u + \beta v + \gamma w}{2};$$

toutes les sphères passent par le point $\left(\frac{\alpha}{2}, \frac{\beta}{2}, \frac{\gamma}{2}\right)$, c'est-à-dire par le point donné P dont les coordonnées sont devenues $\frac{\alpha}{2}, \frac{\beta}{2}, \frac{\gamma}{2}$ après le changement d'origine. Les trois racines de l'équation (13) sont réelles et séparées par les substitutions $-\infty, \lambda_1 + \frac{c^2}{4}, \lambda_1 + \frac{b^2}{4}, \lambda_1 + \frac{a^2}{4}$, en supposant $c < b < a$.

En remplaçant successivement λ par ces trois racines dans la relation (10), on aura, pour les lieux des centres des sphères des trois séries simples, trois quadriques homofocales : un ellipsoïde, un hyperboloïde à une nappe et un hyperboloïde à deux nappes. Les axes de ces surfaces sont parallèles à ceux de l'ellipsoïde donné; leur centre commun est la nouvelle origine.

Considérons une sphère de l'une des séries simples

$$x^2+y^2+z^2-2ux-2vy-2wz-2\lambda' - \frac{2Cu}{\lambda'+A} - \frac{2C'v}{\lambda'+A'} - \frac{2C''w}{\lambda'+A''} = 0$$

[λ' désigne une des racines de l'équation (13)].

Le rayon R_1 et le centre (u_1, v_1, w_1) d'une sphère orthogonale à celle-ci seront déterminés en posant

$$(u-u_1)^2+(v-v_1)^2+(w-w_1)^2 = R_1^2+u^2+v^2+w^2+2\lambda'+\frac{2Cu}{\lambda'+A}+\frac{2C'v}{\lambda'+A'}+\frac{2C''w}{\lambda'+A''}$$

ou

$$u_1^2+v_1^2+w_1^2-2uu_1-2vv_1-2ww_1 = R_1^2+2\lambda'+\frac{2Cu}{\lambda'+A}+\ldots.$$

Si l'on prend

$$u_1 = -\frac{C}{\lambda'+A}, \qquad v_1 = -\frac{C'}{\lambda'+A'}, \qquad w_1 = -\frac{C''}{\lambda'+A''},$$

$$R_1^2 = \frac{C^2}{(\lambda'+A)^2}+\frac{C'^2}{(\lambda'+A')^2}+\frac{C''^2}{(\lambda'+A'')^2}-2\lambda',$$

la sphère S_1 ainsi déterminée sera orthogonale à toutes celles de la série (λ').

Les trois sphères fixes S_1, S_2, S_3 qui correspondent aux trois séries λ', λ'', λ''' sont orthogonales deux à deux, et elles passent chacune par le point P.

41. *A un ellipsoïde donné on circonscrit une série de surfaces du second ordre* Σ, *la courbe de contact étant l'intersection de l'ellipsoïde par un plan* P; *on circonscrit ensuite à* *chaque surface* Σ *un cône ayant pour sommet un point donné* A :

1° *Trouver le lieu des courbes de contact des cônes et des surfaces* Σ;

2° *Classer les surfaces qui forment le lieu quand on suppose le plan* P *fixe et le point* A *mobile dans l'espace.*

On déterminera, pour chacune des variétés du lieu, les surfaces qui limitent les régions de l'espace où se trouve alors le point A. (Agrégation, 1875.)

Prenons pour plan des xy le plan P, et soit $\frac{x^2}{a^2}+\frac{y^2}{b^2}-1=0$ l'intersection de ce plan et de l'ellipsoïde; en prenant pour axe des z le diamètre conjugué de P, on pourra écrire l'équation de cet ellipsoïde sous la forme

$$\frac{x^2}{a^2}+\frac{y^2}{b^2}+\frac{z^2}{p^2}+\frac{2z}{q}-1=0.$$

Celle des surfaces Σ est

$$\lambda z^2+\frac{x^2}{a^2}+\frac{y^2}{b^2}+\frac{z^2}{p^2}+\frac{2z}{q}-1=0;$$

α, β, γ étant les coordonnées du point A, le lieu des courbes de contact des cônes circonscrits à ces surfaces a pour équation

$$\gamma\left(\frac{x^2}{a^2}+\frac{y^2}{b^2}+\frac{z^2}{p^2}+\frac{2z}{q}-1\right)$$
$$-z\left[\frac{\alpha x}{a^2}+\frac{\beta y}{b^2}+z\left(\frac{\gamma}{p^2}+\frac{1}{q}\right)+\frac{\gamma}{q}-1\right]=0$$

ou

$$\frac{\gamma x^2}{a^2}+\frac{\gamma y^2}{b^2}-\frac{z^2}{q}-\frac{\beta yz}{b^2}-\frac{\alpha zx}{a^2}+z\left(\frac{\gamma}{q}+1\right)-\gamma=0.$$

En supposant γ différent de zéro, c'est-à-dire le point A en dehors du plan P, on pourra écrire cette équation

$$(\mathrm{S})\quad \left\{\begin{aligned}&\frac{1}{4a^2}(2\gamma x-\alpha z)^2+\frac{1}{4b^2}(2\gamma y-\beta z)^2\\ &\quad-\frac{\delta}{4a^2b^2q}\left[z-\frac{2a^2b^2\gamma(\gamma+q)}{\delta}\right]^2-\frac{\gamma^2\Delta}{\delta q}=0.\end{aligned}\right.$$

On a posé

$$\delta = b^2 q\alpha^2 + a^2 q\beta^2 + 4a^2 b^2\gamma,$$
$$\Delta = b^2 q^2\alpha^2 + a^2 q^2\beta^2 - a^2 b^2(\gamma - q)^2.$$

Si δ est différent de zéro, la surface (S) a un centre unique à distance finie; il faut distinguer les cas suivants :

$\delta < 0$, $\Delta < 0$........ S est un ellipsoïde réel,
$\delta > 0$, $\Delta > 0$........ S est un hyperboloïde à une nappe,
$\delta > 0$, $\Delta = 0$........ S est un cône réel,
$\delta > 0$, $\Delta < 0$........ S est un hyperboloïde à deux nappes.

On ne peut avoir à la fois $\delta < 0$ et $\Delta > 0$ ou $\Delta = 0$. Si l'on considère α, β, γ comme des coordonnées courantes, on voit que $\delta = 0$ représente un paraboloïde elliptique rapporté à deux plans diamétraux conjugués et au plan tangent au sommet (le plan P); il est placé par rapport à ce plan P du même côté que le centre de l'ellipsoïde donné, dont le z est $-\frac{p^2}{q}$; δ est positif pour les points extérieurs au paraboloïde, négatif pour les points intérieurs. L'équation $\Delta = 0$ représente un cône dont le sommet a pour coordonnées $(0, 0, q)$; la base de ce cône sur le plan des xy est l'ellipse

$$\frac{x^2}{a^2} + \frac{y^2}{b^2} - 1 = 0.$$

Il est circonscrit au paraboloïde δ suivant une ellipse dont les équations sont

$$z = -q, \qquad \frac{x^2}{a^2} + \frac{y^2}{b^2} = 4;$$

Δ est positif en dehors des nappes du cône, négatif dans leur intérieur.

D'après ces remarques et en ayant égard au tableau cidessus, on voit que le cône et le paraboloïde partagent l'espace en trois régions :

1° Si le point A est à l'intérieur du paraboloïde et par suite aussi à l'intérieur du cône, (S) est un ellipsoïde.

2° Si le point A est extérieur au paraboloïde et intérieur au cône, (S) est un hyperboloïde à deux nappes;

3° Si le point A est extérieur aux deux surfaces, (S) est un hyperboloïde à une nappe.

Lorsque le point A est sur le cône Δ, (S) est un cône (sauf pour les points de l'ellipse de contact de δ et Δ. Lorsque le point A est sur le paraboloïde, (S) est un paraboloïde elliptique et devient un cylindre elliptique si en même temps A est sur l'ellipse de contact de Δ et de δ. Enfin, si l'on a $\gamma = 0$, c'est-à-dire si le point A est dans le plan P, (S) se réduit à un couple de plans, savoir le plan P lui-même et le plan polaire de A par rapport à l'ellipsoïde donné.

La discussion précédente suppose que le plan P coupe l'ellipsoïde suivant une ellipse réelle; on traiterait de la même manière le cas où cette ellipse serait imaginaire ou évanouissante.

42. *On donne une parabole* P *et un point* H *dont la projection orthogonale sur le plan de cette parabole se fait au sommet de la courbe :*

1° *Trouver l'équation générale des quadriques de révolution qui passent par la parabole et par le point* H.

2° *Déterminer le nombre de celles de ces surfaces dont l'axe passe par un point* A *donné dans le plan* Q *qui contient le point* H *et l'axe de la parabole. Classer les mêmes surfaces quand le point* A *se meut dans le plan* Q. (Agrégation, 1876.)

Soient ($y^2 - 2px = 0$, $z = 0$) la parabole, et (0, 0, h) les coordonnées du point H; l'équation générale des quadriques qui passent par la parabole et par le point est

$$y^2 + \nu z^2 + \mu yz + \lambda zx - 2px - \nu hz = 0.$$

Un des coefficients des rectangles des variables étant nul, on doit avoir soit $\lambda = 0$, soit $\mu = 0$, pour que la surface soit de révolution. Nous écarterons la solution $\lambda = 0$, qui donne un cylindre parabolique. Soit donc $\mu = 0$; il faudra poser $4\nu = 4 - \lambda^2$, et l'on aura

$$4y^2 + z^2(4 - \lambda^2) + 4\lambda zx - 8px - hz(4 - \lambda^2) = 0.$$

Les racines de l'équation en S sont

$$S_1 = S_2 = 4, \qquad S_3 = -\lambda^2,$$

et l'axe de la surface a pour équations

$$y = 0, \qquad 8z + 4\lambda x + h(\lambda^2 - 4) - 4\lambda p = 0.$$

Les axes, tous situés dans le plan des zx, enveloppent la parabole

$$(1) \qquad x^2 - 2px - 2hz + p^2 + h^2 = 0$$

dont le sommet est $\left(x = p,\ z = \frac{h}{2}\right)$ et dont l'axe est parallèle à Oz.

L'équation de la quadrique rapportée à ses axes principaux est

$$4X^2 + 4Y^2 - \lambda^2 Z^2 = \frac{2p}{\lambda^2}(\lambda h - 2p)(4 - \lambda^2).$$

En supposant λ différent de zéro, on voit que la surface ne peut être qu'un hyperboloïde à une ou deux nappes ou un cône. Admettons que l'on ait $p < h$. Si λ varie entre $\frac{2p}{h}$ et 2 ou entre $-\infty$ et -2, on aura un hyperboloïde à une nappe; si λ varie entre -2 et $\frac{2p}{h}$ ou entre 2 et $+\infty$, on aura un hyperboloïde à deux nappes.

Pour $\lambda = \frac{2p}{h}$ et $\lambda = \pm 2$, la surface est un cône.

Considérons l'axe d'une des surfaces; il touche la parabole (1) au point dont l'abscisse est $x = p - \frac{\lambda h}{2}$; si l'on donne à λ les valeurs $-\infty$, -2, $\frac{2p}{h}$, $+2$, $+\infty$, on a pour l'abscisse du point de contact les valeurs $+\infty$, $p + h$, 0, $p - h$, $-\infty$, qui sont rangées par ordre de grandeur décroissante (en supposant toujours $p < h$).

Soient M, N, P (*fig.* 9) les points de la parabole (1) dont les abscisses sont $p + h$, 0, $p - h$; on voit que les axes tangents à la parabole en des points de l'arc infini MQ et de l'arc PN correspondent à des hyperboloïdes à une nappe. Les axes tangents en des points de l'arc MN et de l'arc infini PR correspondent à des hyperboloïdes à deux nappes. Pour $\lambda = 0$, on a un paraboloïde de révolution dont l'axe est la tangente au sommet de la parabole; le sommet de ce paraboloïde est $x = -\frac{h^2}{8p}$, $y = 0$, $z = \frac{h}{2}$. Les axes tangents en M, N, P répondent à des cônes. En résumé, par un point quelconque A du plan des zx passent les axes de deux quadriques du système; ce sont les tangentes à la parabole (1), menées par ce point. Les trois tangentes en M, N, P et la parabole elle-même par-

Fig. 9.

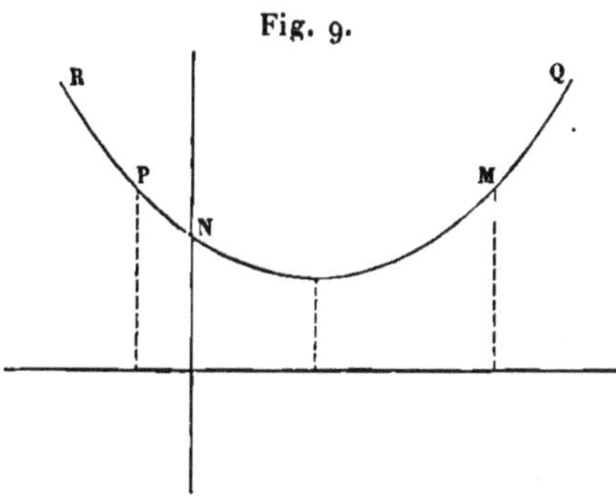

tagent le plan en régions pour chaque point desquelles on voit immédiatement la nature des deux surfaces dont les axes sont les deux tangentes menées par le point.

On fera une discussion analogue à la précédente pour les cas où $p > h$ et $p = h$.

43. *On donne une sphère* S, *un plan* P *et un point* A; *par le point* A *on mène une droite qui rencontre* P *en un point* B, *puis sur* AB, *comme diamètre, on décrit une sphère* S'; *le plan radical des sphères* S *et* S' *rencontre la droite* AB *en* M :

1° *Trouver le lieu décrit par le point* M, *quand la droite* AB *tourne autour du point* A;

2° *Discuter le lieu précédent, en supposant que le point* A *se déplace dans l'espace, le plan* P *et la sphère* S *restant fixes.* (Agrégation 1878.)

Nous prenons le plan P pour plan des xy. Soient

$x^2 + y^2 + (z - c)^2 - R^2 = 0$ la sphère (S);
(α, β, γ) le point A;

$\frac{x-\alpha}{l}=\frac{y-\beta}{m}=\frac{z-\gamma}{n}$ une droite passant en A. Elle coupe le plan P au point B $\left(x=\alpha-\frac{l\gamma}{n},\ y=\beta-\frac{m\gamma}{n},\ z=0\right)$.

La sphère (S') a pour équation

$$(x-\alpha)\left(x-\alpha+\frac{l\gamma}{n}\right)$$
$$+(y-\beta)\left(y-\beta+\frac{m\gamma}{n}\right)+z(z-\gamma)=0,$$

et le plan radical de (S) et (S') est

$$x\left(\frac{l\gamma}{n}-2\alpha\right)+y\left(\frac{m\beta}{n}-2\beta\right)$$
$$+z(2c-\gamma)+\alpha^2+\beta^2-\frac{l\alpha\gamma}{n}-\frac{m\beta\gamma}{n}-c^2+R^2=0.$$

L'élimination de l, m, n entre cette dernière équation et celles de AB donne, pour le lieu de M,

$$(1)\quad \begin{cases} \gamma x^2+\gamma y^2+z^2(2c-\gamma)-2\beta yz-2\alpha zx \\ \quad +z[\alpha^2+\beta^2+(\gamma-c)^2+R^2-2c^2]+\gamma(c^2-R^2)=0. \end{cases}$$

Posons

$$\delta^2=\alpha^2+\beta^2+(\gamma-c)^2;$$

c'est le carré de la distance du point A au centre de (S).

L'équation en S pour la surface (1) a pour racines $S_1=\gamma$ et les deux racines S_2, S_3 de l'équation du second degré

$$S^2-2cS+c^2-\delta^2=0.$$

Le discriminant de (1) est

$$H=-\frac{\gamma^2}{4}(\delta^2-R^2)^2,$$

et le dénominateur Δ des coordonnées du centre est

$$\Delta=-\gamma(\delta^2-c^2),$$

de sorte que l'équation de la surface (1), rapportée à ses plans principaux et dans l'hypothèse où Δ n'est pas nul, sera

$$\gamma X^2 + S_2 Y^2 + S_3 Z^2 + \frac{\gamma}{4} \frac{(\delta^2 - R^2)^2}{\delta^2 - c^2} = 0.$$

Il y a deux hypothèses principales à faire :

1° $\delta^2 - c^2 > 0$. — Alors le point A est extérieur à une sphère Σ concentrique à (S) et dont le rayon c est la distance du centre de (S) au plan P. Les racines S_2, S_3 sont de signes contraires, et, quel que soit le signe de γ, on a un hyperboloïde à deux nappes.

2° $\delta^2 - c^2 < 0$. — Le point A est intérieur à la sphère Σ; les racines S_2, S_3 sont positives, en supposant c positif, ce qu'on peut toujours faire : γ est forcément positif, et l'on a un ellipsoïde réel.

Dans le cas où $\delta^2 = R^2$, la surface est un cône; ce cône est réel, si $R^2 > c^2$, c'est-à-dire si la sphère (S) coupe le plan P; il est imaginaire, si $R^2 < c^2$.

Lorsque $\delta = 0$, et par suite $\alpha = 0$, $\beta = 0$, $\gamma = c$, c'est-à-dire quand A est le centre de (S), la surface est une sphère.

Lorsque $\delta^2 = c^2$, la surface est un paraboloïde elliptique, car une des racines S_2, S_3 est nulle, l'autre est égale à $2c$, et $S_1 = \gamma$ est forcément positif.

Si enfin le point A est l'origine des coordonnées, on a deux plans

$$z = 0, \qquad 2cz + R^2 - c^2 = 0.$$

Pour toutes les positions de A dans le plan P, la surface se décompose également en deux plans

$$z = 0 \quad \text{et} \quad 2cz - 2\beta y - 2\alpha x + \alpha^2 + \beta^2 + R^2 - c^2 = 0.$$

44. *On donne un hyperboloïde à une nappe et un point* A; *on considère un paraboloïde circonscrit à l'hyperboloïde et tel que le plan* P *de la courbe de contact passe en* A. *Soit* M *le point d'intersection de ce paraboloïde avec celui de ses diamètres qui passe en* A; *soit* Q *le point de rencontre de* P *avec la droite qui joint le point* M *au pôle du plan* P *par rapport à l'hyperboloïde. Le plan* P *tournant autour de* A, *on demande :* 1° *le lieu du point* M; 2° *le lieu du point* Q; *ce lieu est une surface du second ordre* S *que l'on discutera, en fai-*

sant varier la position du point A *dans l'espace;* 3° *le lieu des positions que doit occuper le point* A *pour que la surface* S *soit de révolution.* (Agrégation, 1879.)

Soient

$$\frac{x^2}{a^2}+\frac{y^2}{b^2}-\frac{z^2}{c^2}-1=0$$

l'équation de l'hyperboloïde, (α, β, γ) les coordonnées du point A, (ξ, η, ζ) celles du point R, pôle du plan P qui passe en A. Ce point R étant dans le plan polaire de A, on a la relation

$$(1) \qquad \frac{\xi\alpha}{a^2}+\frac{\eta\beta}{b^2}-\frac{\zeta\gamma}{c^2}-1=0.$$

L'équation d'une surface circonscrite à l'hyperboloïde suivant la courbe de contact déterminée par le plan polaire de R est

$$\lambda\left(\frac{x^2}{a^2}+\frac{y^2}{b^2}-\frac{z^2}{c^2}-1\right)+\left(\frac{\xi x}{a^2}+\frac{\eta y}{b^2}-\frac{\zeta z}{c^2}-1\right)^2=0,$$

et, en exprimant que le centre est à l'infini, on a

$$-\lambda=\frac{\xi^2}{a^2}+\frac{\eta^2}{b^2}-\frac{\zeta^2}{c^2}.$$

On reconnaît immédiatement que les diamètres du paraboloïde sont parallèles à la droite $\frac{x}{\xi}=\frac{y}{\eta}=\frac{z}{\zeta}$. Le diamètre qui passe en A est donc

$$\frac{x-\alpha}{\xi}=\frac{y-\beta}{\eta}=\frac{z-\gamma}{\zeta}=\rho;$$

il rencontre la surface en un point M dont les coordonnées sont

$$x'=\alpha-\frac{\xi}{2}\left(\frac{\alpha^2}{a^2}+\frac{\beta^2}{b^2}-\frac{\gamma^2}{c^2}-1\right),$$

$$y'=\beta-\frac{\eta}{2}\left(\frac{\alpha^2}{a^2}+\frac{\beta^2}{b^2}-\frac{\gamma^2}{c^2}-1\right),$$

$$z'=\gamma-\frac{\zeta}{2}\left(\frac{\alpha^2}{a^2}+\frac{\beta^2}{b^2}-\frac{\gamma^2}{c^2}-1\right).$$

Ajoutons ces équations multipliées respectivement par $\frac{\alpha}{a^2}$, $\frac{\beta}{b^2}$, $-\frac{\gamma}{c^2}$ et posons

$$H_1 = \frac{\alpha^2}{a^2} + \frac{\beta^2}{b^2} - \frac{\gamma^2}{c^2} - 1;$$

il vient, en tenant compte de la relation (1) et supprimant les accents,

$$(2) \qquad \frac{\alpha(x-\alpha)}{a^2} + \frac{\beta(y-\beta)}{b^2} - \frac{\gamma(z-\gamma)}{c^2} + \frac{H_1}{2} = 0.$$

C'est le lieu du point M.

Maintenant les équations de la droite RM sont

$$\frac{x-\xi}{\xi-\alpha+\frac{\xi H_1}{2}} = \frac{y-\eta}{\eta-\beta+\frac{\eta H_1}{2}} = \frac{z-\zeta}{\zeta-\gamma+\frac{\zeta H_1}{2}} = k.$$

Il faut prendre l'intersection de cette droite avec le plan polaire de R par rapport à l'hyperboloïde, savoir

$$\frac{\xi x}{a^2} + \frac{\eta y}{b^2} - \frac{\zeta z}{c^2} - 1 = 0,$$

et ensuite éliminer ξ, η, ζ, k entre les équations de la droite, celle du plan et la relation (1), pour avoir le lieu du point Q, quand R et son plan polaire se déplacent. On trouve facilement

$$\frac{\frac{x^2}{a^2} + \frac{y^2}{b^2} - \frac{z^2}{c^2} - 1}{H_1 - 2\left(\frac{\alpha x}{a^2} + \frac{\beta y}{b^2} - \frac{\gamma z}{c^2} - 1\right)} = -\frac{\frac{\alpha x}{a^2} + \frac{\beta y}{b^2} - \frac{\gamma z}{c^2} - 1}{H_1}$$

ou bien

$$H_1\left(\frac{x^2}{a^2} + \frac{y^2}{b^2} - \frac{z^2}{c^2} + \frac{\alpha x}{a^2} + \frac{\beta y}{b^2} - \frac{\gamma z}{c^2} - 2\right) - 2\left(\frac{\alpha x}{a^2} + \frac{\beta y}{b^2} - \frac{\gamma z}{c^2} - 1\right)^2 = 0.$$

Si l'on transporte l'origine en (α, β, γ), l'équation se simplifie un peu et devient

$$(3)\left\{\begin{aligned} & x^2\left(\frac{2\alpha^2}{a^4}-\frac{H_1}{a^2}\right)+y^2\left(\frac{2\beta^2}{b^4}-\frac{H_1}{b^2}\right)+z^2\left(\frac{2\gamma^2}{c^4}+\frac{H_1}{c^2}\right) \\ & \qquad -4\frac{\beta\gamma}{b^2c^2}yz-4\frac{\gamma\alpha}{c^2a^2}zx+4\frac{\alpha\beta}{a^2b^2}xy \\ & \qquad\qquad +\frac{H_1\alpha x}{a^2}+\frac{H_1\beta y}{b^2}-\frac{H_1\gamma z}{c^2}=0. \end{aligned}\right.$$

Soit

$$H_2=\frac{\alpha^2}{a^2}+\frac{\beta^2}{b^2}-\frac{\gamma^2}{c^2}+1$$

le résultat de la substitution des coordonnées α, β, γ du point A dans l'équation de l'hyperboloïde à deux nappes, conjugué de l'hyperboloïde donné; on trouve, pour les coordonnées du centre de la surface (3),

$$x_1=-\frac{\alpha H_1}{2H_2},\qquad y_1=-\frac{\beta H_1}{2H_2},\qquad z_1=-\frac{\gamma H_1}{2H_2},$$

et pour le terme constant de l'équation de cette même surface rapportée à son centre

$$D=-\frac{H_1^2}{4H_2}\left(\frac{\alpha^2}{a^2}+\frac{\beta^2}{b^2}-\frac{\gamma^2}{c^2}\right).$$

L'équation en S sera

$$\begin{aligned} & \left(\frac{2\alpha^2}{a^4}-\frac{H_1}{a^2}-S\right)\left(\frac{2\beta^2}{b^4}-\frac{H_1}{b^2}-S\right)\left(\frac{2\gamma^2}{c^4}+\frac{H_1}{c^2}-S\right) \\ & \quad -\frac{4\beta^2\gamma^2}{b^4c^4}\left(\frac{2\alpha^2}{a^4}-\frac{H_1}{a^2}-S\right)-\frac{4\gamma^2\alpha^2}{c^4a^4}\left(\frac{2\beta^2}{b^4}-\frac{H_1}{b^2}-S\right) \\ & \qquad -\frac{4\alpha^2\beta^2}{a^4b^4}\left(\frac{2\gamma^2}{c^4}+\frac{H_1}{c^2}-S\right)+\frac{16\alpha^2\beta^2\gamma^2}{a^4b^4c^4}=0. \end{aligned}$$

Les racines de cette équation peuvent être aisément séparées en faisant les substitutions de $-\infty$, $-\frac{H_1}{b^2}$, $-\frac{H_1}{a^2}$, $\frac{H_1}{c^2}$ et $+\infty$ (a^2 est supposé plus grand que b^2). On a

$$\text{Pour } S=-\frac{H_1}{b^2}\ldots\ldots\quad \frac{2\beta^2}{b^4}H_1^2\left(\frac{1}{b^2}-\frac{1}{a^2}\right)\left(\frac{1}{b^2}+\frac{1}{c^2}\right),$$

résultat positif;

$$\text{Pour } S = -\frac{H_1}{a^2}\ldots\ldots \quad \frac{2\alpha^2}{a^4} H_1^2 \left(\frac{1}{a^2} - \frac{1}{b^2}\right)\left(\frac{1}{a^2} + \frac{1}{c^2}\right),$$

résultat négatif;

$$\text{Pour } S = \frac{H_1}{c^2}\ldots\ldots \quad \frac{2\gamma^2}{c^4} H_1^2 \left(\frac{1}{a^2} + \frac{1}{c^2}\right)\left(\frac{1}{b^2} + \frac{1}{c^2}\right),$$

résultat positif.

D'ailleurs $S = -\infty$ donne le signe $+$, et $S = +\infty$ donne le signe $-$; les racines sont donc comprises entre $-\frac{H_1}{b^2}$ et $-\frac{H_1}{a^2}$, entre $-\frac{H_1}{a^2}$ et $\frac{H_1}{c^2}$ et entre $\frac{H_1}{c^2}$ et $+\infty$. Enfin, pour $S = 0$, on a $\frac{H_1^2 H_2}{a^2 b^2 c^2}$; donc la racine intermédiaire est positive ou négative suivant que H_2 est positif ou négatif. D'après ces remarques, il est facile de distinguer la nature de la surface (3) d'après la position du point (α, β, γ).

1° $\frac{\alpha^2}{a^2} + \frac{\beta^2}{b^2} - \frac{\gamma^2}{c^2} > 0$ et, par suite, $H_2 > 0$. — Le point A est en dehors du cône asymptote commun aux hyperboloïdes H_1 et H_2; D est négatif et l'équation en S a deux racines positives, une négative. Le lieu du point Q est un hyperboloïde à une nappe.

2° $\frac{\alpha^2}{a^2} + \frac{\beta^2}{b^2} - \frac{\gamma^2}{c^2} = 0$ et $H_2 > 0$. — Le point A est sur le cône asymptote; le lieu est un cône.

3° $\frac{\alpha^2}{a^2} + \frac{\beta^2}{b^2} - \frac{\gamma^2}{c^2} < 0$ et $H_2 > 0$. — Le point A est dans l'intérieur du cône asymptote, mais en dehors de l'hyperboloïde H_2; le lieu est un hyperboloïde à deux nappes.

4° $\frac{\alpha^2}{a^2} + \frac{\beta^2}{b^2} - \frac{\gamma^2}{c^2} < 0$ et $H_2 < 0$. — Le point A est dans l'intérieur du cône asymptote et de l'hyperboloïde H_2; le lieu est un ellipsoïde.

5° Quand H_2 est nul, c'est-à-dire quand le point A est sur l'hyperboloïde conjugué, une des racines de l'équation en S est nulle, les deux autres sont positives, comprises entre

$-\frac{H_1}{a^2}$ et $-\frac{H_1}{b^2}$ et entre $-\frac{H_1}{b^2}$ et $+\infty$ (H_1 est négatif); D est infini. On a donc un paraboloïde elliptique.

6° Quand le point A est sur l'hyperboloïde donné, $H_1 = 0$, et la première forme de l'équation (3) montre que la surface est un plan double.

Condition pour que la surface (3) *soit de révolution.* — En égalant les trois binômes de Jacobi relatifs à l'équation (3), on trouve

$$\frac{H_1}{a^2} = \frac{H_1}{b^2} = \frac{H_1}{c^2},$$

ce qui montre que H_1 doit être nul; le point (α, β, γ) étant alors sur l'hyperboloïde donné, la surface est un plan double. Pour avoir des surfaces de révolution proprement dites, il faut faire $\alpha = 0$, $\beta = 0$ ou $\gamma = 0$; soit d'abord $\alpha = 0$. Les coefficients désignés habituellement par B', B'' étant nuls dans l'équation (3), on doit avoir $(A - A')(A - A'') - B^2 = 0$, ce qui donne

$$\left[\frac{1}{a^2}\left(\frac{\beta^2}{b^2} - \frac{\gamma^2}{c^2} - 1\right) + \frac{1}{b^2}\left(\frac{\beta^2}{b^2} + \frac{\gamma^2}{c^2} + 1\right)\right]$$
$$\times \left[\frac{1}{a^2}\left(-\frac{\beta^2}{b^2} + \frac{\gamma^2}{c^2} + 1\right) + \frac{1}{c^2}\left(-\frac{\beta^2}{b^2} - \frac{\gamma^2}{c^2} + 1\right)\right] + \frac{4\beta^2\gamma^2}{b^4c^4} = 0$$

ou

$$\left(\frac{\beta^2}{b^2} - \frac{\gamma^2}{c^2} - 1\right)\left[\frac{1}{a^4}\left(\frac{\beta^2}{b^2} - \frac{\gamma^2}{c^2} - 1\right) + \frac{1}{a^2b^2}\left(\frac{\beta^2}{b^2} + \frac{\gamma^2}{c^2} + 1\right)\right.$$
$$\left. + \frac{1}{a^2c^2}\left(\frac{\beta^2}{b^2} + \frac{\gamma^2}{c^2} - 1\right) + \frac{1}{b^2c^2}\left(\frac{\beta^2}{b^2} - \frac{\gamma^2}{c^2} + 1\right)\right] = 0.$$

Le premier facteur $\frac{\beta^2}{b^2} - \frac{\gamma^2}{c^2} - 1 = 0$ représente l'hyperbole principale de l'hyperboloïde H_1 située dans le plan yoz; écartant cette solution, déjà obtenue, et qui fournit des plans doubles, il reste, après réductions, la conique

$$\frac{\beta^2}{b^2}\frac{a^2+b^2}{a^2-b^2} + \frac{\gamma^2}{c^2}\frac{c^2-a^2}{c^2+a^2} + 1 = 0. \tag{4}$$

En faisant $\beta = 0$, on trouve

$$(5) \qquad \frac{\alpha^2}{a^2}\frac{a^2+b^2}{a^2-b^2}+\frac{\gamma^2}{c^2}\frac{b^2-c^2}{b^2+c^2}-1=0,$$

puis, en faisant $\gamma = 0$,

$$(6) \qquad \frac{\alpha^2}{a^2}\frac{c^2-a^2}{c^2+a^2}-\frac{\beta^2}{b^2}\frac{b^2-c^2}{b^2+c^2}+1=0.$$

Dans l'hypothèse $a^2 > b^2 > c^2$, on a une hyperbole (4) dans le plan yoz, deux ellipses réelles (5) et (6) dans les plans zox, xoy. Si $a^2 > c^2 > b^2$, les trois coniques (4), (5), (6) sont des hyperboles; enfin, si $c^2 > a^2 > b^2$, la conique (5) est une hyperbole, (4) et (6) sont des ellipses imaginaires.

45. *On donne un ellipsoïde et l'on considère un cône ayant pour base la section principale de l'ellipsoïde perpendiculaire à l'axe mineur. Ce cône coupe l'ellipsoïde suivant une seconde courbe située dans un plan* Q.

1° *Le sommet de ce cône se déplaçant sur un plan donné* P, *trouver le lieu décrit par le pôle du plan* Q *par rapport à l'ellipsoïde.*

2° *Ce lieu est une surface du second degré* Σ; *on demande de déterminer les positions du plan* P *pour lesquelles le cône asymptote de* Σ *a trois génératrices parallèles aux axes de symétrie de l'ellipsoïde.*

3° *Le plan* P *se déplaçant de façon que* Σ *satisfasse aux conditions précédentes, trouver le lieu des foyers des sections faites dans les surfaces* Σ *par un plan fixe* R, *perpendiculaire à l'axe mineur de l'ellipsoïde.*

4° *Trouver la surface engendrée par la courbe, lieu de ces foyers, quand le plan* R *se déplace parallèlement à lui-même.* (Agrégation, 1880.)

Le cône de sommet (α, β, γ) et ayant pour base l'ellipse principale $\frac{x^2}{a^2}+\frac{y^2}{b^2}-1=0$ de l'ellipsoïde donné a pour équation

$$\Gamma = \frac{(\alpha z-\gamma x)^2}{a^2}+\frac{(\beta z-\gamma y)^2}{b^2}-(z-\gamma)^2=0.$$

Si l'on forme l'équation générale des quadriques

$$\frac{x^2}{a^2}+\frac{y^2}{b^2}+\frac{z^2}{c^2}-1+\lambda\Gamma=0$$

qui passent par l'intersection du cône Γ et de l'ellipsoïde, on voit qu'elle se réduit, pour $\lambda=-\frac{1}{\gamma^2}$, au couple de plans $z=0$, et

$$(Q)\qquad \frac{\alpha x}{a^2}+\frac{\beta y}{b^2}-\frac{z}{2\gamma}\left(\frac{\alpha^2}{a^2}+\frac{\beta^2}{b^2}-\frac{\gamma^2}{c^2}-1\right)=1.$$

Les coordonnées du pôle du plan Q sont

$$x_1=\alpha,\qquad y_1=\beta,\qquad z_1=-\frac{c^2}{2\gamma}\left(\frac{\alpha^2}{a^2}+\frac{\beta^2}{b^2}-\frac{\gamma^2}{c^2}-1\right).$$

Supposons que (α, β, γ) se déplace sur le plan P

$$lx+my+nz+1=0,$$

le lieu du point (x_1, y_1, z_1) sera

$$z=\frac{c^2 n}{2(lx+my+1)}\left[\frac{x^2}{a^2}+\frac{y^2}{b^2}-\frac{1}{c^2n^2}(lx+my+1)^2-1\right]$$

ou, après réduction,

$$(\Sigma)\left\{\begin{aligned}&\frac{x^2}{a^2}(c^2n^2-a^2l^2)+\frac{y^2}{b^2}(c^2n^2-b^2m^2)-2mnyz\\&-2nlzx-2lmxy-2lx-2my-2nz-c^2n^2-1=0.\end{aligned}\right.$$

Pour que le cône asymptote de cette surface Σ ait trois génératrices parallèles aux axes de l'ellipsoïde, on doit avoir

$$a^2l^2=b^2m^2=c^2n^2.$$

Supposons cette condition remplie, et coupons Σ par un plan $z=h$; on aura, pour la projection de l'intersection sur xoy,

$$2lmxy+2lx(1+nh)+2my(1+nh)+2nh+c^2n^2+1=0.$$

Les foyers de cette conique sont déterminés par les équations

$$l(my+nh+1)\pm m(lx+nh+1)=0,$$
$$lmxy+(lx+my)(nh+1)+n^2(c^2-h^2)=0.$$

L'élimination de l, m, n entre ces relations et

$$al = \pm bm = \pm cn$$

donne le lieu des foyers; il se compose des deux coniques

$$c^2(ay^2 - bx^2) + ab(a-b)(c^2 - h^2) = 0,$$
$$c^2(ay^2 + bx^2) - ab(a+b)(c^2 - h^2) = 0.$$

En faisant varier h, on aura les surfaces engendrées par les deux courbes, savoir : un hyperboloïde à une nappe

$$bc^2x^2 - ac^2y^2 + ab(a-b)z^2 = ab(a-b)c^2$$

et un ellipsoïde

$$bc^2x^2 + ac^2y^2 + ab(a+b)z^2 = ab(a+b)c^2.$$

46. *On donne une ellipse et une hyperbole situées respectivement dans deux plans rectangulaires* P *et* Q *et pour chacune desquelles la droite d'intersection de ces plans est un axe de symétrie :*

1° *On considère tous les plans* R *tangents à la fois à l'ellipse et à l'hyperbole, et l'on propose de démontrer qu'il existe une infinité de surfaces du second ordre* S *tangentes à la fois à tous les plans* R.

2° *Trouver le lieu des centres des surfaces* S *et déterminer la nature de chacune de ces surfaces suivant la position occupée par son centre.*

3° *Trouver les conditions nécessaires et suffisantes pour que les surfaces* S *soient homofocales.* (Agrégation, 1884.)

Supposons l'ellipse dans le plan des zx et définie par l'équation

$$\frac{x^2}{a^2} + \frac{z^2}{c^2} - 1 = 0,$$

l'hyperbole dans le plan des yz et définie par

$$\frac{y^2}{b^2} - \frac{(z+h)^2}{c'^2} - 1 = 0.$$

Soit

$$ux + vy + wz - 1 = 0$$

l'équation d'un plan R; la trace $ux + wz - 1 = 0$ de ce plan sur xOz étant tangente à l'ellipse, on a

$$c^2w^2 + a^2u^2 - 1 = 0.$$

De même, la trace $vy + wz - 1 = 0$ étant tangente à l'hyperbole, on a

$$-v^2b^2 + w^2(c'^2 + h^2) + 2hw + 1 = 0.$$

Ces deux dernières équations sont les équations tangentielles des deux courbes considérées comme des quadriques infiniment aplaties. Une quadrique quelconque, tangente au plan R, sera représentée par

$$c^2w^2 + a^2u^2 - 1 + \lambda[-b^2v^2 + w^2(c'^2 + h^2) + 2hw + 1] = 0.$$

En général, si

$$\begin{aligned}\mathcal{A}u^2 + \mathcal{A}'v^2 + \mathcal{A}''w^2 + 2\mathcal{B}vw + 2\mathcal{B}'wu + 2\mathcal{B}''uv \\ + 2\mathcal{C}u + 2\mathcal{C}'v + 2\mathcal{C}''w + \mathcal{D} = 0\end{aligned}$$

est l'équation tangentielle d'une quadrique, son équation ponctuelle est

$$\begin{vmatrix} \mathcal{A} & \mathcal{B}'' & \mathcal{B}' & \mathcal{C} & x \\ \mathcal{B}'' & \mathcal{A}' & \mathcal{B} & \mathcal{C}' & y \\ \mathcal{B}' & \mathcal{B} & \mathcal{A}'' & \mathcal{C}'' & z \\ \mathcal{C} & \mathcal{C}' & \mathcal{C}'' & \mathcal{D} & 1 \\ x & y & z & 1 & 0 \end{vmatrix} = 0.$$

Dans le cas actuel, on trouve

$$\begin{aligned}(\lambda b^2x^2 - a^2y^2)[c'^2\lambda^2 + \lambda(c^2 - c'^2 - h^2) - c^2] \\ + a^2b^2\lambda(\lambda - 1)z^2 - 2a^2b^2h\lambda^2z + a^2b^2\lambda(\lambda h^2 + \lambda c'^2 + c^2) = 0\end{aligned}$$

ou

$$\begin{aligned}(\lambda b^2x^2 - a^2y^2)[c'^2\lambda^2 + \lambda(c^2 - c'^2 - h^2) - c^2] \\ + a^2b^2\lambda(\lambda - 1)\left(z - \frac{h\lambda}{\lambda - 1}\right)^2 \\ + \frac{a^2b^2\lambda}{\lambda - 1}[c'^2\lambda^2 + \lambda(c^2 - c'^2 - h^2) - c^2] = 0.\end{aligned}$$

Le lieu des centres de ces surfaces est l'axe des z; le z du centre est $\frac{-\lambda h}{1-\lambda}$. La fonction $c'^2\lambda^2+\lambda(c^2-c'^2-h^2)-c^2$ s'annule pour deux valeurs réelles de λ; l'une λ_1 est positive et plus grande que l'unité, l'autre λ_2 est négative. Pour étudier la nature des surfaces, il faut faire varier λ de $-\infty$ à $+\infty$, en passant par les valeurs $-\lambda_2$, o, 1, λ_1; on a les résultats suivants :

De $-\infty$ à $-\lambda_2$......	hyperboloïde à une nappe,
$\lambda=-\lambda_2$	plan double $z-\frac{h\lambda_2}{\lambda_2-1}=0$,
De $-\lambda_2$ à zéro......	ellipsoïde,
$\lambda=0$	plan des zx (l'ellipse donnée),
De zéro à 1.........	hyperboloïde à une nappe,
$\lambda=1$............	paraboloïde hyperbolique,
De 1 à λ_1...........	hyperboloïde à une nappe,
$\lambda=\lambda_1$............	plan double,
De λ_1 à $+\infty$........	hyperboloïde à deux nappes,
$\lambda=+\infty$	plan des yz (l'hyperbole donnée).

Pour que les surfaces soient homofocales, il faut d'abord qu'elles soient concentriques, et par suite $h=0$. On trouve ensuite facilement

$$b^2=a^2=c^2+c'^2,$$

de sorte que l'ellipse et hyperbole données doivent avoir pour équations

$$\frac{x^2}{a^2}+\frac{z^2}{c^2}-1=0, \qquad \frac{y^2}{a^2}-\frac{z^2}{a^2-c^2}-1=0.$$

47. 1° *On donne une sphère* S *et, sur cette sphère, un cercle* C *et un point* T; *démontrer qu'il y a deux paraboloïdes passant par le cercle* C *et tangents à la sphère au point* T.

2° *Démontrer que les axes de ces paraboloïdes sont dans un même plan et trouver le lieu de leur point d'intersection, quand le point* T *se meut sur la sphère.*

3° *Dans les mêmes conditions, trouver le lieu des sommets de ces paraboloïdes.*

4° *Soient* T *et* T' *deux points diamétralement opposés sur la sphère; au point* T *correspondent deux paraboloïdes* P *et* Q, *au point* T′ *deux paraboloïdes* P′ *et* Q′. *Trouver le lieu engendré par la courbe d'intersection de chacun des paraboloïdes* P *et* Q *avec chacun des paraboloïdes* P′ *et* Q′, *quand on fait varier la direction du diamètre* TT′. (Agrégation, 1885.)

Soient

$x^2+y^2+z^2=R^2$ l'équation de la sphère;

$z=c$ celle du plan du cercle fixe C;

$(R\cos\alpha, R\cos\beta, R\cos\gamma)$ les coordonnées du point T, avec la condition

$$\cos^2\alpha+\cos^2\beta+\cos^2\gamma=1.$$

L'équation d'une quadrique passant par le cercle C et tangente à la sphère en T sera

$$x^2+y^2+z^2-R^2+2\lambda(z-c)(x\cos\alpha+y\cos\beta+z\cos\gamma-R)=0.$$

En égalant à zéro le dénominateur des coordonnées du centre, on trouve

$$\lambda^2(\cos^2\alpha+\cos^2\beta)-2\lambda\cos\gamma-1=0$$

ou

$$\lambda^2\sin^2\gamma-2\lambda\cos\gamma-1=0,$$

ce qui donne pour λ les deux valeurs

$$\lambda_1=\frac{1}{2\sin^2\frac{\gamma}{2}},\qquad \lambda_2=-\frac{1}{2\cos^2\frac{\gamma}{2}}.$$

Il y a donc deux paraboloïdes.

Cela posé, écrivons l'équation de la surface sous la forme

$$x^2+y^2+z^2(1+2\lambda\cos\gamma)+2\lambda yz\cos\beta+\ldots-0$$

ou bien

$$x^2+y^2+z^2\lambda^2(\cos^2\alpha+\cos^2\beta)+2\lambda yz\cos\beta+\ldots=0$$

ou enfin

$$\begin{aligned}(x+\lambda z\cos\alpha+h)^2+(y+\lambda z\cos\beta+k)^2-2x(h+\lambda c\cos\alpha)\\ -2y(k+\lambda c\cos\beta)-2\lambda z(R+h\cos\alpha+k\cos\beta+c\cos\gamma)\\ -h^2-k^2-R^2+2c\lambda R=0.\end{aligned}$$

Pour que la droite

$$(x + \lambda z \cos\alpha + h = 0,\ y + \lambda z \cos\beta + k) = 0$$

soit l'axe du paraboloïde, il faut qu'elle soit perpendiculaire au plan tangent

$$2x(h + \lambda c \cos\alpha) + 2y(k + \lambda c \cos\beta) + \ldots = 0,$$

ce qui donne les conditions

$$h(1 + \lambda^2 \cos^2\alpha) + k\lambda^2 \cos\alpha \cos\beta + \lambda \cos\alpha (c + R\lambda + c\lambda \cos\gamma) = 0,$$
$$h\lambda^2 \cos\alpha \cos\beta + k(1 + \lambda^2 \cos^2\beta) + \lambda \cos\beta (c + R\lambda + c\lambda \cos\gamma) = 0.$$

En faisant $\lambda = \lambda_1 = \dfrac{1}{2 \sin^2 \frac{\gamma}{2}}$, on trouve

$$h_1 = -\frac{(c + R)\cos\alpha}{4 \sin^2 \frac{\gamma}{2}}, \qquad k_1 = -\frac{(c + R)\cos\beta}{4 \sin^2 \frac{\gamma}{2}}.$$

La valeur $\lambda_2 = -\dfrac{1}{2 \cos^2 \frac{\gamma}{2}}$ donne

$$h_2 = \frac{(c - R)\cos\alpha}{4 \cos^2 \frac{\gamma}{2}}, \qquad k_2 = \frac{(c - R)\cos\beta}{4 \cos^2 \frac{\gamma}{2}}.$$

Les équations des axes des deux paraboloïdes et celles des plans tangents aux sommets sont donc

$$(\mathrm{I}) \quad \begin{cases} x + \dfrac{z \cos\alpha}{2 \sin^2 \frac{\gamma}{2}} - \dfrac{(c + R)\cos\alpha}{4 \sin^2 \frac{\gamma}{2}} = 0, \\[2ex] y + \dfrac{z \cos\beta}{2 \sin^2 \frac{\gamma}{2}} - \dfrac{(c + R)\cos\beta}{4 \sin^2 \frac{\gamma}{2}} = 0, \\[2ex] 2x \cos\alpha + 2y \cos\beta - 4z \sin^2 \dfrac{\gamma}{2} \\ \qquad - 4R \sin^2 \dfrac{\gamma}{2} + (c - R) \cos^2 \dfrac{\gamma}{2} = 0, \end{cases}$$

$$
\text{(II)}\quad \left\{
\begin{aligned}
&x + \frac{z\cos\alpha}{2\cos^2\frac{\gamma}{2}} + \frac{(c-\mathrm{R})\cos\alpha}{4\cos^2\frac{\gamma}{2}} = 0,\\
&y + \frac{z\cos\beta}{2\cos^2\frac{\gamma}{2}} + \frac{(c-\mathrm{R})\cos\beta}{4\cos^2\frac{\gamma}{2}} = 0,\\
&2x\cos\alpha + 2y\cos\beta + 4z\cos^2\frac{\gamma}{2}\\
&\qquad - 4\mathrm{R}\cos^2\frac{\gamma}{2} - (c+\mathrm{R})\sin^2\frac{\gamma}{2} = 0.
\end{aligned}
\right.
$$

Les deux axes se coupent au point

$$\left(x = \frac{\mathrm{R}}{2}\cos\alpha,\ y = \frac{\mathrm{R}}{2}\cos\beta,\ z = \frac{c+\mathrm{R}\cos\gamma}{2}\right)$$

dont le lieu est la sphère

$$x^2 + y^2 + \left(z - \frac{c}{2}\right)^2 = \frac{\mathrm{R}^2}{4}.$$

Pour avoir le lieu du sommet du premier paraboloïde, tirons x et y des deux premières équations (I) qui représentent l'axe, il vient

$$x = \frac{(c+\mathrm{R}-2z)\cos\alpha}{4\sin^2\frac{\gamma}{2}},\qquad y = \frac{(c+\mathrm{R}-2z)\cos\beta}{4\sin^2\frac{\gamma}{2}}.$$

La substitution de ces valeurs dans la troisième équation (I), celle du plan tangent au sommet, donne

$$4z = 3c\cos^2\frac{\gamma}{2} + \mathrm{R}\cos^2\frac{\gamma}{2} - 4\mathrm{R}\sin^2\frac{\gamma}{2}$$

et, par suite,

$$\text{(1)}\qquad \cos\gamma(3c+5\mathrm{R}) = 8z + 3\mathrm{R} - 3c.$$

D'autre part, on a

$$x^2 + y^2 = \frac{(c+\mathrm{R}-2z)^2(\cos^2\alpha+\cos^2\beta)}{16\sin^4\frac{\gamma}{2}} = \frac{(c+\mathrm{R}-2z)^2\sin^2\gamma}{16\sin^4\frac{\gamma}{2}};$$

d'où

$$(2) \quad 4(x^2+y^2)(1-\cos\gamma) = (c+R-2z)^2(1+\cos\gamma).$$

L'élimination de $\cos\gamma$ entre (1) et (2) donne le lieu du sommet

$$(x^2+y^2)(3c+R-4z) = (z+R)(2z-c-R)^2.$$

Cette surface du troisième ordre est de révolution autour de Oz; elle touche la sphère au point ($z=-R$, $x=y=0$), et la coupe suivant le cercle C. La méridienne a pour équation dans le plan zOx

$$x = (2z-c-R)\sqrt{\frac{z+R}{3c+R-4z}}.$$

On voit que cette cubique est symétrique par rapport à Oz et est asymptote à la droite $4z = 3c+R$; elle est comprise entre cette asymptote qui traverse le cercle $x^2+z^2=R^2$, puisque c est plus petit que R, et la tangente à ce cercle au point ($x=0$, $z=-R$).

Des calculs analogues conduisent au lieu du sommet du second paraboloïde : c'est la surface de révolution

$$(x^2+y^2)(R-3c+4z) = (R-z)(2z-c+R)^2$$

qui touche la sphère au point $z=R$, $x=y=0$, et la coupe suivant le cercle C.

Considérons le point T' diamétralement opposé au point T; pour obtenir les deux paraboloïdes P' et Q' qui touchent la sphère en ce point, il faudra changer les signes de $\cos\alpha$, $\cos\beta$, $\cos\gamma$, ainsi que les signes de λ_1 et λ_2. Les équations des quatre paraboloïdes P, Q, P', Q' sont donc

$$(P) \quad x^2+y^2+z^2-R^2+2\lambda_1(z-c)(x\cos\alpha+y\cos\beta+z\cos\gamma-R)=0,$$

$$(Q) \quad x^2+y^2+z^2-R^2+2\lambda_2(z-c)(x\cos\alpha+\ldots)=0,$$

$$(P') \quad x^2+y^2+z^2-R^2+2\lambda_1(z-c)(x\cos\alpha+y\cos\beta+z\cos\gamma+R)=0,$$

$$(Q') \quad x^2+y^2+z^2-R^2+2\lambda_2(z-c)(x\cos\alpha+\ldots)=0.$$

Les courbes d'intersection de (P) et (P'), de (Q) et (Q'), autres que le cercle C, sont rejetées à l'infini. La seconde courbe d'intersection de (P) et de (Q′) est dans le plan

$$(\lambda_1 - \lambda_2)(x\cos\alpha + y\cos\beta + z\cos\gamma) - R(\lambda_1 + \lambda_2) = 0$$

ou

$$x\cos\alpha + y\cos\beta + z\cos\gamma - R\cos\gamma = 0,$$

en tenant compte des valeurs de λ_1 et λ_2. Si, dans l'équation (P), on remplace $x\cos\alpha + y\cos\beta + z\cos\gamma$ par $R\cos\gamma$, et λ_1 par $\frac{1}{2\sin^2\frac{\gamma}{2}}$, l'angle γ sera éliminé, et l'on aura

$$x^2 + y^2 + z^2 - R^2 - 2R(z - c) = 0.$$

Cette sphère est le lieu de la courbe d'intersection de (P) et de (Q′). De même, le lieu de l'intersection de (P′) et de (Q) est la sphère

$$x^2 + y^2 + z^2 - R^2 + 2R(z - c) = 0.$$

Les paraboloïdes (P), (Q′) et (P′), (Q) se coupent donc deux à deux suivant deux cercles situés respectivement sur deux sphères fixes.

CHAPITRE VII.

COORDONNÉES TÉTRAÉDRIQUES.

§ I. — Formules fondamentales relatives à la droite, au plan et aux quadriques.

1. *Relations entre les éléments d'un tétraèdre.*

Soient

A, B, C, D les aires des faces d'un tétraèdre opposées aux sommets de même nom;
a, b, c, a', b', c' les longueurs des arêtes BC, CA, AB, DA, DB, DC;
(a), (b), (c), (a'), (b'), (c') les dièdres dont les arêtes sont a, b, c, a', b', c';
(bc), (ca), ... les angles des arêtes deux à deux;
h_1, h_2, h_3, h_4 les hauteurs correspondant aux faces A, B, C, D;
V le volume du tétraèdre, de sorte que

$$Ah_1 = Bh_2 = Ch_3 = Dh_4 = 3V.$$

Tous les éléments peuvent s'exprimer en fonction des six arêtes.

a. Expression du volume. — On démontre aisément par la Géométrie élémentaire la formule suivante :

$$(1)\quad \left\{\begin{aligned} -144V^2 = {} & a^2(a'^2 - b'^2)(a'^2 - c'^2) + b^2(b'^2 - c'^2)(b'^2 - a'^2) \\ & + c^2(c'^2 - a'^2)(c'^2 - b'^2) + a^2a'^2(a^2 - b^2 - c^2) \\ & + b^2b'^2(b^2 - c^2 - a^2) + c^2c'^2(c^2 - a^2 - b^2) + a^2b^2c^2. \end{aligned}\right.$$

On peut écrire aussi

$$(1')\qquad 288V^2 = \begin{vmatrix} 0 & 1 & 1 & 1 & 1 \\ 1 & 0 & a^2 & b^2 & c^2 \\ 1 & a^2 & 0 & a'^2 & b'^2 \\ 1 & b^2 & a'^2 & 0 & c'^2 \\ 1 & c^2 & b'^2 & c'^2 & 0 \end{vmatrix}.$$

b. Calcul des dièdres. — Considérons le trièdre D et le triangle sphérique déterminé sur une sphère de rayon 1 par les arêtes DA, DB, DC; on aura

$$\cos(a') = \frac{\cos(b'c') - \cos(c'a')\cos(a'b')}{\sin(c'a')\sin(a'b')},$$

et, comme

$$\cos(b'c') = \frac{b'^2 + c'^2 - a^2}{2b'c'},$$

$$\cos(c'a') = \frac{c'^2 + a'^2 - b^2}{2c'a'},$$

$$\cos(a'b') = \frac{a'^2 + b'^2 - c^2}{2a'b'},$$

$$\sin(c'a') - \frac{2\mathrm{B}}{c'a'}, \qquad \sin(a'b') = \frac{2\mathrm{C}}{a'b'},$$

il vient

$$\cos(a') = \frac{1}{16\mathrm{BC}}[2a'^2(b'^2 + c'^2 - a^2) - (c'^2 + a'^2 - b^2)(a'^2 + b'^2 - c^2)].$$

Le triangle sphérique, déterminé par le trièdre A, donne une autre expression de $\cos(a')$, qui coïncide avec la précédente, savoir :

$$\cos(a') = \frac{1}{16\mathrm{BC}}[2a'^2(b^2 + c^2 - a^2) + (b^2 + a'^2 - c'^2)(c^2 + a'^2 - b'^2)].$$

En définitive, les valeurs des cosinus des six dièdres sont

$$)\left\{\begin{aligned}
\cos(a') &= \frac{1}{16\mathrm{BC}}[a'^2(b'^2 + c'^2 - a'^2 + b^2 + c^2 - 2a^2) + b^2b'^2 + c^2c'^2 - b'^2c'^2 - b^2c^2]\\
\cos(b') &= \frac{1}{16\mathrm{CA}}[b'^2(c'^2 + a'^2 - b'^2 + c^2 + a^2 - 2b^2) + c^2c'^2 + a^2a'^2 - c'^2a'^2 - c^2a^2].\\
\cos(c') &= \frac{1}{16\mathrm{AB}}[c'^2(a'^2 + b'^2 - c'^2 + a^2 + b^2 - 2c^2) + a^2a'^2 + b^2b'^2 - a'^2b'^2 - a^2b^2].\\
\cos(a) &= \frac{1}{16\mathrm{AD}}[a^2(b^2 + c^2 - a^2 + b'^2 + c'^2 - 2a'^2) + b^2b'^2 + c^2c'^2 - b^2c'^2 - c^2b'^2],\\
\cos(b) &= \frac{1}{16\mathrm{BD}}[b^2(c^2 + a^2 - b^2 + c'^2 + a'^2 - 2b'^2) + c^2c'^2 + a^2a'^2 - c^2a'^2 \quad a^2c'^2],\\
\cos(c) &= \frac{1}{16\mathrm{CD}}[c^2(a^2 + b^2 - c^2 + a'^2 + b'^2 - 2c'^2) + a^2a'^2 + b^2b'^2 - a^2b'^2 - b^2a'^2].
\end{aligned}\right.$$

Menons du sommet A la hauteur h_1 du tétraèdre et la perpendiculaire AE à l'arête BC; on a

$$h_1 = \text{AE}\sin(a).$$

Comme $3\text{V} = \text{A}h_1$ et $2\text{D} = a.\text{AE}$, on a la première des six formules suivantes :

$$(3)\quad \left\{\begin{array}{lll} \sin(a) = \dfrac{3\text{V}a}{2\text{AD}}, & \sin(b) = \dfrac{3\text{V}b}{2\text{BD}}, & \sin(c) = \dfrac{3\text{V}c}{2\text{CD}}, \\ \sin(a') = \dfrac{3\text{V}a'}{2\text{BC}}, & \sin(b') = \dfrac{3\text{V}b'}{2\text{CA}}, & \sin(c') = \dfrac{3\text{V}c'}{2\text{AB}}. \end{array}\right.$$

c. Relation entre les cosinus des dièdres. — Si l'on projette successivement trois des faces sur la quatrième, on trouve les quatre équations homogènes

$$(4)\quad \left\{\begin{array}{l} \text{A} = \text{B}\cos(c') + \text{C}\cos(b') + \text{D}\cos(a), \\ \text{B} = \text{C}\cos(a') + \text{A}\cos(c') + \text{D}\cos(b), \\ \text{C} = \text{A}\cos(b') + \text{B}\cos(a') + \text{D}\cos(c), \\ \text{D} = \text{A}\cos(a) + \text{B}\cos(b) + \text{C}\cos(c), \end{array}\right.$$

et, par suite,

$$(5)\quad \begin{vmatrix} -1 & \cos(c') & \cos(b') & \cos(a) \\ \cos(c') & -1 & \cos(a') & \cos(b) \\ \cos(b') & \cos(a') & -1 & \cos(c) \\ \cos(a) & \cos(b) & \cos(c) & -1 \end{vmatrix} = 0.$$

d. Relations entre les carrés des faces et les cosinus des dièdres. — Le volume du tétraèdre, en fonction des arêtes a', b', c' partant du sommet D et des angles qu'elles font entre elles, est

$$\text{V} = \tfrac{1}{6}\, a'b'c'\sqrt{\delta},$$

δ désignant le déterminant

$$\begin{vmatrix} 1 & \cos(a'b') & \cos(c'a') \\ \cos(a'b') & 1 & \cos(b'c') \\ \cos(c'a') & \cos(b'c') & 1 \end{vmatrix}.$$

On peut transformer cette expression en introduisant les aires des faces A, B, C qui forment le trièdre D, ainsi que les dièdres (a'), (b'), (c'). La relation entre les trois angles et un côté $(b'c')$ d'un triangle sphérique donne

$$\cos(b'c') = \frac{\cos(a') + \cos(b')\cos(c')}{\sin(b')\sin(c')};$$

de même

$$\cos(c'a') = \frac{\cos(b') + \cos(c')\cos(a')}{\sin(c')\sin(a')},$$

$$\cos(a'b') = \frac{\cos(c') + \cos(a')\cos(b')}{\sin(a')\sin(b')},$$

et aussi

$$2A = b'c'\sin(b'c'), \quad 2B = c'a'\sin(c'a'), \quad 2C = a'b'\sin(a'b');$$

donc

$$8ABC = a'^2b'^2c'^2\sin(b'c')\sin(c'a')\sin(a'b').$$

Élevons à la quatrième puissance les deux membres de l'égalité $6V = a'b'c'\delta$; il vient

$$1296V^4 = \frac{64A^2B^2C^2\delta^2}{\sin^2(b'c')\sin^2(c'a')\sin^2(a'b')}.$$

La substitution des valeurs de $\cos(b'c')$, $\cos(c'a')$, $\cos(a'b')$, dans le déterminant δ, donne

$$\delta = \frac{1}{\sin^2(a')\sin^2(b')\sin^2(c')}$$
$$\times \begin{vmatrix} \sin^2(a') & \cos(c')+\cos(a')\cos(b') & \cos(b')+\cos(c')\cos(a') \\ \cos(c')+\cos(a')\cos(b') & \sin^2(b') & \cos(a')+\cos(b')\cos(c') \\ \cos(b')+\cos(c')\cos(a') & \cos(a')+\cos(b')\cos(c') & \sin^2(c') \end{vmatrix}.$$

En ajoutant aux éléments de la première colonne ceux de la deuxième multipliés par $-\cos(c')$ et ceux de la troisième multipliés par $-\cos(b')$, on voit que les premiers éléments de la deuxième et de la troisième ligne s'annulent, et il reste

$$\delta = \frac{1}{\sin^2(a')\sin^2(b')\sin^2(c')}\begin{bmatrix} 1 - \cos^2(a') - \cos^2(b') - \cos^2(c') \\ - 2\cos(a')\cos(b')\cos(c') \end{bmatrix}^2$$

$$= \frac{1}{\sin^2(a')\sin^2(b')\sin^2(c')}\begin{vmatrix} 1 & -\cos(c') & -\cos(b') \\ -\cos(c') & 1 & -\cos(a') \\ -\cos(b') & -\cos(a') & 1 \end{vmatrix}.$$

On trouve aussi

$$\sin^2(b'c')\sin^2(c'a')\sin^2(a'b')$$
$$=\frac{[1-\cos^2(a')-\cos^2(b')-\cos^2(c')-2\cos(a')\cos(b')\cos(c')]^3}{\sin^4(a')\sin^4(b')\sin^4(c')}$$

et, par suite,

$$81V^4=4A^2B^2C^2[1-\cos^2(a')-\cos^2(b')-\cos^2(c')-2\cos(a')\cos(b')\cos(c')];$$

de même,

$$81V^4=4B^2C^2D^2[1-\cos^2(a')-\cos^2(b)-\cos^2(c)-2\cos(a')\cos(b)\cos(c)],$$
$$81V^4=4C^2A^2D^2[1-\cos^2(b')-\cos^2(c)-\cos^2(a)-2\cos(a)\cos(b')\cos(c)],$$
$$81V^4=4A^2B^2D^2[1-\cos^2(c')-\cos^2(a)-\cos^2(b)-2\cos(a)\cos(b)\cos(c')].$$

Enfin, ces quatre nouvelles expressions du volume conduisent à la suite d'égalités

$$(6)\quad\left\{\begin{aligned}&\frac{A^2}{\begin{vmatrix}1&-\cos(c)&-\cos(b)\\-\cos(c)&1&-\cos(a')\\-\cos(b)&-\cos(a')&1\end{vmatrix}}\\=&\frac{B^2}{\begin{vmatrix}1&-\cos(c)&-\cos(b')\\-\cos(c')&1&-\cos(a)\\-\cos(b')&-\cos(a)&1\end{vmatrix}}\\=&\frac{C^2}{\begin{vmatrix}1&-\cos(c')&-\cos(b)\\-\cos(c)&1&-\cos(a)\\-\cos(b)&-\cos(a)&1\end{vmatrix}}\\=&\frac{D^2}{\begin{vmatrix}1&-\cos(c')&-\cos(b')\\-\cos(c')&1&-\cos(a')\\-\cos(b')&-\cos(a')&1\end{vmatrix}}.\end{aligned}\right.$$

La valeur commune des quatre rapports est $\frac{4A^2B^2C^2D^2}{81V^4}$.

Signalons encore la relation suivante qui s'obtient en ajoutant membre à membre les quatre équations (4), multipliées respectivement par A, B, C, D,

$$\begin{aligned}&A^2+B^2+C^2+D^2\\&\quad -2BC\cos(a')-2CA\cos(b')-2AB\cos(c')\\&\quad -2AD\cos(a)\ -2BD\cos(b)\ -2CD\cos(c)=0.\end{aligned}$$

2. *Passage des coordonnées cartésiennes aux coordonnées tétraédriques, et transformation inverse.*

Les coordonnées *tétraédriques* ou *quadriplanaires* d'un point sont les distances de ce point aux quatre faces d'un tétraèdre de référence ABCD. Nous désignons par x, y, z, w les distances aux faces A, B, C, D respectivement, de sorte que les équations de ces faces sont $x=0$, $y=0$, $z=0$, $w=0$. Chaque coordonnée est positive ou négative suivant que le point est, par rapport à la face correspondante, dans la même région de l'espace que le sommet de même nom, ou dans la région opposée. En vertu de cette convention, on a toujours entre les coordonnées d'un même point la relation

$$Ax+By+Cz+Dw=3V. \tag{7}$$

Soient

$$\alpha_1X+\alpha_2Y+\alpha_3Z-q=0,\qquad \beta_1X+\beta_2Y+\beta_3Z-r=0,$$
$$\gamma_1X+\gamma_2Y+\gamma_3Z-s=0,\qquad \delta_1X+\delta_2Y+\delta_3Z-t=0$$

les équations des quatre faces du tétraèdre, rapportées à un système d'axes rectangulaires OX, OY, OZ, le point O étant à l'intérieur du tétraèdre (α_1, α_2, α_3, β_1, ... sont les cosinus directeurs des normales aux faces). Les coordonnées tétraédriques du point (X, Y, Z) seront

$$\left\{\begin{aligned}x&=q-\alpha_1X-\alpha_2Y-\alpha_3Z,\\y&=r-\beta_1X-\beta_2Y-\beta_3Z,\\z&=s-\gamma_1X-\gamma_2Y-\gamma_3Z,\\w&=t-\delta_1X-\delta_2Y-\delta_3Z.\end{aligned}\right. \tag{8}$$

La substitution de ces valeurs dans la relation fondamentale (7) donne, en égalant à zéro les coefficients de X, Y, Z,

$$\begin{aligned}
A\alpha_1 + B\beta_1 + C\gamma_1 + D\delta_1 &= 0,\\
A\alpha_2 + B\beta_2 + C\gamma_2 + D\delta_2 &= 0,\\
A\alpha_3 + B\beta_3 + C\gamma_3 + D\delta_3 &= 0.
\end{aligned}$$

On a ainsi

$$\frac{A}{\begin{vmatrix} \beta_1 & \gamma_1 & \delta_1 \\ \beta_2 & \gamma_2 & \delta_2 \\ \beta_3 & \gamma_3 & \delta_3 \end{vmatrix}} = \frac{B}{-\begin{vmatrix} \alpha_1 & \gamma_1 & \delta_1 \\ \alpha_2 & \gamma_2 & \delta_2 \\ \alpha_3 & \gamma_3 & \delta_3 \end{vmatrix}}$$

$$= \frac{C}{\begin{vmatrix} \alpha_1 & \beta_1 & \delta_1 \\ \alpha_2 & \beta_2 & \delta_2 \\ \alpha_3 & \beta_3 & \delta_3 \end{vmatrix}} = \frac{D}{-\begin{vmatrix} \alpha_1 & \beta_1 & \gamma_1 \\ \alpha_2 & \beta_2 & \gamma_2 \\ \alpha_3 & \beta_3 & \gamma_3 \end{vmatrix}}.$$

Pour passer des coordonnées cartésiennes aux coordonnées tétraédriques, il faut résoudre les équations (8) par rapport à X, Y, Z. Appelons Δ le déterminant

$$\begin{vmatrix} \alpha_1 & \alpha_2 & \alpha_3 & -q \\ \beta_1 & \beta_2 & \beta_3 & -r \\ \gamma_1 & \gamma_2 & \gamma_3 & -s \\ \delta_1 & \delta_2 & \delta_3 & -t \end{vmatrix}$$

et $\Delta_{\alpha_1}, \Delta_{\alpha_2}, \ldots$ les mineurs du premier ordre.

On aura

$$\begin{aligned}
X.\Delta &= -x\,\Delta_{\alpha_1} - y\,\Delta_{\beta_1} - z\,\Delta_{\gamma_1} - w\,\Delta_{\delta_1},\\
Y.\Delta &= -x\,\Delta_{\alpha_2} - y\,\Delta_{\beta_2} - z\,\Delta_{\gamma_2} - w\,\Delta_{\delta_2},\\
Z.\Delta &\;\; -x\,\Delta_{\alpha_3} - y\,\Delta_{\beta_3} - z\,\Delta_{\gamma_3} - w\,\Delta_{\delta_3},
\end{aligned}$$

et aussi

$$\Delta = -x\,\Delta_{-q} - y\,\Delta_{-r} - z\,\Delta_{-s} - w\,\Delta_{-t}.$$

Cette dernière relation est une identité; car elle peut s'écrire

$$(x - q)\,\Delta_{-q} + (y - r)\,\Delta_{-r} + (z - s)\,\Delta_{-s} + (w - t)\,\Delta_{-t} = 0$$

ou bien

$$A(x - q) + B(y - r) + C(z - s) + D(w - t) = 0.$$

puisque Δ_{-q}, Δ_{-r}, Δ_{-s}, Δ_{-t} sont proportionnels à A, B, C, D.

On voit que toute équation en coordonnées cartésiennes devient homogène en coordonnées tétraédriques.

3. *Distance de deux points.*

Soient O_1, O_2 deux points dont les coordonnées sont

$$(x, y, z, w), \quad (x', y', z', w');$$

menons par O_1 des plans parallèles aux faces A, B, C du tétraèdre de référence et abaissons sur ces plans les perpendiculaires O_2P, O_2Q, O_2R qui ont pour longueurs $x'-x$, $y'-y$, $z'-z$. Les trois arêtes du trièdre O_1 sont trois axes de coordonnées obliques; les coordonnées cartésiennes ξ, η, ζ de O_2, par rapport à ces axes, ont pour valeurs

$$\xi = \frac{x'-x}{\sin(\text{AD}, \text{A})} = \frac{a'}{h_1}(x'-x),$$
$$\eta = \frac{b'}{h_2}(y'-y),$$
$$\zeta = \frac{c'}{h_3}(z'-z).$$

Les angles des trois axes obliques étant ceux des arêtes a', b', c', on a, pour le carré de la distance O_1O_2,

$$\begin{aligned} d^2 &= \xi^2 + \eta^2 + \zeta^2 + 2\eta\zeta\cos(b'c') + 2\zeta\xi\cos(c'a') + 2\xi\eta\cos(a'b') \\ &= \frac{a'^2}{h_1^2}(x'-x)^2 + \frac{b'^2}{h_2^2}(y'-y)^2 + \frac{c'^2}{h_3^2}(z'-z)^2 \\ &\qquad + \frac{2b'c'}{h_2h_3}(y'-y)(z'-z)\cos(b'c') + \ldots \end{aligned}$$

Mais la relation $Ax' + By' + Cz' + Dw' = Ax + By + Cz + Dw$ donne

$$\begin{aligned} A(x'-x)^2 &= -B(x'-x)(y'-y) - C(x'-x)(z'-z) - D(x'-x)(w'-w), \\ B(y'-y)^2 &= -A(x'-x)(y'-y) - C(y'-y)(z'-z) - D(y'-y)(w'-w), \\ C(z'-z)^2 &= -A(x'-x)(z'-z) - B(y'-y)(z'-z) - D(z'-z)(w'-w); \end{aligned}$$

donc

$$\begin{aligned}
d^2 = &- \frac{a'^2}{h_1^2}\frac{\mathrm{D}}{\mathrm{A}}(x'-x)(w'-w)\\
&- \frac{b'^2}{h_2^2}\frac{\mathrm{D}}{\mathrm{B}}(y'-y)(w'-w) - \frac{c'^2}{h_3^2}\frac{\mathrm{D}}{\mathrm{C}}(z'-z)(w'-w)\\
&- (y'-y)(z'-z)\left[\frac{b'^2}{h_2^2}\frac{\mathrm{C}}{\mathrm{B}} + \frac{c'^2}{h_3^2}\frac{\mathrm{B}}{\mathrm{C}} - \frac{2b'c'}{h_2h_3}\cos(b'c')\right]\\
&\quad (z'-z)(x'-x)\left[\frac{c'^2}{h_3^2}\frac{\mathrm{A}}{\mathrm{C}} + \frac{a'^2}{h_1^2}\frac{\mathrm{C}}{\mathrm{A}} - \frac{2c'a'}{h_3h_1}\cos(c'a')\right]\\
&- (x'-x)(y'-y)\left[\frac{a'^2}{h_1^2}\frac{\mathrm{B}}{\mathrm{A}} + \frac{b'^2}{h_2^2}\frac{\mathrm{A}}{\mathrm{B}} - \frac{2a'b'}{h_1h_2}\cos(a'b')\right].
\end{aligned}$$

Comme $\mathrm{A}h_1 = \mathrm{B}h_2 = \mathrm{C}h_3 = \mathrm{D}h_4$, on a

$$\frac{a'^2\mathrm{D}}{h_1^2\mathrm{A}} = \frac{a'^2}{h_1h_4}, \qquad \frac{b'^2\mathrm{D}}{h_2^2\mathrm{B}} = \frac{b'^2}{h_2h_4}, \qquad \frac{c'^2\mathrm{D}}{h_3^2\mathrm{C}} = \frac{c'^2}{h_3h_4}.$$

D'ailleurs $a^2 = b'^2 + c'^2 - 2b'c'\cos(b'c')$; le coefficient de $(y'-y)$, $(z'-z)$ se réduit donc à $\frac{a^2}{h_2h_3}$; ceux de $(z'-z)(x'-x)$ et de $(x'-x)(y'-y)$ se réduisent pareillement à $\frac{b^2}{h_3h_1}$ et $\frac{c^2}{h_1h_2}$.

En définitive, on trouve

$$(9)\quad \left\{\begin{aligned}
-d^2 = &\ \frac{a'^2}{h_1h_4}(x'-x)(w'-w) + \frac{b'^2}{h_2h_4}(y'-y)(w'-w)\\
&+ \frac{c'^2}{h_3h_4}(z'-z)(w'-w) + \frac{a^2}{h_2h_3}(y'-y)(z'-z)\\
&+ \frac{b^2}{h_3h_1}(z'-z)(x'-x) + \frac{c^2}{h_1h_2}(x'-x)(y'-y)
\end{aligned}\right.$$

ou encore

$$-9\mathrm{V}^2d^2 = a'^2\mathrm{AD}(x'-x)(w'-w) + b'^2\mathrm{BD}(y'-y)(w'-w) + \ldots.$$

4. ***Équation du plan. Plan à l'infini. Plans parallèles.***

Nous écrirons l'équation générale d'un plan sous la forme

$$lx + my + nz + pw = 0,$$

car elle est nécessairement homogène et du premier degré. Un plan passant par le sommet A du tétraèdre sera représenté par $my + nz + pw = 0$; l'équation $nz + pw = 0$ représente un plan passant par l'arête AB, intersection des faces $z = 0$, $w = 0$, et ainsi de suite.

Considérons les deux plans

$$lx + my + nz + pw = 0, \qquad l'x + m'y + n'z + p'w = 0;$$

pour avoir les coordonnées d'un point quelconque de leur intersection, il faudra joindre à ces deux équations la condition

$$Ax + By + Cz + Dw = 3V,$$

et l'on pourra donner à l'une des quatre coordonnées une valeur arbitraire. Si l', m', n', p' sont proportionnels à A, B, C, D, tous les points de la droite commune seront à l'infini. On conclut de là que l'équation paradoxale

$$Ax + By + Cz + Dw = 0$$

représente un plan rejeté à l'infini.

Il est évident que l'équation générale des plans parallèles à un plan donné $P = 0$ est

$$P + \lambda(Ax + By + Cz + Dw) = 0.$$

5. *Distance d'un point* (x', y', z', w') *à un plan*

$$lx + my + nz + pw = 0.$$

Coordonnées tangentielles du plan.

Passons aux coordonnées cartésiennes rectangulaires au moyen des formules (8); l'équation du plan devient

$$l(q - \alpha_1 X - \alpha_2 Y - \alpha_3 Z) + m(r - \beta_1 X - \beta_2 Y - \beta_3 Z) + \ldots = 0.$$

La distance du point (X', Y', Z') à ce plan est

$$d = \frac{l(q - \alpha_1 X' - \alpha_2 Y' - \alpha_3 Z') + m(r - \beta_1 X' - \beta_2 Y' - \beta_3 Z') + \ldots}{\sqrt{(l\alpha_1 + m\beta_1 + n\gamma_1 + p\delta_1)^2 + (l\alpha_2 + m\beta_2 + n\gamma_2 + p\delta_2) + \ldots}}.$$

Le numérateur de cette expression est

$$lx' + my' + nz' + pw'.$$

En développant le dénominateur, on voit que les coefficients de l^2, m^2, n^2, p^2 se réduisent à l'unité; celui de $2mn$ est

$$\beta_1\gamma_1 + \beta_2\gamma_2 + \beta_3\gamma_3;$$

c'est le cosinus de l'angle des perpendiculaires aux plans $y = 0$, $z = 0$ menées par l'origine des coordonnées rectangulaires, origine située à l'intérieur du tétraèdre. C'est donc le cosinus du supplément du dièdre AD, c'est-à-dire $-\cos(a')$. Le coefficient de $2nl$ est $-\cos(b')$, etc.

L'expression cherchée est donc

$$(10) \quad d = \frac{lx' + my' + nz' + pw'}{\sqrt{\begin{array}{l} l^2 + m^2 + n^2 + p^2 - 2mn\cos(a') - 2nl\cos(b') \\ \quad - 2lm\cos(c') - 2lp\cos(a) - 2mp\cos(b) - 2np\cos(c) \end{array}}}$$

Le discriminant de la forme quadratique sous le radical est nul; car ce n'est autre chose que le déterminant (5) des cosinus des dièdres du tétraèdre : la forme se décompose donc en une somme de trois carrés. Nous la désignerons par P.

Les distances des sommets du tétraèdre au plan

$$lx + my + nz + pw = 0$$

sont

$$l_1 = \frac{lh_1}{\sqrt{P}}, \qquad m_1 = \frac{mh_2}{\sqrt{P}}, \qquad n_1 = \frac{nh_3}{\sqrt{P}}, \qquad p_1 = \frac{ph_4}{\sqrt{P}}$$

ou

$$l_1 = \frac{3Vl}{A\sqrt{P}}, \qquad \dots.$$

Ce sont les *coordonnées tangentielles absolues* du plan; on reconnaît, en ayant égard à l'expression de P, qu'elles sont liées par la relation

$$\begin{aligned} 9V^2 = {} & A^2 l_1^2 + B^2 m_1^2 + C^2 n_1^2 + D^2 p_1^2 \\ & - 2BC m_1 n_1 \cos(a') - 2CA n_1 l_1 \cos(b') \\ & - 2AB l_1 m_1 \cos(c') - 2AD l_1 p_1 \cos(a) \\ & - 2BD m_1 p_1 \cos(b) - 2CD n_1 p_1 \cos(c). \end{aligned}$$

Une équation homogène du premier degré entre l_1, m_1, n_1, p_1

ou, ce qui revient au même, entre l, m, n, p, représente un point. Les coordonnées d'un point $\alpha l + \beta m + \gamma n + \delta p = 0$ sont évidemment proportionnelles à α, β, γ, δ; celles d'un point $\alpha l_1 + \beta m_1 + \gamma n_1 + \delta p_1 = 0$ sont proportionnelles à $\frac{\alpha}{A}$, $\frac{\beta}{B}$, $\frac{\gamma}{C}$, $\frac{\delta}{D}$.

6. *Équations de la droite. Droite passant par un point, par deux points. Relations entre les cosinus directeurs.*

On peut définir une droite, soit par les équations de deux plans, soit par un de ses points et par les cosinus λ, μ, ν, ρ des angles qu'elle fait avec les hauteurs du tétraèdre. En adoptant ce dernier mode de représentation, les équations d'une droite s'écriront

$$\frac{x - x'}{\lambda} = \frac{y - y'}{\mu} = \frac{z - z'}{\nu} = \frac{w - w'}{\rho} = \sigma,$$

σ étant la distance du point (x', y', z', w') à un point de la droite dont les coordonnées courantes sont (x, y, z, w). Les quatre cosinus ne sont pas indépendants; ils sont reliés par deux relations.

En prenant l'intersection de la droite avec le plan à l'infini, on aura

$$A(x' + \lambda\sigma) + B(y' + \mu\sigma) + C(z' + \nu\sigma) + D(w' + \rho\sigma) = 0,$$

ce qui montre que l'on doit avoir

$$(11) \qquad A\lambda + B\mu + C\nu + D\rho = 0,$$

puisque σ est infini.

On obtient une autre relation en remplaçant, dans l'expression du carré de la distance des points (x', y', z', w'), (x, y, z, w), les binômes $x' - x$, $y' - y$, $z' - z$, $w' - w$ par $\lambda\sigma$, $\mu\sigma$, $\nu\sigma$, $\rho\sigma$.

Il vient alors, après avoir divisé par σ^2,

$$(12) \quad \frac{a^2\mu\nu}{h_2 h_3} + \frac{b^2\nu\lambda}{h_3 h_1} + \frac{c^2\lambda\mu}{h_1 h_2} + \frac{a'^2\lambda\rho}{h_1 h_4} + \frac{b'^2\mu\rho}{h_2 h_4} + \frac{c'^2\nu\rho}{h_3 h_4} + 1 = 0.$$

Une droite joignant deux points (x', y', z', w'), (x'', y'', z'', w'') est représentée par

$$\frac{x - x'}{x' - x''} = \frac{y - y'}{y' - y''} = \frac{z - z'}{z' - z''} = \frac{w - w'}{w' - w''}.$$

7. *Angle de deux droites définies par leurs cosinus directeurs* $(\lambda, \mu, \nu, \rho)$, $(\lambda', \mu', \nu', \rho')$.

Menons par le sommet D du tétraèdre des parallèles aux droites données, savoir

$$\frac{x}{\lambda} = \frac{y}{\mu} = \frac{z}{\nu} = \frac{w - h_4}{\rho}, \qquad \frac{x}{\lambda'} = \frac{y}{\mu'} = \frac{z}{\nu'} = \frac{w - h_4}{\rho'},$$

ces parallèles coupent la face D en deux points E et E′, dont les coordonnées sont

$$\xi = -\frac{h_4 \lambda}{\rho}, \qquad \eta = -\frac{h_4 \mu}{\rho}, \qquad \zeta = -\frac{h_4 \nu}{\rho}$$

et

$$\xi' = -\frac{h_4 \lambda'}{\rho'}, \qquad \ldots.$$

On a donc, en appliquant la formule (9),

$$\begin{aligned} -\overline{EE'}^2 = {} & \frac{a^2 h_4^2}{h_2 h_3}\left(\frac{\mu}{\rho} - \frac{\mu'}{\rho'}\right)\left(\frac{\nu}{\rho} - \frac{\nu'}{\rho'}\right) \\ & + \frac{b^2 h_4^2}{a_3 h_1}\left(\frac{\nu}{\rho} - \frac{\nu'}{\rho'}\right)\left(\frac{\lambda}{\rho} - \frac{\lambda'}{\rho'}\right) \\ & + \frac{c^2 h_4^2}{h_1 h_2}\left(\frac{\lambda}{\rho} - \frac{\lambda'}{\rho'}\right)\left(\frac{\mu}{\rho} - \frac{\mu'}{\rho'}\right); \end{aligned}$$

d'autre part, puisque

$$\overline{DE}^2 = \frac{h_4^2}{\rho^2}, \qquad \overline{DE'}^2 = \frac{h_4^2}{\rho'^2},$$

le triangle DEE′ donne

$$\overline{EE'}^2 = h_4^2\left(\frac{1}{\rho^2} + \frac{1}{\rho'^2} \pm \frac{2\cos\varphi}{\rho\rho'}\right).$$

Donc, en égalant les deux expressions de $\overline{EE'}^2$, on aura

$$\begin{aligned}
&\frac{a^2}{h_2h_3}\frac{\mu\nu}{\rho^2}+\frac{b^2}{h_3h_1}\frac{\nu\lambda}{\rho^2}+\frac{c^2}{h_1h_2}\frac{\lambda\mu}{\rho^2}\\
&\quad+\frac{a^2}{h_2h_3}\frac{\mu'\nu'}{\rho'^2}+\frac{b^2}{h_3h_1}\frac{\nu'\lambda'}{\rho'^2}+\frac{c^2}{h_1h_2}\frac{\lambda'\mu'}{\rho'^2}\\
&\quad-\frac{a^2}{h_2h_3}\frac{\mu\nu'+\mu'\nu}{\rho\rho'}-\frac{b^2}{h_3h_1}\frac{\nu\lambda'+\nu'\lambda}{\rho\rho'}\\
&\qquad-\frac{c^2}{h_1h_2}\frac{\lambda\mu'+\lambda'\mu}{\rho\rho'}+\frac{1}{\rho^2}+\frac{1}{\rho'^2}=\pm\frac{2\cos\varphi}{\rho\rho'}.
\end{aligned}$$

Comme, en vertu de la relation (12), appliquée aux deux groupes de cosinus $(\lambda, \mu, \nu, \rho)$, $(\lambda', \mu', \nu', \rho')$, les six premiers termes du premier membre de cette dernière égalité se réduisent à

$$\begin{aligned}
&-\frac{1}{\rho^2}-\frac{a'^2}{h_1h_4}\frac{\lambda}{\rho}-\frac{b'^2}{h_2h_4}\frac{\mu}{\rho}-\frac{c'^2}{h_3h_4}\frac{\nu}{\rho}\\
&-\frac{1}{\rho'^2}-\frac{a'^2}{h_1h_4}\frac{\lambda'}{\rho'}-\frac{b'^2}{h_2h_4}\frac{\mu'}{\rho'}-\frac{c'^2}{h_3h_4}\frac{\nu'}{\rho'},
\end{aligned}$$

il vient, après quelques simplifications,

$$(13)\quad\left\{\begin{aligned}
\pm 2\cos\varphi = {} & \frac{a^2}{h_2h_3}(\mu\nu'+\mu'\nu)+\frac{b^2}{h_3h_1}(\nu\lambda'+\nu'\lambda)\\
&+\frac{c^2}{h_1h_2}(\lambda\mu'+\lambda'\mu)+\frac{a'^2}{h_1h_4}(\lambda\rho'+\lambda'\rho)\\
&+\frac{b'^2}{h_2h_4}(\mu\rho'+\mu'\rho)+\frac{c'^2}{h_3h_4}(\nu\rho'+\nu'\rho).
\end{aligned}\right.$$

Le second membre de cette formule, égalé à zéro, donne la condition pour que les deux droites soient perpendiculaires.

Supposons maintenant que les deux droites soient définies par deux couples de plans

$$\begin{aligned}
&lx+my+nz+pw=0, && l''x+m''y+n''z+p''w=0;\\
&l'x+m'y+n'z+p'w=0, && l'''x+m'''y+n'''z+p'''w=0.
\end{aligned}$$

Les cosinus directeurs d'une droite étant proportionnels aux coordonnées du point où elle rencontre le plan à l'infini, on aura, pour la première,

$$\frac{\lambda}{\begin{vmatrix} B & C & D \\ m & n & p \\ m' & n' & p' \end{vmatrix}} = \frac{\mu}{\begin{vmatrix} C & A & D \\ n & l & p \\ n' & l' & p' \end{vmatrix}} = \frac{\nu}{\begin{vmatrix} A & B & D \\ l & m & p \\ l' & m' & p' \end{vmatrix}} = \frac{-\rho}{\begin{vmatrix} A & B & C \\ l & m & n \\ l' & m' & n' \end{vmatrix}}.$$

Ces proportions, jointes à la relation (12), permettent de calculer λ, μ, ν, ρ. On aura de même les cosinus directeurs de l'autre droite et le calcul de l'angle φ s'achèverait comme ci-dessus.

Comme application de ce qui précède, cherchons l'angle des arêtes opposées $BC(x=0, w=0)$ et $AD(y=0, z=0)$. Les cosinus directeurs de BC sont

$$\lambda=0, \qquad \mu=\pm\sqrt{\frac{Ch_2h_3}{Ba^2}}=\pm\frac{3V}{aB}, \qquad \nu=\mp\frac{3V}{aC}, \qquad \rho=0;$$

ceux de AD,

$$\lambda'=\pm\frac{3V}{a'A}, \qquad \mu'=0, \qquad \nu'=0, \qquad \rho'=\mp\frac{3V}{a'D};$$

on conclut de ces valeurs

$$\pm\cos\varphi=\frac{b^2+b'^2-c^2-c'^2}{2aa'},$$

formule qu'il est facile d'établir géométriquement.

8. *Perpendiculaire à un plan.*

Menons par le sommet A la perpendiculaire au plan; sa longueur est $\frac{lh_1}{\sqrt{P}}$ (n° 5). D'autre part, les cosinus directeurs de la hauteur h_1 sont -1, $\cos(c')$, $\cos(b')$ et $\cos(a)$, de sorte que les équations de cette hauteur peuvent s'écrire

$$\frac{x-h_1}{-1}=\frac{y}{\cos(c')}=\frac{z}{\cos(b')}=\frac{w}{\cos(a)}=\sigma.$$

Elle rencontre le plan en un point dont la distance σ au sommet A est donnée par l'équation

$$l(h_1-\sigma)+m\sigma\cos(c')+n\sigma\cos(b')+p\sigma\cos(a)=0;$$

λ étant le cosinus de l'angle de la normale au plan avec la hauteur h_1, on a

$$\lambda\sigma = \frac{lh_1}{\sqrt{P}},$$

d'où

$$\lambda = \frac{1}{\sqrt{P}}[l - m\cos(c') - n\cos(b') - p\cos(a)].$$

On trouve de même, pour les trois autres cosinus directeurs,

$$\mu = \frac{1}{\sqrt{P}}[-l\cos(c') + m - n\cos(a') - p\cos(b)],$$

$$\nu = \frac{1}{\sqrt{P}}[-l\cos(b') - m\cos(a') + n - p\cos(c)],$$

$$\rho = \frac{1}{\sqrt{P}}[-l\cos(a) - m\cos(b) - n\cos(c) + p].$$

D'après cela, on écrira qu'une droite dont les cosinus directeurs sont λ, μ, ν, ρ est perpendiculaire à un plan, en écrivant la suite de rapports égaux

$$(14)\quad \left\{\begin{aligned} &\frac{-l + m\cos(c') + n\cos(b') + p\cos(a)}{\lambda} \\ &\quad = \frac{l\cos(c') - m + n\cos(a') + p\cos(b)}{\mu} \\ &\quad = \frac{l\cos(b') + m\cos(a') - n + p\cos(c)}{\nu} \\ &\quad = \frac{l\cos(a) + m\cos(b) + n\cos(c) - p}{\rho}. \end{aligned}\right.$$

9. *Angle de deux plans. Condition pour que deux plans soient perpendiculaires.*

En opérant comme pour la recherche de la distance d'un point à un plan, on trouve que le cosinus de l'angle des plans (l, m, n, p), (l', m', n', p') est

$$(15)\quad \cos\psi = \frac{1}{\sqrt{PP'}}\left\{\begin{aligned} &ll' + mm' + nn' + pp' \\ &\quad - (mn' + m'n)\cos(a') - (nl' + n'l)\cos(b') \\ &\quad - (lm' + l'm)\cos(c') - (lp' + l'p)\cos(a) \\ &\quad - (mp' + m'p)\cos(b) - (np' + n'p)\cos(c) \end{aligned}\right\}.$$

La condition de perpendicularité est

$$ll' + mm' + nn' + pp' - (mn' + m'n)\cos(a') - \ldots = 0.$$

10. *Plan tangent en un point d'une quadrique, plan polaire, centre, cône, asymptote, etc.*

Nous écrirons l'équation générale des quadriques sous la forme

$$\begin{aligned} &a_{11}x^2 + a_{22}y^2 + a_{33}z^2 + a_{44}w^2 \\ &\quad + 2a_{23}yz + 2a_{31}zx + 2a_{12}xy \\ &\quad + 2a_{14}xw + 2a_{24}yw + 2a_{34}zw = f(x, y, z, w) = 0. \end{aligned}$$

Les équations du plan tangent en un point, du plan polaire d'un point de l'espace, du cône circonscrit s'obtiennent par la même méthode que les équations de la tangente, de la polaire, du faisceau des tangentes menées par un point à une conique (*voir* Ire Partie, Chap. VI, n° 12). Le cône des directions asymptotiques ayant pour sommet un des sommets du tétraèdre de référence, D par exemple, se trouvera en éliminant w entre l'équation de la surface et celle du plan à l'infini; on a

$$(16)\quad \left\{ \begin{aligned} &x^2(a_{11}D^2 + a_{44}A^2 - 2a_{14}AD) \\ &\quad + y^2(a_{22}D^2 + a_{44}B^2 - 2a_{24}BD) \\ &\quad + z^2(a_{33}D^2 + a_{44}C^2 - 2a_{34}CD) \\ &\quad + 2yz(a_{44}BC + a_{23}D^2 - a_{24}CD - a_{34}BD) + \ldots = 0. \end{aligned} \right.$$

Les coordonnées du centre sont celles du pôle du plan à l'infini; on devra donc identifier les équations

$$Ax + By + Cz + Dw = 0$$

et

$$x\frac{df}{dx_1} + y\frac{df}{dy_1} + z\frac{df}{dz_1} + w\frac{df}{dw_1} = 0.$$

Posons

$$(17)\qquad \nabla = \begin{vmatrix} a_{11} & a_{12} & a_{13} & a_{14} & A \\ a_{21} & a_{22} & a_{23} & a_{24} & B \\ a_{31} & a_{32} & a_{33} & a_{34} & C \\ a_{41} & a_{42} & a_{43} & a_{44} & D \\ A & B & C & D & 0 \end{vmatrix};$$

il vient

$$(18)\qquad x_1 = \frac{3V}{\nabla}\frac{d\nabla}{dA}, \qquad y_1 = \frac{3V}{\nabla}\frac{d\nabla}{dB}, \qquad \ldots.$$

L'équation du cône asymptote d'une quadrique se calcule en formant l'équation du cône circonscrit ayant le centre pour sommet; on trouve

$$(19)\quad \nabla f(x, y, z, w) + \Delta(Ax + By + Cz + Dw)^2 = 0,$$

Δ étant le discriminant de la forme f.

Le plan diamétral des cordes parallèles à une direction donnée par les cosinus λ, μ, ν, ρ est

$$x\frac{df}{d\lambda} + y\frac{df}{d\mu} + z\frac{df}{d\nu} + w\frac{df}{d\rho} = 0;$$

car le point à l'infini dans la direction donnée a ses coordonnées proportionnelles à λ, μ, ν, ρ et il suffit de former l'équation du plan polaire de ce point.

Réciproquement, proposons de chercher la direction conjuguée d'un plan donné $lx + my + nz + pw = 0$; il faut exprimer que le plan $x\frac{df}{d\lambda} + \ldots = 0$ coïncide avec un plan parallèle au plan donné, mené par le centre, et déterminer λ, μ, ν, ρ d'après ces conditions.

Or, le plan diamétral parallèle à $lx + my + nz + pw = 0$ est de la forme

$$lx + my + nz + pw + k(Ax + By + Cz + Dw) = 0,$$

et, puisqu'il passe par le centre, on doit avoir

$$(l + kA)\frac{d\nabla}{dA} + (m + kB)\frac{d\nabla}{dB} + (n + kC)\frac{d\nabla}{dC} + (p + kD)\frac{d\nabla}{dD} = 0$$

ou

$$k\nabla + l\frac{d\nabla}{dA} + m\frac{d\nabla}{dB} + n\frac{d\nabla}{dC} + p\frac{d\nabla}{dD} = 0.$$

Le polynôme $l\frac{d\nabla}{dA}+m\frac{d\nabla}{dB}+\ldots$ n'est autre chose que le déterminant ∇ dans la dernière ligne duquel on aurait remplacé A, B, C, D, o par l, m, n, p, o; appelons U ce nouveau déterminant. Le plan diamétral deviendra

$$x(l\nabla-AU)+y(m\nabla-BU)$$
$$+z(n\nabla-CU)+w(p\nabla-DU)=0,$$

et les inconnues λ, μ, ν, ρ seront données par les équations

$$\frac{\frac{df}{d\lambda}}{l\nabla-AU}=\frac{\frac{df}{d\mu}}{m\nabla-BU}=\frac{\frac{df}{d\nu}}{n\nabla-CU}=\frac{\frac{df}{d\rho}}{p\nabla-DU}.$$

On en conclut de là sans difficulté

$$\frac{\lambda}{U\frac{d\nabla}{dA}-\nabla\frac{dU}{dA}}=\frac{\mu}{U\frac{d\nabla}{dB}-\nabla\frac{dU}{dB}}$$
$$=\frac{\nu}{U\frac{d\nabla}{dC}-\nabla\frac{dU}{dC}}=\frac{\rho}{U\frac{d\nabla}{dD}-\nabla\frac{dU}{dD}}.$$

11. *Équation tangentielle d'une quadrique. Conditions pour que l'équation du second degré représente un paraboloïde, un cône, un cylindre.*

La condition de contact d'un plan (l, m, n, p) et de la quadrique $f(x, y, z, w)=0$ est

$$(20)\qquad \begin{vmatrix} a_{11} & a_{12} & a_{13} & a_{14} & l \\ a_{21} & a_{22} & a_{23} & a_{24} & m \\ a_{31} & a_{32} & a_{33} & a_{34} & n \\ a_{41} & a_{42} & a_{43} & a_{44} & p \\ l & m & n & p & 0 \end{vmatrix} -\varphi(l, m, n, p)=0.$$

Pour passer de cette équation tangentielle en l, m, n, p à l'équation en coordonnées tangentielles absolues l_1, m_1, n_1, p_1, il suffit évidemment de remplacer l, m, n, p par Al_1, Bm_1,

Cn_1, Dp_1, d'après les relations indiquées au n° 5. Réciproquement, si l'on donne une équation tangentielle

$$\varphi(l, m, n, p) = A_{11}l^2 + A_{22}m^2 + \ldots + 2A_{34}np = 0,$$

l'équation correspondante en coordonnées tétraédriques ponctuelles sera

$$(21) \qquad \begin{vmatrix} A_{11} & A_{12} & A_{13} & A_{14} & x \\ A_{21} & A_{22} & A_{23} & A_{24} & y \\ A_{31} & A_{32} & A_{33} & A_{34} & z \\ A_{41} & A_{42} & A_{43} & A_{44} & w \\ x & y & z & w & 0 \end{vmatrix} = 0.$$

Ce dernier déterminant n'est autre chose que le produit de $f(x, y, z, w)$ par le carré du discriminant Δ.

La condition pour que la surface soit un paraboloïde est $\nabla = 0$; cette équation exprime que le plan à l'infini est un plan tangent, ou bien que le centre est à l'infini. On aura un cône, si le centre est sur la surface, c'est-à-dire si $\Delta = 0$, un cylindre elliptique ou hyperbolique, s'il y a un point double à l'infini. Les cinq équations

$$\frac{df}{dx} = 0, \qquad \frac{df}{dy} = 0, \qquad \frac{df}{dz} = 0, \qquad \frac{df}{dw} = 0$$

et

$$Ax + By + Cz + Dw = 0$$

doivent être vérifiées à la fois, ce qui donne deux conditions, par exemple

$$\Delta = 0 \qquad \text{et} \qquad \frac{d\nabla}{dD} = 0.$$

Enfin, pour exprimer que la surface est un cylindre parabolique, on écrira que le plan à l'infini la coupe suivant une droite double, ou bien que le cône des directions asymptotiques (16) se réduit à un plan double. Or on peut écrire ainsi l'équation de ce cône

$$x^2 \frac{d^2\nabla}{da_{22}\,da_{33}} + y^2 \frac{d^2\nabla}{da_{33}\,da_{11}} + z^2 \frac{d^2\nabla}{da_{11}\,da_{22}} \\ + 2yz \frac{d^2\nabla}{da_{11}\,da_{23}} + 2zx \frac{d^2\nabla}{da_{22}\,da_{31}} + 2xy \frac{d^2\nabla}{da_{33}\,da_{12}} = 0.$$

Les conditions pour que cette forme soit carré parfait sont

$$\frac{d^2\nabla}{da_{22}\,da_{33}}\,\frac{d^2\nabla}{da_{33}\,da_{11}}-\left(\frac{d^2\nabla}{da_{33}\,da_{12}}\right)^2=0,$$
$$\frac{d^2\nabla}{da_{33}\,da_{22}}\,\frac{d^2\nabla}{da_{11}\,da_{22}}-\left(\frac{d^2\nabla}{da_{22}\,da_{33}}\right)^2=0,$$
$$\frac{d^2\nabla}{da_{22}\,da_{33}}\,\frac{d^2\nabla}{da_{11}\,da_{23}}-\frac{d^2\nabla}{da_{22}\,da_{31}}\,\frac{d^2\nabla}{da_{33}\,da_{12}}=0$$

ou

$$\frac{d\nabla}{da_{33}}\,\frac{d^3\nabla}{da_{11}\,da_{22}\,da_{33}}=0,$$
$$\frac{d\nabla}{da_{11}}\,\frac{d^3\nabla}{da_{11}\,da_{22}\,da_{33}}=0,$$
$$\frac{d\nabla}{da_{23}}\,\frac{d^3\nabla}{da_{11}\,da_{22}\,da_{33}}=0.$$

On a donc, en définitive,

$$\frac{d\nabla}{da_{22}}=0,\qquad \frac{d\nabla}{da_{23}}=0,\qquad \frac{d\nabla}{da_{33}}=0,$$

car $\dfrac{d^3\nabla}{da_{11}\,da_{22}\,da_{33}}=D^2$ n'est pas nul.

12. *Équation de la sphère circonscrite au tétraèdre de référence. Équation générale d'une sphère.*

Le cône des directions asymptotiques d'une sphère a pour génératrices les droites isotropes des plans menés par le sommet. Pour exprimer qu'une droite dont les cosinus directeurs sont λ, μ, ν, ρ est isotrope, il suffit d'écrire qu'elle est perpendiculaire à elle-même; remplaçons λ', μ', ν', ρ' par λ, μ, ν, ρ dans l'équation qui exprime que deux droites sont perpendiculaires (n° 7); il vient

$$\frac{a^2}{h_2h_3}\mu\nu+\frac{b^2}{h_3h_1}\nu\lambda+\ldots=0,$$

ou bien

$$a^2BC\mu\nu+b^2CA\nu\lambda+c^2AB\lambda\mu$$
$$+a'^2AD\lambda\rho+b'^2BD\mu\rho+c'^2CD\nu\rho=0.$$

Substituons ensuite x, y, z, $w - h_4$ $\left(\text{ou } w - \frac{3V}{D}\right)$ à λ, μ, ν, ρ; l'équation du cône des droites isotropes menées par le sommet D sera

$$\begin{aligned} & a^2 BC yz + b^2 CA zx + c^2 AB xy \\ & \quad - (Ax + By + Cz)(a'^2 AD x + b'^2 BD y + c'^2 CD z) = 0. \end{aligned}$$

Maintenant l'équation de la sphère circonscrite au tétraèdre de référence est de la forme

$$a_{23} yz + a_{31} zx + a_{12} xy + a_{14} xw + a_{24} yw + a_{34} zw = 0.$$

Les coefficients a_{23}, a_{31}, ... se déterminent en identifiant l'équation du cône des directions asymptotiques

$$a_{14} Ax^2 + a_{24} By^2 + a_{34} Cz^2 + yz(a_{24} C + a_{34} B - a_{23} D) + \ldots = 0$$

avec celle du cône des droites isotropes; la sphère circonscrite aura pour équation

$$(22) \quad \left\{ \begin{aligned} & a^2 BC yz + b^2 CA zx + c^2 AB xy \\ & \quad + a'^2 AD xw + b'^2 BD yw + c'^2 CD zw = 0 \end{aligned} \right.$$

ou bien

$$(22') \quad \left\{ \begin{aligned} & ayz \sin(a) + bzx \sin(b) + cxy \sin(c) \\ & \quad + a' xw \sin(a') + b' yw \sin(b') + c' zw \sin(c') = 0, \end{aligned} \right.$$

en vertu des relations (3).

S désignant le premier membre de (22) ou de (22'), il est évident qu'une sphère quelconque est représentée par

$$(23) \quad S + (Ax + By + Cz + Dw)(lx + my + nz + pw) = 0,$$

$lx + my + nz + pw = 0$ est le plan radical de cette sphère et de la sphère circonscrite.

L'identification de cette équation avec l'équation générale du second degré et l'élimination des paramètres l, m, n, p conduisent aux conditions qui doivent être remplies pour que la quadrique $f(x, y, z, w) = 0$ soit une sphère. On trouve

$$\frac{B^2 a_{33} + C^2 a_{22} - 2BC a_{23}}{a^2 B^2 C^2} = \frac{C^2 a_{11} + A^2 a_{33} - 2CA a_{31}}{l^2 C^2 A^2}$$
$$= \frac{A^2 a_{22} + B^2 a_{11} - 2AB a_{12}}{c^2 A^2 B^2} = \frac{D^2 a_{11} + A^2 a_{44} - 2AD a_{14}}{a'^2 A^2 B^2}$$
$$= \frac{D^2 a_{22} + B^2 a_{44} - 2BD a_{24}}{b'^2 B^2 D^2} = \frac{D^2 a_{33} + C^2 a_{44} - 2CD a_{34}}{c'^2 C^2 D^2}.$$

D'après la formule (10) qui donne la distance d'un point à un plan, l'équation

$$R^2[l^2 + m^2 + n^2 + p^2 - 2mn\cos(a') - \ldots] - (lx_1 + my_1 + nz_1 + pw_1)^2 = 0$$

est l'équation tangentielle d'une sphère de rayon R et de centre (x_1, y_1, z_1, w_1). Le cercle imaginaire à l'infini est l'enveloppe des traces des plans tangents à la sphère menés par le centre, sur le plan de l'infini; or, si le plan (l, m, n, p) passe par le centre, l'équation précédente se réduit à

$$l^2 + m^2 + n^2 + p^2 - 2mn\cos(a') - \ldots = P = 0.$$

On conclut de là que l'équation $P = 0$ représente le cercle imaginaire à l'infini; en d'autres termes, la condition $P = 0$ signifie que le plan (l, m, n, p) est parallèle à l'un des plans asymptotiques d'une sphère. De même, la fonction analogue en Géométrie plane (fonction que nous avons aussi désignée par la lettre P dans la Ire Partie (Ch. VI, n° 10) représente les points cycliques du plan.

13. *Rayon de la sphère circonscrite au tétraèdre de référence.*

La coordonnée w_1 du centre de la sphère circonscrite est, d'après les formules (18),

$$w_1 \begin{vmatrix} 0 & c^2 & b^2 & a'^2 & 1 \\ c^2 & 0 & a^2 & b'^2 & 1 \\ b^2 & a^2 & 0 & c'^2 & 1 \\ a'^2 & b'^2 & c'^2 & 0 & 1 \\ 1 & 1 & 1 & 1 & 0 \end{vmatrix} = -\frac{3V}{D} \begin{vmatrix} 0 & c^2 & b^2 & 1 \\ c^2 & 0 & a^2 & 1 \\ b^2 & a^2 & 0 & 1 \\ a'^2 & b'^2 & c'^2 & 1 \end{vmatrix}.$$

Le premier déterminant est égal au déterminant (1′) du n° **1**; c'est $288V^2$. Le numérateur peut s'écrire

$$\begin{aligned} &a^2a'^2(a^2-b^2-c^2)+b^2b'^2(b^2-c^2-a^2)\\ &\quad+c^2c'^2(c^2-a^2-b^2)+2a^2b^2c^2\\ &=2abc[abc-aa'^2\cos(bc)-bb'^2\cos(ca)-cc'^2\cos(ab)]\\ &=2abc.\varepsilon. \end{aligned}$$

Ainsi

$$w_1=-\frac{abc.\varepsilon}{48VD}.$$

Comme le rayon du cercle circonscrit à la face D est $\frac{abc}{4D}$, on a, pour le carré du rayon R de la sphère,

$$R^2=\frac{a^2b^2c^2\varepsilon^2}{9.16^2V^2D^2}+\frac{a^2b^2c^2}{16D^2}=\frac{a^2b^2c^2}{9.16^2V^2D^2}(\varepsilon^2+144V^2).$$

Or, d'après la formule (1),

$$\begin{aligned} -144V^2=&\,a^2(a'^2-b'^2)(a'^2-c'^2)+b^2(b'^2-c'^2)(b'^2-a'^2)\\ &+c^2(c'^2-a'^2)(c'^2-b'^2)-2a^2a'^2bc\cos(bc)\\ &-2b^2b'^2ca\cos(ca)-2c^2c'^2ab\cos(ab)+a^2b^2c^2 \end{aligned}$$

et

$$\begin{aligned} \varepsilon^2+144V^2=&\,[aa'^2\cos(bc)+bb'^2\cos(ca)+cc'^2\cos(ab)]^2\\ &-a^2(a'^2-b'^2)(a'^2-c'^2)\\ &-b^2(b'^2-c'^2)(b'^2-a'^2)-c^2(c'^2-a'^2)(c'^2-b'^2)\\ =&-a^2a'^4\sin^2(bc)-b^2b'^4\sin^2(ca)-c^2c'^4\sin^2(ab)\\ &+b'^2c'^2[2bc\cos(ca)\cos(ab)+c^2+b^2-a^2]+\ldots\\ =&-a^2a'^4\sin^2(bc)-b^2b'^4\sin^2(ca)-c^2c'^4\sin^2(ab)\\ &+2bcb'^2c'^2\sin(ca)\sin(ab)\\ &+2cac'^2a'^2\sin(ab)\sin(bc)\\ &+2aba'^2b'^2\sin(bc)\sin(ca). \end{aligned}$$

Enfin, en multipliant cette expression par $a^2b^2c^2$ et remarquant que

$$b^2c^2\sin^2(bc)=c^2a^2\sin^2(ca)=a^2b^2\sin^2(ab)=4D^2,$$

il vient

$$(24)\quad \left\{\begin{aligned} -576V^2R^2 &= +2b^2c^2b'^2c'^2+2c^2a^2c'^2a'^2\\ &\quad +2a^2b^2a'^2b'^2-a^4a'^4-b^4b'^4-c^4c'^4\\ &= \begin{vmatrix} 0 & c'^2 & b'^2 & a^2\\ c'^2 & 0 & a'^2 & b^2\\ b'^2 & a'^2 & 0 & c^2\\ a^2 & b^2 & c^2 & 0 \end{vmatrix}. \end{aligned}\right.$$

14. *Directions principales et axes des quadriques.*

Les calculs relatifs à la détermination des directions principales sont à peu près impraticables en coordonnées tétraédriques, à cause de la prolixité des formules. Nous nous bornerons à un cas particulier, relativement simple, celui d'une quadrique conjuguée par rapport au tétraèdre de référence. L'équation de la surface se réduit alors à

$$a_{11}x^2+a_{22}y^2+a_{33}z^2+a_{44}w^2=0.$$

Soient λ, μ, ν, ρ les cosinus directeurs d'une direction principale; le plan diamétral conjugué est

$$a_{11}\lambda x+a_{22}\mu y+a_{33}\nu z+a_{44}\rho w=0,$$

et, comme il doit être perpendiculaire à la droite $(\lambda, \mu, \nu, \rho)$, on aura, d'après le n° 8,

$$\begin{aligned} &\frac{a_{11}\lambda-a_{22}\mu\cos(c')-a_{33}\nu\cos(b')-a_{44}\rho\cos(a)}{\lambda}\\ &=\frac{-a_{11}\lambda\cos(c')+a_{22}\mu-a_{33}\nu\cos(a')-a_{44}\rho\cos(b)}{\mu}=\ldots=S \end{aligned}$$

et, par suite,

$$\begin{aligned} &\lambda(S-a_{11})+\mu a_{22}\cos(c')+\nu a_{33}\cos(b')+\rho a_{44}\cos(a)=0,\\ &\lambda a_{11}\cos(c')+\mu(S-a_{22})+\nu a_{33}\cos(a')+\rho a_{44}\cos(b)=0,\\ &\lambda a_{11}\cos(b')+\mu a_{22}\cos(a')+\nu(S-a_{33})+\rho a_{44}\cos(c)=0,\\ &\lambda a_{11}\cos(a)+\mu a_{22}\cos(b)+\nu a_{33}\cos(c)+\rho(S-a_{44})=0. \end{aligned}$$

L'élimination de λ, μ, ν, ρ entre ces équations homogènes conduit à une équation du quatrième degré en S qui s'abaisse au troisième degré, car le terme constant est nul; ce n'est autre chose que le déterminant (5) des six cosinus multiplié par $a_{11}a_{22}a_{33}a_{44}$. On trouve

$$\begin{aligned}
&S^3 - S^2(a_{11}+a_{22}+a_{33}+a_{44}) \\
&\quad + S[a_{22}a_{33}\sin^2(a') + a_{33}a_{11}\sin^2(b') \\
&\qquad\qquad + a_{11}a_{22}\sin^2(c') + a_{11}a_{44}\sin^2(a) + \ldots] \\
&\quad - a_{22}a_{33}a_{44}[1-\cos^2(a')-\cos^2(b)-\cos^2(c)-2\cos(a')\cos(b)\cos(c)] \\
&\quad - a_{33}a_{11}a_{44}[1-\cos^2(a)-\cos^2(b')-\cos^2(c)-2\cos(a)\cos(b')\cos(c)] \\
&\quad - a_{11}a_{22}a_{44}[1-\cos^2(a)-\cos^2(b)-\cos^2(c')-2\cos(a)\cos(b)\cos(c')] \\
&\quad - a_{11}a_{22}a_{33}[1-\cos^2(a)-\cos^2(b)-\cos^2(c)-2\cos(a)\cos(b)\cos(c)] = 0.
\end{aligned}$$

En vertu des relations (6), on peut écrire

$$(25)\quad \left\{\begin{aligned}
&S^3 - S^2(a_{11}+a_{22}+a_{33}+a_{44}) \\
&\quad + S[a_{22}a_{33}\sin^2(a') + \ldots] \\
&\quad - \frac{81V^2}{4A^2B^2C^2D^2}(A^2a_{22}a_{33}a_{44} + B^2a_{33}a_{11}a_{44} + \ldots) = 0.
\end{aligned}\right.$$

La dernière expression entre parenthèses est le déterminant ∇.

Cette équation n'est autre chose que la transformée de l'équation en S étudiée dans les Cours de Géométrie analytique. On peut l'obtenir aussi par la transformation des coordonnées; remplaçant x, y, z, w par leurs valeurs (8), on a identiquement

$$\begin{aligned}
&a_{11}x^2 + a_{22}y^2 + a_{33}z^2 + a_{44}w^2 \\
&\quad \equiv a_{11}(q-\alpha_1X-\alpha_2Y-\alpha_3Z)^2 + a_{22}(r-\beta_1X-\beta_2Y-\beta_3Z)^2 + \ldots \\
&\quad \equiv A_{11}X^2 + A_{22}Y^2 + A_{33}Z^2 + 2A_{23}YZ + 2A_{31}ZX \\
&\qquad + 2A_{12}XY + 2A_{14}X + 2A_{24}Y + 2A_{34}Z + A_{44};
\end{aligned}$$

donc

$$\begin{aligned}
A_{11} &= a_{11}\alpha_1^2 + a_{22}\beta_1^2 + a_{33}\gamma_1^2 + a_{44}\delta_1^2, \\
A_{22} &= a_{11}\alpha_2^2 + a_{22}\beta_2^2 + a_{33}\gamma_2^2 + a_{44}\delta_2^2, \\
A_{33} &= a_{11}\alpha_3^2 + a_{22}\beta_3^3 + a_{33}\gamma_3^2 + a_{44}\delta_3^2, \\
A_{23} &= a_{11}\alpha_2\alpha_3 + a_{22}\beta_2\beta_3 + a_{33}\gamma_2\gamma_3 + a_{44}\delta_2\delta_3, \\
&\ldots\ldots\ldots\ldots\ldots\ldots\ldots\ldots
\end{aligned}$$

Le calcul des invariants

$$A_{11}+A_{22}+A_{33}, \quad A_{22}A_{33}+A_{33}A_{11}+A_{11}A_{22}-A_{23}^2-A_{31}^2-A_{12}^2$$

et du déterminant des coefficients

$$A_{11}, \quad A_{22}, \quad \ldots, \quad A_{12},$$

c'est-à-dire des coefficients de l'équation en S pour la surface $f(X, Y, Z) = 0$, conduit précisément aux valeurs des coefficients de l'équation (25). Nous laissons au lecteur le soin de faire ce calcul pour lequel on doit tenir compte des relations

$$\alpha_1^2+\alpha_2^2+\alpha_3^2=1, \quad \ldots; \quad \beta_1\gamma_1+\beta_2\gamma_2+\beta_3\gamma_3=-\cos(a'), \quad \ldots.$$

Pour former l'équation dont les racines sont les carrés des demi-axes, il faut remplacer S par $-\dfrac{f(x_1, y_1, z_1, w_1)}{R^2}$, x_1, y_1, z_1, w_1 étant les coordonnées du centre. Dans le cas actuel, on a

$$x_1 = \frac{3\,VA\,a_{22}a_{33}a_{44}}{\nabla}, \qquad y_1 = \frac{3\,VB\,a_{33}a_{11}a_{44}}{\nabla}, \qquad \ldots$$

et

$$f(x_1, y_1, z_1, w_1) = \frac{9\,V^2 a_{11}a_{22}a_{33}a_{44}}{\nabla} = \frac{9\,V^2\Delta}{\nabla}.$$

Si l'on pose

$$\mathfrak{D} = a_{22}a_{33}\sin^2(a') + a_{33}a_{11}\sin^2(b') + \ldots,$$

l'équation aux carrés des demi-axes s'écrira

$$(26) \quad \left\{ \begin{aligned} & R^6 - \frac{4}{9}\,\frac{A^2B^2C^2D^2}{V^2}\,\frac{\Delta\mathfrak{D}}{\nabla^2}R^4 \\ & \quad - 4A^2B^2C^2D^2\frac{\Delta^2}{\nabla^3}(a_{11}+a_{22}+a_{33}+a_{44})R^2 \\ & \qquad\qquad + 36A^2B^2C^2D^2V\frac{\Delta^3}{\nabla^4} = 0. \end{aligned} \right.$$

C'est sous cette forme qu'elle a été établie par Painvin dans le cas le plus général, au moyen de la transformation des coordonnées.

Pour compléter cette étude sommaire des quadriques, il faudrait encore établir les conditions pour qu'une quadrique soit de révolution. On peut y arriver en écrivant que la fonction $\Sigma + k\Sigma'$ est un carré parfait, Σ désignant le cône asymptotique (16) de la surface et Σ' celui d'une sphère ; l'élimination de k entre les trois équations ainsi obtenues donne les conditions cherchées, qui sont d'une extrême complication.

§ II. — Applications des coordonnées tétraédriques.

15. *Étant donné un tétraèdre* ABCD, *on prend sur les arêtes* DA, DB, DC *trois points quelconques* α, β, γ ; *démontrer que les quatre intersections des couples de plans* (ABC, $\alpha\beta\gamma$), (αBC, A$\beta\gamma$), (βCA, B$\gamma\alpha$), (γAB, C$\alpha\beta$) *sont dans un même plan qui rencontre* DA, DB, DC *en trois points* α', β', γ', *conjugués harmoniques de* D *par rapport aux couples de points* (α, A), (β, B), (γ, C).

Soient $lx + w = 0$, $my + w = 0$, $nz + w = 0$ les plans BCα, CAβ, ABγ qui fixent la position des points α, β, γ. Les équations des plans $\alpha\beta\gamma$, A$\beta\gamma$, B$\gamma\alpha$, C$\alpha\beta$ sont respectivement

$$lx + my + nz + w = 0, \qquad my + nz + w = 0,$$
$$nz + lx + w = 0, \qquad lx + my + w = 0.$$

Les quatre intersections des couples (ABC, $\alpha\beta\gamma$), ... sont dans le plan

$$lx + my + nz + 2w = 0.$$

Le point α' est défini sur l'arête AD par l'équation

$$lx + 2w = 0,$$

et l'on voit que les deux couples de plans

$$(x = 0,\ lx + 2w = 0), \qquad (w = 0,\ lx + w = 0)$$

forment un faisceau harmonique, puisqu'on a identiquement

$$2w = lx + 2w - lx, \qquad 2(lx + w) = lx + 2w + lx.$$

16. *Un plan coupe les arêtes* a, b, c, a', b', c' *d'un tétraèdre en six points* α, β, γ, α', β', γ' ; *on prend le conjugué harmonique de chacun d'eux par rapport à l'arête à laquelle il ap-*

partient, ce qui donne les six nouveaux points $\alpha_1, \beta_1, \gamma_1, \alpha'_1, \beta'_1, \gamma'_1$. *Cela posé :*

1° *Les plans menés par chacun des points* $\alpha_1, \beta_1, \ldots$ *et par l'arête opposée sont concourants ;*

2° *Les douze points* $\alpha, \beta, \ldots; \alpha_1, \beta_1, \ldots$ *sont répartis, six par six, sur huit plans, tels que toute quadrique tangente à sept d'entre eux est tangente au huitième ;*

3° *Les centres de toutes les quadriques tangentes aux huit plans sont situés dans un même plan qui partage en deux parties égales les segments* $\alpha\alpha_1, \beta\beta_1, \ldots, \gamma'\gamma'_1$.

Soit $lx + my + nz + pw = 0$ le plan donné ; les points α, $\beta, \ldots, \gamma'$ sont déterminés par les plans

$$my + nz = 0, \qquad nz + lx = 0, \qquad \ldots;$$

les points $\alpha_1, \beta_1, \ldots, \gamma'_1$ par les plans

$$\begin{array}{ll} (\mathrm{BC}\alpha_1)\ldots\ldots\ldots\ldots & my - nz = 0, \\ (\mathrm{BC}\alpha'_1)\ldots\ldots\ldots\ldots & lx - pw = 0, \\ (\mathrm{CA}\beta_1)\ldots\ldots\ldots\ldots & nz - lx = 0, \\ (\mathrm{CA}\beta'_1)\ldots\ldots\ldots\ldots & my - pw = 0, \\ (\mathrm{AB}\gamma_1)\ldots\ldots\ldots\ldots & lx - my = 0, \\ (\mathrm{AB}\gamma'_1)\ldots\ldots\ldots\ldots & nz - pw = 0. \end{array}$$

Ces six plans se coupent au point

$$\frac{x}{mnp} = \frac{y}{nlp} = \frac{z}{lmp} = \frac{w}{lmn}.$$

Les groupes de six points suivants

$$(\alpha,\beta,\gamma;\alpha',\beta',\gamma'), \quad (\beta_1,\gamma_1,\alpha'_1;\alpha,\beta',\gamma'), \quad (\gamma_1,\alpha_1,\beta'_1;\beta,\gamma',\alpha'),$$
$$(\alpha_1,\beta_1,\gamma'_1;\gamma,\alpha',\beta'), \quad (\alpha,\beta,\gamma;\alpha'_1,\beta'_1,\gamma'_1), \quad (\alpha,\alpha',\beta_1;\gamma_1,\beta_1,\gamma'_1),$$
$$(\beta,\beta',\gamma_1;\alpha_1,\gamma'_1,\alpha'_1), \quad (\gamma,\gamma',\alpha_1;\beta_1,\alpha'_1,\beta'_1)$$

sont dans les huit plans compris dans l'équation

$$\pm lx \pm my \pm nz + pw = 0,$$

où l'on fait toutes les combinaisons des signes + et —.

On voit que l'équation

$$a_{11}x^2 + a_{22}y^2 + a_{33}z^2 + a_{44}w^2 = 0$$

représente une quadrique tangente à l'un quelconque des huit plans, pourvu que les coefficients a_{11}, a_{22}, a_{33}, a_{44} satisfassent à la condition

$$\frac{l^2}{a_{11}}+\frac{m^2}{a_{22}}+\frac{n^2}{a_{33}}+\frac{p^2}{a_{44}}=0.$$

Le lieu des centres de toutes les quadriques est le plan

$$\frac{l^2 x}{A}+\frac{m^2 y}{B}+\frac{n^2 z}{C}+\frac{p^2 w}{D}=0.$$

17. *On donne un point* $P(x_1, y_1, z_1, w_1)$ *et l'on mène des plans* Pa, Pb, Pc, Pa', Pb', Pc' *par ce point et par chacune des arêtes d'un tétraèdre; soient* Pa_1, Pb_1, Pc_1, Pa'_1, Pb'_1, Pc'_1 *les conjugués harmoniques de chacun des premiers plans par rapport aux deux faces comprenant l'arête par laquelle il passe.* 1° *Les six plans* Pa_1, Pb_1, $\ldots$, Pc'_1 *coupent les arêtes* a', b', c', a, b, c *respectivement en six points qui sont dans un même plan.* 2° *Les douze plans* Pa, Pb, $\ldots$; Pa_1, Pb_1, $\ldots$ *peuvent se répartir en huit groupes de six plans concourants, et les huit points ainsi obtenus sont tels que toute quadrique passant par sept d'entre eux passe par le huitième.* 3° *Les plans polaires d'un point quelconque par rapport à toutes les quadriques passant par les huit points concourent en un même point.*

Les plans Pa, Pb, $\ldots$, Pc' ont pour équations

$$xw_1 - wx_1 = 0, \qquad yw_1 - wy_1 = 0, \qquad zw_1 - wz_1 = 0,$$
$$yz_1 - zy_1 = 0, \qquad zx_1 - xz_1 = 0, \qquad xy_1 - yx_1 = 0;$$

leurs conjugués harmoniques Pa_1, Pb_1, Pc'_1 sont

$$xw_1 + wx_1 = 0, \qquad \ldots.$$

Désignons par 1, 2, 3, 4, 5, 6 les plans de la première série; par 1′, 2′, 3′, 4′, 5′, 6′ ceux de la seconde. Le plan

$$\frac{x}{x_1}+\frac{y}{y_1}+\frac{z}{z_1}+\frac{w}{w_1}=0$$

passe par les six points où chacun des derniers plans coupe

l'arête opposée. Les huit groupes

$$(1\,2\,3\,4\,5\,6)\quad (4\,5\,6\,1'\,2'\,3'),\quad (2\,3\,4\,1'\,5'\,6'),\quad (3\,1\,5\,2'\,4'\,6'),$$
$$(1\,2\,6\,3'\,4'\,5'),\quad (1\,4\,2'\,3'\,5'\,6'),\quad (2\,5\,1'\,3'\,4'\,6'),\quad (3\,6\,1'\,2'\,4'\,5')$$

passent respectivement par les points

$$(x_1, y_1, z_1, w_1),\quad (-x_1, -y_1, -z_1, w_1),\quad (-x_1, y_1, z_1, w_1),$$
$$(x_1, -y_1, z_1, w_1),\quad (x_1, y_1, -z_1, w_1),\quad (x_1, -y_1, -z_1, w_1),$$
$$(-x_1, y_1, -z_1, w_1),\quad (-x_1, -y_1, z_1, w_1).$$

Les quadriques comprises dans l'équation

$$a_{11}x^2 + a_{22}y^2 + a_{33}z^2 + a_{44}w^2 = 0$$

passent par les huit points si les coefficients $a_{11}, \ldots$ satisfont à la relation

$$a_{11}x_1^2 + a_{22}y_1^2 + a_{33}z_1^2 + a_{44}w_1^2 = 0.$$

Les plans polaires d'un point (x_2, y_2, z_2, w_2), par rapport à toutes les surfaces, se coupent au point

$$\frac{x}{x_1^2 y_2^2 z_2^2 w_2^2} = \frac{y}{x_2^2 y_1^2 z_2^2 w_2^2} = \frac{z}{x_2^2 y_2^2 z_1^2 w_2^2} = \frac{w}{x_2^2 y_2^2 z_2^2 w_1^2}.$$

Remarque. — On sait que toutes les quadriques passant par sept points passent par un huitième point, que toutes les quadriques tangentes à sept plans touchent un huitième plan. Les théorèmes des nos 16 et 17 sont des cas particuliers de ces théorèmes généraux; lorsque les sept points où les sept plans donnés sont quelconques, le système des coordonnées cartésiennes ou tétraédriques ne se prête plus à la recherche du huitième point ou du huitième plan, ni au calcul de l'équation générale des quadriques satisfaisant aux coordonnées données.

18. *Trouver le point dont la somme des carrés des distances aux faces d'un tétraèdre est minimum; ce point est le centre de gravité du tétraèdre dont les sommets sont les pieds des perpendiculaires abaissées du point sur les faces du tétraèdre donné.*

Les coordonnées x_1, y_1, z_1, w_1 du point cherché satisfaisant à la relation

$$Ax_1 + By_1 + Cz_1 + Dw_1 = 3V,$$

la somme $x_1^2 + y_1^2 + z_1^2 + w_1^2$ est minimum quand on a

$$\frac{x_1}{A} = \frac{y_1}{B} = \frac{z_1}{C} = \frac{w_1}{D}.$$

On en conclut

$$x_1 = \frac{3AV}{A^2 + B^2 + C^2 + D^2}, \qquad y_1 = \frac{3BV}{A^2 + B^2 + C^2 + D^2}, \qquad \ldots.$$

Les perpendiculaires abaissées du point (x_1, y_1, z_1, w_1) sur les faces A, B, C, D sont représentées par les groupes d'équations

$$\frac{x - x_1}{-1} = \frac{y - y_1}{\cos(c')} = \frac{z - z_1}{\cos(b')} = \frac{w - w_1}{\cos(a)},$$

$$\frac{x - x_1}{\cos(c')} = \frac{y - y_1}{-1} = \frac{z - z_1}{\cos(a')} = \frac{w - w_1}{\cos(a)},$$

$$\ldots\ldots\ldots\ldots\ldots\ldots\ldots\ldots\ldots\ldots\ldots\ldots$$

Les coordonnées x des pieds des quatre perpendiculaires sont respectivement

$$0, \quad x_1 + y_1 \cos(c'), \quad x_1 + z_1 \cos(b'), \quad x_1 = w_1 \cos(a),$$

et leur somme est $4x_1$; car on a identiquement

$$x_1 = y_1 \cos(c') + z_1 \cos(b') + w_1 \cos(a)$$

en vertu de la relation

$$A = B\cos(c') + C\cos(b') + D\cos(a)$$

[formules (4), n° 1].

De même, les sommes des coordonnées y, z, w sont $4y_1$, $4z_1$, $4w_1$, ce qui montre que le point (x_1, y_1, z_1, w_1) est le centre de gravité du tétraèdre formé par les pieds des perpendiculaires.

19. *Trouver à quelles conditions doit satisfaire un point de l'espace pour que la somme de ses distances aux sommets d'un tétraèdre soit minimum.*

Soient α, β, γ, δ les distances d'un point P au sommet du tétraèdre; on a, entre ces distances et les longueurs des arêtes, la relation

$$\begin{vmatrix} 0 & 1 & 1 & 1 & 1 & 1 \\ 1 & 0 & c^2 & b^2 & a'^2 & \alpha^2 \\ 1 & c^2 & 0 & a^2 & b'^2 & \beta^2 \\ 1 & b^2 & a^2 & 0 & c'^2 & \gamma^2 \\ 1 & a'^2 & b'^2 & c'^2 & 0 & \delta^2 \\ 1 & \alpha^2 & \beta^2 & \gamma^2 & \delta^2 & 0 \end{vmatrix} = \mathrm{E} = 0 \quad (^1).$$

La fonction à rendre minimum étant $\alpha + \beta + \gamma + \delta$, on doit avoir

$$\frac{d\mathrm{E}}{d\alpha} = \frac{d\mathrm{E}}{d\beta} = \frac{d\mathrm{E}}{d\gamma} = \frac{d\mathrm{E}}{d\delta}.$$

Cela posé, si l'on désigne par e_{11}, e_{12}, ... les distances des sommets de deux tétraèdres quelconques, pris deux à deux, le produit de leurs volumes est

$$288\,\mathrm{VV}' = \begin{vmatrix} 0 & 1 & 1 & 1 & 1 \\ 1 & e_{11} & e_{12} & e_{13} & e_{14} \\ 1 & e_{21} & e_{22} & e_{23} & e_{24} \\ 1 & e_{31} & e_{32} & e_{33} & e_{34} \\ 1 & e_{41} & e_{42} & e_{43} & e_{44} \end{vmatrix}.$$

On reconnaît que le mineur du déterminant E, relatif à α^2, n'est autre chose que le produit du volume V du tétraèdre donné ABCD par celui du tétraèdre PBCD. Ainsi

$$\frac{d\mathrm{E}}{d\alpha^2} = 288\,\mathrm{V}(\mathrm{PBCD})$$

et, par suite,

$$\frac{d\mathrm{E}}{d\alpha} = 576\,\alpha\,\mathrm{V}(\mathrm{PBCD}),$$

---

(1) *Voir*, pour la démonstration de cette formule, la Note II du *Traité de Géométrie* de MM. Rouché et de Comberousse (édition de 1878, t. II, p. 576). L'expression du produit des volumes de deux tétraèdres s'obtient par le même procédé que celle du carré du volume d'un tétraèdre (*voir* l'Ouvrage cité, t. II, p. 544).

de même,

$$\frac{dE}{d\beta} = 576\beta\, V(PBAD),$$

$$\frac{dE}{d\gamma} = 576\gamma\, V(PCBD),$$

$$\frac{dE}{d\delta} = 576\delta\, V(PABC).$$

On doit donc avoir

$$\alpha(PBCD) = \beta(PCAD) = \gamma(PABD) = \delta(PABC).$$

Comme le volume PBCD est égal au sixième du produit des arêtes β, γ, δ par le *sinus* du trièdre PBCD et ainsi de suite, on voit que les quatre trièdres dont le sommet est P doivent avoir le même *sinus*. Les conditions cherchées sont donc

$$\begin{vmatrix} 1 & \cos(\gamma\delta) & \cos(\delta\beta) \\ \cos(\gamma\delta) & 1 & \cos(\beta\gamma) \\ \cos(\delta\beta) & \cos(\beta\gamma) & 1 \end{vmatrix} = \begin{vmatrix} 1 & \cos(\alpha\delta) & \cos(\delta\gamma) \\ \cos(\alpha\delta) & 1 & \cos(\gamma\alpha) \\ \cos(\delta\gamma) & \cos(\gamma\alpha) & 1 \end{vmatrix}$$

$$\begin{vmatrix} 1 & \cos(\beta\delta) & \cos(\delta\alpha) \\ \cos(\beta\delta) & 1 & \cos(\alpha\beta) \\ \cos(\delta\alpha) & \cos(\alpha\beta) & 1 \end{vmatrix} = \begin{vmatrix} 1 & \cos(\beta\gamma) & \cos(\gamma\alpha) \\ \cos(\beta\gamma) & 1 & \cos(\alpha\beta) \\ \cos(\gamma\alpha) & \cos(\alpha\beta) & 1 \end{vmatrix}$$

et elles sont vérifiées si les couples d'arêtes opposées du tétraèdre sont vues du point P sous le même angle, c'est-à-dire si $(\beta\gamma) = (\alpha\delta)$, $(\gamma\alpha) = (\beta\delta)$, $(\alpha\beta) = (\gamma\delta)$.

20. *Équations des sphères tangentes aux faces d'un tétraèdre.*

Les coordonnées (x_1, y_1, z_1, w_1) du centre de la sphère inscrite et le rayon r_1 de cette sphère ont pour valeur commune $\frac{3V}{A+B+C+D}$, l'équation tangentielle de cette sphère est donc (n° 12)

$$[l + m^2 + n^2 + p^2 - 2mn\cos(a') - \ldots] - (l + m + n + p)^2 = 0,$$

et elle se réduit à

$$mn\cos^2\frac{(a')}{2}+nl\cos^2\frac{(b')}{2}+lm\cos^2\frac{(c')}{2}$$
$$+lp\cos^2\frac{(a)}{2}+mp\cos^2\frac{(b)}{2}+np\cos^2\frac{(c)}{2}=0.$$

L'équation ponctuelle correspondante est

$$\begin{vmatrix} 0 & \cos^2\frac{(c')}{2} & \cos^2\frac{(b')}{2} & \cos^2\frac{(a)}{2} & x \\ \cos^2\frac{(c')}{2} & 0 & \cos^2\frac{(a')}{2} & \cos^2\frac{(b)}{2} & y \\ \cos^2\frac{(b')}{2} & \cos^2\frac{(a')}{2} & 0 & \cos^2\frac{(c)}{2} & z \\ \cos^2\frac{(a)}{2} & \cos^2\frac{(b)}{2} & \cos^2\frac{(c)}{2} & 0 & w \\ x & y & z & w & 0 \end{vmatrix}=0.$$

Les coordonnées des centres et les rayons des quatre sphères exinscrites sont

$$-x_2=y_2=z_2=w_2=r_2=\frac{3V}{-A+B+C+D},$$
$$x_3--y_3=z_3=w_3=r_3=\frac{3V}{A-B+C+D},$$
$$\ldots\ldots\ldots\ldots\ldots\ldots\ldots\ldots\ldots\ldots;$$

on a, pour les équations tangentielles de ces sphères,

$$mn\cos^2\frac{(a')}{2}-nl\sin^2\frac{(b')}{2}-lm\sin^2\frac{(c')}{2}$$
$$-lp\sin^2\frac{(a)}{2}+mp\cos^2\frac{(b)}{2}+np\cos^2\frac{(c)}{2}=0.$$

$$-mn\sin^2\frac{(a')}{2}+nl\cos^2\frac{(b')}{2}-lm\sin^2\frac{(c')}{2}$$
$$+lp\cos^2\frac{(a)}{2}-mp\sin^2\frac{(b)}{2}+np\cos^2\frac{(c)}{2}=0,$$

$$-mn\sin^2\frac{(a')}{2}-nl\sin^2\frac{(b')}{2}+lm\cos^2\frac{(c')}{2}$$
$$+lp\cos^2\frac{(a)}{2}+mp\cos^2\frac{(b)}{2}-np\sin^2\frac{(c)}{2}=0.$$

$$mn\cos^2\frac{(a')}{2}+nl\cos^2\frac{(b')}{2}+lm\cos^2\frac{(c')}{2}$$
$$-lp\sin^2\frac{(a)}{2}-mp\sin^2\frac{(b)}{2}-np\sin^2\frac{(c)}{2}=0.$$

Supposons $A \geqq B \geqq C \geqq D$ et en même temps $B+C>A+D$, $C+A>B+D$, $B+A>C+D$; il y aura trois sphères inscrites dans les *combles* BC, CA, AB; les coordonnées de leurs centres et leurs rayons sont

$$-x_6=y_6=z_6=-w_6-r_6=\frac{3V}{-A+B+C-D},$$
$$x_7=-y_7=z_7=-w_7=r_7=\frac{3V}{A-B+C-D},$$
$$x_8=y_8=-z_8=-w_8=r_8=\frac{3V}{A+B-C-D}.$$

Les trois dernières sphères ont pour équations tangentielles :

$$mn\cos^2\frac{(a')}{2}-nl\sin^2\frac{(b')}{2}-lm\sin^2\frac{(c')}{2}$$
$$+lp\cos^2\frac{(a)}{2}-mp\sin^2\frac{(b)}{2}-np\sin^2\frac{(c)}{2}=0,$$

$$-mn\sin^2\frac{(a')}{2}+nl\cos^2\frac{(b')}{2}-lm\sin^2\frac{(c')}{2}$$
$$-lp\sin^2\frac{(a)}{2}+mp\cos^2\frac{(b)}{2}-np\sin^2\frac{(c)}{2}=0,$$

$$-mn\sin^2\frac{(a')}{2}-nl\sin^2\frac{(b')}{2}+lm\cos^2\frac{(c')}{2}$$
$$-lp\sin^2\frac{(a)}{2}-mp\sin^2\frac{(b)}{2}+np\cos^2\frac{(c)}{2}=0.$$

Désignons par 1, 2, 3, 4, 5, 6, 7, 8 les centres des huit

sphères prises dans l'ordre où nous avons écrit leurs équations; les vingt-huit droites qui joignent ces centres deux à deux sont les intersections des plans bissecteurs des dièdres du tétraèdre pris trois à trois ou deux à deux. Elles se divisent en cinq groupes, savoir :

Groupe	Droite	Équations	
1er groupe...	(1, 2)	$y = z = w$;	
	(1, 3)	$z = x = w$;	
	(1, 4)	$x = y = w$;	
	(1, 5)	$x = y = z$;	
2e groupe...	(2, 5)	$x + w = 0$,	$y - z = 0$;
	(2, 4)	$x + z = 0$,	$y - w = 0$;
	(2, 3)	$x + y = 0$,	$z - w = 0$;
	(3, 4)	$y + z = 0$,	$x - w = 0$;
	(3, 5)	$x - z = 0$,	$y + w = 0$;
	(4, 5)	$x - y = 0$,	$z + w = 0$;
3e groupe...	(1, 6)	$y - z = 0$,	$x - w = 0$;
	(1, 7)	$z - x = 0$,	$y - w = 0$;
	(1, 8)	$x - y = 0$,	$z - w = 0$;
4e groupe...	(2, 6)	$x + y = 0$,	$z + x = 0$;
	(3, 6)	$y + w = 0$,	$x + y = 0$;
	(4, 6)	$z + w = 0$,	$z + x = 0$;
	(5, 6)	$y + w = 0$,	$z + w = 0$;
	(2, 7)	$x + w = 0$,	$x + y = 0$;
	(3, 7)	$y + z = 0$,	$x + y = 0$;
	(4, 7)	$y + z = 0$,	$z + w = 0$;
	(5, 7)	$z + w = 0$,	$x + w = 0$;
	(2, 8)	$x + w = 0$,	$z + x = 0$;
	(3, 8)	$y + w = 0$,	$y + z = 0$;
	(4, 8)	$z + x = 0$,	$y + z = 0$;
	(5, 8)	$x + w = 0$,	$y + w = 0$;
5e groupe...	(7, 8)	$y + z = 0$,	$x + w = 0$;
	(8, 6)	$z + x = 0$,	$y + w = 0$;
	(6, 7)	$x + y = 0$,	$z + w = 0$.

On voit que les systèmes de quatre droites (1, 2) (3, 8) (4, 7) (5, 6),

(1, 3) (4, 6) (5, 7) (2, 8); (1, 4) (5, 8) (2, 7) (3, 6); (1, 5) (2, 6) (3, 7) (4, 8) passent respectivement en A, B, C, D.

La droite (2, 5) coupe l'arête BC en un point

$$P\left(x=0,\ w=0,\ y=z=\frac{3V}{B+C}\right)$$

et l'arête AD en un point

$$S'\left(y=0,\ z=0,\ x=-w=\frac{3V}{A-D}\right).$$

De même la droite (3, 4) coupe BC au point

$$P'\left(x=0,\ w=0,\ y=-z=\frac{3V}{B-C}\right)$$

et AD au point

$$S\left(y=0,\ z=0,\ x=w=\frac{3V}{A+D}\right).$$

Les points P, P' et S, S' divisent harmoniquement BC et AD; on a

$$\frac{P'B}{P'C}=-\frac{PB}{PC}=\frac{C}{B} \quad \text{et} \quad \frac{S'A}{S'D}=-\frac{SA}{SD}=\frac{D}{A}.$$

Les droites (2, 4), (3, 5) coupent respectivement les arêtes opposées CA, BD aux points Q' et T, Q et T'; les droites (2, 3), (4, 5) coupent AB, CD en R', U et R, U'. Les couples de points (Q, Q'), (R, R'), (T, T') et (U, U') divisent harmoniquement les arêtes sur lesquelles ils sont placés, comme (P, P') et (S, S'). Enfin les droites (1, 6), (1, 7), (1, 8), (7, 8), (8, 6), (6, 7) passent respectivement en (P, S), (Q, T), (R, U), (P', S'), (Q', T'), (R', U').

21. *Trouver les conditions que doit remplir un tétraèdre pour que les droites joignant les sommets aux points de contact de la sphère inscrite avec les faces opposées se coupent au même point.*

Les coordonnées des points de contact α, β, γ, δ de la sphère inscrite avec les faces A, B, C, D, sont

$$(\alpha)\quad x=0,\qquad y=2r_1\cos^2\frac{(c')}{2},\qquad z=2r_1\cos^2\frac{(b')}{2},\qquad w-2r_1\cos^2\frac{(a)}{2};$$

$$(\beta)\quad x=2r_1\cos^2\frac{(c')}{2},\qquad y=0,\qquad z=2r_1\cos^2\frac{(a')}{2},\qquad w=2r_1\cos^2\frac{(b)}{2};$$

$$\gamma)\quad x=2r_1\cos^2\frac{(b')}{2},\qquad y=2r_1\cos^2\frac{(a')}{2},\qquad z=0,\qquad w=2r_1\cos^2\frac{(c)}{2};$$

$$(\delta)\quad x=2r_1\cos^2\frac{(a)}{2},\qquad y=2r_1\cos^2\frac{(b)}{2},\qquad z=2r_1\cos^2\frac{(c)}{2},\qquad w=0.$$

Les plans ABα, ABβ doivent coïncider; leurs équations sont

$$z\cos^2\frac{(a)}{2}-w\cos^2\frac{(b')}{2}=0$$

et

$$z\cos^2\frac{(b)}{2}-w\cos^2\frac{(a')}{2}=0;$$

on doit donc avoir

$$\cos^2\frac{(a)}{2}\cos^2\frac{(a')}{2}=\cos^2\frac{(b)}{2}\cos^2\frac{(b')}{2}.$$

De même, en exprimant la coïncidence des plans CAα et CAγ, on trouve

$$\cos^2\frac{(a)}{2}\cos^2\frac{(a')}{2}=\cos^2\frac{(\gamma)}{2}\cos^2\frac{(\gamma')}{2}.$$

Les conditions cherchées sont donc, puisque tous les angles $\frac{(a)}{2}$, $\frac{(a')}{2}$, ... sont aigus,

$$\cos\frac{(a)}{2}\cos\frac{(a')}{2}=\cos\frac{(b)}{2}\cos\frac{(b')}{2}=\cos\frac{(c)}{2}\cos\frac{(c')}{2}.$$

Nous allons faire voir que, si les deux égalités précédentes sont vérifiées, *les points de contact de la sphère inscrite avec chacune des faces sont tels que de chacun d'eux les arêtes limitant la face correspondante sont vues sous des angles égaux à 120°.*

Les coordonnées trilinéaires du point δ, ABC étant le triangle de référence, sont

$$x' = r_1 \cot\frac{(a)}{2}, \qquad y' = r_1 \cot\frac{(b)}{2}, \qquad z' = r_1 \cot\frac{(c)}{2};$$

mais le triangle sphérique, déterminé par le trièdre A, donne

$$\cos(a') = -\cos(b)\cos(c) + \sin(b)\sin(c)\cos(bc)$$

ou bien

$$\cos(a') = \frac{-\left[\cot^2\frac{(b)}{2} - 1\right]\left[\cot^2\frac{(c)}{2} - 1\right] + 4\cot\frac{(b)}{2}\cot\frac{(c)}{2}\cos(bc)}{\left[\cot^2\frac{(b)}{2} + 1\right]\left[\cot^2\frac{(c)}{2} + 1\right]},$$

$$1 + \cos(a') = 2\cos^2\frac{(a')}{2}$$

$$= \frac{2\cot^2\frac{(b)}{2} + 2\cot^2\frac{(c)}{2} + 2\cot\frac{(b)}{2}\cot\frac{(c)}{2}\cos(bc)}{\left[1 + \cot^2\frac{(b)}{2}\right]\left[1 + \cot^2\frac{(c)}{2}\right]};$$

donc

$$\cos^2\frac{(a)}{2}\cos^2\frac{(a')}{2}$$

$$= \frac{\cot^2\frac{(a)}{2}\left[\cot^2\frac{(b)}{2} + \cot^2\frac{(c)}{2} + 2\cot\frac{(b)}{2}\cot\frac{(c)}{2}\cos(bc)\right]}{\left[1 + \cot^2\frac{(a)}{2}\right]\left[1 + \cot^2\frac{(b)}{2}\right]\left[1 + \cot^2\frac{(c)}{2}\right]}.$$

On a, par permutation circulaire, les valeurs de

$$\cos^2\frac{(b)}{2}\cos^2\frac{(b')}{2}, \qquad \cos^2\frac{(c)}{2}\cos^2\frac{(c')}{2},$$

et les égalités

$$\cos^2\frac{(a)}{2}\cos^2\frac{(a')}{2} = \cos^2\frac{(b)}{2}\cos^2\frac{(b')}{2} = \cos^2\frac{(c)}{2}\cos^2\frac{(c')}{2}$$

s'écriront, en remplaçant $\cot\frac{(a)}{2}$, $\cot\frac{(b)}{2}$, $\cot\frac{(c)}{2}$ par les coordonnées trilinéaires x', y', z' du point δ,

$$x'^2[y'^2+z'^2+2y'z'\cos(bc)]$$
$$=y'^2[z'^2+x'^2+2z'x'\cos(ca)]=z'^2[x'^2+y'^2+2x'y'\cos(ab)].$$

Mais on a

$$\delta A=\frac{1}{\sin(bc)}\sqrt{y'^2+z'^2+2y'z'\cos(bc)},$$
$$\delta B=\frac{1}{\sin(ca)}\sqrt{z'^2+x'^2+2z'x'\cos(ca)},$$
$$\delta C=\frac{1}{\sin(ab)}\sqrt{x'^2+y'^2+2x'y'\cos(ab)};$$

les relations précédentes deviennent donc

$$x'\,\delta A\sin(bc)=y'\,\delta B\sin(ca)=z'\,\delta C\sin(ab)$$

ou

$$\delta A.ax'=\delta B.by'=\delta C.cz',$$

ou enfin

$$\delta A\,\delta B\,\delta C\sin B\,\delta C-\delta B\,\delta C\,\delta A\sin C\,\delta A=\delta C\,\delta A\,\delta B\sin A\,\delta B;$$

ainsi les angles $B\,\delta C$, $C\,\delta A$, $A\,\delta B$ sont égaux.

22. *Si deux couples d'arêtes opposées d'un tétraèdre sont rectangulaires : 1° il en est de même du troisième couple; 2° les hauteurs du tétraèdre sont concourantes; 3° les perpendiculaires communes aux couples d'arêtes opposées se coupent au centre des hauteurs; 4° la somme des carrés des couples d'arêtes opposées est constante; 5° les perpendiculaires aux faces menées par leurs centres de gravité se rencontrent en un même point; 6° le point de concours de ces perpendiculaires, le centre de gravité du tétraèdre, le centre des hauteurs et celui de la sphère circonscrite sont quatre points en ligne droite.*

Supposons que les couples d'arêtes (BC, AD), (CA, BD) soient rectangulaires; un plan passant par BC est

$$lx+pw=0,$$

et il doit être perpendiculaire à AD$(y=0, z=0)$, quels que soient l et p.

On a donc, d'après les formules (14) du nº 8, puisque les cosinus directeurs μ et ν de AD sont nuls,

$$l\cos(c') + p\cos(b) = 0 \qquad \text{et} \qquad l\cos(b') + p\cos(c) = 0;$$

donc

$$\cos(b)\cos(b') = \cos(c)\cos(c').$$

De même, pour que CA, BD soient rectangulaires, on doit avoir

$$\cos(c)\cos(c') = \cos(a)\cos(a'),$$

et l'on conclut de là

$$\cos(a)\cos(a') = \cos(b)\cos(b'),$$

ce qui fait voir que AB est perpendiculaire à CD.

D'autre part, on a trouvé au nº 7

$$\pm\cos(\mathrm{BC}, \mathrm{AD}) = \frac{b^2 + b'^2 - c^2 - c'^2}{2aa'},$$

et de même

$$\pm\cos(\mathrm{CA}, \mathrm{BD}) = \frac{c^2 + c'^2 - a^2 - a'^2}{2bb'},$$

$$\pm\cos(\mathrm{AB}, \mathrm{CD}) = \frac{a^2 + a'^2 - b^2 - b'^2}{2cc'}.$$

Si les deux premiers angles sont droits, on a

$$a^2 + a'^2 - b^2 + b'^2 = c^2 + c'^2,$$

et l'angle de AB et de CD est aussi droit. Nous appellerons *tétraèdre rectangle* tout tétraèdre dont les arêtes opposées sont rectangulaires, et dont les éléments satisfont aux groupes de relations équivalentes

$$(27) \qquad \cos(a)\cos(a') = \cos(b)\cos(b') = \cos(c)\cos(c')$$

et

$$(28) \qquad a^2 + a'^2 = b' + b'^2 = c^2 + c'^2 = e^2.$$

Posons

$$\alpha^2 = -a^2 + b^2 + c^2, \qquad \beta^2 = a^2 - b^2 + c^2,$$
$$\gamma^2 = a^2 + b^2 - c^2, \qquad \delta^2 = 2e^2 - a^2 - b^2 - c^2;$$

les formules (2) du n° 1 donnent

$$(29)\quad \begin{cases} 16AD\cos(a)=\beta^2\gamma^2, & 16BC\cos(a')=\alpha^2\delta^2,\\ 16BD\cos(b)=\gamma^2\alpha^2, & 16CA\cos(b')=\beta^2\delta^2,\\ 16CD\cos(c)=\alpha^2\beta^2, & 16AB\cos(c')=\gamma^2\delta^2,\end{cases}$$

$$(30)\quad \begin{cases} \cos(a)\cos(a')=\cos(b)\cos(b')\\ \qquad =\cos(c)\cos(c')=k=\dfrac{\alpha^2\beta^2\gamma^2\delta^2}{256ABCD}.\end{cases}$$

D'ailleurs

$$(31)\quad \begin{cases} 16A^2=\beta^2\gamma^2+\beta^2\delta^2+\gamma^2\delta^2,\\ 16B^2=\gamma^2\alpha^2+\gamma^2\delta^2+\alpha^2\delta^2,\\ 16C^2=\alpha^2\beta^2+\alpha^2\delta^2+\beta^2\delta^2,\\ 16D^2=\beta^2\gamma^2+\gamma^2\alpha^2+\alpha^2\beta^2,\end{cases}$$

et enfin

$$(32)\quad 288V^2=\alpha^2\beta^2\gamma^2+\beta^2\gamma^2\delta^2+\gamma^2\alpha^2\delta^2+\alpha^2\beta^2\delta^2.$$

Ces relations sont faciles à vérifier et nous seront utiles dans ce qui va suivre.

Les équations des quatre hauteurs peuvent s'écrire

$$\frac{x}{\cos(a)}=\frac{y}{\cos(b)}=\frac{z}{\cos(c)},$$
$$\frac{x}{\cos(b')}=\frac{y}{\cos(a')}=\frac{w}{\cos(c)},$$
$$\frac{x}{\cos(c')}=\frac{z}{\cos(a')}=\frac{w}{\cos(b)},$$
$$\frac{y}{\cos(c')}=\frac{z}{\cos(b')}=\frac{w}{\cos(c)};$$

on voit que, si les relations (30) sont vérifiées, ces hauteurs se coupent en un même point

$$\frac{x_1}{\cos(a)}=\frac{y_1}{\cos(b)}=\frac{z_1}{\cos(c)}=\frac{w_1 K}{\cos(a)\cos(b)\cos(c)}.$$

En tenant compte des formules (29), (30), (31) et (33), il vient

$$\frac{Ax_1}{\beta^2\gamma^2}=\frac{By_1}{\gamma^2\alpha^2}=\frac{Cz_1}{\alpha^2\beta^2}=\frac{Dw_1\delta^2}{\alpha^2\beta^2\gamma^2}$$

ou

$$A\alpha^2 x_1 = B\beta^2 y_1 = C\gamma^2 z_1 = D\delta^2 w_1 = \lambda.$$

Puisque

$$Ax_1 + By_1 + Cz_1 + Dw_1 = 3V,$$

on trouve

$$\lambda = \frac{3V\alpha^2\beta^2\gamma^2\delta^2}{\alpha^2\beta^2\gamma^2 + \beta^2\gamma^2\delta^2 + \dots} = \frac{\alpha^2\beta^2\gamma^2\delta^2}{96V}$$

et enfin

$$(33) \quad \begin{cases} x_1 = \dfrac{\beta^2\gamma^2\delta^2}{96AV} = \dfrac{\beta^2\gamma^2\delta^2}{32A^2h_1}, & y_1 = \dfrac{\gamma^2\alpha^2\delta^2}{32B^2h_2}, \\ z_1 = \dfrac{\alpha^2\beta^2\delta^2}{32C^2h_3}, & w_1 = \dfrac{\alpha^2\beta^2\gamma^2}{32D^2h_4}. \end{cases}$$

Cherchons la perpendiculaire commune aux arêtes opposées ($x = 0$, $w = 0$), ($y = 0$, $z = 0$). Un plan parallèle à la première et passant par la seconde est

$$By + Cz = 0;$$

un plan $lx + pw = 0$, passant par la première, est perpendiculaire au plan précédent, si l'on a (n° 9)

$$lB\cos(c') + lC\cos(b') + pB\cos(b) + pC\cos(c) = 0$$

ou bien

$$lk + p\cos(b)\cos(c) = 0.$$

Donc une des équations de la perpendiculaire est

$$x\cos(b)\cos(c) - wk = 0.$$

On trouve de même, pour l'autre équation,

$$y\cos(c) - z\cos(b) = 0.$$

Les perpendiculaires communes aux deux autres couples d'arêtes opposées sont

$$y\cos(c)\cos(a) - wk = 0, \qquad z\cos(a)\cos(b) - wk = 0,$$
$$z\cos(a) - x\cos(c) = 0, \qquad x\cos(b) - y\cos(a) = 0.$$

Les trois droites se coupent au centre des hauteurs.

Les coordonnées des centres de gravité des faces A, B, C, D

sont, respectivement,

$$\left(0, \frac{V}{B}, \frac{V}{C}, \frac{V}{D}\right), \quad \left(\frac{V}{A}, 0, \frac{V}{C}, \frac{V}{D}\right),$$
$$\left(\frac{V}{A}, \frac{V}{B}, 0, \frac{V}{D}\right), \quad \left(\frac{V}{A}, \frac{V}{B}, \frac{V}{C}, 0\right).$$

Les perpendiculaires aux faces menées par ces points peuvent être représentées par les équations

$$\frac{x}{-1} = \frac{y-\frac{V}{B}}{\cos(c')} = \frac{z-\frac{V}{C}}{\cos(b')} = \frac{w-\frac{V}{D}}{\cos(a)} = \sigma_1,$$
$$\frac{x-\frac{V}{A}}{\cos(c')} = \frac{y}{-1} = \frac{z-\frac{V}{C}}{\cos(a')} = \frac{w-\frac{V}{D}}{\cos(b)} = \sigma_2,$$
$$\frac{x-\frac{V}{A}}{\cos(b')} = \frac{y-\frac{V}{B}}{\cos(a')} = \frac{z}{-1} = \frac{w-\frac{V}{D}}{\cos(c)} = \sigma_3,$$
$$\frac{x-\frac{V}{A}}{\cos(a)} = \frac{y-\frac{V}{B}}{\cos(b)} = \frac{z-\frac{V}{C}}{\cos(c)} = \frac{w}{-1} = \sigma_4.$$

Exprimons que les deux premières droites se coupent; on doit avoir à la fois

$$\sigma_2 \cos(a') = \sigma_1 \cos(b'), \qquad \sigma_2 \cos(b) = \sigma_1 \cos(a),$$
$$\sigma_2 \cos(c') + \frac{V}{A} = -\sigma_1 \qquad \text{et} \qquad -\sigma_2 = \sigma_1 \cos(c') + \frac{V}{B}.$$

Les deux premières conditions sont vérifiées, si le tétraèdre est rectangle; les deux dernières donnent ensuite

$$\sigma_1 = \frac{V[A\cos(c') - B]}{AB\sin^2(c')} = V\frac{\frac{\gamma^2\delta^2}{16B} - B}{\frac{9V^2c'^2}{4AB}},$$

en vertu de la dernière des formules (29) et de la formule

$$\sin(c') = \frac{3Vc'}{2AB}.$$

Cette valeur de σ_1 se réduit à $\frac{A(\gamma^2\delta^2 - 16B^2)}{36Vc'^2}$, et comme, d'après les formules (31), on a

$$\gamma^2\delta^2 - 16B^2 = -\alpha^2(\gamma^2 + \delta^2) = -2c'^2\alpha^2,$$

il reste en définitive

$$\sigma_1 = -\frac{\alpha^2 A}{18V} = -\frac{\alpha^2}{6h_1}.$$

De même,

$$\sigma_2 = -\frac{\beta^2}{6h_2}, \qquad \sigma_3 = -\frac{\gamma^2}{6h_3}, \qquad \sigma_4 = -\frac{\delta^2}{6h_4}.$$

Les coordonnées du point de concours des quatre perpendiculaires sont donc

$$(33\ bis)\quad x_2 = \frac{\alpha^2}{6h_1}, \qquad y_2 = \frac{\beta^2}{6h_2}, \qquad z_2 = \frac{\gamma^2}{6h_3}, \qquad w_2 = \frac{\delta^2}{6h_4}.$$

Celles du centre de gravité du tétraèdre sont

$$\xi_2 = \frac{h_1}{4}, \qquad \eta_2 = \frac{h_2}{4}, \qquad \zeta_2 = \frac{h_3}{4}, \qquad \upsilon_2 = \frac{h_4}{4}.$$

Il est facile de vérifier que les trois points (x_1, y_1, z_1, w_1), (x_2, y_2, z_2, w_2), $(\xi_2, \eta_2, \zeta_2, \upsilon_2)$ sont en ligne droite; on a

$$\frac{x_1 - \xi_2}{\xi_2 - x_2} = \frac{12}{32}\,\frac{\beta^2\gamma^2\delta^2 - 8A^2h_1^2}{A^2(3h_1^2 - 2\alpha^2)}.$$

Or, d'après les formules (31) et (32),

$$\beta^2\gamma^2\delta^2 = 288V^2 - 16A^2\alpha^2,$$

et il reste

$$\frac{x_1 - \xi_2}{\xi_2 - x_2} = 3.$$

Les rapports $\frac{y_1 - \eta_2}{\eta_2 - y_2}$, $\frac{z_1 - \zeta_2}{\zeta_2 - z_2}$ et $\frac{w_1 - \upsilon_2}{\upsilon_2 - w_2}$ ont la même valeur; ainsi la distance des points (x_1, y_1, z_1, w_1) et $(\xi_2, \eta_2, \zeta_2, \upsilon_2)$ est triple de la distance des points $(\xi_2, \eta_2, \zeta_2, \upsilon_2)$ et (x_2, y_2, z_2, w_2).

On peut aussi vérifier par le calcul que le centre de la sphère circonscrite au tétraèdre est sur la droite (1, 2, 3); les valeurs des coordonnées de ce centre peuvent s'écrire

$$(34)\quad \left\{\begin{aligned} \xi_1 &= \frac{144V^2 - \beta^2\gamma^2\delta^2}{96AV}, & \eta_1 &= \frac{144V^2 - \gamma^2\alpha^2\delta^2}{96BV}, \\ \zeta_1 &= \frac{144V^2 - \alpha^2\beta^2\delta^2}{96CV}, & \upsilon_1 &= \frac{144V^2 - \alpha^2\beta^2\gamma^2}{96DV}. \end{aligned}\right.$$

Tous ces résultats se démontrent très facilement par la Géométrie; on reconnaît, en outre, que le centre de gravité du tétraèdre est à égale distance du centre des hauteurs et du centre de la sphère. Il suffit de projeter sur une des faces du tétraèdre.

23. *Les milieux des arêtes d'un tétraèdre rectangle et les pieds des perpendiculaires communes aux arêtes opposées sont douze points d'une même sphère qui a pour centre le centre de gravité du tétraèdre.*

Les coordonnées du centre de gravité étant $\left(\frac{h_1}{4}, \frac{h_2}{4}, \frac{h_3}{4}, \frac{h_4}{4}\right)$ et celles du milieu de l'arête BC$\left(0, \frac{h_2}{2}, \frac{h_3}{2}, 0\right)$, on trouve pour le carré de la distance des deux points [formule (9)]

$$-d^2 = \frac{1}{16}(a'^2 - b'^2 - c'^2 + a^2 - b^2 - c^2) = -\frac{e^2}{16},$$

et la même expression pour les distances aux milieux des autres arêtes. D'après le n° 22, le pied de la plus courte distance des arêtes a et a', sur l'arête a, est donné par les équations

$$y = 0, \qquad z = 0, \qquad x\cos(b)\cos(c) - wk = 0;$$

d'où

$$x = \frac{3V\delta^2}{A(\alpha^2 + \delta^2)} = \frac{h_1\delta^2}{2a'^2} \quad \text{et} \quad w^2 = \frac{3V\alpha^2}{D(\alpha^2 + \delta^2)} = \frac{h_4\alpha^2}{2a'^2},$$

en ayant égard aux formules (29), (30).

Le carré de la distance du centre de gravité à ce point est encore égal à e^2.

Cherchons l'équation de la sphère passant par les milieux

des arêtes a', b', c', a, c'est-à-dire par les points $\left(\frac{h_1}{2}, o, o, \frac{h_4}{2}\right)$, $\left(o, \frac{h_2}{2}, o, \frac{h_4}{2}\right)$, $\left(o, o, \frac{h_3}{2}, \frac{h_4}{2}\right)$, $\left(o, \frac{h_2}{2}, \frac{h_3}{2}, o\right)$.

Cette équation est (nº 12) de la forme

$$\begin{aligned} &a^2 BCyz + b^2 CAzx + \ldots + c'^2 CDzw \\ &\quad + (Ax + By + Cz + Dw)(lx + my + nz + pw) = o, \end{aligned}$$

et l'on a, pour déterminer l, m, n, p, les quatre conditions

$$\begin{aligned} a'^2 AD h_1 h_4 + (Ah_1 + Dh_4)(lh_1 + ph_4) &= o, \\ b'^2 BD h_2 h_4 + (Bh_2 + Dh_4)(mh_2 + ph_4) &= o, \\ c'^2 CD h_3 h_4 + (Ch_3 + Dh_4)(nh_3 + ph_4) &= o, \\ a^2 BC h_2 h_3 + (Bh_2 + Ch_3)(mh_2 + nh_3) &= o, \end{aligned}$$

ou bien, puisque $Ah_1 = Bh_2 = Ch_3 = Dh_4 = 6V$,

$$a'^2 AD h_1 h_4 + 6V(lh_1 + ph_4) = o, \qquad \ldots.$$

La combinaison de ces quatre équations donne

$$b'^2 BD h_2 h_4 + c'^2 CD h_3 h_4 - a^2 BC h_2 h_3 + 12 V p h_4 = o$$

et

$$p = -\frac{3V}{4h_4}(b'^2 + c'^2 - a^2) = -\frac{3V\delta^2}{4h_4};$$

de même,

$$l = -\frac{3V\alpha^2}{4h_1}, \qquad m = -\frac{3V\beta^2}{4h_2}, \qquad n = -\frac{3V\gamma^2}{4h_3}.$$

L'équation de la sphère sera donc

$$(35) \quad \left\{ \begin{aligned} &a^2 BCyz + b^2 CAzx + \ldots \\ &- \frac{3V}{4}(Ax + By + Cz + Dw)\left(\frac{\alpha^2 x}{h_1} + \frac{\beta^2 y}{h_2} + \frac{\gamma^2 z}{h_3} + \frac{\delta^2 w}{h_4}\right) = S_2 = o \end{aligned} \right.$$

Son centre est le point $(\xi_2, \eta_2, \zeta_2, \upsilon_2)$, centre de gravité du tétraèdre (nº 22).

24. *Les centres de gravité des faces d'un tétraèdre rectangle et les centres des hauteurs de ces faces appartiennent à une même sphère.*

Les coefficients l, m, n, p de l'équation du plan radical de la sphère circonscrite et de la sphère passant par les centres de gravité des quatre faces $\left(0, \frac{V}{B}, \frac{V}{C}, \frac{V}{D}\right)$, $\left(\frac{V}{A}, 0, \frac{V}{C}, \frac{V}{D}\right)$, ... satisfont aux équations de condition

$$\frac{m}{B} + \frac{n}{C} + \frac{p}{D} + \frac{a^2 + b'^2 + c'^2}{3} = 0,$$

$$\frac{l}{A} + \frac{n}{C} + \frac{p}{D} + \frac{b^2 + c'^2 + a'^2}{3} = 0,$$

$$\frac{l}{A} + \frac{m}{B} + \frac{p}{D} + \frac{c^2 + a'^2 + b'^2}{3} = 0,$$

$$\frac{l}{A} + \frac{m}{B} + \frac{n}{C} + \frac{a^2 + b^2 + c^2}{3} = 0,$$

qui donnent

$$l = -\frac{\alpha^2 A}{3} = -V\frac{\alpha^2}{h_1}, \qquad m = -V\frac{\beta^2}{h_2},$$

$$n = -V\frac{\gamma^2}{h_3}, \qquad p = -V\frac{\delta^2}{h_4}.$$

La sphère cherchée est donc

$$(36) \quad \begin{cases} a^2 BCyz + b^2 CAzx + \ldots \\ \quad - V(Ax + By + Cz + Dw)\left(\frac{\alpha^2 x}{h_1} + \frac{\beta^2 y}{h_2} + \frac{\gamma z^2}{h_3} + \frac{\delta^2 w}{h_4}\right) = S; \end{cases}$$

Le cercle suivant lequel cette sphère coupe la face $w = 0$ est

$$a^2 BCyz + b^2 CAzx + c^2 ABxy$$
$$- V(Ax + By + Cz)\left(\frac{\alpha^2 x}{h_1} + \frac{\beta^2 y}{h_2} + \frac{\gamma^2 z}{h_3}\right) = 0$$

ou bien

$$3a^2 BCyz + 3b^2 CAzx + 3c^2 ABxy$$
$$- (Ax + By + Cz)(A\alpha^2 x + B\beta^2 y + C\gamma^2 z) = 0.$$

Pour passer aux coordonnées trilinéaires, avec ABC comme triangle de référence, il suffit évidemment de remplacer x, y, z par $x' \sin(a)$, $y' \sin(b)$, $z' \sin(c)$ ou par $\frac{ax'}{AD}$, $\frac{by'}{BD}$, $\frac{cz'}{CD}$, ce qui donne

$$3abc(ay'z'+bz'x'+cx'y') \\ -(ax'+by'+cz')(a\alpha^2x'+b\beta^2y'+c\gamma^2z')=0.$$

Mais on a

$$2bc\cos(bc)=-a^2+b^2+c^2=\alpha^2, \\ 2ca\cos(ca)=\beta^2, \qquad 2ab\cos(ab)=\gamma^2,$$

ce qui permet d'écrire

$$2ax'^2\cos(bc)+2by'^2\cos(ca)+2cz'^2\cos(ab) \\ -ay'z'-bz'x'-cx'y'=0.$$

Ce cercle passe par le point de concours des hauteurs de la face ABC, point dont les coordonnées trilinéaires sont proportionnelles à $\frac{1}{\cos(bc)}$, $\frac{1}{\cos(ca)}$, $\frac{1}{\cos(ab)}$; c'est le cercle qui a pour diamètre la droite joignant le centre des hauteurs de cette face à son centre de gravité.

Il est évident que le centre de la sphère S_3 est le milieu de la droite qui joint le centre des hauteurs du tétraèdre au point de concours des perpendiculaires aux faces menées par leurs centres de gravité. D'après les formules du n° 22, l'x du centre de S_3 sera

$$\xi_3=\frac{1}{2}\left(\frac{\alpha^2}{6h_1}+\frac{\beta^2\gamma^2\delta^2}{32A^2h_1}\right)=\frac{1}{2}\left(\frac{16A^2\alpha^2+3\beta^2\gamma^2\delta^2}{192A^2h_1}\right) \\ =\frac{3.288V^2-2.16A^2\alpha^2}{192A^2h_1}=\frac{96A^2h_1^2-32A^2\alpha^2}{192A^2h_1}=\frac{h_1}{2}-\frac{\alpha^2}{6h_1}.$$

De même

$$\eta_3=\frac{h_2}{2}-\frac{\beta^2}{6h_2}, \qquad \zeta_3=\frac{h_3}{2}-\frac{\gamma^2}{6h_3}, \qquad \upsilon_3=\frac{h_4}{2}-\frac{\delta^2}{6h_4}.$$

Le rayon est évidemment le tiers de celui de la sphère circonscrite, d'après les remarques faites au n° 22.

Si l'on cherche les points d'intersection de la hauteur h_4 avec S_3, on trouve, pour les coordonnées w de ces points, 0 et $h_4-\frac{\delta^2}{3h_4}$. La sphère coupe les quatre hauteurs en des points distants des sommets des longueurs $\frac{\alpha^2}{3h_1}$, $\frac{\beta^2}{3h_2}$, $\frac{\gamma^2}{3h_3}$, $\frac{\delta^2}{3h_4}$. D'autre part, on vérifie aisément que les distances du centre des hauteurs aux sommets sont $\frac{\alpha^2}{2h_1}$, $\frac{\beta^2}{2h_2}$, $\frac{\gamma^2}{2h_3}$, $\frac{\delta^2}{2h_4}$.

La sphère S_3 passe donc par les points situés au tiers des distances du centre des hauteurs aux quatre sommets. La sphère circonscrite S_1 et les deux sphères S_2, S_3 ont même plan radical.

25. *Équation de la sphère qui a pour diamètre la droite joignant le centre de gravité d'un tétraèdre rectangle au point de concours des hauteurs.*

D'après les formules (33) et (33 *bis*), les coordonnées du centre de cette sphère S_4 sont

$$\xi_4 = \frac{1}{2}\left(\frac{h_1}{4} + \frac{\beta^2\gamma^2\delta^2}{32A^2h_1}\right) = \frac{72V^2 + \beta^2\gamma^2\delta^2}{64A^2h_1},$$

$${}_4 = \frac{72V^2 + \gamma^2\alpha^2\delta^2}{64B^2h_2}, \qquad \zeta_4 = \frac{72V^2 + \alpha^2\beta^2\delta^2}{64C^2h_3},$$

$$\upsilon_4 = \frac{72V^2 + \alpha^2\beta^2\gamma^2}{64D^2h_4}.$$

Le plan radical de S_4 et de la sphère circonscrite S_1 pourrait être déterminé en exprimant que les équations du centre (nº 10) sont vérifiées par les coordonnées ξ_4, η_4, ζ_4, υ_4 et que, de plus, S_4 passe par le centre de gravité. Mais il est plus court de procéder de la manière suivante. Remarquons d'abord que le plan radical commun à S_1, S_2, S_3 est perpendiculaire à la droite qui passe par le centre de S_1, par le centre de gravité et le centre des hauteurs; le plan radical de S_1 et S_4 est donc parallèle à ce plan, et l'équation de S_4 sera de la forme

$$\begin{aligned} &BCyz + b^2CAzx + \ldots + (Ax + By + Cz + Dw) \\ &\times\left[\lambda\left(\frac{\alpha^2x}{h_1} + \frac{\beta^2y}{h_2} + \frac{\gamma^2z}{h_3} + \frac{\delta^2w}{h_4}\right) + \mu(Ax + By + Cz + Dw)\right] = 0. \end{aligned}$$

Il suffit d'exprimer que cette équation est satisfaite par les coordonnées du centre de gravité et par celles du centre des hauteurs; on a, après quelques réductions, les deux équations

$$9V(\alpha^2+\beta^2+\gamma^2+\delta^2)+8\lambda(\alpha^2+\beta^2+\gamma^2+\delta^2)+96\mu V=0,$$
$$9V\alpha^2\beta^2\gamma^2\delta^2+8\lambda\alpha^2\beta^2\gamma^2\delta^2+1728\mu V^2=0,$$

qui donnent $\mu=0$ et $\lambda=-\frac{9V}{8}$. On a donc

$$(38)\quad \left\{\begin{aligned} & a^2BCyz+b^2CAzx+\ldots \\ & -\frac{9V}{8}(Ax+By+Cz+Dw) \\ & \times\left(\frac{\alpha^2 x}{h_1}+\frac{\beta^2 y}{h_2}+\frac{\gamma^2 z}{h_3}+\frac{\delta^2 w}{h_4}\right)=S_4=0. \end{aligned}\right.$$

En faisant usage de la formule qui donne le carré de la distance de deux points, on trouve, pour le carré du diamètre de S_4,

$$4R_4^2=\frac{18V^2(\alpha^2+\beta^2+\gamma^2+\delta^2)-\alpha^2\beta^2\gamma^2\delta^2}{576V^2}.$$

26. *Équation de la sphère polaire conjuguée par rapport à un tétraèdre rectangle.*

Il n'est pas possible, en général, de trouver une sphère polaire conjuguée par rapport à un tétraèdre. Supposons, en effet, que l'équation $a_{11}x^2+a_{22}y^2+a_{33}z^2+a_{44}w^2=0$ représente une sphère; d'après le n° 12, on devra avoir entre les quatre coefficients les cinq relations

$$\frac{B^2a_{33}+C^2a_{22}}{a^2B^2C^2}=\frac{C^2a_{11}+A^2a_{33}}{b^2C^2A^2}=\frac{A^2a_{22}+B^2a_{11}}{c^2A^2B^2}$$
$$=\frac{D^2a_{11}+A^2a_{44}}{a'^2A^2D^2}=\frac{D^2a_{22}+B^2a_{44}}{b'^2B^2D^2}=\frac{D^2a_{33}+C^2a_{44}}{c'^2C^2B^2}.$$

En désignant par λ la valeur commune de ces six rapports, on écrira les six équations

$$C^2a_{22}+B^2a_{33}=a^2B^2C^2\lambda,\qquad C^2a_{11}+A^2a_{33}=b^2C^2A^2\lambda,$$
$$B^2a_{11}+A^2a_{22}=c^2A^2B^2\lambda,\qquad D^2a_{11}+A^2a_{44}=a'^2A^2D^2\lambda,$$
$$D^2a_{22}+B^2a_{44}=l'^2B^2D^2\lambda,\qquad D^2a_{33}+C^2a_{44}=c'^2C^2D^2\lambda.$$

Tirons des quatre premières les valeurs de a_{11}, a_{22}, a_{33}, a_{44} pour les substituer dans la cinquième et dans la sixième, il vient

$$2B^2D^2\lambda(a^2+a'^2-b^2-b'^2)=0$$

et

$$2C^2D^2\lambda(a^2+a'^2-c^2-c'^2)=0,$$

c'est-à-dire

$$a^2+a'^2=b^2+b'^2=c^2+c'^2.$$

Donc le tétraèdre doit être rectangle et alors l'équation de la sphère polaire conjuguée est

$$\begin{aligned}&A^2(-a^2+b^2+c^2)x^2+B^2(a^2-b^2+c^2)y^2\\+&C^2(\;\;a^2+b^2-c^2)z^2+D^2(2a'^2+a^2-b^2-c^2)=0\end{aligned}$$

ou bien

$$A^2\alpha^2x^2+B^2\beta^2y^2+C^2\gamma^2z^2+D^2\delta^2w^2=0.$$

On peut écrire, en mettant en évidence le premier membre de l'équation de la sphère circonscrite,

$$(38)\quad\left\{\begin{aligned}&a^2BCyz+b^2CAzx+\ldots\\&-\frac{3V}{2}(Ax+By+Cz+Dw)\\&\times\left(\frac{\alpha^2}{h_1}x+\frac{\beta^2}{h_2}y+\frac{\gamma^2}{h_3}z+\frac{\delta^2}{h_4}w\right)=S_5=0.\end{aligned}\right.$$

On voit que la sphère S_5 appartient au même système que S_1, S_2, S_3 et S_4. Son centre est déterminé par les équations

$$A\alpha^2\xi_5=B\beta^2\eta_5=C\gamma^2\zeta_5-D\delta^2\upsilon_5;$$

c'est le point de concours des hauteurs. Pour trouver le rayon, nous chercherons les points d'intersection de S_5 avec la hauteur h_4 dont les équations peuvent s'écrire

$$\frac{x}{\cos(a)}=\frac{y}{\cos(b)}=\frac{z}{\cos(c)}$$

ou bien

$$\frac{Ax}{\beta^2\gamma^2}=\frac{By}{\gamma^2\alpha^2}=\frac{Cz}{\alpha^2\beta^2}.$$

Les valeurs des w des points d'intersection sont les racines de l'équation

$$96\,\mathrm{V}\mathrm{D}^2 w^2 - 2\,\mathrm{D}\,\alpha^2\beta^2\gamma^2 w + 3\,\mathrm{V}\,\alpha^2\beta^2\gamma^2 = 0.$$

Le carré du diamètre de S_5 est la différence des carrés des racines de cette équation ; on a donc

$$R_5^2 = -\frac{\alpha^2\beta^2\gamma^2\delta^2}{576\,V^2}.$$

R_5 n'est réel que si le produit $\alpha^2\beta^2\gamma^2\delta^2$ est négatif, c'est-à-dire si l'on a

$$(-a^2+b^2+c^2)(a^2-b^2+c^2)(a^2+b^2-c^2) \\ \times(2e^2-a^2-b^2-c^2) < 0.$$

Pour que cette inégalité puisse avoir lieu, un seul des facteurs doit être négatif, sans quoi une des faces du tétraèdre aurait plus d'un angle obtus. Supposons $\alpha^2 < 0$, c'est-à-dire $b^2+c^2 < a^2$; alors l'angle (bc) est obtus. Mais l'inégalité $-a^2+b^2+c^2 < 0$ peut s'écrire

$$a'^2 - e^2 + e^2 - b'^2 + c^2 < 0 \qquad \text{ou} \qquad a'^2 + c^2 < b'^2;$$

donc l'angle (ca') est obtus. On peut écrire aussi

$$a'^2 - e^2 + b^2 + e^2 - c'^2 < 0 \qquad \text{ou} \qquad a'^2 + b^2 < c'^2,$$

ce qui montre que l'angle $(a'b)$ est obtus.

En résumé, pour que la sphère conjuguée soit réelle, un des trièdres du tétraèdre doit être formé par trois faces obtusangles.

Relations entre les rayons des cinq sphères S_1, S_2, ..., S_5 *et les distances de leurs centres au plan radical commun.* — L'application de la formule (24) du n° 13 donne, pour le carré du rayon de S_1,

$$R_1^2 = \frac{72\,V^2(\alpha^2+\beta^2+\gamma^2+\delta^2) - \alpha^2\beta^2\gamma^2\delta^2}{576\,V^2}.$$

Les distances des centres des cinq sphères à leur plan radical commun sont

$$d_1 = \frac{36V^2(\alpha^2+\beta^2+\gamma^2+\delta^2) - \alpha^2\beta^2\gamma^2\delta^2}{24V\sqrt{18V^2(\alpha^2+\beta^2+\gamma^2+\delta^2) - \alpha^2\beta^2\gamma^2\delta^2}}$$

$$= \frac{36V^2(\alpha^2+\beta^2+\gamma^2+\delta^2) - \alpha^2\beta^2\gamma^2\delta^2}{24V\sqrt{Q}},$$

$$d_2 = \frac{3V(\alpha^2+\beta^2+\gamma^2+\delta^2)}{4\sqrt{Q}},$$

$$d_3 = \frac{36V^2(\alpha^2+\beta^2+\gamma^2+\delta^2) + \alpha^2\beta^2\gamma^2\delta^2}{72V\sqrt{Q}},$$

$$d_4 = \frac{18V^2(\alpha^2+\beta^2+\gamma^2+\delta^2) + \alpha^2\beta^2\gamma^2\delta^2}{48V\sqrt{Q}},$$

$$d_5 = \frac{\alpha^2\beta^2\gamma^2\delta^2}{24V\sqrt{Q}}.$$

On trouve, pour le carré de la distance des centres des sphères S_1 et S_5,

$$d_{15}^2 = \frac{72V^2(\alpha^2+\beta^2+\gamma^2+\delta^2) - 4\alpha^2\beta^2\gamma^2\delta^2}{576V^2} = R_1^2 + 3R_5^2.$$

Les expressions de d_1, d_2, ..., d_5 se simplifient par l'introduction des valeurs de R_1, R_5 et d_{15}; on a d'abord

$$\sqrt{18V^2(\alpha^2+\beta^2+\gamma^2+\delta^2) - \alpha^2\beta^2\gamma^2\delta^2} = \sqrt{Q} = 12Vd_{14},$$

puis

$$576V^2R_1^2 = 72V^2(\alpha^2+\beta^2+\gamma^2+\delta^2) - \alpha^2\beta^2\gamma^2\delta^2$$

avec

$$576V^2R_5^2 = -\alpha^2\beta^2\gamma^2\delta^2,$$

ce qui donne

$$\alpha^2+\beta^2+\gamma^2+\delta^2 = 8(R_1^2 - R_5^2).$$

On pourra donc écrire

$$d_1 = \frac{36V^2.8(R_1^2 - R_5^2) + 576V^2R_5^2}{12,24V^2d_{15}} = \frac{R_1^2 + R_5^2}{d_{15}}$$

et, de même,

$$d_2 = \frac{R_1^2 - R_5^2}{2d_{15}}, \qquad d_3 = \frac{R_1^2 - 3R_5^2}{3d_{15}},$$

$$d_4 = \frac{R_1^2 - 5R_5^2}{4d_{15}}, \qquad d_5 = -\frac{2R_5^2}{d_{15}},$$

et enfin (d'après les nos 23 et 25)

$$R_2^2 = \tfrac{1}{4}(R_1^2 - R_5^2) \qquad \text{et} \qquad R_4 = \frac{d_{15}}{4}.$$

27. *Trouver à quelles conditions doit satisfaire un tétraèdre pour que l'on puisse construire une sphère tangente aux six arêtes.*

L'équation générale des quadriques tangentes aux arêtes du tétraèdre de référence est

$$\begin{aligned}&\lambda^2 x^2 + \mu^2 y^2 + \nu^2 z^2 + \rho^2 w^2\\ &\quad - 2\mu\nu yz - 2\nu\lambda zx - 2\lambda\mu xy - 2\lambda\rho xw - 2\mu\rho yw - 2\nu\rho zw = 0.\end{aligned}$$

Pour que cette équation représente une sphère, on doit avoir

$$\begin{aligned}\frac{B^2\nu^2 + C^2\mu^2 + 2BC\mu\nu}{a^2B^2C^2} &= \frac{C^2\lambda^2 + A^2\nu^2 + 2CA\nu\lambda}{b^2C^2A^2} = \ldots\\ &= \frac{C^2\rho^2 + D^2\nu^2 + 2CD\nu\rho}{c'^2C^2D^2}\end{aligned}$$

ou bien

$$\begin{aligned}\frac{B\nu + C\mu}{aBC} &= \pm\frac{C\lambda + A\nu}{bCA} = \pm\frac{A\mu + B\lambda}{cAB}\\ = \pm\frac{A\rho + D\lambda}{a'AD} &= \pm\frac{B\rho + D\mu}{b'BD} = \pm\frac{C\rho + D\nu}{c'CD}.\end{aligned}$$

L'élimination de λ, μ, ν, ρ conduit aux deux équations de condition

$$\begin{vmatrix} 0 & C & B & 0 & \pm aBC \\ C & 0 & A & 0 & \pm bCA \\ B & A & 0 & 0 & \pm cAB \\ D & 0 & 0 & A & \pm a'AD \\ 0 & D & 0 & B & \pm b'BD \end{vmatrix} = 0, \qquad \begin{vmatrix} 0 & C & B & 0 & \pm aBC \\ C & 0 & A & 0 & \pm bCA \\ B & A & 0 & 0 & \pm cAB \\ D & 0 & 0 & A & \pm a'AD \\ 0 & 0 & D & C & \pm c'CD \end{vmatrix} = 0,$$

dans lesquelles on doit combiner les signes + et — de toutes les manières possibles.

Le développement de ces déterminants fait voir que les seules conditions possibles et distinctes sont les suivantes :

$$a+a'=b+b'=c+c', \qquad a-a'=b-b'=c-c',$$
$$a+a'=b+b'=c-c', \qquad a+a'=b-b'=c-c'.$$

Les deux dernières doivent être rejetées. Supposons, en effet, que l'on ait $a+a'=k$, $b+b'=k$, $c-c'=k$; dans la face BCD, on devrait avoir $a<b'+c'$, c'est-à-dire $a<k-b+c-k$ ou $a<c-b$, ce qui est impossible, car on ne pourrait construire le triangle ABC. Pour la même raison, on ne peut jamais avoir

$$a+a'=b-b'=c-c'.$$

On conclut de là que, *si les arêtes d'un tétraèdre sont tangentes à une même sphère, les sommes ou les différences des couples d'arêtes opposées ont une valeur constante.* La Géométrie fait reconnaître facilement que, dans le premier cas, la sphère touche toutes les arêtes intérieurement, c'est-à-dire entre les sommets, et que, dans le second cas, la sphère touche intérieurement les arêtes d'une même face et extérieurement les trois autres.

Examinons seulement le premier cas; alors tous les éléments des dernières colonnes des deux déterminants sont pris avec le même signe. Les valeurs de λ, μ, ν, ρ sont données par les quatre équations

$$C\mu+B\nu=aBCk, \qquad A\nu+C\lambda=bCAk,$$
$$B\lambda+A\mu=cABk, \qquad A\rho+D\lambda=a'ADk,$$

k étant un paramètre arbitraire.

On trouve, en faisant $k=2$,

$$\lambda=A(-a+b+c), \qquad \mu=B(a-b+c),$$
$$\nu=C(a+b-c), \qquad \rho=D(a-b-c+2a').$$

Posons

$$l=a+a'=b+b'=c+c',$$

puis

$$\alpha = -a + b + c, \qquad \beta = a - b + c,$$
$$\gamma = a + b - c, \qquad \delta = 2l - a - b - c,$$

de sorte que

$$a - b - c + 2a' = 2l - a - b - c = \delta.$$

L'équation de la sphère s'écrira

$$\begin{aligned} &A^2\alpha^2x^2 + B^2\beta^2y^2 + C^2\gamma^2z^2 + D^2\delta^2w^2 \\ &- 2BC\beta\gamma yz - 2CA\gamma\alpha zx - 2AB\alpha\beta xy \\ &- 2AD\alpha\delta xw - 2BD\beta\delta yw - 2CD\gamma\delta zw = 0 \end{aligned}$$

ou bien, en mettant en évidence la sphère circonscrite,

$$\begin{aligned} &4(a^2BCyz + b^2CAzx + \ldots) \\ &\quad -(Ax + By + Cz + Dw)(A\alpha^2x + B\beta^2y + C\gamma^2z + D\delta^2w) = 0. \end{aligned}$$

Les coordonnées du centre sont

$$x = \frac{\beta\gamma\delta(-\beta\gamma\delta + \gamma\alpha\delta + \alpha\beta\delta + \alpha\beta\gamma)}{192\,AV},$$
$$y = \frac{\gamma\alpha\delta(-\gamma\alpha\delta + \alpha\beta\delta + \beta\gamma\delta + \alpha\beta\gamma)}{192\,BV},$$
$$z = \frac{\alpha\beta\delta(-\alpha\beta\delta + \beta\gamma\delta + \gamma\alpha\delta + \alpha\beta\gamma)}{192\,CV},$$
$$w = \frac{\alpha\beta\gamma(-\alpha\beta\gamma + \beta\gamma\delta + \gamma\alpha\delta + \alpha\beta\delta)}{192\,DV}.$$

Le carré du rayon de la sphère est égal au carré de la distance du centre à l'une des faces du tétraèdre, plus le carré du rayon du cercle inscrit dans cette face. Pour la face D, ce dernier rayon est $\frac{1}{2}\sqrt{\frac{\alpha\beta\gamma}{\alpha+\beta+\gamma}}$; on a donc

$$\begin{aligned} R^2 &= w^2 + \frac{\alpha\beta\gamma}{4(\alpha+\beta+\gamma)} \\ &= \frac{\alpha^2\beta^2\gamma^2(-\alpha\beta\gamma + \beta\gamma\delta + \gamma\alpha\delta + \alpha\beta\delta)^2}{(192)^2D^2V^2} + \frac{\alpha\beta\gamma}{4(\alpha+\beta+\gamma)}, \end{aligned}$$

et comme

$$D^2 = \frac{1}{16}\alpha\beta\gamma(\alpha+\beta+\gamma),$$

il vient, après réductions,

$$R^2 = \frac{\alpha^2\beta^2\gamma^2\delta^2}{576\,V^2}.$$

Il faut tenir compte, pour effectuer ce dernier calcul, de l'expression du volume du tétraèdre qui est, dans le cas actuel,

$$576\,V^2 = 2\,\alpha\beta\gamma\delta\,\Sigma\,\alpha\beta - \Sigma\,\alpha^2\beta^2\gamma^2.$$

Au lieu des quantités α, β, γ, δ, on peut introduire, dans les calculs précédents, les distances α_1, β_1, γ_1, δ_1 des sommets aux points de contact des arêtes; soient A_1, B_1, C_1, A'_1, B'_1, C'_1 ces points de contact sur les arêtes a, b, c, a', b', c'. On a évidemment

$$AA'_1 = AB_1 = AC_1 = \alpha_1, \qquad BB'_1 = BC_1 = BA_1 = \beta_1,$$
$$CC'_1 = CA_1 = CB_1 = \gamma_1, \qquad DA'_1 = DB'_1 = DC'_1 = \delta_1$$

et

$$a = \beta_1 + \gamma_1, \qquad b = \gamma_1 + \alpha_1, \qquad c = \alpha_1 + \beta_1,$$
$$a' = \alpha_1 + \delta_1, \qquad b' = \beta_1 + \delta_1, \qquad c' = \gamma_1 + \delta_1;$$

par suite

$$-a + b + c = \alpha = 2\alpha_1$$

et aussi

$$\beta = 2\beta_1, \qquad \gamma = 2\gamma_1, \qquad \delta = 2\delta_1.$$

D'après ces relations, le rayon de la sphère a pour valeur

$$R = \frac{2\,\alpha_1\beta_1\gamma_1\delta_1}{3\,V}.$$

On démontre aussi facilement que les angles φ, φ_1, φ_2 des arêtes opposées deux à deux satisfont à la relation

$$\operatorname{tang}\frac{\varphi}{2}\operatorname{tang}\frac{\varphi_1}{2}\operatorname{tang}\frac{\varphi_2}{2} = 1.$$

Reprenons l'équation de la sphère tangente aux arêtes du tétraèdre et désignons par S le premier membre de cette équation. Les équations des cônes circonscrits à la sphère et dont les sommets sont A, B peuvent s'écrire

$$S - (\ \ A\alpha x - B\beta y + C\gamma z + D\delta w)^2 = 0,$$
$$S - (-A\alpha x + B\beta y + C\gamma z + D\delta w)^2 = 0.$$

Ces cônes se coupent suivant deux courbes planes situées dans les plans $C\gamma z + D\delta w = 0$ et $A\alpha x - B\beta y = 0$. Le premier de ces plans est un plan tangent commun qui touche les cônes suivant l'arête commune AB. Les six plans

$$A\alpha x - B\beta y = 0, \qquad A\alpha x - C\gamma z = 0, \qquad A\alpha x - D\delta w = 0,$$
$$B\beta y - C\gamma z = 0, \qquad B\beta y - D\delta w = 0, \qquad C\gamma z - D\delta w = 0,$$

qui sont ceux des sections planes communes aux quatre cônes circonscrits de sommets A, B, C, D pris deux à deux, se coupent en un même point dont les coordonnées sont proportionnelles à $\frac{1}{A\alpha}, \frac{1}{B\beta}, \frac{1}{C\gamma}, \frac{1}{D\delta}$.

28. *Si l'on joint un point quelconque* P *aux sommets d'un tétraèdre régulier* ABCD, *les droites* PA, PB, PC, PD *coupent la sphère circonscrite en quatre points* A', B', C', D', *tels que les produits des couples d'arêtes opposées de ce nouveau tétraèdre sont égaux.*

Le tétraèdre de référence étant régulier, l'équation de la sphère circonscrite se réduit à $\Sigma xy = 0$.

Soient (x', y', z', w') les coordonnées du point P qui satisfont à la relation

$$x' + y' + z' + w' = \frac{3V}{A} = a\sqrt{\frac{2}{3}},$$

a étant l'arête du tétraèdre. Nous poserons

$$S_{x'} = y' + z' + w',$$
$$S_{y'} = z' + x' + w',$$
$$\dots\dots\dots\dots\dots;$$
$$Q_{x'} = y'z' + z'w' + y'w',$$
$$Q_{y'} = z'x' + x'w' + z'w',$$
$$\dots\dots\dots\dots\dots\dots\dots;$$
$$P_{x'} = y'^2 + z'^2 + w'^2 + y'z' + y'w' + z'w',$$
$$P_{y'} = z'^2 + x'^2 + w'^2 + z'x' + x'w' + z'w',$$
$$\dots\dots\dots\dots\dots\dots\dots\dots\dots\dots\dots\dots\dots;$$

Cela posé, les coordonnées des points A', B', C', D' ont les valeurs suivantes :

$$x_1 = -k\frac{Q_{x'}}{P_{x'}},\quad y_1 = k\frac{y'S_{x'}}{P_{x'}},\quad z_1 = k\frac{z'S_{x'}}{P_{x'}},\quad w_1 = kw'\frac{S_{x'}}{P_{x'}};$$
$$x_2 = kx'\frac{S_{y'}}{P_{y'}},\quad y_2 = -k\frac{Q_{y'}}{P_{y'}},\quad z_2 = kz'\frac{S_{y'}}{P_{y'}},\quad w_2 = kw'\frac{S_{y'}}{P_{y'}};$$
$$x_3 = kx'\frac{S_{z'}}{P_{z'}},\quad y_3 = ky'\frac{S_{z'}}{P_{z'}},\quad z_3 = -k\frac{Q_{z'}}{P_{z'}},\quad w_3 = kw'\frac{S_{z'}}{P_{z'}};$$
$$x_4 = kx'\frac{S_{w'}}{P_{w'}},\quad y_4 = ky'\frac{S_{w'}}{P_{w'}},\quad z_4 = kz'\frac{S_{w'}}{P_{w'}},\quad w_4 = -k\frac{Q_{w'}}{P_{w'}}.$$

Le calcul des arêtes donne ensuite

$$\overline{B'C'}^2 = \frac{a^2}{P_{y'}P_{z'}}(y'z'+z'x'+x'y'+x'w'+y'w'+z'w')^2 = \frac{a^2\Sigma^2}{P_{y'}P_{z'}},$$
$$\overline{C'A'}^2 = \frac{a^2\Sigma^2}{P_{z'}P_{x'}},\qquad \overline{A'B'}^2 = \frac{a^2\Sigma^2}{P_{x'}P_{y'}},\qquad \overline{A'D'}^2 = \frac{a^2\Sigma^2}{P_{x'}P_{w'}},$$
$$\overline{B'D'}^2 = \frac{a^2\Sigma^2}{P_{y'}P_{w'}},\qquad \overline{C'D'}^2 = \frac{a^2\Sigma^2}{P_{z'}P_{w'}}.$$

On a donc

$$B'C'.A'D' = C'A'.B'D' = A'B'.C'D' = \frac{a^2\Sigma^2}{\sqrt{P_{x'}P_{y'}P_{z'}P_{w'}}}.$$

Le tétraèdre A'B'C'D' rentre dans la catégorie des polyèdres que MM. Tarry et Neuberg appellent *polyèdres harmoniques* (Mémoire présenté en 1886 à l'Association française pour l'avancement des Sciences, Congrès de Nancy).

Il est facile d'interpréter géométriquement les quantités Σ, $P_{x'}$, $P_{y'}$, $P_{z'}$, $P_{w'}$ qui figurent dans l'expression précédente. Le carré de la distance du point P au centre de la sphère circonscrite au tétraèdre a pour expression, en désignant par h la hauteur,

$$-d^2 = \frac{a^2}{h^2}\left[\left(\frac{h}{4}-x'\right)\left(\frac{h}{4}-w'\right)+\left(\frac{h}{4}-y'\right)\left(\frac{h}{4}-w'\right)+\ldots\right]$$
$$= \frac{a^2}{h^2}\left[\frac{3h^2}{8}-\frac{3h}{8}(x'+y'+z'+w')+\Sigma x'y'\right]$$
$$= \frac{3}{2}\left(\frac{3h^2}{8}-\frac{3h^2}{4}+\Sigma x'y'\right);$$

donc

$$\frac{3}{2}\Sigma - \frac{9h^2}{16} - d^2 = R^2 - d^2,$$

c'est-à-dire que $\frac{3}{2}\Sigma$ n'est autre chose que la puissance du point P par rapport à la sphère.

On a aussi

$$-\overline{DP}^2 = \frac{a^2}{h^2}[(x'+y'+z')(w'-h)+y'z'+z'x'+x'y')$$
$$= \frac{a^2}{h^2}[-(x'+y'+z')^2+y'z'+z'x'+x'y'],$$

puisque $x'+y'+z'+w'=h$. Ainsi

$$\overline{DP}^2 = \frac{3}{2}P'_w;$$

de même

$$\overline{CP}^2 = \frac{3}{2}P'_z, \quad \ldots.$$

Le produit des arêtes opposées du tétraèdre a donc pour expression

$$\frac{a^2(R^2-d^2)^2}{PA.PB.PC.PD}.$$

29. *Lorsque, dans un tétraèdre, les produits des couples d'arêtes opposés sont égaux : 1° les droites qui joignent chaque sommet au point de concours des médianes antiparallèles de la face opposée se coupent en un même point* (point de Lemoine du tétraèdre) *dont les coordonnées sont proportionnelles aux rayons des cercles circonscrits aux faces; 2° les mêmes droites passent par les pôles des faces du tétraèdre par rapport à la sphère circonscrite.*

Nous supposons que les arêtes du tétraèdre de référence satisfont aux relations

$$aa' = bb' = cc' = k^2.$$

Les coordonnées trilinéaires du point de concours des médianes antiparallèles de la face A (ou *point de Lemoine* de cette face) sont, par rapport au triangle BCD,

$$y' = \frac{2Ac'}{a^2+b'^2+c'^2}, \qquad z' = \frac{2Ab'}{a^2+b'^2+c'^2}, \qquad w' = \frac{2Aa}{a^2+b'^2+c'^2}$$

(*voir* Ire Partie, Chap. VII, n° 2).

Les coordonnées tétraédriques du même point sont

$$y = y'\sin(c') = y'\frac{3Vc'}{2AB} = \frac{3Vc'^2}{B(a^2+b'^2+c'^2)},$$

$$z = z'\sin(b') = \frac{3Vb'^2}{C(a^2+b'^2+c'^2)},$$

$$w = w'\sin(a) = \frac{3Va^2}{D(a^2+b'^2+c'^2)};$$

de même pour les autres faces.

Les quatre droites joignant les sommets aux points de Lemoine des faces opposées ont donc pour équations

$$\frac{By}{c'^2} = \frac{Cz}{b'^2} = \frac{Dw}{a^2}, \qquad \frac{Cz}{a'^2} = \frac{Ax}{c'^2} = \frac{Dw}{b^2},$$

$$\frac{Ax}{b'^2} = \frac{By}{a'^2} = \frac{Dw}{c^2}, \qquad \frac{Ax}{a^2} = \frac{By}{b^2} = \frac{Cz}{c^2},$$

et elles se rencontrent si l'on a

$$a^2a'^2 = b^2b'^2 = c^2c'^2.$$

Leur point de concours L est défini alors par les équations

$$\frac{Ax}{a^2c'^2} = \frac{By}{b^2c'^2} = \frac{Cz}{c^2c'^2} = \frac{Dw}{a^2b^2};$$

ses coordonnées sont, en valeurs absolues,

$$x = \frac{3Va^2c'^2}{A(a^2b^2+a^2c'^2+b^2c'^2+c^2c'^2)}$$

$$= \frac{3Va^2k^4}{A(a^2b^2c^2+k^4a^2+k^4b^2+k^4c^2)},$$

$$y = \frac{3Vb^2k^4}{B(a^2b^2c^2+\ldots)},$$

$$z = \frac{3Vc^2k^4}{C(a^2b^2c^2+\ldots)},$$

$$w = \frac{3Va^2b^2c^2}{D(a^2b^2b^2+\ldots)}.$$

Le rayon du cercle circonscrit à la face A est

$$R_1 = \frac{ab'c'}{4A};$$

on a aussi

$$R_2 = \frac{bc'a'}{4B}, \qquad R_3 = \frac{ca'b'}{4C}, \qquad R_4 = \frac{abc}{4D};$$

comme Ax, By, Cz, Dw sont proportionnels aux quantités $ab'c'$, $bc'a'$, $ca'b'$, abc, on peut écrire

$$\frac{x}{R_1} = \frac{y}{R_2} = \frac{z}{R_3} = \frac{w}{R_4}.$$

Le pôle de la face A, par rapport à la sphère circonscrite, est défini par les trois équations

$$\begin{aligned} a^2Cz + c^2Ax + b'^2Dw &= 0, \\ a^2By + b^2Ax + c'^2Dw &= 0, \\ a'^2Ax + b'^2By + c'^2Cz &= 0, \end{aligned}$$

dont les premiers membres sont les dérivées de

$$a^2BCyz + b^2CAzx + \ldots$$

par rapport à y, z, w; ces équations donnent

$$\frac{Ax}{2a^2b'^2c'^2} = \frac{By}{c'^2(c^2c'^2 - a^2a'^2 - b^2b'^2)}$$
$$= \frac{Cz}{b'^2(b^2b'^2 - c^2c'^2 - a^2a'^2)} = \frac{Dw}{a^2(a^2a'^2 - b^2b'^2 - c^2c'^2)}$$

et, par suite, dans le cas actuel,

$$-\frac{Ab^2c^2x}{2a^2k^4} = \frac{Bc^2y}{k^4} = \frac{Cb^2z}{k^4} = \frac{Dw}{a^2}.$$

Le point ainsi défini est en ligne droite avec le sommet A et le point L.

30. *Lorsque, dans un tétraèdre, les produits des couples d'arêtes opposées sont égaux : 1° on peut construire un ellipsoïde tangent aux faces du tétraèdre en leurs points de Lemoine, et cet ellipsoïde est de révolution; 2° on peut construire un deuxième ellipsoïde de révolution tangent aux six arêtes.*

1° Soit

$$a_{11}x^2 + a_{22}y^2 + \ldots + 2a_{34}zw = 0$$

l'équation de la surface inscrite dans le tétraèdre; en procédant comme au n° 11 du Chapitre VI, nous exprimerons qu'elle est tangente au plan $x = 0$ au point de Lemoine dont les coordonnées sont proportionnelles à $\frac{c'^2}{B}$, $\frac{b'^2}{C}$, $\frac{a^2}{D}$ ou $k^4\frac{B}{c^2}$, $k^4\frac{C}{b^2}$, $\frac{a^2}{D}$ (n° 29), en écrivant que le plan polaire de ce point est $x = 0$, ce qui donne le groupe d'équations de condition

$$(\alpha)\qquad \left\{\begin{aligned} a_{22}\frac{k^4}{Bc^2} + a_{23}\frac{k^4}{Cb^2} + a_{24}\frac{a^2}{D} &= 0,\\ a_{23}\frac{k^4}{Bc^2} + a_{33}\frac{k^4}{Cb^2} + a_{34}\frac{a^2}{D} &= 0,\\ a_{24}\frac{k^4}{Bc^2} + a_{34}\frac{k^4}{Cb^2} + a_{44}\frac{a^2}{D} &= 0.\end{aligned}\right.$$

On a de même les trois autres groupes

$$(\beta)\qquad \left\{\begin{aligned} a_{11}\frac{k^4}{Ac^2} + a_{13}\frac{k^4}{Ca^2} + a_{14}\frac{b^2}{D} &= 0,\\ a_{13}\frac{k^4}{Ac^2} + a_{33}\frac{k^4}{Ca^2} + a_{34}\frac{b^2}{D} &= 0,\\ a_{14}\frac{k^4}{Ac^2} + a_{34}\frac{k^4}{Ca^2} + a_{44}\frac{b^2}{D} &= 0;\end{aligned}\right.$$

$$(\gamma)\qquad \left\{\begin{aligned} a_{11}\frac{k^4}{Ab^2} + a_{12}\frac{k^4}{Ba^2} + a_{14}\frac{c^2}{D} &= 0,\\ a_{12}\frac{k^4}{Ab^2} + a_{22}\frac{k^4}{Ba^2} + a_{24}\frac{c^2}{D} &= 0,\\ a_{14}\frac{k^4}{Ab^2} + a_{24}\frac{k^4}{Ba^2} + a_{44}\frac{c^2}{D} &= 0;\end{aligned}\right.$$

$$(\delta)\qquad \left\{\begin{aligned} a_{11}\frac{a^2}{A} + a_{12}\frac{b^2}{B} + a_{13}\frac{c^2}{C} &= 0,\\ a_{12}\frac{a^2}{A} + a_{22}\frac{b^2}{B} + a_{23}\frac{c^2}{C} &= 0,\\ a_{13}\frac{a^2}{A} + a_{23}\frac{b^2}{B} + a_{33}\frac{c^2}{C} &= 0.\end{aligned}\right.$$

Les troisièmes équations des groupes (α), (β), (γ) donnent

$$\frac{a_{14}}{a_{44}} = -\frac{A b^2 c^2}{2k^4 D}, \qquad \frac{a_{24}}{a_{44}} = -\frac{B c^2 a^2}{2k^4 D}, \qquad \frac{a_{34}}{a_{44}} = -\frac{C a^2 b^2}{2k^4 D};$$

l'élimination de a_{23} entre les deux premières équations (α), de a_{31} entre les deux premières équations (β), et de a_{12} entre les deux premières équations (γ) conduit au nouveau groupe

$$\frac{a_{22}}{B^2 c^4} - \frac{a_{33}}{C^2 b^4} = 0, \qquad \frac{a_{33}}{C^2 a^4} - \frac{a_{11}}{A^2 c^4} = 0, \qquad \frac{a_{11}}{A^2 b^4} - \frac{a_{22}}{B^2 a^4} = 0,$$

d'où

$$a_{11} = \lambda A^2 b^4 c^4, \qquad a_{22} = \lambda B^2 c^4 a^4, \qquad a_{33} = \lambda C^2 a^4 b^4;$$

enfin, par la substitution de ces valeurs dans le groupe (δ), il vient

$$\begin{aligned} 2a_{23} &= -\lambda BC\, a^4 b^2 c^2, \\ 2a_{31} &= -\lambda CA\, a^2 b^4 c^2, \\ 2a_{12} &= -\lambda AB\, a^2 b^2 c^4. \end{aligned}$$

Il suffit alors de remplacer a_{22}, a_{23}, a_{24} par leurs valeurs dans la première équation (α) pour avoir λ; on trouve

$$\lambda = \frac{a_{44}}{k^8 D^2}.$$

Toutes les équations de condition sont vérifiées, et l'on a, pour l'équation de la surface,

$$\begin{aligned} E = {} & 2A^2 b^4 c^4 x^2 + 2B^2 c^4 a^4 y^2 + 2C^2 a^4 b^4 z^2 + 2D^2 k^8 w^2 \\ & - a^2 b^2 c^2 (BC a^2 yz + CA\, b^2 zx + AB\, c^2 xy) \\ & - k^4 D (A b^2 c^2 xw + B c^2 a^2 yw + C a^2 b^2 zw) = 0. \end{aligned}$$

Celle de la sphère circonscrite étant

$$\begin{aligned} & a^4 b^2 c^2 BC yz + a^2 b^4 c^2 CA\, zx \\ & \quad + a^2 b^2 c^4 AB\, xy + k^4 b^2 c^2 AD\, xw \\ & \quad + k^4 c^2 a^2 BD\, yw + k^4 a^2 b^2 CD\, zw - S_1 = 0, \end{aligned}$$

on peut écrire

$$E = 2A^2 b^4 c^4 x^2 + 2B^2 c^4 a^4 y^2 + 2C^2 a^4 b^4 z^2 + 2D^2 k^8 w^2 - S_1 = 0$$

et, par suite,

$$E + 5S_1 = 2(Ab^2c^2x + Bc^2a^2y + Ca^2b^2z + Dk^4w)^2.$$

Donc la surface E est de révolution ; l'axe de révolution est perpendiculaire au plan

$$Ab^2c^2x + Bc^2a^2y + Ca^2b^2z + Dk^4w = 0.$$

2° On a vu, dans la Ire Partie (Chap. VII, n° 14), que l'équation

$$\sqrt{\frac{x}{a}} + \sqrt{\frac{y}{b}} + \sqrt{\frac{z}{c}} = 0$$

ou

$$\begin{aligned} &b^2c^2x^2 + c^2a^2y^2 + a^2b^2z^2 \\ &\quad - 2bca^2yz - 2cab^2zx - 2abc^2xy = 0 \end{aligned}$$

représente une ellipse inscrite dans le triangle ABC et dont les foyers sont les *points de Brocard* du triangle. L'équation de cette ellipse en coordonnées tétraédriques s'obtient en remplaçant x, y, z par $\frac{x}{\sin(a)}$, $\frac{y}{\sin(b)}$, $\frac{z}{\sin(c)}$ ou par $\frac{Ax}{a}$, $\frac{By}{b}$, $\frac{Cz}{c}$, ce qui donne

$$\begin{aligned} &A^2b^4c^4x^2 + B^2c^4a^4y^2 + C^2a^4b^4z^2 \\ &\quad - 2a^4b^2c^2BCyz - 2a^2b^4c^2CAzx - 2a^2b^2c^4ABxy = 0. \end{aligned}$$

L'ellipse correspondante inscrite dans la face A est

$$\begin{aligned} &B^2c^4a^4y^2 + C^2a^4b^4z^2 + D^2k^8z^2 \\ &\quad - 2a^4b^2c^2BCyz - 2k^4c^2a^2BDyw - 2k^4a^2b^2CDzw = 0. \end{aligned}$$

Les ellipses inscrites dans les faces B et C s'obtiennent de même par permutation de lettres.

On voit tout de suite que la surface

$$\begin{aligned} E' = {} & A^2b^4c^4x^2 + B^2c^4a^4y^2 + C^2a^4b^4z^2 + D^2k^8w^2 \\ & - 2a^2b^2c^2(BCa^2yz + CAb^2zx + ABc^2xy) \\ & - 2k^4D(Ab^2c^2xw + Bc^2a^2yw + Ca^2b^2zw) = 0 \end{aligned}$$

coupe les faces suivant les quatre *ellipses de Brocard* et est tangente aux six arêtes.

Comme on a identiquement

$$E' + 4S_1 = (A b^2 c^2 x + B c^2 a^2 y + C a^2 b^2 z + D k^4 w)^2,$$

la surface E' est de révolution et son axe coïncide avec celui de la surface E. En effet, les axes des deux quadriques passent nécessairement par le centre de la sphère circonscrite et ils sont perpendiculaires au même plan. On peut constater que les trois droites joignant les points de contact de E' avec les couples d'arêtes opposées du tétraèdre se rencontrent au point L défini au n° 29.

31. *Équation de l'hyperboloïde qui passe par les quatre hauteurs d'un tétraèdre quelconque.*

L'équation générale des quadriques qui passent par les hauteurs

$$[x\cos(c) - z\cos(a) = 0,\ y\cos(c) - z\cos(b) = 0]$$

et

$$[x\cos(c) - w\cos(b') = 0,\ y\cos(c) - w\cos(a') = 0]$$

est de la forme

$$\begin{aligned}
&\lambda[x\cos(c) - z\cos(a)][x\cos(c) - w\cos(b')]\\
&+ \mu[x\cos(c) - z\cos(a)][y\cos(c) - w\cos(a')]\\
&+ \nu[y\cos(c) - z\cos(b)][x\cos(c) - w\cos(b')]\\
&+ \rho[y\cos(c) - z\cos(b)][y\cos(c) - w\cos(a')] = 0.
\end{aligned}$$

Pour que cette surface passe par la hauteur

$$[x\cos(b) - w\cos(c') = 0,\ z\cos(b) - w\cos(a') = 0],$$

il faut prendre

$$\begin{aligned}
&\lambda = 0,\\
&\rho = 0,\\
&\mu - k[\cos(c)\cos(c') - \cos(b)\cos(b')],\\
&\nu - k[\cos(a)\cos(a') - \cos(c)\cos(c')],
\end{aligned}$$

de sorte que l'équation de l'hyperboloïde est

$$\begin{aligned}
& yz\cos(a)[\cos(b)\cos(b') - \cos(c)\cos(c')]\\
+ & zx\cos(b)[\cos(c)\cos(c') - \cos(a)\cos(a')]\\
+ & xy\cos(c)[\cos(a)\cos(a') - \cos(b)\cos(b')]\\
+ & xw\cos(a')[\cos(b)\cos(b') - \cos(c)\cos(c')]\\
+ & yw\cos(b')[\cos(c)\cos(c') - \cos(a)\cos(a')]\\
+ & zw\cos(c')[\cos(a)\cos(a') - \cos(b)\cos(b')] = 0.
\end{aligned}$$

On vérifie qu'il passe par la quatrième hauteur

$$\frac{y}{\cos(c')} = \frac{z}{\cos(b')} = \frac{w}{\cos(c)}.$$

On pourrait vérifier, au moyen de l'équation précédente, que le centre de l'hyperboloïde, le centre de la sphère circonscrite au tétraèdre et le centre de gravité sont en ligne droite. Voici une démonstration géométrique de ce théorème :

Soient d la projection du sommet D sur la face ABC; H le point de concours des hauteurs de cette face. La hauteur du tétraèdre, projetée en d, et la perpendiculaire menée par H au plan ABC sont deux génératrices parallèles de l'hyperboloïde. Le plan de ces droites passe par le centre qui est projeté en c, milieu de Hd. Soient O le centre du cercle circonscrit au triangle ABC (projection du centre de la sphère circonscrite au tétraèdre) et g le centre de gravité de ABC; les points O, g, H sont en ligne droite, et l'on sait que $g\mathrm{H} = 2\,\mathrm{O}g$. Joignons dg; cette droite coupe Oc en G; considérons enfin le triangle dgH, coupé par la transversale OGc. On a

$$dc.\mathrm{HO}.g\mathrm{G} = d\mathrm{G}.\mathrm{H}c.g\mathrm{O}$$

ou bien

$$\frac{g\mathrm{G}}{d\mathrm{G}} = \frac{\mathrm{H}c.g\mathrm{O}}{dc.\mathrm{HO}} = \frac{g\mathrm{O}}{\mathrm{HO}} = \frac{1}{3}.$$

Donc le point G, situé au quart de dg à partir de g, est la projection du centre de gravité du tétraèdre. En opérant de même pour les autres faces, on verra que les trois points mentionnés plus haut sont en ligne droite.

32. *Paraboloïde passant par les côtés d'un quadrilatère gauche; sommet et axe de ce paraboloïde.*

Soient AB, AC, BD, CD quatre arêtes du tétraèdre de référence considérées comme les côtés d'un quadrilatère gauche; l'équation générale des quadriques passant par les quatre droites est

$$yz + \lambda xw = 0$$

et le lieu de leurs centres est la droite

$$(By - Cz = 0, \ Ax - Dw \ \ 0),$$

qui joint les milieux des arêtes AD, BC. Le paraboloïde compris dans l'équation générale est

$$BCyz - ADwx = 0;$$

il admet pour génératrices rectilignes les systèmes de droites

$$(By - \lambda Ax - 0, \ \lambda Cz - Dw = 0)$$

et

$$(By - \mu Dw = 0, \ \mu Cz - Ax = 0).$$

Les plans directeurs sont parallèles aux plans $Ax - Dw = 0$, $By - Cz - 0$.

L'axe et le sommet du paraboloïde peuvent être déterminés par le calcul suivant :

Le plan de deux génératrices de système différent aux paramètres λ et μ a pour équation

$$A\lambda x - By - C\lambda\mu z + D\mu w = 0;$$

c'est le plan tangent en un point de la surface dont les coordonnées sont définies par

$$\frac{Ax}{\mu} = \frac{By}{\lambda\mu} = Cz = \frac{Dw}{\lambda}.$$

Pour avoir le sommet, il faut déterminer λ et μ, de telle sorte que le plan tangent soit perpendiculaire à la direction générale des diamètres, c'est-à-dire aux deux plans directeurs. Soit $lx + my + nz = 0$ un plan passant par D; d'après le n° 9, il sera perpendiculaire à la fois aux plans $Ax - Dw = 0$ et $By - Cz = 0$ si l'on a

$$Al - An\cos(b') - Am\cos(c') + Dl\cos(a) + Dm\cos(b) + Dn\cos(c) = 0,$$

$$Bm - Cn + (Cm - Bn)\cos(a') + Cl\cos(b') - Bl\cos(c') = 0.$$

Ces deux relations déterminent l, m, n ou plutôt des quantités proportionnelles à ces coefficients.

Maintenant, le plan parallèle au plan tangent et passant par D est

$$Ax(\lambda - \mu) - By(\mu + 1) - C\mu z(\lambda + 1) = 0,$$

et il doit coïncider avec $lx + my + nz = 0$, l, m, n ayant les valeurs trouvées au moyen des relations précédentes. La résolution des deux équations

$$\frac{A(\lambda - \mu)}{l} = -\frac{B(\mu + 1)}{m} = -\frac{C\mu(\lambda + 1)}{n}$$

conduit aux deux groupes de solutions

$$(\lambda = -1, \quad \mu = -1)$$

et

$$\left[\lambda = \frac{B}{mCA}(nA - lC), \quad \mu = \frac{nAB}{C(mA - lB)}\right].$$

Le premier donne un point à l'infini, l'autre donne le sommet.

Lorsque le tétraèdre est régulier, le sommet est le centre du tétraèdre; les plans directeurs sont $x - w = 0$, $y - z = 0$, plans bissecteurs des dièdres BC, AD; l'axe est la droite joignant les milieux des arêtes BC et AD. Enfin, le paraboloïde est isoscèle et les paramètres des paraboles principales ont pour valeur $a\sqrt{2}$ (a étant l'arête du tétraèdre).

33. *Si les sommets de deux tétraèdres sont deux à deux sur quatre génératrices d'un même système d'un hyperboloïde, les intersections des faces correspondantes appartiennent aussi à un même hyperboloïde.*

Nous supposerons que l'un des tétraèdres est le tétraèdre

de référence; soient

$$(\text{A}) \qquad \frac{y}{a_{12}} = \frac{z}{a_{13}} = \frac{w}{a_{14}},$$

$$(\text{B}) \qquad \frac{z}{a_{23}} = \frac{w}{a_{24}} = \frac{x}{a_{21}},$$

$$(\text{C}) \qquad \frac{w}{a_{34}} = \frac{x}{a_{31}} = \frac{y}{a_{32}},$$

$$(\text{D}) \qquad \frac{x}{a_{41}} = \frac{y}{a_{42}} - \frac{z}{a_{43}}$$

quatre droites menées respectivement par les sommets A, B, C, D. On exprimera qu'elles appartiennent à un même hyperboloïde, en écrivant que les plans A(B), A(C), A(D) se coupent suivant une même droite, qu'il en est de même pour les plans B(C), B(D), B(A), et ainsi de suite, ce qui donne

$$a_{23} = a_{32}, \qquad a_{34} = a_{43}, \qquad a_{42} = a_{24}.$$

Les équations précédentes s'écriront alors

$$(\text{A}) \qquad \frac{y}{a_{12}} = \frac{z}{a_{13}} = \frac{w}{a_{14}},$$

$$(\text{B}) \qquad \frac{z}{a_{23}} = \frac{w}{a_{24}} - \frac{x}{a_{12}},$$

$$(\text{C}) \qquad \frac{w}{a_{34}} = \frac{x}{a_{13}} = \frac{y}{a_{23}},$$

$$(\text{D}) \qquad \frac{x}{a_{14}} = \frac{y}{a_{24}} = \frac{z}{a_{34}}.$$

Les quatre sommets du second tétraèdre seront définis par les groupes d'équations

$$(\alpha) \qquad \frac{x}{\alpha} = \frac{y}{a_{12}} = \frac{z}{a_{13}} = \frac{w}{a_{14}},$$

$$(\beta) \qquad \frac{x}{a_{12}} = \frac{y}{\beta} = \frac{z}{a_{23}} = \frac{w}{a_{24}},$$

$$(\gamma) \qquad \frac{x}{a_{13}} = \frac{y}{a_{23}} = \frac{z}{\gamma} = \frac{w}{a_{34}},$$

$$(\delta) \qquad \frac{x}{a_{14}} = \frac{y}{a_{24}} = \frac{z}{a_{34}} = \frac{w}{\delta}.$$

Désignons par Δ_α, Δa_{12}, ... les mineurs du déterminant

$$\Delta = \begin{vmatrix} \alpha & a_{12} & a_{13} & a_{14} \\ a_{12} & \beta & a_{23} & a_{24} \\ a_{13} & a_{23} & \gamma & a_{34} \\ a_{14} & a_{24} & a_{34} & \delta \end{vmatrix}.$$

Les intersections des faces correspondantes des tétraèdres ABCD et $\alpha\beta\gamma\delta$ seront

$$\begin{array}{ll} x = 0, & \Delta_{12} y + \Delta_{13} z + \Delta_{14} w = 0, \\ y = 0, & \Delta_{12} x + \Delta_{23} z + \Delta_{24} w = 0; \\ z = 0, & \Delta_{13} x + \Delta_{23} y + \Delta_{34} w = 0; \\ w = 0, & \Delta_{14} x + \Delta_{24} y + \Delta_{34} z = 0. \end{array}$$

Il faut démontrer que, si une droite

$$(lx + my + nz + pw = 0, \quad l'x + m'y + n'z + p'w = 0)$$

coupe trois des droites précédentes, elle coupe la quatrième. Or les conditions de rencontre sont respectivement

$$\begin{array}{l} \Delta_{12}(np' - pn') + \Delta_{13}(pm' - mp') + \Delta_{14}(mn' - nm') = 0, \\ \Delta_{12}(np' - pn') + \Delta_{23}(pl' - lp') + \Delta_{24}(ln' - nl') = 0, \\ \Delta_{13}(mp' - pm') + \Delta_{23}(pl' - lp') + \Delta_{34}(lm' - lm') = 0, \\ \Delta_{14}(mn' - m'n) + \Delta_{24}(nl' - ln') + \Delta_{34}(lm' - ml') = 0. \end{array}$$

Si l'on change de signe la deuxième de ces relations et si on l'ajoute à la première et à la troisième, on trouve la quatrième, qui est ainsi une conséquence des trois autres.

34. *Lieu des points tels que les pieds des perpendiculaires abaissées de chacun d'eux sur les faces d'un tétraèdre soient dans un même plan.*

Les pieds des perpendiculaires, abaissées d'un point (x, y, z, w) sur les faces A, B, C, D, ont pour coordonnées

$$[0,\ y + x\cos(c'),\ z + x\cos(b'),\ w + x\cos(a)];$$
$$[x + y\cos(c'),\ 0,\ z + y\cos(a'),\ w + y\cos(b)];$$
$$\ldots\ldots\ldots\ldots\ldots\ldots\ldots\ldots,$$

de sorte que l'équation du lieu se présente sous forme de déterminant, savoir

$$\begin{vmatrix} 0 & y+x\cos(c') & z+x\cos(b') & w+x\cos(a) \\ x+y\cos(c') & 0 & z+y\cos(a') & w+x\cos(b) \\ x+z\cos(b') & y+z\cos(a') & 0 & w+z\cos(c) \\ x+w\cos(a) & y+w\cos(b) & z+w\cos(c) & 0 \end{vmatrix} = 0.$$

En ajoutant aux éléments de la première colonne multipliés par A ceux des trois autres multipliés respectivement par B, C, D, on reconnaît, en ayant égard aux relations (4) du n° 1, que $Ax+By+Cz+Dw$ entre en facteur dans le déterminant; le plan à l'infini fait donc partie du lieu. Après la suppression de ce facteur, la première colonne a tous ses éléments égaux à l'unité; on obtient, par la soustraction des lignes deux à deux,

$$\begin{vmatrix} 0 & x\cos(c')-w\cos(b) & x\cos(b')-w\cos(c) & x\cos(a)+w \\ 0 & -y-w\cos(b) & y\cos(a')-w\cos(c) & y\cos(b)+w \\ 0 & z\cos(a')-w\cos(b) & -z-w\cos(c) & z\cos(c)+w \\ 1 & y+w\cos(b) & z+w\cos(c) & 0 \end{vmatrix} = 0$$

ou bien, en développant,

$$yzw\begin{vmatrix} -1 & \cos(a') & \cos(b) \\ \cos(a') & -1 & \cos(c) \\ \cos(b) & \cos(c) & -1 \end{vmatrix} - zxw\begin{vmatrix} \cos(c') & \cos(a') & \cos(b) \\ \cos(b') & -1 & \cos(c) \\ \cos(a) & \cos(c) & -1 \end{vmatrix}$$

$$+xyw\begin{vmatrix} \cos(c') & -1 & \cos(b) \\ \cos(b') & \cos(a') & \cos(c) \\ \cos(a) & \cos(b) & -1 \end{vmatrix} - xyz\begin{vmatrix} \cos(c') & -1 & \cos(a') \\ \cos(b') & \cos(a') & -1 \\ \cos(a) & \cos(b) & \cos(c) \end{vmatrix} = 0.$$

En vertu des trois dernières équations (4) citées plus haut, les quatre déterminants sont proportionnels à A, B, C, D, de sorte que l'équation du lieu peut s'écrire

$$Ayzw + Bzxw + Cxyw + Dxyz.$$

Pour éviter la réduction du déterminant du quatrième ordre, on peut procéder de la manière suivante.

Soient, en coordonnées cartésiennes rectangulaires,

$$\alpha_1 X + \alpha_2 Y + \alpha_3 Z - q = 0, \qquad \beta_1 X + \beta_2 Y + \beta_3 Z - r = 0,$$
$$\gamma_1 X + \gamma_2 Y + \gamma_3 Z - s = 0, \qquad \delta_1 X + \delta_2 Y + \delta_3 Z - t = 0$$

les équations des quatre faces du tétraèdre. Les coordonnées du pied de la perpendiculaire abaissée du point (X', Y', Z') sur le premier plan sont

$$X_1 = X' + \alpha_1(q - \alpha_1 X' - \alpha_2 Y' - \alpha_3 Z') = X' + \alpha_1 d_1,$$
$$Y_1 = Y' + \alpha_2 d_1, \qquad Z_1 = Z' + \alpha_3 d_1,$$

d_1 étant la distance de (X', Y', Z') au plan. On a des expressions analogues pour les coordonnées des pieds des trois autres perpendiculaires, et l'équation du lieu est

$$\begin{vmatrix} X + \alpha_1 d_1 & Y + \alpha_2 d_1 & Z + \alpha_3 d_1 \\ X + \beta_1 d_2 & Y + \beta_2 d_2 & Z + \beta_3 d_2 \\ X + \gamma_1 d_3 & Y + \gamma_2 d_3 & Z + \gamma_3 d_3 \\ X + \delta_1 d_4 & Y + \delta_2 d_4 & Z + \delta_4 d_4 \end{vmatrix} = 0$$

ou

$$\begin{vmatrix} \alpha_1 d_1 - \delta_1 d_4 & \alpha_2 d_1 - \delta_2 d_4 & \alpha_3 d_1 - \delta_3 d_4 \\ \beta_1 d_2 - \delta_1 d_4 & \beta_2 d_2 - \delta_2 d_4 & \beta_3 d_2 - \delta_3 d_4 \\ \gamma_1 d_3 - \delta_1 d_4 & \gamma_2 d_3 - \delta_2 d_4 & \gamma_3 d_3 - \delta_3 d_4 \end{vmatrix} = 0.$$

Le développement de ce dernier déterminant donne

$$d_1 d_3 d_3 \begin{vmatrix} \alpha_1 & \alpha_2 & \alpha_3 \\ \beta_1 & \beta_2 & \beta_3 \\ \gamma_1 & \gamma_2 & \gamma_3 \end{vmatrix} - d_2 d_3 d_4 \begin{vmatrix} \beta_1 & \beta_2 & \beta_3 \\ \gamma_1 & \gamma_2 & \gamma_3 \\ \delta_1 & \delta_2 & \delta_3 \end{vmatrix}$$
$$+ d_2 d_4 d_1 \begin{vmatrix} \gamma_1 & \gamma_2 & \gamma_3 \\ \delta_1 & \delta_2 & \delta_3 \\ \alpha_1 & \alpha_2 & \alpha_3 \end{vmatrix} - d_4 d_1 d_2 \begin{vmatrix} \delta_1 & \delta_2 & \delta_3 \\ \alpha_1 & \alpha_2 & \alpha_3 \\ \beta_1 & \beta_2 & \beta_3 \end{vmatrix} = 0.$$

D'après le n° 2, les quatre nouveaux déterminants sont proportionnels aux aires des faces du tétraèdre et l'équation du lieu s'écrira, en coordonnées tétraédriques,

$$A yzw + B zxw + C xyw + D xyz = 0$$

ou

$$\frac{A}{x} + \frac{B}{y} + \frac{C}{z} + \frac{D}{w} = 0.$$

Cette surface du troisième ordre passe par les six arêtes du tétraèdre et les quatre sommets sont des points doubles. Les cônes du second ordre, formés par les tangentes en ces points, ont pour équations

$$\frac{B}{y}+\frac{C}{z}+\frac{D}{w}=0, \qquad \frac{C}{z}+\frac{D}{w}+\frac{A}{x}=0,$$

$$\frac{D}{w}+\frac{A}{x}+\frac{B}{y}=0, \qquad \frac{A}{x}+\frac{B}{y}+\frac{C}{z}=0;$$

ils se coupent deux à deux suivant les six plans

$$\frac{B}{y}-\frac{C}{z}=0, \qquad \frac{C}{z}-\frac{A}{x}=0, \qquad \ldots,$$

qui concourent en un même point

$$\frac{x}{A}=\frac{y}{B}=\frac{z}{C}=\frac{w}{D}$$

(*voir* n° 18). D'autre part, les plans

$$\frac{B}{y}+\frac{C}{z}=0, \qquad \frac{C}{z}+\frac{A}{x}=0, \qquad \ldots$$

sont tangents à la surface le long des arêtes (yz), (zx), ...; on voit que les deux plans

$$\frac{B}{y}-\frac{C}{z}=0, \qquad \frac{B}{y}+\frac{C}{z}=0$$

sont conjugués harmoniques par rapport aux faces $y=0$, $z=0$.

Les quatre cônes tangents coupent les faces du tétraèdre respectivement opposées à leurs sommets, suivant quatre coniques situées sur une même quadrique circonscrite au tétraèdre, savoir

$$ADyz+BDzx+CDxy+BCxw+CAyw+ABzw=0.$$

Les plans tangents à cette quadrique en A, B, C, D coupent les faces opposées suivant quatre droites contenues dans un même plan

$$\frac{x}{A}+\frac{y}{B}+\frac{z}{C}+\frac{w}{D}=0.$$

Enfin, la surface du troisième ordre *passe par les milieux des vingt-huit droites qui joignent deux à deux les centres des sphères tangentes aux faces du tétraèdre* (voir n° 20).

Ainsi, en posant $A + B + C + D = S$, on voit que les coordonnées du milieu de la droite qui joint le centre de la sphère inscrite au centre de la sphère exinscrite dans le trièdre A sont définies par les équations

$$\frac{x_{12}}{-A} = \frac{y_{12}}{S-A} = \frac{z_{12}}{S-A} = \frac{w_{12}}{S-A},$$

et ces coordonnées vérifient l'équation de la surface. Il en est de même pour les vingt-sept autres points.

FIN DE LA SECONDE PARTIE.

TABLE DES MATIÈRES.

12459 Paris. — Impr. GAUTHIER-VILLARS ET FILS, quai des Grands-Augustins, 55.

www.ingramcontent.com/pod-product-compliance
Ingram Content Group UK Ltd.
Pitfield, Milton Keynes, MK11 3LW, UK
UKHW020302230726
13925UKWH00001B/175